昆山高新区（玉山镇）村志系列丛书

大公村志

DAGONG CUNZHI

昆山高新区（玉山镇）村志系列丛书编纂委员会 编

苏州大学出版社
Soochow University Press

图书在版编目（CIP）数据

大公村志／周丽青主编；昆山高新区（玉山镇）村志系列丛书编纂委员会编. — 苏州：苏州大学出版社，2023.12

（昆山高新区（玉山镇）村志系列丛书）

ISBN 978-7-5672-4665-2

Ⅰ.①大… Ⅱ.①周… ②昆… Ⅲ.①村史–昆山 Ⅳ.①K295.35

中国国家版本馆 CIP 数据核字（2023）第 239960 号

大公村志

编　　者 昆山高新区(玉山镇)村志系列丛书编纂委员会
主　　编 周丽青
责任编辑 严瑶婷
装帧设计 刘　俊
出版发行 苏州大学出版社
地　　址 苏州市十梓街 1 号
邮　　编 215006
电　　话 0512-67481020
网　　址 http://www.sudapress.com
邮　　箱 sdcbs@suda.edu.cn
印　　刷 苏州市越洋印刷有限公司
开　　本 787 mm×1 092 mm　1/16　插页 16　印张 37.25(共两册)　字数 657 千
版　　次 2023 年 12 月第 1 版
印　　次 2023 年 12 月第 1 次印刷
书　　号 ISBN 978-7-5672-4665-2
定　　价 120.00 元(共两册)

审定单位

昆山高新技术产业开发区管理委员会

昆山市地方志编纂委员会办公室

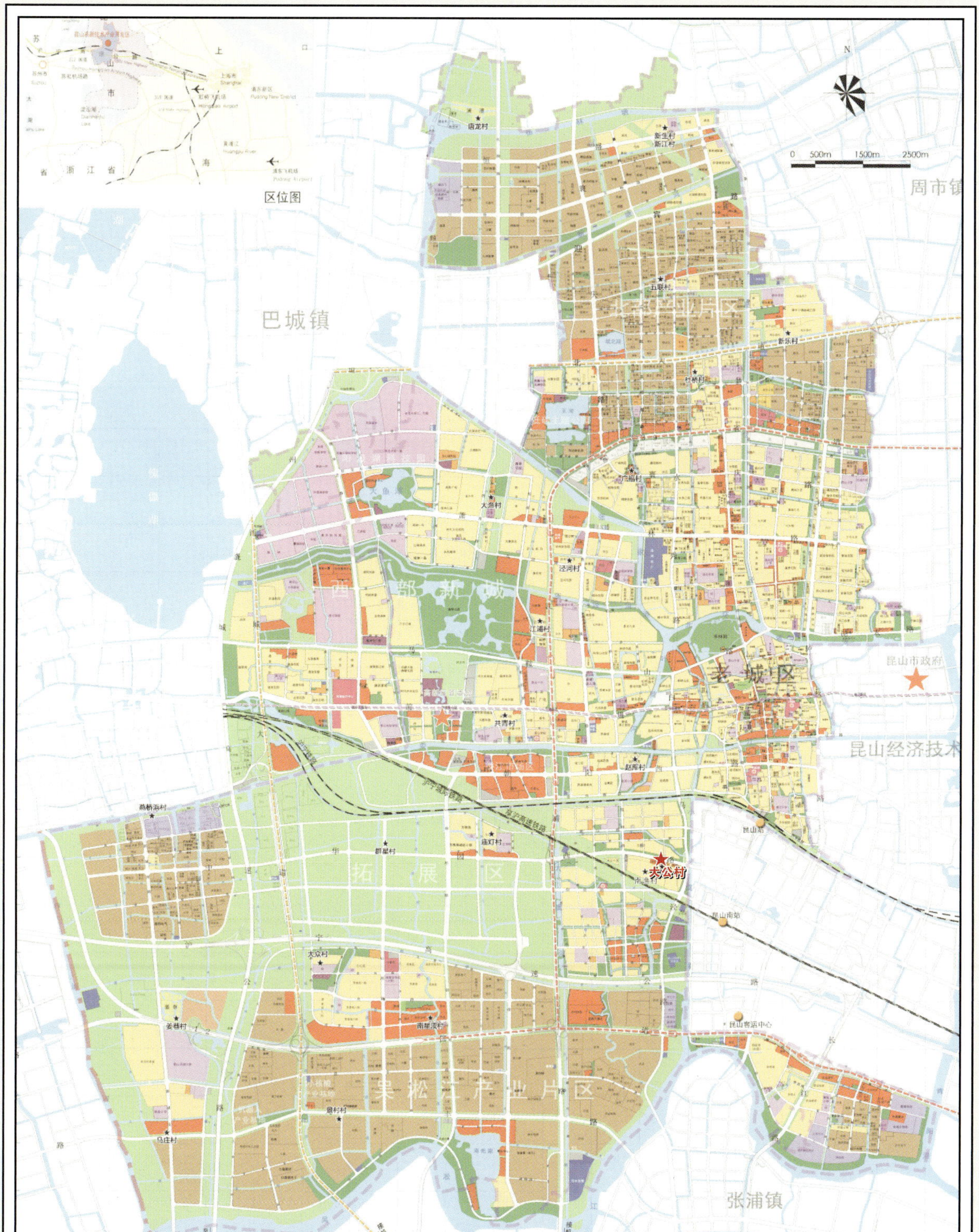

注：①本示意图由昆山高新区规划建设局提供（2020年）
②★表示大公村在昆山高新区（玉山镇）的位置

上 昆山高新区（玉山镇）区划示意图

上 大公花园小区（航拍）（2020年，罗英摄）

上 高铁、中环交汇处（航拍）（2020年，罗英摄）

下 高架立交桥（航拍）（2020年，罗英摄）

上　铁路公园(（航拍）（2020年，罗英摄）

中　大公村党群服务中心（2020年，罗英摄）

下　大公村村民委员会办公楼（2020年，罗英摄）

上 京沪高速、沪宁城际铁路（2020年，李金水摄）

中 李岸泾桥（2020年，李金水摄）

下 中华园西路（2020年，李金水摄）

上 大公花园小区东门（2020年，李金水摄）

中 万丰苑小区出入口（2020年，李金水摄）

下 万欣苑小区一角（2020年，李金水摄）

上 团结中心河（2020年，罗英摄）

中 小濼河（2020年，李金水摄）

下 九曲三弯木板桥（2020年，李金水摄）

上　大公花园小区商业街（2020年，李金水摄）

中　大公农贸市场（2020年，李金水摄）

下　大公花园小区超市（2020年，李金水摄）

上 大公村新老昆山人俱乐部（会所）（2020年，李金水摄）

中 大公小区公交站台（2020年，罗英摄）

下 大公花园小区停车场（2020年，李金水摄）

上 垃圾分类投放点（2020年，罗英摄）

下 大公村党务、村务公开栏（2020年，李金水摄）

昆山市鹿泰交通安全设施工程有限公司（2020年，俞志坚供图）

晋盛大公药业有限公司（2020年，晋卫国供图）

昆山市迎丰商贸批发有限公司（2020年，李金水摄）

昆山城南电器胶木厂产品检验车间（2020年，李金水供图）

新日超高端智能锂电车销售店（2020年，李金水摄）

锦欣大酒店（2020年，罗英摄）

栗子王专卖店（2020年，罗英摄）

迎丰南站（2020年，李金水摄）

路南村1993年种田大户承包签约会议（2020年，李金水供图）

联合稻麦收割机（2020年，李金水摄）

大公村横塘站闸（2020年，李金水摄）

昆山高新区吴淞江学校（2020年，罗英摄）

大公翔艺幼儿园（2020年，李金水摄）

大公村戏曲专场（2020年，俞福良供图）

大公村亲子活动（2020年，大公村供图）

大公花园小区篮球场（2020年，李金水摄）

图书室（2020年，大公村供图）

老人广场舞（2020年，罗英摄）

60年代参加排演锡剧《沙家浜》的全体人员合影留念（2020年，罗英摄）

健身房（2020年，李金水摄）

昆山市大公社区卫生服务站（2020年，李金水摄）

大公村2020年“两委”成员合影（2020年，罗英摄）

大公村2021年“两委”成员合影（2021年，罗英摄）

大公村党总支会议（2020年，大公村供图）

大公村“两委”成员会议（2020年，大公村供图）

大公村“两委”换届工作动员会暨党员和村民代表会议（2020年，大公村供图）

大公村党员重温入党宣誓（2020年，大公村供图）

大公村“大动员、大扫除、大整治、大提升”共建美丽家园主题宣讲（2020年，大公村供图）

大公村民主评议党员大会（2020年，大公村供图）

大公村党总支为入党50周年老党员颁发纪念章（2021年，大公村供图）

大公村核酸采样点（2020年，李金水摄）

高新区大公村便民服务大厅（2020年，罗英摄）

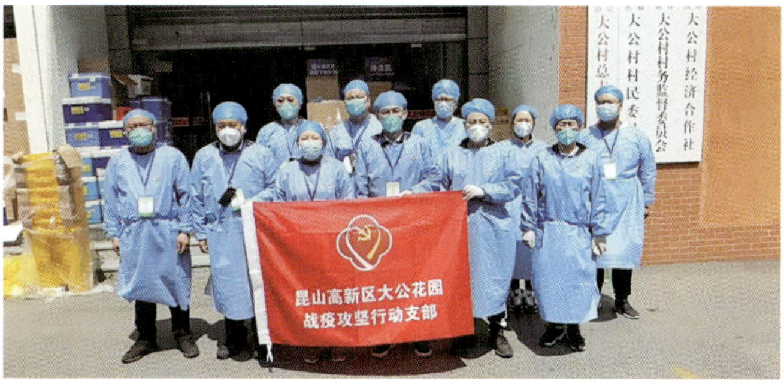

昆山高新区大公花园战疫攻坚行动支部成员合影（2020年，大公村供图）

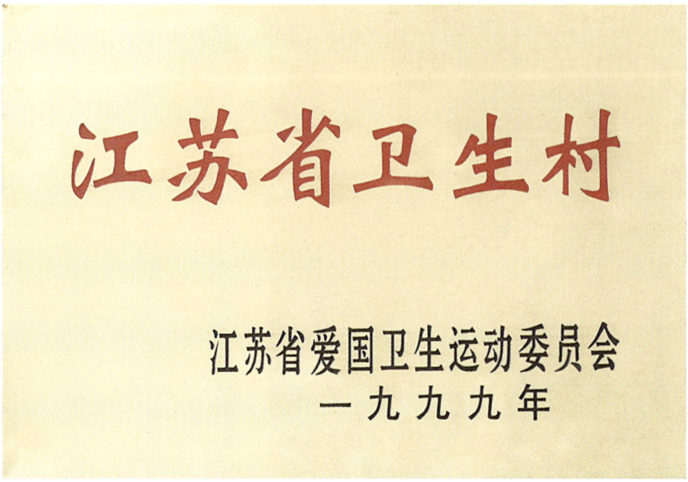
江苏省卫生村
江苏省爱国卫生运动委员会
一九九九年

民主法治村
苏州市依法治市领导小组办公室
苏州市司法局 苏州市民政局
二〇〇九年十二月

实践科学发展 推进“两个率先”
先锋村
中共苏州市委员会
二〇〇九年六月

苏 州 市
公共文化服务优秀村
苏州市文化广电新闻出版局
2010—2011

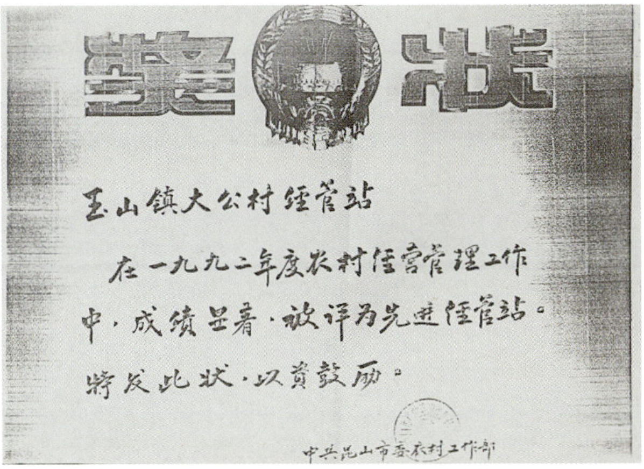
奖状

玉山镇大公村经管站

在一九九二年度农村经营管理工作中，成绩显著，被评为先进经管站。特发此状，以资鼓励。

中共昆山市委农村工作部

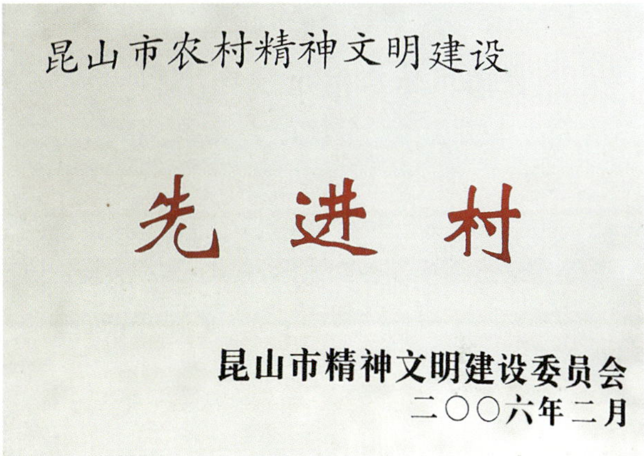
昆山市农村精神文明建设

先进村

昆山市精神文明建设委员会
二〇〇六年二月

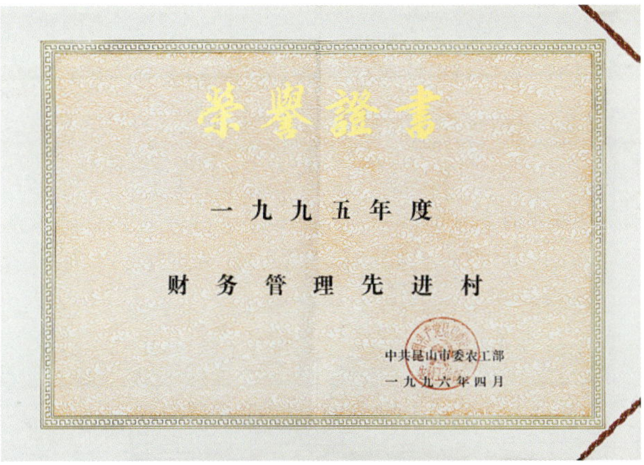
榮譽證書

一九九五年度

财务管理先进村

中共昆山市委农工部
一九九六年四月

“十五”人口和计划生育工作

示范村

昆山市人民政府
二00六年十二月

一九九八年

昆山市卫生村

昆山市爱国卫生运动委员会

昆山市"民主法治示范村"
昆山市依法治市领导小组
二〇〇七年三月

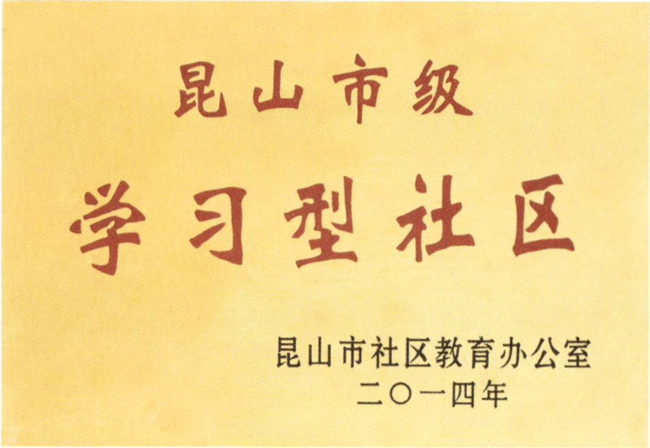
昆山市级
学习型社区
昆山市社区教育办公室
二〇一四年

"实践三个代表 实现两个率先"
先锋村
中共昆山市委员会
二〇〇七年六月

KSND
昆山高新区
2019年昆山高新区优秀文体团队展示
暨村（社区）趣味运动会
第三名
昆山高新区党群工作部
昆山高新区社会事业局
二〇一九年一月

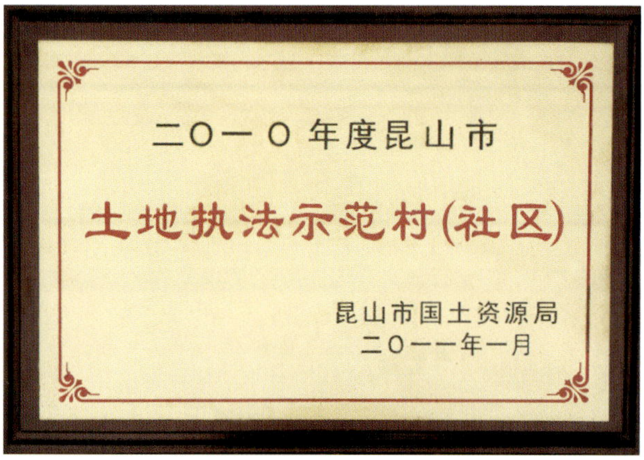
二〇一〇年度昆山市
土地执法示范村(社区)
昆山市国土资源局
二〇一一年一月

"无黑"（村）社区
昆山市扫黑除恶专项斗争领导小组办公室
2020年12月

《大公村志》编纂组成员合影（2021年，罗英摄）

《大公村志》初审会议（2021年，大公村供图）

总 序

值此全面贯彻落实党的二十大精神的开局之年，欣闻“昆山高新区（玉山镇）村志系列丛书”之《大公村志》《南渔村志》《江浦村志》《广福村志》《新乐村志》《群星村志》《马庄村志》《燕桥浜村志》《新江村志》《新生村志》10部村志即将付梓。编修乡镇村志是落实国家“十四五”规划纲要，助力乡村文化振兴的一项重要内容，任务艰巨、意义重大。

2018年，昆山高新区（玉山镇）启动22个建制村的村志编修工作，这既为探索新型城镇化的发展经验、发展模式、发展道路提供历史智慧和现实借鉴，也是响应国家“学党史、学新中国史、学改革开放史、学社会主义发展史”的生动实践。村落是乡土文化赖以生存的土壤，活态地保存着各种村庄形态、传统民居、传统美食和民俗风情。村庄里的一座座祠堂、一本本家谱、一口口古井、一条条古道，无一不是村落文化的印记。那些反映宗族文化的家风家训、乡规乡约，反映村民声音的方言俚语，反映传统生活方式的手工技艺、民俗节庆等，对生活在这块土地上的村民来说，是难以割舍的精神滋养。

“昆山高新区（玉山镇）村志系列丛书”脉络清晰、内容丰富，既有理论又有实践，既有历史又有现实，客观再现了村民们在伟大历史进程中的奋进足迹和优异成绩。村志作为省、市、县三级志书的延伸和拓展，其丰富多彩的体裁形式在一定程度上体现了盛世修志工作的灵活性、包容性和多样性。

希望“昆山高新区（玉山镇）村志系列丛书”能讲好昆山高新区（玉山镇）乡村振兴的故事，并把故事和智慧传递得更远。希望全区广大干部和村民能够持续聚焦乡村振兴，做这一历史伟业的见证者、记录者和传承者。

在此，谨向在昆山高新区（玉山镇）发展改革进程中洒下汗水、做出重大贡献的先辈们致以崇高的敬意！向辛勤编纂“昆山高新区（玉山镇）村志系列丛书”的编纂人员表示衷心的感谢！

是为序。

中共昆山市委常委
昆山高新区党工委书记
2023 年 12 月

序

编纂《大公村志》是一项留住乡愁、传承历史、惠泽后人的重要文化工程，对大公村实现乡村振兴、建设文化强村、推进新时代文明实践具有重要意义。《大公村志》的编纂出版，是大公村发展史上的一件文化盛事，可喜可贺！

大公村历史悠久，村民世世代代在这块土地上繁衍生息，为过上美好生活而艰苦奋斗、历尽艰辛。新中国成立后，特别是改革开放以来，大公村村民在党的领导下，走上了一条摆脱贫困、富民强村的社会主义康庄大道。全村干部和群众发扬艰苦奋斗、改革创新精神，积极推进农业和乡村企业发展，村级经济实力不断壮大；积极推进教育文化、环境卫生等社会事业建设，乡村面貌发生了巨大变化；积极推进社会民生事业发展，村民的获得感和幸福感得到显著提升。在70多年的奋斗实践中，大公人在这块土地上，绘就了一幅波澜壮阔、绚丽多彩的时代画卷，展现出村强民富、文明美丽的社会主义新农村风貌。

《大公村志》集大公村的发展进程、创业历程、奋进历史于一体，既是一部反映近百年来大公村变迁的历史典籍，也是一份公共文化记忆。全书叙大公村古今之民情风俗，述大公村各项建设事业之历史沿革，记大公村干部群众艰苦奋斗之光辉业绩，忆大公村经济社会发展之宝贵经验，示轨迹于叙事，纳村情于一志，全面、真实、客观地记述了新中国成立后全村政治、经济、文化和社会事业各方面的发展过程及变革情况。

《大公村志》也是一部进行革命传统教育、爱国主义教育和社会主义教育的乡土教材。编纂出版《大公村志》，不仅有助于村民全面了解大公村的历史、认识大公村的村情、探究大公村未来的发展，而且有助于激发大公人特别是大公村年轻一代热爱家乡、建设家乡的热情。新时代、新征程，站在新的历史起点上，大公村要以更高定位、更高要求推进乡村振兴，建设美丽家园。我们要充分利用《大公村志》这部乡土教材，在村民中持续开展爱祖国、爱家乡教育，继承发扬大公人自强不息、敢破敢立、勇于担当、敢于争先的精神，为促进大公村的全面振兴形成强大的精神动力，为建设美丽大公村提供强有力的文化支撑。

编纂出版《大公村志》是一项系统工程。在《大公村志》编纂过程中，昆山高新区党工委、管委会高度重视，昆山市地方志编纂委员会办公室、昆山高新区（玉山镇）村志系列丛书编纂办公室悉心指导，大公村历任干部和全村村民关心支持，村志编纂人员广泛收集资料、精心打磨志稿，数易其稿确保质量。在此，我谨代表大公村党总支、村委会，对关心支持《大公村志》编纂的领导和专家表示衷心的感谢，对全体村志编纂人员表示诚挚的谢意！

是为序。

昆山高新区（玉山镇）大公村
党总支书记、村委会主任
2023 年 10 月

凡例

一、本志以马克思列宁主义、毛泽东思想、邓小平理论、“三个代表”重要思想、科学发展观、习近平新时代中国特色社会主义思想为指导，坚持辩证唯物主义和历史唯物主义的立场、观点和方法，贯彻存真求实、实事求是的原则，力求全面、系统、客观地记述时限内大公村的发展历史和变化过程，为存史、资政、育人服务。

二、本志上限力溯至事物发端，下限至2020年末，大事记、图照下限延至2021年末。

三、本志记述地域范围为2020年末大公村境域。

四、本志运用述、记、志、传、图、表、录诸种体裁，以志体为主。全志语言采用现代汉语，大事记采用编年体与纪事本末体相结合的体裁；其余均以类系事，以时为序，只记事实，不做评述。

五、志首设序、凡例、图照、概述、大事记；主体设十四章。专志以各章为主体，横排门类，纵述史实；编后记殿于末。志体按章、节、目层次排列。

六、本志地名、政区及机构等记述均用当时名称，名称多次出现时，首次出现用全称并括注简称，以后一般用简称。当时的名称与今名不一致的，在首次记述时括注今名。

七、本志收录有较大影响的本村籍人物和对本村发展有较大贡献的在世人物。部分专业人士列表入志。

八、1912年前采用历史纪年括注公元纪年，1912年后采用公元纪年，凡未加世纪者，均指20世纪。所言“新中国成立前（后）”，以1949年10月1日中华人民共和国成立为界。所言“改革开放前（后）”，以中共十一届三中全会召开的时间 1978 年 12 月为界。所言“党”又未指明何种党派的均指中国共产党。

九、本志的文字标点、数字数据、计量单位等，均按国家有关标准规定执行，根据村民的使用习惯，在表述部分内容时保留“亩”“斤”“两”“钱”“丈”“尺”等传统计量单位。有关统计数据以统计部门发布的为主，统计部门无数据者以工作部门提供数据为准。

十、本志资料采自昆山市档案馆和镇村档案室档案、旧志、年鉴，以及其他相关图书、报刊、音像等历史资料和村民口述一般资料。所有入志资料包括口述资料，均经考证核实选用，不注出处。

目 录

第四章 村级组织

第五章 农业副业

第六章 工商服务业

第十三章 人物荣誉

第十四章 村民记忆

概　述

大公村位于昆山高新区（玉山镇）城区南 1.5 公里处，村域东邻小澞河，南与庙灯村接壤，西依尤泾江，北枕沪宁铁路，东西最长长 3 公里，南北最宽宽 1.65 公里，村域面积为 4.22 平方公里。村域内地势平坦，大小河流、溇浜纵横交错，是典型的江南水乡。新中国成立后，特别是改革开放后，大公村在村级经济、社会事业、村民生活和文明创建等方面均取得显著成就。2020 年，全村辖 24 个村民小组，户籍人口 665 户、2 238 人；有耕地 2 426 亩（1 亩≈666.67 平方米）；村级可支配收入为 1 331.38 万元；村民人均收入为48 561 元。大公村先后获得江苏省卫生村和苏州市公共文化服务优秀村等荣誉称号。

一

大公村历史悠久。清宣统元年（1909），域内大渔、严村、杨家角等 19 个自然村属昆山县玉山市。1929 年，玉山市改为昆山县第一区，域内各自然村属昆山县第一区。1947 年，实行新县制，昆山县下辖的山南、玉带、致和、学宫、南濠 5 个镇及原汉坡乡之九、十两保合并为玉山示范镇，村域属昆山县玉山示范镇。

1949 年 5 月 13 日，昆山解放后，域内废保甲制，在党的领导下建立了农民协会，组织村民开展土地改革，贫困村民分得土地。1952 年，农业合作化初期，域内先后建立 13 个互助组。1954 年，在互助组的基础上组建 3 个初级农业生产合作社（简称“初级社”）。1956 年，域内 3 个初级社合并为 2 个高级农业生产合作社（简称“高级社”），大公高级社隶属昆山县玉山镇城郊区澞西乡，珠浜高级社隶属昆山县玉山镇城郊区新东乡。1958 年 10 月，在马鞍山人民公社成立的同时，域内的大公高级社和珠浜高级社分别更名为大公大队和珠浜大队，大公大队和珠浜大队均属昆山县马鞍山人民公社。1959 年 2 月，昆山县撤销马鞍山人民公社，成立昆山县城南人民公社，大公大队和珠浜大队属之。1962 年，大公大队拆分为大公大队和团结大队。1978 年，团结大队更名为路南大队，珠浜大队更名为迎丰大队。域内大公、路南、迎丰 3 个大队均属城南人民公社。

1983 年 6 月，恢复乡村行政建制，在城南人民公社改设为城南乡的同时，大公、路南、迎丰 3 个大队分别改设为大公村、路南村、迎丰村，撤销生产队，改建村民小组。大公村设 8 个村民小组，路南村设 7 个村民小组，迎丰村设 9 个村民小组。大公村、路南村、迎丰村均属城南乡。1986 年，撤乡建镇，大公、路南、迎丰 3 个村均属玉山镇。

2001 年 8 月，大公、路南、迎丰 3 个村合并，组建成新的大公村。新组建的大公村共有 24 个村民小组。2003 年后，随着昆山高新区城镇化建设的推进，大公村域内的 19 个自然村先后整体动迁。2012 年，玉山镇、昆山高新区实行“区镇合一”运行体制，大公村属昆山高新区（玉山镇）。至 2014 年，大公村域内自然村全部动迁消失。村民分别迁入大公花园、万丰苑、万欣苑小区居住。村民居住小区配套设施齐全，环境优美，农村城镇化达到新高度。

二

大公村的村民世代以农业为本，历来以种植稻、麦、油菜为生。新中国成立前，域内绝大多数村民因为地少或无地，收成少，生活贫困。新中国成立后，经过土地改革，贫苦村民分得了土地。在农业合作化运动中，通过组建互助组、初级社、高级社、人民公社，村民走上了社会主义集体经济之路。50—80 年代，村民在党支部的带领下，发挥集体经济优势，大搞农田水利建设，建立农业灌溉系统，推广农业生产技术，促使农业生产力不断提高，粮食产量逐年增长，水稻亩产从 50 年代的 300 多斤（1 斤 = 500 克）提高到 1982 年的 670 多斤，小麦亩产也由不到 200 斤提高到 390 多斤。

1983 年，大公、路南、迎丰 3 个村全面实施家庭联产承包责任制，实现了从农业集体经营到家庭经营的转变，建立起了集体和家庭统分结合的农业经营管理体制，破除了人民公社体制下的“大锅饭”管理模式，提升了村民的生产积极性，也促进了分工分业的发展，实现了村民就业的多样性。至90年代中期，大公、路南、迎丰3个村先后兴办村集体企业7家，70%以上的劳动力从农业中转移出来，从事第二、第三产业。1998年前后，大公、路南、迎丰3个村在积极推进村办集体企业转制改制的同时，积极支持和鼓励民营经济发展，域内民营企业和个体工商户兴起并蓬勃发展。

2001年，大公村加大开发建设的力度，至2007年，域内建成150米长的商业街，街区店铺面积为8 000平方米，吸引了越来越多的商户入驻。同时，大公村积极发展社区股份合作经济，通过建立富民合作社和村集体资产租赁，使得村级集体经济日益壮大，村民收入水平不断提升。

至2020年底，村民创办的规模较大的民营企业有6家，在外地开设的商贸门店有近10家，在大公花园小区内商业街及商业街北侧开设的商贸门店有80家。2020年，村集体可支配收入超过1 300万元。村民人均收入持续增长，由50年代初的20多元、1982年的313元、1993年的2 974元，到2000年首次超万元（10 747元），2020年为48 561元，强村富民的目标得以实现。

三

大公村的社会民生事业在村域经济发展和村民收入持续增长的基础上也不断地发展。村民的教育医疗、文化体育、生活消费水平全面提升。

在教育方面，新中国成立前，村域内文盲、半文盲占青壮年人数的88%。新中国成立后，随着教育事业的发展，村民受教育程度不断提升。50年代初，域内组织办夜校、开展成人扫盲运动，帮助大多数村民学识字、学计算。1953年，域内先后办起了大公小学和珠浜小学，在上级政府的大力支持下，不断改善办学条件，提升办学水平，为村民子女入学创造良好环境。是年，域内还办了幼儿园，开展学龄前儿童教育。改革开放后，村民对子女的教育越来越重视，村里年轻人的文化程度越来越高，除了每年通过高考被大学录取后就读的，村里的一些青壮年，还通过函授、自学等途径提升学历层次。至2020年，全村取得本科及以上学历的已有147人。

在医疗方面，新中国成立前，村域医疗资源十分紧缺，是血吸虫病的重灾区。新中国成立后，卫生事业发展，村民看病既方便又有保障。50—60年代，村民响应毛泽东“一定要消灭血吸虫病”的号召，持续开展查螺灭螺消灭血吸虫病群众运动和防病治病爱国卫生运动，分批对血吸虫病患者进行治疗。1988年，大公村成为消灭血吸虫病达标村。其间，60年代，域内开办合作医疗站，培养赤脚医生，建立农村合作医疗制度，为村民看病提供便利，减轻村民医疗负担。改革开放后，域内在合作医疗室的基础上建立卫生服务站，大大改善村民医疗条件，同时积极实施医疗保险制度改革，在村民中推行新型农村合作医疗和社会医疗保障制度，制订村民医疗普惠补助实施方案，使村民看病基本做到小病不出村和社区、大病重病获得医疗救助，与城里人一样可以直接用医保卡看病。

在文化生活方面，新中国成立前，域内文化设施少，村民过着日出而作、日落而息的单调生活。新中国成立后，域内文化事业不断发展，村民的文化生活开始丰富起来。50年代，域内成立文艺队，村民自编自演节目，宣传抗美援朝、保家卫国和土地改革、农业合作化；60年代，大公大队文艺宣传队组织排练，演出革命样板戏，深受村民喜爱；县和公社组织的电影放映队，经常到生产大队放映电影；大队集体安装了大喇叭，村民家庭安装有线广播，村民可及时收听公社、县乃至中央的新闻和各种文艺节目。改革开放后，随着村民生活条件的改善和国家科技的进步，村民看上了电视，用上了计算机和智能手机，文化生活更加丰富。2017年，村里设立了老年活动室，组织广场舞等健身活动，丰富了老年人的精神生活，真正做到了让村民老有所乐。

在住房方面，新中国成立前，绝大多数村民缺吃少穿，住房近80%是茅草房，村域内没有一条像样的出村道路，村民出行很不方便。新中国成立后，民生事业发展，村民生活质量逐步提高。50—60年代，村民以农业为基础，积极发展社会主义集体经济，基本生活有了相对稳定的保障。70年代末，村民开始普遍盖平瓦房。改革开放后，村民在多业发展中不断开拓增收渠道。随着收入增长，村民的吃、穿、住、行都发生了巨大变化。2000年后，“吃讲营养、穿要漂亮、住进楼房、行用汽车”成为村民生活常态。同时，村里加强基础设施建设，大公花园、万丰苑、万欣苑小区内基础设施、公共服务及健身休闲设施配套齐全；域内道路宽敞、绿树成荫、鸟语花香，村民安居乐业，享受着美好生活。

四

大公村在社会主义建设和改革开放的实践中，依靠党的领导和政策指引，依靠各级政府的关心支持，依靠大公村干部群众的开拓创新、锐意进取，形成了建设家乡的强大精神力量。

农业合作社和人民公社时期，大队党组织始终把思想道德建设贯穿于社会主义建设全过程，把教育村民作为思想道德建设的首要任务。在党支部的带领下，村民中出现学文化知识、学农业科技热潮。通过开展社会主义教育运动，干部、群众坚定了走社会主义道路的信念。在学《毛泽东选集》、学雷锋等活动中，党员干部增强了为人民服务、艰苦奋斗的理念，村民中争做学习模范、做好事不留名等现象蔚然成风。

改革开放时期，村（大队）党组织始终坚持物质文明和精神文明“两手抓、两手都要硬”，在推动经济发展、建设物质文明的同时，不断推进精神文明建设上新的台阶。从组织开展“五讲四美三热爱”（讲文明，讲礼貌，讲卫生，讲秩序，讲道德；心灵美，语言美，行为美，环境美；热爱祖国，热爱社会主义，热爱中国共产党）活动到培育和践行社会主义核心价值观，从用中国特色社会主义理论武装头脑到“不忘初心、牢记使命”主题教育，持续推进思想道德建设，全村党员干部和村民群众的思想觉悟和文明素质不断提高，民主法治意识、市场经济意识得以确立和增强；从制定村规民约到文明家庭评选，从创建文明村镇到开展新时代文明实践，持续组织开展文明家庭和文明村的创建工作，持续的文明创建使全村的文明程度得到提升，良好的村风得以弘扬。大公村先后被评为昆山市农村精神文明建设先进村和昆山市“民主法治示范村”。

在社会主义建设和改革开放实践中，大公村干部群众发扬勤俭朴实、崇德向善的优良品德，努力践行为人民服务的宗旨和社会主义核心价值观，涌现出一批热爱本职、一心为民、助人为乐、尊老爱幼的好党员、好干部、好村民。他们中有为家乡建设发展做出重要贡献的，有在岗位上奋力拼搏、做出突出成绩的。他们为党、为国家的事业贡献了自己的青春和智慧，为大公村的发展和村民过上更加美好的生活做出了贡献。

在新时代文明实践中，大公村党总支坚持党建引领，广泛开展志愿者服务，大力表彰善行义举，营造更加浓厚的文明村、文明家庭氛围。通过开展“文明和谐家庭”“好儿女”“好儿媳”等评选活动，用身边的典型教育群众。通过建立善行义举榜，表彰善行义举标杆人物，发挥上榜村民的表率作用，促进全村文明程度再提升；通过建立志愿者服务工作站，持续开展以关爱孤寡老人、贫困家庭为重点的帮扶活动，让“困难帮扶、环境卫生、社会安全、教育培训、学习娱乐”等活动辐射到每个人；在2020年初开始的新冠疫情防控工作中，村党总支带领全体党员、群众，认真践行生命至上、健康第一的为民情怀，进一步增强了党与广大群众的血肉联系。

踏石留印，砥砺前行。在中国特色社会主义新时代，大公村党总支和村委会将继续坚持以习近平新时代中国特色社会主义思想为指导，坚持富民强村的发展理念，坚持自强不息、拼搏争先的奋斗精神，大力实施乡村振兴战略，大力推进美丽乡村建设，团结带领全村干部、群众，在社会主义现代化新农村建设的新征程上，绘就新宏图，谱写新篇章。

大事记

清朝

清宣统元年（1909），推行地方自治，划昆山、新阳两县为1市17乡。玉山划为市，称玉山市，辖5区25图。域内各自然村属昆山县玉山市。

中华民国

1912年

新阳县并入昆山县，玉山市区域不变，域内各自然村属玉山市。

1929年

6月，国民政府重订《县组织法》，县下设区、乡（镇）、村（街），玉山市改为第一区，域内各自然村属第一区。

1934年

3月，《江苏省各县整理自治区域办法》颁布，玉山仍为第一区，域内各自然村属第一区。

1938年

域内严村自然村村民夏大文开设私塾严村学堂，招收8名学生，教授方块字、毛笔字。

1942年

第一区改为第四区，辖山南、玉带、致和、学宫、南濠、小澞、乐庵7个乡（镇），域内各自然村属第四区。

1943 年

严村自然村建成域内首家公立小学，招收 33 名学生。严村学堂并入公立严村小学。

1945 年

9 月，抗日战争胜利后，第四区复改为第一区，域内各自然村属第一区。

12 月，第一区更名为鹿城区，行政区域未变，域内各自然村属鹿城区。

是年，村民俞鸿庆在家中开办小学，校名为大渔小学。

1947 年

2 月，实行新县制，玉带、学宫、南濠、山南、致和 5 个镇及原汉坡乡之九、十两保合并为玉山示范镇，域内各自然村属玉山示范镇。

1949 年

5 月 13 日，昆山解放，域内各自然村随之解放。

7 月，废保甲制，建立区、乡人民政权，全县划为 6 个区、27 个乡（镇），域内各自然村属昆山县城区。

中华人民共和国

1949 年

10 月 1 日，中华人民共和国成立，村民欢庆新中国成立。

12 月，村民邵瑞元、陈海文加入中国共产党。

1950 年

1 月，区制不变，城区更名为城郊区，辖 8 个乡及玉山镇。村域属昆山县城郊区新东乡、瀼西乡。吴纪明任瀼西乡人民政府乡长，沈杏生任农民委员会（简称“农委”）主任，李俊茂任民兵中队长。

12 月，大渔、珠浜 2 个村开办夜校冬学班，村民得以识字扫盲。

1951 年

1 月，玉山供销社成立，村民踊跃入股，每股 3 元，每户 2~3 股。

4 月，经土地改革工作队复查验收，农委给村民发放土地证。大公（渔）、珠浜 2 个村共发放土地证 493 张，所涉人口 1 928 人、土地面积 4 094. 8 亩，人均 2. 1 亩。域内从 1950 年 11 月开始的土地改革宣告结束。

是年，村民积极响应“抗美援朝，保家卫国”号召，徐振华、周银生入朝鲜参战。

是年，大渔村更名为大公村。

1952年

2月，村民先后自发成立13个互助组，其中大公村9个，珠浜村4个。

春，村民顾林生、曹小云、卞长林、周金生、张瑞昌入朝鲜参战。

春，域内推广复合式秧田，推广陈永康的“落谷稀”育秧法。

是年，域内开展反对封建婚姻制度宣传教育活动。

1953年

4月，大公村建大公小学，校址设在支巷自然村。

夏，域内启用脚踏滚筒式脱粒机。

12月，域内实行粮食统购统销政策。

是年，域内开展第一次全国人口普查。

1954年

5月，暴雨连日，水位猛涨，江水倒流。珠浜村受灾农田约300亩，大公村受灾农田约100亩。

6月，珠浜村建90平方米单班小学一所，进行复式教学。

7月，域内张北泾、前严村、李岸泾3个初级社成立，李俊茂任张北泾初级社社长，陈海文任前严村初级社社长，赵金根任李岸泾初级社社长。

9月，国家实行棉花统购、棉布统购统销，域内每人每年发布票，面额为1丈6尺（1丈≈3.33米，1尺≈0.33米）；棉花票，面额为0.5斤。

1955年

10月，域内粮食生产实行“三定一奖”，即定产、定购、定销，超产奖励到户。

秋，初级社全面推开。大公成立4个初级社，入社农户为91户；珠浜成立2个初级社，入社农户为87户。

是年，域内85名农民参与新北乡火车站土方工程建设（该站于1956年竣工）。

1956年

8月，域内成立大公、珠浜2个高级社。

是月，昆山县撤销区、乡（小乡），建立昆山县城南乡。大公、珠浜 2 个高级社属之。

是年，珠浜高级社成立副业队，钱伍郎任副业队主任，种旱地 20 亩，养猪 100 头。

是年，村民胡玉坤调花桥乡人民政府任文书一职。

1957 年

春，域内开展查螺、灭螺，防治血吸虫病工作，成立预防血吸虫病领导小组。

6 月 10 日，珠浜高级社社员夏国基、大公高级社社员金桂香参军入伍。

6 月 25 日—28 日，域内阴雨连绵，降雨量约 110 毫米，珠浜高级社受灾面积约 450 亩。

是年，大公高级社被中共昆山县委员会评为血防工作先进单位。社员周小妹被评为血防积极分子。

1958 年

4 月，域内组织成立灭螺队伍，开展干河灭螺运动，对血吸虫病患者进行治疗。

6 月，域内群众开展除“四害”（麻雀、苍蝇、老鼠、蚊子）运动。

8 月，潭郎自然村的白庙堂庙被拆除，拆庙所获建材被用于建造跃进机电排灌站（简称“电灌站”）。

10 月，玉山镇、城南乡、城北乡合并为马鞍山人民公社。大公高级社更名为大公大队，珠浜高级社更名为珠浜大队，皆属马鞍山人民公社，李俊茂任大公大队党支部书记，吴纪明任珠浜大队党支部书记。

秋，域内家家户户捐出旧铁锅、旧铁器，大炼钢铁。

秋，大公大队被评为江苏省爱国卫生运动先进集体。

1959 年

2 月，马鞍山人民公社分为城南人民公社、城北人民公社及玉山人民公社（玉山镇）。城南人民公社有 29 个生产大队（包括 1 个渔业大队）。大公大队、珠浜大队属城南人民公社。

10 月，大公大队的晋考生、周桐生带领 380 个民工到江浦开挖江浦河。

1960 年

2月，在“高指标”“高征购”的压力下，域内社员口粮短缺，日人均口粮为大米五两三钱（16 两制，约为 165.625 克），持续时间半年。

7月，珠浜第 4 生产队队长蒋招生被城南人民公社评为思想好、作风好、工作好、生产好、完成任务好的“五好”队长。

12 月，钱伍郎任珠浜大队党支部书记。

是年，珠浜第 4 生产队被昆山县人民政府评为农业社会主义建设先进单位。

是年，珠浜大队社员周苗金被昆山县人民政府评为“三八”红旗手。

是年，大公大队幼儿园被昆山县人民政府评为农业社会主义建设先进单位。

是年，域内村民凭票购买各种日常生活用品。

1961 年

1月，李俊茂任大公大队党支部书记。

2月，域内党员群众学习中共中央《关于农村人民公社当前政策问题的紧急指示信》（又称“农业十二条”），按照各生产队的耕地面积，将 5%的田作为社员自留地。

4月，整顿农村公共食堂，允许农民称米回家。月底，域内各大队公共食堂解散。

5月，刘义华等 5 户苏州市市民[①]分别到珠浜大队第 1、第 5、第 6、第 9 生产队安家落户。

春，全公社四级（县、公社、大队、生产队）算账退赔，域内主要退赔了被集体占用的农房等物资。

6月，夏熟收割季节，连续阴雨，三麦（小麦、大麦、元麦）、油菜籽发芽，部分霉烂。

11 月，域内各生产队全部采用抽水机船带动机器脱粒。

是月，珠浜大队第 4 生产队队长蒋招生出席江苏省文教群英会。

1962 年

4月，原大公大队划分为大公大队、团结大队 2 个大队。徐银泉任大公大队

---

① 此处的“市民”指籍贯为苏州市市区的人，区别于苏州市昆山县籍贯的人。

党支部书记，陈海文任团结大队党支部书记。

12月，域内患营养不良性浮肿病、消瘦病的村民集中到虹桥大队接受玉山医疗队的治疗。

是年，域内落实三级（公社、大队、小队）所有、队为基础的经济管理体制。

是年，团结大队第3生产队社员陈爱福（女）考取南京大学，毕业后留校任教。

1963年

3月，域内各大队党支部、共青团组织青年开展学雷锋，做好人好事活动。

8月，玉山镇镇区[①]知识青年茅招康到珠浜大队第5生产队落户。

是月，团结大队拆除公立严村小学，建团结小学，校址在严村庙宇旁边。

10月，域内各生产队搭建集体养猪场，开展养猪副业。

11月，大公大队创办夜校扫盲班。

是月，七浦塘水利工程开建。大公、珠浜、团结大队组织800余名民工参加建设，至12月中旬竣工。

是月，珠浜大队尤泾江、月池河口建造电灌站1座。

1964年

1月，大公大队党支部书记徐银泉、珠浜大队党支部书记钱伍郎、团结大队党支部书记陈海文出席昆山县召开的县、公社、大队三级干部大会。

是月，域内各大队贫下中农协会（简称“贫协”）成立。

4月，李福根任珠浜大队党支部书记。

7月，域内开展第二次全国人口普查。

8月，珠浜大队投资25 000元建造粮食饲料加工厂。

是年，域内设户外高音喇叭3只。

1965年

2月，响应毛泽东“农业学大寨”号召，域内改造低产田，建设丰产田，实行科学种田。

---

① 此处的“镇区”指玉山镇的非农业地区，与农业地区相对。知识青年、下放干部等来自城镇，来源地是苏州市、昆山县、玉山镇的，指来自苏州市、昆山县、玉山镇的非农业地区，后文不再对此做注。

4月，域内3个大队成立卫生保健站。

5月，开展爱国卫生运动，加强粪便管理，将茅坑集中并搭棚加盖，各生产队配保洁员，禁止社员在河道洗马桶。

6月，俞云生任团结大队党支部书记。

7月，社会主义教育工作队进驻域内各生产队，全面开展清政治、清经济、清组织、清思想的“四清”运动（该运动于翌年3月结束）。

是月，大公小学从支巷自然村整体搬迁到李家桥自然村，新校区建筑面积为308平方米。

9月，团结大队办1所耕读小学。珠浜大队在社员的砻坊、第5生产队仓库各办耕读小学1所。

10月，珠浜大队第5生产队社员孙泉根赴云南支援昆明铁路建设。

是月，大公大队兴办4所耕读小学，每所耕读小学配备1名教师。

是月，域内重设广播。公社与大队之间，以毛竹、树棍架设专线，各生产队社员家庭都能听到喇叭广播，各大队配1名专职广播线路员。

是月，大公大队对67名血吸虫病患者进行集中治疗。

是年，玉山信用社在各大队建立信用服务站。

是年，水稻取得了丰收。大公大队亩产增加32斤，珠浜大队亩产增加28斤，团结大队亩产增加30斤，社员的口粮也有所增加。

1966年

1月，域内掀起积肥、造肥群众运动。罱泥做到停人不停船，开展“三面光”工程①，以及“三水一绿”（水花生、水葫芦、水浮莲、绿萍）养殖工作。

3月，大公大队成立毛泽东思想宣传队，自编、自演节目，到各生产队巡回演出。

4月，域内各生产队增设1名政治队长。

7月，域内各大队开展“破四旧”（破除旧思想、旧文化、旧风俗、旧习惯）运动，文物、古迹、书籍、字画等遭损毁。

8月，域内各生产队推行“大寨式”评工记分，每月底各生产队召开社员

---

① “三面光”工程指把田埂、渠道岸、河岸的两侧及正面3个面上的野草割尽铲光，用以沤制肥料。

会，会上社员自报公议、评记工分。

是月，域内开挖公用深井 39 口。

1967 年

3 月，张阿根任珠浜大队党支部书记。

4 月，周银生任团结大队党支部书记。

9 月，珠浜大队投资 1.2 万元在如泾河上建造 1 座石桥，长 14 米，宽 2 米。

1968 年

3 月，域内成立大队革命委员会（简称“革委会”），徐银泉、张阿根、周银生分别任大公、珠浜、团结大队革委会主任。

4 月，珠浜大队建造礼堂，建筑面积约 380 平方米。

6 月，大公大队韩林根、珠浜大队张大毛、团结大队李学炳被推选为兽医，参加公社组织的专业培训。

7 月，域内各大队成立教育革命领导小组，由贫下中农管理学校。大公大队晋桃生、珠浜大队王楚仁、团结大队李叙福，分别管理本大队学校。

8 月，严村小学搬迁到团结大队第 5 生产队七泾港东侧。

9 月，域内各生产队用电动机拖 2 节滚筒脱粒机进行脱粒。

是年，大公、珠浜、团结 3 个大队接收 56 名苏州插队知青落户。

1969 年

1 月，大公、珠浜、团结 3 个大队开展“斗、批、改”（斗争、批判、改革）运动。

3 月，域内全面开展灭螺工作。

是月，域内各生产队发展蘑菇种植，共建菇床 7 200 平方米。

4 月，域内各大队办起合作医疗卫生室，配备 2 名赤脚医生。

5 月，团结大队社员踊跃义务献血。

8 月，域内开展农田水利建设。填溇浜，平滩地，拆荒坟，共扩大耕地面积约 58 亩。

10 月，大公大队徐银泉、珠浜大队张阿根、团结大队周银生参加昆山县召开的三级干部会议。会议提出“奋斗三年把昆山建成大寨式县”的口号。

11 月，域内各大队共派出 77 名民工参加常熟白茆塘水利工程建设。

是年，珠浜大队郭生明、郭金明兄弟俩及吴兴根、张小毛、王志毕，团结大队李银泉、陈纪元等人参军入伍。

1970 年

2 月，域内开展“一打三反”（打击反革命破坏活动，反对贪污盗窃、反对投机倒把、反对铺张浪费）运动。

3 月，大公大队组织各生产队到上海罱黑泥，共动用载重 10 吨的水泥船 8 条，每昼夜往返 1 次。

是月，域内开展群众性查螺、灭螺、防治血吸虫病运动，对河岸实行“三面光”土埋法，筑灭螺带。

4 月，域内开挖防空洞。

5 月，域内 94%的家庭安装广播喇叭。

7 月，珠浜大队组织 9 个生产队，用载重 5 吨的水泥船 10 条到上海罱黑泥，每昼夜往返 1 次。

是月，珠浜、团结大队共有 5 个生产队的生猪圈存量达 100 头。

8 月，团结大队建粮食饲料加工厂 1 座。

10 月，张家港水利工程开工，大公大队组织 56 名民工参加。

是年，推广种双季稻，大公大队按大田面积的 30%种双季稻，团结、珠浜大队各种 25%。

1971 年

1 月，昆山县召开第四届党员代表大会，会议宣布恢复中共昆山县委、各公社党委、各大队党支部建制。徐银泉任大公大队党支部书记，张阿根任珠浜大队党支部书记，周银生任团结大队党支部书记。

3 月，上级分配给珠浜大队第 2 生产队手扶拖拉机 1 台。

4 月，域内各大队开展积肥运动，大力养殖“三水一绿”。

是月，响应“备战、备荒，为人民”口号，落实全民皆兵指示，域内各大队组建武装基干民兵组织。

是月，大公大队聘请无锡市东亭镇农技员施兴度到各生产队开展农业技术指导，聘期 1 年。

5 月，苏州下放老干部彭岳鸣全家落户珠浜大队第 7 生产队。

是月，团结大队到嘉定、安亭租用中型拖拉机翻耕农田，确保农忙顺利。

6月，域内各生产队开展“深挖洞，广积粮”运动，共建土圆囤28个。

7月，珠浜大队各生产队用麦柴、稻草、秸秆到锦溪换砖，用于生产队铺设公场、搭建猪棚等。

8月，沪宁铁路复线土方工程动工，大公大队组织近30名民工参加。

1972年

2月，域内开展“批林整风”运动，重点批判《“571”工程纪要》。

3月，珠浜大队第1、第2、第6、第7生产队进行电线线路改造，总投资25 000元。

4月，大公大队接收第二批苏州插队知青13人。

5月，团结大队购买无锡产挂桨机1台。

是月，珠浜大队各生产队清坟、整田、填浜、填潭、填溇，增加耕地45亩。

冬，域内废除“文化大革命”前期推行的“大寨式”评工记分制度，恢复定额记工制度，调整社员自留地。

1973年

3月，域内推广大面积种植双季稻，每个生产队双季稻稻田面积不低于总种植面积的40%，大公大队第3生产队、团结大队第2生产队种植面积达100%。

是月，大公大队建造粮食饲料加工厂1座。

4月，珠浜大队第3、第4、第5、第9生产队，联合改造脱粒用电线路。

是月，团结大队第7生产队养殖蚌珠3 800只，年产蚌珠15斤，总收入为3 500元。

12月，珠浜大队在礼堂办治疗所，治疗血吸虫病患者。

1974年

3月，团结大队利用旱地、荒田、低洼田、河面，成立1个副业组，种植蔬菜及养鱼近百亩。

4月，沪宁铁路昆山段油库复线土方工程开工，域内安排民工24人参与（工程至10月完工）。

11月，大公大队开挖中心河（大濂河），域内河段长度为1.2公里。

12月，大公大队疏通新阳河1.4公里。

是月，团结大队民兵营第7民兵排受昆山县革委会、昆山县武装部通令嘉奖。

1975年

3月，昆山县革委会副主任徐彦同带领县路线教育工作组到团结大队指导工作，为时1年。

是月，李学炳任团结大队党支部书记。

是月，团结大队在团结中心河上造桥1座。

是月，团结大队第5、第7生产队造水泥桥2座。

5月，珠浜大队在第4生产队新建珠浜小学校1所，面积约为130平方米。

8月，大公大队在新阳河造水泥桥1座。

10月，大公大队徐银泉、珠浜大队张阿根、团结大队李学炳参加昆山县召开的三级干部大会。

11月，大公、珠浜、团结3个大队组织近300名民工参加太仓塘水利工程建设。

12月，珠浜大队6对青年男女在大队礼堂举行集体婚礼。

1976年

1月8日，周恩来总理逝世，域内各大队组织群众悼念。

2月，珠浜大队王志林参军入伍。

4月，大公大队建造礼堂，面积为360平方米，造价8万元。

6月，李连生任大公大队党支部书记。

7月，各大队合作医疗改为队办社管，由城南人民公社合作医疗管理委员会管理。

8月，域内各大队组织社员搭建防震棚，并组织民兵巡逻。

9月9日，毛泽东主席逝世，域内各大队组织党员、群众、学生在礼堂举行哀悼活动。

10月21日，昆山县召开庆祝粉碎“江青反革命集团”大会，珠浜大队吴飞荣带领25名社员参加。

11月，域内组织民工155名参加娄江河水利工程建设。

是月，大公大队第1生产队开挖生产河1条，长720米。

12月，珠浜大队在第1、第6生产队所辖区域开生产河1条，长760米。

1977年

1月，李连生、张阿根、李学炳带领各生产队队长出席昆山县召开的八千人四级干部大会，会上传达贯彻第二次全国农业学大寨会议精神。

3月，大公大队建造180平方米种子仓库1座。

4月，王志毕任珠浜大队党支部书记。

6月，团结大队购无锡产船用挂桨机1台。

11月，域内各生产队各派出民工1名，参加娄江河疏浚工程。

12月，珠浜大队组织民工200人，开挖生产河1条，此河长210米，东通李岸泾河，西通珠浜河。

是月，域内新开团结中心河1条，长1 500米，南通顾塘河，北通新阳河。

1978年

3月，珠浜、团结大队建造种子仓库共360平方米。

是月，昆山县开展地名普查，为避免地名重复，域内珠浜大队更名为迎丰大队，团结大队更名为路南大队。

是月，路南大队建电器胶木厂，设厂房16间，占地3 300平方米。

4月，杨小弟任路南大队党支部书记。

10月，各大队撤销教育革命领导小组，恢复中心小学校管理体制。

11月，大公、迎丰、路南3个大队组织民工120人参加太浦河拓浚工程。

是年，大公大队第3生产队被昆山县革委会评为农业社会主义建设先进集体。

是年，大公大队妇联主任李金妹被昆山县革委会授予血防先进个人称号。

1979年

1月，大公大队知青全部返城，知青点纽扣加工设备全部留村。大队建起大公珠光纽扣厂。

2月，李连生、王志毕、杨小弟参加昆山县召开的三级干部大会。

4月，昆山县副县长李纪良带领工作组进驻迎丰大队，指导相关工作。

是月，昆南公路土方工程启动，任务分配到域内各生产队，各生产队突击3~4天完成。

5月，迎丰大队投资8万元创办尼龙纱针织厂。

是年，路南大队被昆山县人民政府评为血防先进集体。

1980年

1月，宋庆忠任迎丰大队党支部书记。

3月，域内各大队实行大组联产，分组定量，联产计酬。

春，大公、迎丰、路南3个大队为19名“地、富、反、坏、右”分子全部摘帽。

4月，团结大队建造排涝站1座。

5月，域内各大队退还原查封地主、富农房屋，作价偿还查封的财物。

7月，大公、迎丰、路南3个大队的24个生产队共建粮食仓库90间。

是月，路南大队在新阳河上造水泥桥1座。

11月，路南大队在新阳河上建造排涝套闸，提升新北大片抗洪排涝能力。

1981年

3月，珠浜大队开挖鱼塘30亩，组建养殖场，安排职工4人。

5月，路南大队购进农用弥雾机1台。

6月，路南大队创办幼儿园1所。

是年，域内开展“五讲四美三热爱”活动。

1982年

4月，迎丰大队在珠浜河与尤泾江交汇处建造排涝站1座。

5月，迎丰大队创办幼儿园，入园儿童21名。

是月，域内各大队实施“人分口粮田，劳分责任田，猪分饲料田”，确定农民上缴公积金、公益金、管理费和义务工等积累额度。

7月，域内开展第三次全国人口普查。

1983年

4月，域内各大队卫生室改为村卫生服务站。

6月，政社分设，复建城南乡。大公大队改为大公村，迎丰大队改为迎丰村，路南大队改为路南村。生产队改为村民小组。

是月，路南村在东横塘河上造桥1座。

8月，张良生任大公村党支部书记。

是月，大公村创办幼儿园，入园儿童 25 名。

11 月，域内各村村民委员会（简称“村委会”）选举，许福官当选大公村村委会主任（简称“村主任”），杨积生当选迎丰村村主任，李金水当选路南村村主任。

是年，大公村、迎丰村、路南村被昆山县人民政府评为血防先进集体。

1984 年

3 月，路南村在南神泾河上造桥 1 座。

5 月，域内对各农户实行“六个统一”，即统一布局、统一排灌、统一供种、统一肥药供应、统一收购粮食，把集体大型农机具统一作价归私人所有。

10 月，张银根任大公村党支部书记。

1985 年

4 月，迎丰村建造村办公楼。

是月，迎丰村创办实业公司电器厂，吴兴根任厂长，职工共 50 人。

6 月，迎丰村第 5 村民小组在横溇梢建造单闸 1 座。

是月，路南村在北神泾河造平板水泥桥 1 座。

9 月，迎丰村在珠浜河上造石桥 1 座。

1986 年

4 月，大公村建造沼气池 38 个，路南村建造沼气池 26 个。

是月，迎丰村在东湾江建分级闸 1 座。

10 月，城南乡与玉山镇合并，实行镇管村新体制，大公、路南、迎丰 3 个村属玉山镇。

11 月，域内各村村委会换届选举，李祖德当选大公村村主任，李金水当选路南村村主任，徐雪其当选迎丰村村主任。

12 月，路南村姚正方被苏州市人民政府评为农机系统先进个人。

1987 年

3 月，大公村开挖鱼塘 3 个，面积为 31 亩，分别由张金龙、张全生、浦全清承包。

1988 年

4 月，域内遭风暴、冰雹袭击，三麦、油菜受灾面积达 205 亩。

5 月，域内各村成立老年协会。

7 月，大公村将原来的跃进电灌站向南迁移 500 米。

11 月，经县考核，大公村达到消灭血吸虫病的各项标准。

1989 年

1 月，域内的纽扣厂改为化工厂。

3 月，晋卫国任大公村党支部书记，张银根任农业经济合作社社长。

是月，路南村 180 户村民安装电话，占总户数的 85%。

9 月 28 日，昆山撤县设市，实行市管乡镇。大公、迎丰、路南 3 村属昆山市玉山镇。

11 月，域内各村村委会换届选举，李祖德当选大公村村主任，徐雪其当选迎丰村村主任，李金水当选路南村村主任。

1990 年

3 月，大公村卫生室被评为玉山镇合格卫生室。

4 月，李金水任路南村党支部副书记，主持村内工作。

7 月，域内开展第四次全国人口普查。

10 月，从小澞河通往迎丰村的农村公路路基工程动工。

是月，路南村与玉山村合资购买域内第一台收割机。

1991 年

1 月，路南村 93 亩农田由杨卿签约承包，大公村 721. 5 亩农田由王邦庚等 9 户农户签约承包。

4 月，大公村建造农机仓库 300 平方米、农机管理办公室 30 平方米。

是月，大公村在支巷跃进电灌站水池中查出大量钉螺。

5 月，路南村在七泾河建造平板水泥桥 1 座。

1992 年

1 月，大公村改造脱粒电力线路，全部改为 6 米长的水泥杆。

是月，路南村 1 108 亩农田由杨卿等 8 户农户承包，迎丰村 955 亩农田由杨青喜等 7 户农户承包。

10 月，迎丰村第 5 村民小组在珠浜河口，尤泾江处建造电灌站 1 座，有 2 台电动机，功率为 85 千瓦。

11月，域内各村村委会换届选举，李祖德当选大公村村主任，徐雪其当选迎丰村村主任，邢勤男当选路南村村主任。

1993年

3月，路南村开挖鱼塘817亩，承包给22户养殖户。

4月，域内各村进行自来水管网改造。村民每户自费500元，大公村投资10万元，路南村投资8万元，迎丰村投资12万元。

5月，吴兴根任迎丰村党支部书记。

8月，路南村每家每户安装铜圈广播喇叭。

1994年

5月，路南村建造村卫生室、农机仓库、老年活动室、村办公楼、300平方米水泥场等设施。

6月，迎丰村实业公司电器厂增建厂房4 730.98平方米，共有职工130名。

11月，路南村村民出资建路南路土方路基750米。

1995年

11月，域内各村村委会换届选举，李祖德当选大公村村主任，徐雪其当选迎丰村村主任，邢勤男当选路南村村主任。

12月，大公村被昆山市委农工部命名为财务管理“先进村”。

1996年

2月，路南路铺设砂石路基。

5月，大公村建成“电话村”。

8月，域内各村开展“昆山市卫生村”创建活动，拆除露天粪坑700多个，粪坑全部集中加盖。

1997年

4月，大公村被评为昆山市“双文明”村。

5月，域内3个村的坟墓被移至火炬公墓和白塔公墓，总移墓数占总墓数的95%。

6月，迎丰村建成“电话村”。

8月，大公村、迎丰村、路南村对每户房产进行确权，发放房产证、土地证。

1998 年

1 月，钱林生任迎丰村党支部书记。

3 月，大公村被昆山市爱国卫生运动委员会评为昆山市卫生村。

4 月，域内小澞河上造平板桥 1 座。

是月，域内各村发放农村集体土地承包经营权证书，经营权有效期为 1998—2028 年，30 年不变。

是月，域内村办企业转制，大公、迎丰、路南 3 个村的企业全部进行资产评估拍卖。

8 月，路南村建造公厕 5 座，配置垃圾箱 40 个。

11 月，域内各村村委会换届选举。俞建发当选大公村村主任，钱林生当选迎丰村村主任，刘汉文当选路南村村主任。

是年，迎丰村陈惠娟出席昆山市工会第十三次代表大会。

1999 年

3 月，大公村创建卫生村，全村建造水泥路 1 300 米、砂石路 800 米，填污水潭 2 个，土方工程施工 800 立方米，铺设下水道 180 米、石驳岸 150 米，建造公厕 5 座，改造公厕 1 座，配置垃圾箱 36 个，主要道路种树 2 000 棵。

6 月，迎丰村、大公村先后组织 13 人无偿献血。

9 月，迎丰村配置垃圾箱 30 个，在迎丰村第 6 村民小组建垃圾中转站 1 座。

是年，大公村被江苏省爱国卫生运动委员会评为江苏省卫生村。

2000 年

4 月，大公、迎丰、路南 3 个村共购中型拖拉机 9 台、手扶拖拉机 24 台，大型脱粒机 1 台、载重 10 吨以上的水泥船 9 条。

10 月，域内开展第五次全国人口普查。

2001 年

8 月，大公、迎丰、路南村 3 个村合并，合并后的村名为“大公村”，村委会办公地点设在原大公村办公楼。晋卫国任村党支部书记，钱林生任副书记，支部委员为孟益华、晋水根、邵素花。3 个村的合作医疗站合并为大公社区医疗卫生服务站。

2002 年

1 月，域内实行新型农村合作医疗制度，每人每年交 50 元。个人交 25 元列入家庭账户，村集体交 25 元列入医疗保险基金。

9 月，大公村建水泥路面 31 523 平方米，碳氮化钙下脚（俗称“黑脚子”）路面 34 700 平方米，砂石路面 930 平方米。建造 2 866 平方米的民办大公小学。

2003 年

4 月，域内江浦路延伸工程动迁 22 户村民，村民被安置在大公花园小区。

5 月，大公村成立预防和控制“非典”工作领导小组，负责全村“非典”防控工作。

是年，大公村晋惠娟被选为出席昆山市第十五届人民代表大会的代表。

2004 年

3 月，大公村建造标准厂房约 1 100 平方米，用于出租。

4 月，大公村建造办公楼 2 054 平方米。

11 月，大公村村委会换届选举，钱林生当选大公村村主任。

2005 年

是年，大公村在大公花园小区北侧临时建造 8 000 平方米的简易商业配套房。

2006 年

2 月，大公村参股建造青淞大楼。

是月，大公村被昆山市精神文明建设委员会评为昆山市农村精神文明建设先进村。

3 月，大公花园小区改造，新建水泥路面 467 平方米。

是年，大公村被昆山市人民政府评为“十五”人口和计划生育工作示范村。

2007 年

2 月，大公村有线电视实现全覆盖。

3 月，大公村被昆山市依法治市领导小组评为昆山市“民主法治示范村”。

4 月，大公村 28 户养殖户承包 313.17 亩鱼塘。

是月，大公村成立党总支，下设 3 个支部，晋卫国任党总支书记。

5 月，大公村动迁 181 户村民，安置在大公花园小区。

6月，大公村被中共昆山市委员会评为“实践三个代表，实现两个率先”先锋村。

7月，大公村动迁238户村民，安置在大公花园小区。

是月，大公村出租标准厂房、办公楼共1 827平方米。

9月，大公村第6村民小组26户村民动迁，安置在大公花园小区。

11月，大公村村委会换届选举，钱林生当选村主任。

12月，大公村建造大楼8 189平方米、菜市场1 808平方米。

2008年

1月，大公村连续数天遭遇特大暴雪，积雪深度达35厘米。大公村组织劳动力在主要道路上撒盐，清除积雪。

4月，大公村村主任钱林生被授予昆山市劳动模范称号。

7月，大公村党总支组织党员为四川汶川地震灾区捐款。

2009年

6月，大公村被中共苏州市委员会评为实践科学发展推进“两个率先”先锋村。

9月，朱素华任大公村党总支副书记主持工作。

是月，李亚任大公村村委会代主任。

2010年

4月，大公村将原大公村动迁后留下的老宅基改造成粮田，增加粮田面积161.9亩；填河道，增加土地面积92.3亩。

8月，设大公小区公交站，供158路、159路、205路、207路公交车停靠。

9月，朱素华任大公村党总支书记。

是月，大公村将原路南村动迁后留下的老宅基改造成粮田，增加粮田面积185亩；填河道，增加土地面积324亩。

10月，域内开展第六次全国人口普查。

12月，大公村村委会换届选举，刘青当选大公村村主任。

2011年

1月，大公村在李岸泾河上造桥1座。

4月，原迎丰村第2、第3、第7、第9村民小组共86户村民动迁，村民被安置在万丰苑小区。

9 月，大公村被苏州市文化广电新闻出版局评为苏州市公共文化服务优秀村。

10 月，玉山镇下派钱惠明主持大公村工作。

11 月，大公小区服务会所开工建造，总面积为 2 451 平方米。

2012 年

6 月，钱惠明任大公村党总支书记。

9 月，域内吴淞江学校建成启用。

2013 年

4 月，大公村成立社区股份制合作社。

8 月，刘青任村党总支书记。

11 月，大公村党总支组织全体党员收看中国共产党第十八次全国代表大会开幕式电视实况转播。

12 月，大公村村委会换届选举，龚凤珍当选大公村村主任。

是年，大公村社区股份合作社每股分红 150 元。

2014 年

4 月，大公花园小区由村集体自行管理改为由物业公司管理。

5 月，大公花园小区进行雨水与污水分流改造和天然气管道铺设。

10 月，大公村被昆山市社区教育办公室评为昆山市级学习型社区。

11 月，大公村原迎丰村第 1、第 4、第 5、第 8 村民小组共 103 户村民全部动迁到万欣苑小区，其中 1 组 30 户、4 组 25 户、5 组 31 户、8 组 17 户。

2015 年

2 月，大公花园小区建成景观带内人行道和 685 个停车位。

3 月，域内珠浜河北建电灌站 1 座。

4 月，域内李岸泾河西侧（南北向）造水泥桥 1 座。

6 月，域内珠浜河南建电灌站 1 座。

7 月，大公村每户出资 3 500 元开通管道煤气。

是月，域内珠浜河（南北向）上造水泥桥 1 座。

2016 年

1 月，域内组织清理大公花园小区商业街“黑广告”。

是月，大公村对域内一期到六期的绿化进行改造。

4 月，昆山市高新区有关部门在域内的白渔潭现代农业示范园内筑公路 1 条，长约 1 800 米。

是月，大公村在域内建造 200 平方米篮球场 1 处。

8 月，大公村党总支换届选举，刘青当选总支部书记，孟益华当选副书记。

是月，大公村在域内建老年活动场所 4 处，并配备健身器材。

夏，昆山市副市长兼公安局局长何书华到村检查工作，协调解决中华园西路与大公花园小区出口处的红绿灯安装问题。

2017 年

1 月，大公村村委会在小区会所内设舞蹈室、跆拳道室、乒乓室、学生补习班、图书室、影视厅、老年活动室。

7 月，大公村将原迎丰村动迁后留下的老宅基改造成粮田，增加粮田面积 156.65 亩。

8 月，大公村将迎丰老河道改造成粮田，增加粮田面积 174.87 亩。

11 月，大公村对高铁两侧约 50 亩旱地、荒地进行环境整治。

2018 年

3 月，在大公花园小区南侧建造公园 1 个。

5 月，横塘河排涝站建成，建筑面积为 500 平方米。

7 月，域内开展专项行动，清理群租房 745 套、出租住人车库 650 个，对 258 个停放电动自行车的楼道进行清理。

8 月，昆山高新区管委会副主任周继春到大公村检查工作，协调大公村的雨污水分流工作。

9 月，在大公花园小区内增设监控装置，安装摄像头 512 个。

12 月，王磊任大公村党总支书记。

是月，横塘河开挖段建造 250 米石驳岸。

2019 年

是月，域内组织全村 65 周岁以上老年人体检。

7 月，大公村党总支组织党员 46 人到沙家浜革命纪念馆参观学习。

10 月，大公村共向 760 名老年人发放重阳节敬老费 35. 79 万元。

12 月，大公村实施村级医疗普惠补助惠民政策，使全村 128 人得到补助，共发放补助款 320 215 元。

2020 年

2 月，武汉发生新冠疫情，大公村党总支发动全体党员捐款，合计捐款 5 040 元。

8 月，大公村组织“331”专项行动，用 5 天时间，共清理出租住人车库 270 个。

10 月，域内开展第七次全国人口普查。

是月，陈建华任大公村党总支第一书记，周丽青任大公村党总支书记。

11 月，域内各小区实行垃圾分类收集。

是月，大公村对域内各小区内部绿化进行改造。

是月，大公村对 200 平方米违建房进行拆除。

2021 年

1 月 9 日，大公村党总支换届选举大会举行，周丽青当选村党总支书记，何耀峰当选党总支副书记，龚美娟当选党总支委员。

2 月，域内各小区安装喇叭 25 个，用于宣传防控新冠病毒感染相关知识。

3 月 21 日，大公村村委会换届选举，周丽青当选村主任，龚美娟、俞文当选村委会委员。

4 月 29 日，大公村党总支召开党员大会，选举陈建华为中共玉山镇委员会第十五届党员代表大会代表。

5 月 10 日，大公村村委会组织“331”联合整治活动，收缴液化气钢瓶 500 余只。

5 月 27 日—28 日，大公村党总支第一书记陈建华出席中共玉山镇委员会第十五届党员代表大会。

6 月 29 日，为庆祝中国共产党成立 100 周年，大公村党龄 50 周年以上的 17 名党员各荣获“光荣在党 50 年”纪念章 1 枚。

8 月，大公村村民第一次接种新冠疫苗 1 100 余人次，第二次接种新冠疫苗

1 400 余人次。

是月，大公花园小区增建停车位 186 个。

9 月，大公花园小区新建垃圾分类收集点 11 处。

是月，大公花园小区发放尊老金卡 771 份。

12 月 8 日，域内进行昆山市、镇二级人大代表选举，金芳、周学军当选昆山市人大代表，周丽青当选玉山镇人大代表。

第一章　建置区划

大公村位于玉山镇镇区南 1. 5 公里处，东邻小瀼河，南与庙灯村接壤，西枕尤泾江，北靠沪宁铁路。村域东西最长长 3 公里，南北最宽宽 1. 65 公里，面积为 4. 22 平方公里。

民国时期，村域属昆山县玉山市（第一区、第四区）。1949 年，废保甲，建立县乡（镇）人民政府，村域属昆山县城区。1950 年，全县改划小乡，村域属昆山县城郊区瀼西乡、新东乡。1958 年，成立马鞍山人民公社。1959 年，改设城南人民公社，村域属之，设大公、珠浜 2 个大队。1983 年，恢复乡村建制，城南人民公社改设为城南乡，域内 3 个大队改设为 3 个村。1986 年，城南乡并入玉山镇，域内 3 个村属玉山镇。2001 年，域内大公村、路南村、迎丰村 3 村合并，组建成新的大公村，下辖 24 个村民小组。2012 年，玉山镇、昆山高新区区镇合一，大公村属之。随着昆山高新区（玉山镇）的规划建设调整和城镇化建设的快速推进，域内的 19 个自然村先后整体动迁，至 2014 年，自然村全部消失。村民先后被安置在大公花园、万丰苑、万欣苑小区。

第一节 建置沿革

一、村名由来

大公村原名大渔村，1951 年土地改革时，土改工作队队长罗应庆召集本村殷桂根、张永泉、李宝元 3 位老同志，商议后，认为大渔村与农业生产村村名不符，结合当时消灭私有制、走集体公有制道路的形势，为突出“公”字，决定将大渔村更名为大公村。1962 年，一个新的大队从大公大队划分出来，当时的大队干群一致决定将之起名为团结大队。1978 年，昆山全县地名普查，为避免同名重复，又考虑到团结大队紧靠沪宁铁路，因此，将团结大队更名为路南大队。域内迎丰村原名珠浜大队，以珠浜河命名。该村地势低洼，土壤板结，透水性差，农作物产量偏低，社员盼望农业丰收，因此，1978 年，珠浜大队更名为迎丰大队。1983 年 6 月，建立乡村体制，路南大队改为路南村，迎丰大队改为迎丰村，大公大队改为大公村。3 个村以 24 个生产队为基础，改设 24 个村民小组。

2001 年 8 月，大公村、路南村、迎丰村 3 个村合并为新的大公村，属昆山市玉山镇。

2012 年 9 月，玉山镇、昆山高新区实行区镇合一体制，大公村属昆山高新区（玉山镇），至 2020 年未变。

二、历史沿革

清宣统元年（1909），推行地方自治，划昆山、新阳两县为 1 市 17 乡。玉山划为市，称玉山市，辖 5 区 25 图。域内各自然村属昆山县玉山市。

1912 年中华民国成立，新阳县并入昆山县，玉山市区域不变，域内各自然村属昆山县玉山市。

1929 年 6 月，国民政府重订《县组织法》，县下设区、乡（镇）、村（街）。玉山市改为昆山县第一区，辖 15 镇 29 乡。域内各自然村属昆山县第一区。

1934 年 3 月，江苏省颁布《江苏省各县整理自治区域办法》，玉山仍为第一区，下辖 5 镇 5 乡，域内各自然村属昆山县第一区。

1942 年，第一区改为第四区，下设 7 个乡（镇），域内各自然村属昆山县第四区。

1945 年 9 月，抗日战争胜利后，昆山县撤销第四区，玉山改为第一区，辖 5 个镇 5 个乡。域内各自然村属昆山县第一区。

1947 年 2 月，域内实行新县制，玉带、学宫、南濠、山南、致和 5 个镇及原汉坡乡之九、十两保合并为玉山示范镇，域内各自然村属玉山示范镇。

1949 年 5 月 13 日，昆山解放，域内各自然村随之解放。是年 7 月，废除保甲制，建立区、乡人民政府。昆山县划分为 6 个区、27 个乡（镇），域内各自然村属昆山城区。

1950 年，区制不变，昆山城区更名为城郊区，辖 1 个镇、8 个乡，域内各自然村属新东乡、澞西乡。

1956 年 8 月，昆山县撤销区、乡（小乡），建立昆山县城南乡。大公高级社、珠浜高级社属昆山县城南乡。

1958 年 10 月，玉山镇、城南乡、城北乡合并为马鞍山人民公社。大公大队、珠浜大队属马鞍山人民公社。

1959 年 2 月，昆山县撤销马鞍山人民公社，成立昆山县城南人民公社。大公大队、珠浜大队属城南人民公社。

1962 年 4 月，原大公大队拆分为大公大队和团结大队。这 2 个大队属城南人民公社。

1978 年，昆山县对全县大队进行名称更改，团结大队改为路南大队，珠浜大队改为迎丰大队。

1983 年 6 月，撤销城南人民公社，建立城南乡人民政府。大公大队、路南大队、迎丰大队分别改为大公村、路南村、迎丰村，3 个村属城南乡。

1986 年 10 月，昆山县撤销城南乡，将其并入玉山镇，域内 3 个村属玉山镇。

2001 年，大公村、迎丰村、路南村 3 个村合并，建立新的大公村，同时对原来的村民小组进行调整合并，改设为 24 个村民小组，至 2020 年未变。

1909—2020 年大公村域隶属变更情况如表 1-1 所示。

表 1-1　1909—2020 年大公村域隶属变更情况一览表

年份	隶属	所辖生产队、村民小组/个
1909	玉山市	—
1912	玉山市	—
1929	第一区	—
1942	第四区	—
1945	第一区	—
1949	城区	—
1950	城郊区濮西乡、新东乡	—
1956	城南乡	17
1958	马鞍山人民公社	18
1959	城南人民公社	26
1983	城南乡	24
1986	玉山镇	24
2001	玉山镇	24
2012	昆山高新区（玉山镇）	24

第二节　行政区划

2001 年 8 月，大公村与路南村、迎丰村合并，组建成新的大公村。大公村位于昆山市玉山镇（沪宁铁路）南侧。东邻小澞河，南与庙灯村接壤，西贴尤泾江，北与沪宁铁路相邻，区域面积为 4.22 平方公里。下辖 24 个村民小组，2003 年动迁前共有 19 个自然村。至 2014 年，域内自然村全部消失，村民先后迁入大公花园、万丰苑、万欣苑小区。大公村村委会设在大公花园 23 号楼，大公村属昆山高新区（玉山镇），至 2020 年村域四至和管辖区域未变。

一、区划沿革

1950 年 1 月，大公村域划小乡。域内有 12 个自然村属澞西乡管辖，7 个自然村属新东乡管辖。

1950 年大公域内小乡所辖各自然村情况如表 1-2 所示。

表 1-2　1950 年大公域内小乡所辖各自然村情况表

小乡名	所辖自然村	乡长	乡农委主任
澞西乡	支巷、牛车浜、杨巷、大渔、李家桥、张北泾、西浜、东横塘、西横塘、蒋家浜、前严村、严村	吴纪明	沈杏生
新东乡	潭郎、杨家角、珠浜、如泾、周家角、北星渎、李岸泾	钱伍郎	宋斗坤

1954 年，域内以自然村命名成立 3 个初级社：张北泾初级社、前严村初级社、李岸泾初级社。张北泾初级社、前严村初级社属昆山县城郊区澞西乡，李岸泾初级社属昆山县城郊区新东乡。

1956 年，张北泾、前严村、李岸泾 3 个初级社合并，建立高级社，张北泾初级社、前严村初级社合并为大公高级社。李岸泾初级社改为珠浜高级社。

1958 年 10 月，城南乡、城北乡、玉山镇合并为马鞍山人民公社，大公高级社改为大公大队，珠浜高级社改为珠浜大队。

1962 年 4 月，原大公大队划分为大公大队、团结大队 2 个生产大队。

1978 年，昆山县进行地名普查，团结大队更名为路南大队，珠浜大队更名为迎丰大队。

1983 年，政社分设，路南大队改为路南村。大公大队改为大公村，迎丰大队改为迎丰村。

2001 年 8 月，玉山镇对行政村进行撤并调整，大公村、迎丰村、路南村合并组建新的大公村，至 2020 年未变。

1949—2020 年大公村域区划变化情况、合作化时期至 2020 年大公村域区划情况如表 1-3、表 1-4 所示。

表 1-3　1949—2020 年大公村域区划变化情况一览表

时间	隶属	区域	所辖自然村
1949 年 7 月	城（郊）区	联村	支巷、牛车浜、杨巷、大渔、李家桥、张北泾、西浜、蒋家浜、前严村、严村、东横塘、西横塘
		联村	潭郎、杨家角、珠浜、如泾、周家角、北星渎、李岸泾
1956 年 8 月	城南乡	大公高级社	支巷、牛车浜、杨巷、大渔、李家桥、张北泾、西浜、东横塘、西横塘、蒋家浜、前严村、严村
		珠浜高级社	潭郎、杨家角、珠浜、如泾、周家角、北星渎、李岸泾
1958 年 10 月	马鞍山人民公社	大公大队	支巷、牛车浜、杨巷、大渔、李家桥、张北泾、蒋家浜、西横塘、西浜、东横塘、严村、前严村
		珠浜大队	潭郎、杨家角、珠浜、如泾、周家角、北星渎、李岸泾
1959 年 2 月	城南人民公社	大公大队	支巷、牛车浜、杨巷、大渔、李家桥、张北泾、西浜、东横塘、西横塘、蒋家浜、前严村、严村
		珠浜大队	潭郎、杨家角、珠浜、如泾、周家角、北星渎、李岸泾
1983 年 6 月	城南乡	大公村	支巷、牛车浜、杨巷、大渔、李家桥、张北泾
		路南村	西浜、东横塘、西横塘、蒋家浜、前严村、严村
		迎丰村	潭郎、杨家角、珠浜、如泾、周家角、北星渎、李岸泾
1986 年 10 月	玉山镇	大公村	支巷、牛车浜、杨巷、大渔、李家桥、张北泾
		路南村	蒋家浜、西横塘、西浜、东横塘、严村、前严村
		迎丰村	潭郎、杨家角、珠浜、如泾、周家角、北星渎、李岸泾

续表

时间	隶属	区域	所辖自然村
2001年8月	玉山镇	大公村	支巷、牛车浜、杨巷、大渔、李家桥、张北泾、蒋家桥、西横塘、西浜、东横塘、严村、前严村、潭郎、杨家角、珠浜、如泾、周家角、北星渎、李岸泾

表1-4 合作化时期至2020年大公村域区划情况一览表

2020年底		2001年调整前			合作化时期	
村名	组别	村名	组别	自然村村名	生产大队队名	高级社社名
大公	1	大公	1	支巷	大公	大公
	2		2	牛车浜		
	3		3	杨巷		
	4		4	大渔		
	5		5	李家桥		
	6		6	张北泾		
	7		7			
	8		8	大渔		
	9	迎丰	1	北星渎	珠浜（迎丰）	珠浜
	10		2	杨家角		
	11		3	李岸泾		
	12		4	珠浜		
	13		5	潭郎		
	14		6	周家角		
	15		7	杨家角		
	16		8	如泾		
	17		9	李岸泾		
	18	路南	1	蒋家浜	团结（路南）	大公
	19		2	西横塘		

续表

2020 年底		2001 年调整前			合作化时期	
村名	组别	村名	组别	自然村村名	生产大队队名	高级社社名
大公	20	路南	3	西浜	团结（路南）	大公
	21		4	东横塘		
	22		5	严村		
	23		6			
	24		7	前严村		

二、2001 年并村前的行政村

大公村　位于玉山镇西南部，东接路南村，南至庙灯村，西连迎丰村，北靠沪宁铁路，距玉山镇政府驻地 3 公里。村域面积为 1.22 平方公里。

建制沿革。1958 年，大公高级社改建为大公生产大队，下辖 9 个生产小队。1962 年，原大公大队一分为二，分为大公大队和团结大队。新大公大队下辖 7 个生产队。1983 年，政社分设，大公生产大队改为大公村，全村有耕地 1 520.46 亩。2000 年，大公村辖 6 个自然村，设 8 个村民小组，全村有 204 户、602 人。2001 年 8 月，玉山镇对行政村进行撤并调整。大公村、路南村、迎丰村合并组建新的建制村，取名大公村。

所获荣誉。1957 年，大公高级社被中共昆山县委员会评为血防工作先进单位；1958 年，大公大队被江苏省爱国卫生运动委员会评为江苏省爱国卫生运动先进集体；1978 年，大公大队第 3 生产队被昆山县革委会评为农业社会主义建设先进单位；1983 年，大公村被昆山县人民政府评为血防工作先进集体；1996 年，大公村被中共昆山市委农工部评为一九九五年度财务管理先进村；1998 年，大公村被昆山市爱国卫生运动委员会评为昆山市卫生村；1999 年，大公村被江苏省爱国卫生运动委员会评为江苏省卫生村。

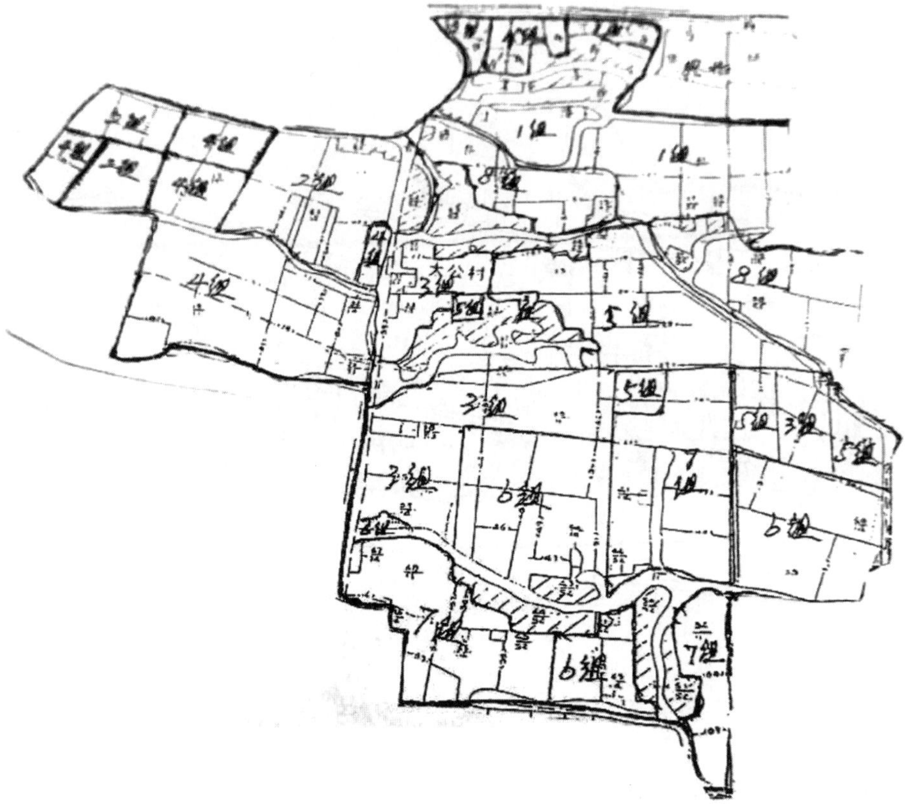

2001 年撤并前，原大公村区域图（2020 年，大公村供图）

迎丰村　位于玉山镇西南部，东临大公村，南至白渔潭村，西靠群北村，北与赵厍村接壤，距玉山镇政府驻地 5 公里。村域面积为 1.5 平方公里。

建制沿革。迎丰村前身为珠浜大队，下辖 9 个生产队。1978 年，昆山县进行地名普查，为避免县域内行政村同名，珠浜大队更名为迎丰大队；1983 年，政社分设，迎丰大队改为迎丰村，全村有耕地 1 872.55 亩。2000 年，辖 7 个自然村，设 9 个村民小组，全村有 195 户、616 人。2001 年 8 月，行政村撤并调整，迎丰村与原大公村、路南村合并组建新的建制村，取名大公村。

所获荣誉。1960 年，珠浜大队第 4 生产队被昆山县人民政府评为农业社会主义建设先进单位；1983 年，迎丰村荣获昆山县血防工作先进集体称号。

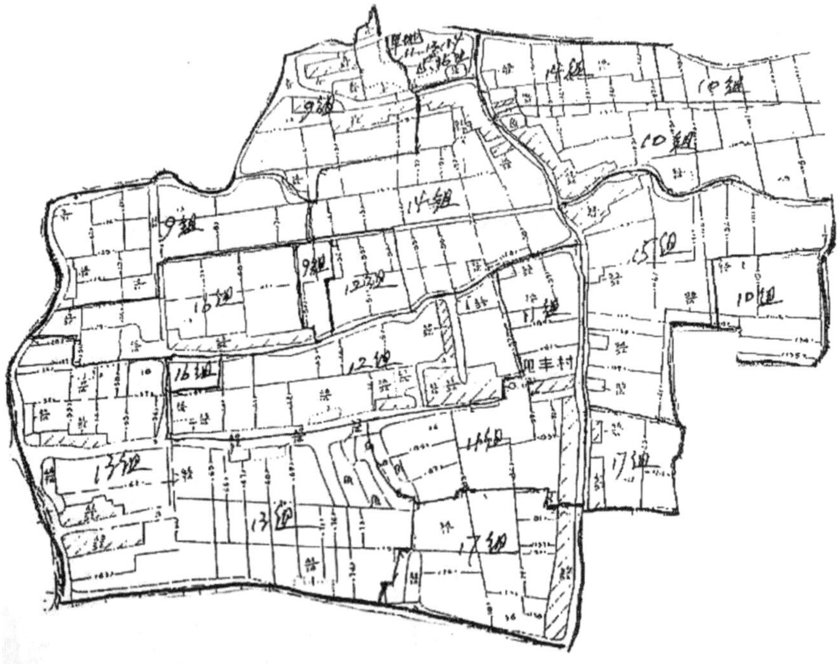

2001 年撤并前，原迎丰村区域图（2020 年，大公村供图）

路南村 位于玉山镇南部，东至小澞河，南至庙灯村，西至大公村，北至沪宁铁路，距玉山镇政府驻地 1.5 公里。村域面积为 1.5 平方公里。

建制沿革。1962 年 4 月，原大公大队一分为二，分为大公大队、团结大队 2 个大队，团结大队下辖 7 个生产队。1978 年，团结大队更名为路南大队。1983 年，政社分设，路南大队改为路南村，全村有耕地 1 746.09 亩。2000 年，全村下辖 6 个自然村、7 个村民小组，有 234 户、862 人。2001 年 8 月，行政村撤并调整，路南村与迎丰村、原大公村 3 个村合并组建成新的大公村。

所获荣誉。1974 年，团结大队民兵营第 7 民兵排民兵工作“三落实”成绩显著，荣获昆山县革委会、昆山县武装部通令嘉奖。1978 年，团结大队荣获江苏省人民政府颁发的油料生产先进奖；团结大队被昆山县革委会评为血防工作先进集体。是年，团结大队创办村办企业城南电器胶木厂，该厂被城南人民公社革委会评为村办企业先进单位。1979 年，路南大队被昆山县人民政府评为血防工作先进集体。1983 年，路南村被昆山县人民政府评为血防工作先进集体。

2001 年撤并前，原路南村区域图（2020 年，大公村供图）

第三节 自然村

新中国成立前，域内的 19 个自然村就已形成。各个自然村在河岸两侧分布，村民建房居住。各自然村之间的距离一般为 300～500 米，中间由耕地或河流相隔，建有便桥以方便村民相互往来。村民耕地一般都在自然村四周，方便农业耕作。

20 世纪 50—70 年代，域内各自然村变化缓慢。1978 年后，随着改革开放和社会经济发展，村民生活水平提高，村民自建房增多，草房翻建平瓦房，平瓦房翻建楼房，各自然村面貌有很大的变化，村庄规模逐步扩大。

1986 年，村域划归玉山镇管辖，农村基础设施建设步伐加快。自 2003 年起，域内 19 个自然村先后动迁，至 2014 年，大公村域的自然村全部消失，村民被安置在大公花园、万丰苑、万欣苑 3 个小区。

支巷 位于原大公村北端，东临路北村农田，南至大渔自然村，西靠大濵河，北至沪宁铁路。村庄呈长条形，东西长 300 米，南北宽 40 米，村庄占地 18 亩，有耕地 190.8 亩。村民主要以农业为生，种植水稻、三麦和油菜。村名取自支巷河。

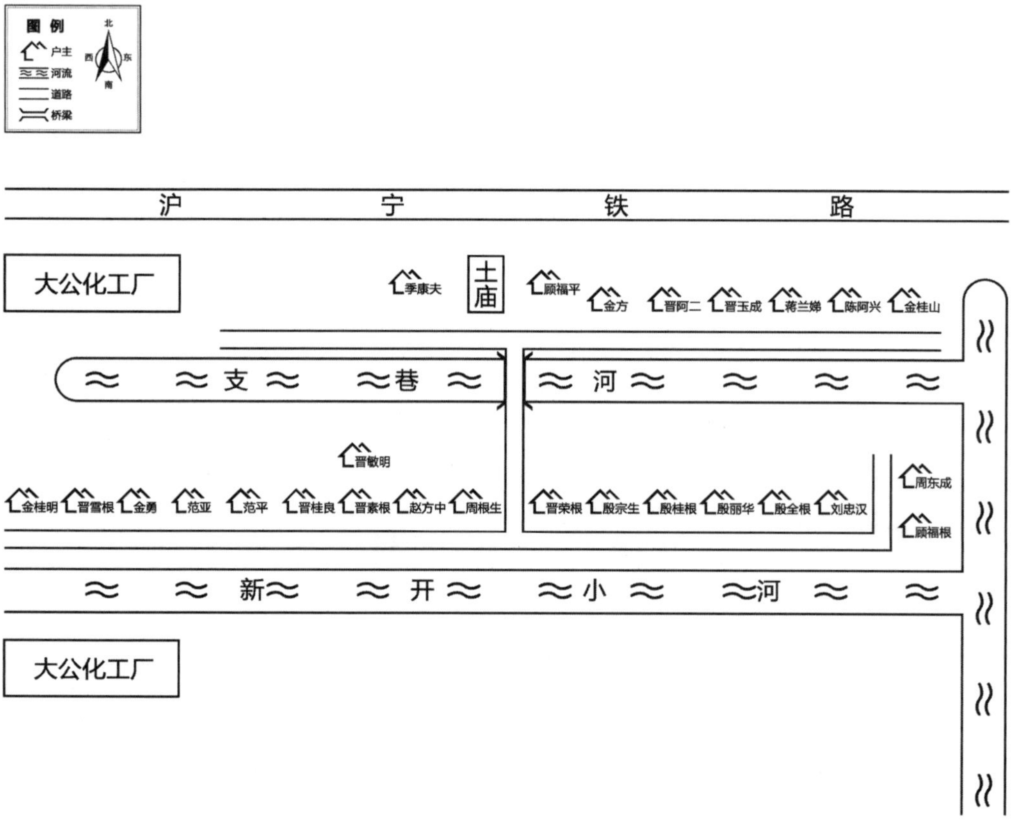

2007 年支巷村民住宅分布平面图（2020 年，大公村供图）

1949 年前属昆山县城区，1950 年划归昆山县城郊区濵西乡，1956 年属城南乡大公高级社第1生产队，1958年属马鞍山人民公社大公大队第1生产队，1959年属城南人民公社大公大队第1生产队。

1983年有村民26户，村民住宅全部是平瓦房；有99人，其中男49人，女50人。

2001年撤并后属玉山镇大公村第1村民小组。

2007年8月动迁时，全村有26户，其中楼房23户，平瓦房3户；92人，其中男45人，女47人。姓氏中有晋姓7户，殷姓4户，金姓4户，范姓、周姓、顾姓各2户，陈姓、赵姓、刘姓、季姓、蒋姓各1户。动迁后，村民被安置在大公花园小区，支巷自然村消失。

牛车浜　位于原大公村西部，村民分布在大濾河两岸，南、西两面是生产队粮田，北沿牛车浜河。村庄呈T形，东西长150米，南北长120米，村庄占地11.3亩，有耕地184.3亩。村民主要以农业为生，种植水稻、三麦和油菜。村庄因靠牛车浜河得名。

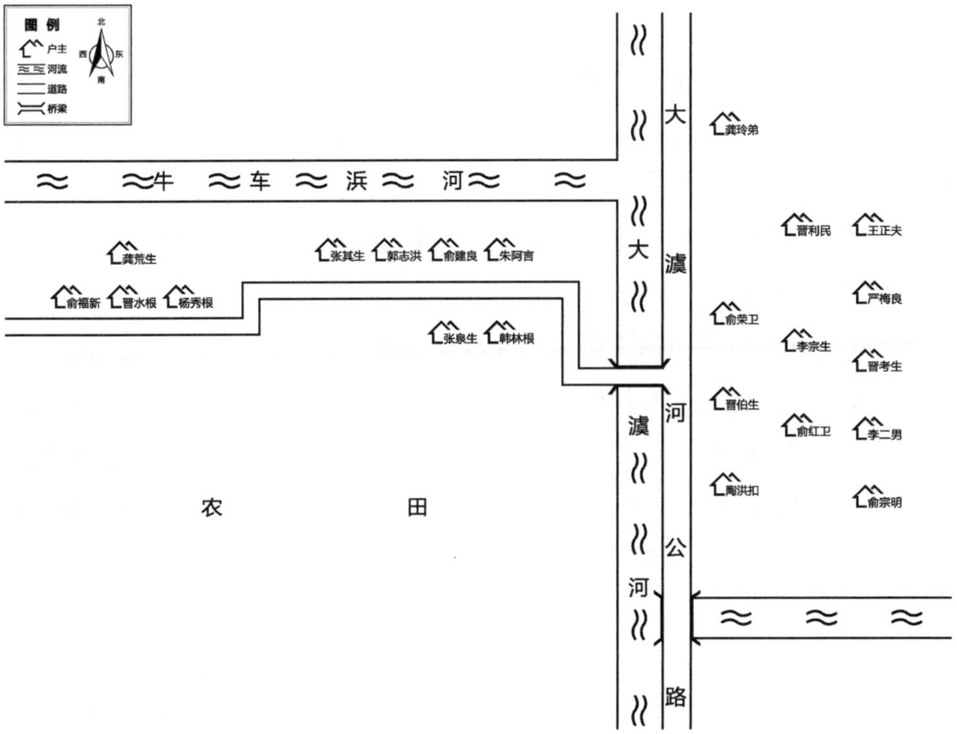

2003年牛车浜村民住宅分布平面图（2020年，大公村供图）

1949年前属昆山县城区，1950年划归昆山县城郊区濵西乡，1956年属城南乡大公高级社第2生产队，1958年属马鞍山人民公社大公大队第2生产队，1959年属城南人民公社大公大队第2生产队，1962年第2生产队一分为二，拆为第2生产队和第4生产队。

1983年有村民18户，其中平瓦房17户，草房1户；有80人，其中男36人，女44人。

2001年撤并后属大公村第2村民小组。

2003年因建339省道（江浦路）动迁，动迁时有村民22户，其中楼房19户，平瓦房3户；有86人，其中男42人，女44人。姓氏中有俞姓5户，晋姓4户，龚姓、张姓、李姓各2户，杨姓、郭姓、朱姓、韩姓、王姓、严姓、陶姓各1户。动迁后，村民被安置在大公花园小区，牛车浜自然村消失。

杨巷　位于原大公村中心，东至杨巷浜底，南沿杨巷河，西靠大濵河，北与李家桥自然村相连。村庄呈长方形，东西长280米，村庄占地12.6亩，有耕地154.1亩。村民主要以农业为生，种植水稻、三麦和油菜。村名取自杨巷浜。

1949年前属昆山县城区，1950年划归昆山县城郊区濵西乡，1956年属城南乡大公高级社第3生产队，1958年属马鞍山人民公社大公大队第3生产队，1959年属城南人民公社大公大队第3生产队，1962年该生产队一分为二，杨巷为第3生产队，李家桥为第5生产队。

1983年有村民27户，其中楼房1户，平瓦房24户，草房2户；有94人，其中男43人，女51人。

2001年撤并后属玉山镇大公村第3村民小组。

2007年8月动迁时，有村民29户，其中楼房23户，平瓦房6户；有78人，其中男38人，女40人。姓氏中有徐姓10户，张姓4户，李姓3户，陈姓、朱姓、沈姓各2户，江姓、芦姓、赵姓、王姓、周姓、韩姓各1户。动迁后，村民被安置在大公花园小区，杨巷自然村消失。

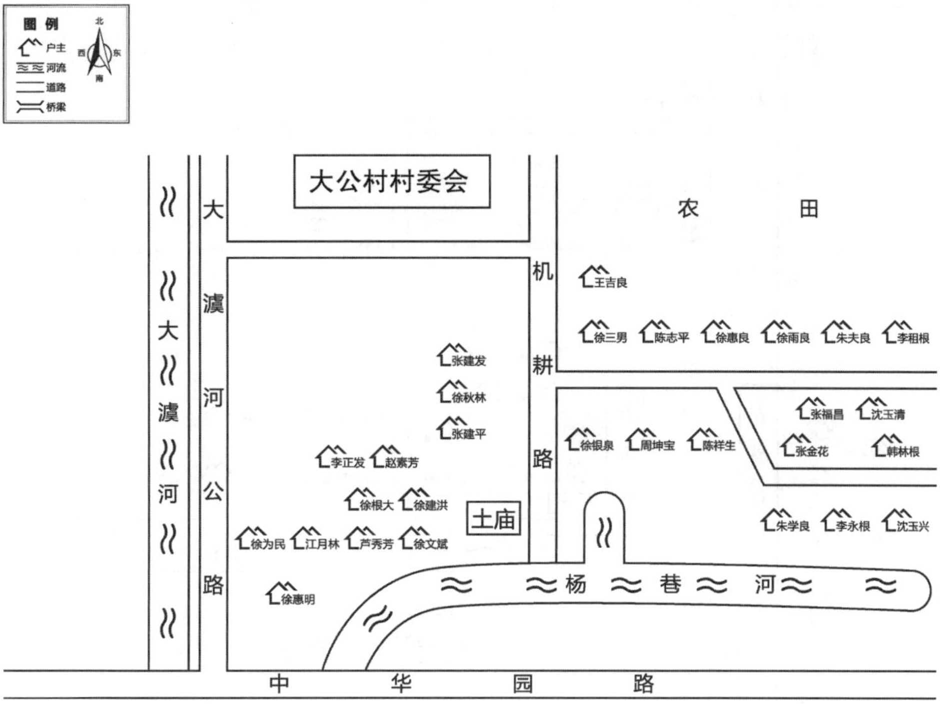

2007 年杨巷村民住宅分布平面图（2020 年，大公村供图）

大渔　位于原大公村北端，东面是农田，南邻李家桥自然村，西靠大澞河，北至支巷自然村。村庄呈长方形，东西长 200 米，村庄占地 50 亩，有耕地 360.1 亩。村民主要以农业为生，种植水稻、三麦和油菜。村名取自大澞河的谐音。

1949 年前属昆山县城区，1950 年划归昆山县城郊区澞西乡，1956 年属城南乡大公高级社第 2 生产队，1958 年属马鞍山人民公社大公大队第 2 生产队，1959 年属城南人民公社大公大队第 2 生产队，1962 年该生产队一分为二，大渔属增设的第 4 生产队。

1983 年，有村民 52 户，168 人，其中男 88 人，女 80 人，村民住宅全部是平瓦房。

2001 年撤并后属玉山镇大公村第 4、第 8 村民小组。

2007 年 8 月动迁时，有村民 44 户，其中楼房 41 户，平瓦房 3 户；有 143 人，其中男 71 人，女 72 人。姓氏中有俞姓 34 户，张姓 5 户，沈姓 2 户，徐姓、龚姓、邵姓各 1 户。动迁后，村民被安置在大公花园小区，大渔自然村消失。

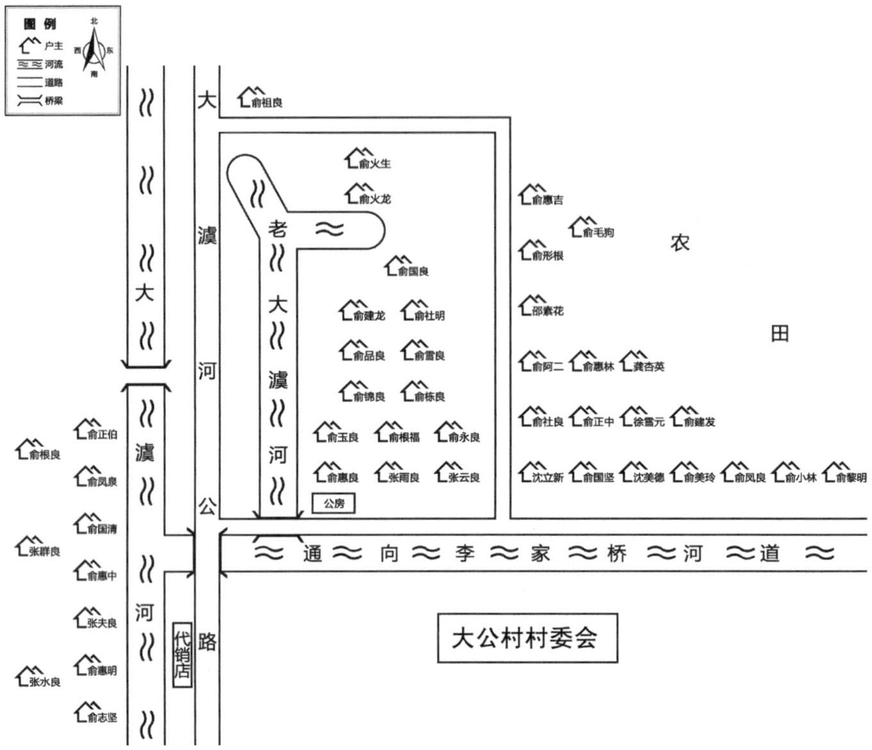

2007 年大渔村民住宅分布平面图（2020 年，大公村供图）

李家桥 位于原大公村中心，是大公村村委会办公楼所在地，东至蒋家浜自然村，南接杨巷自然村，西靠大濂河，北与大渔自然村相邻，村庄呈长条形，东西长 300 米，占地 13.5 亩，有耕地 185.6 亩。村民主要以农业为生，种植水稻、三麦和油菜。村名取自李家桥。

1949 年前属昆山县城区，1950 年划归昆山县城郊区濂西乡，1956 年属城南乡大公高级社第 3 生产队，1958 年属马鞍山人民公社大公大队第 3 生产队，1959 年属城南人民公社大公大队第 3 生产队，1962 年属大公大队第 5 生产队。

1983 年有村民 24 户，其中楼房 1 户，平瓦房 22 户，草房 1 户；有 95 人，其中男 52 人，女 43 人。

2001 年撤并后属玉山镇大公村第 5 村民小组。

2007 年 9 月动迁时，有村民 21 户，其中楼房 16 户，平瓦房 5 户；有 97 人，其中男 47 人，女 50 人，姓氏中有李姓、张姓各 6 户，韩姓 4 户，陶姓、徐姓各 2 户，晋姓 1 户。动迁后，村民被安置在大公花园小区，李家桥自然村消失。

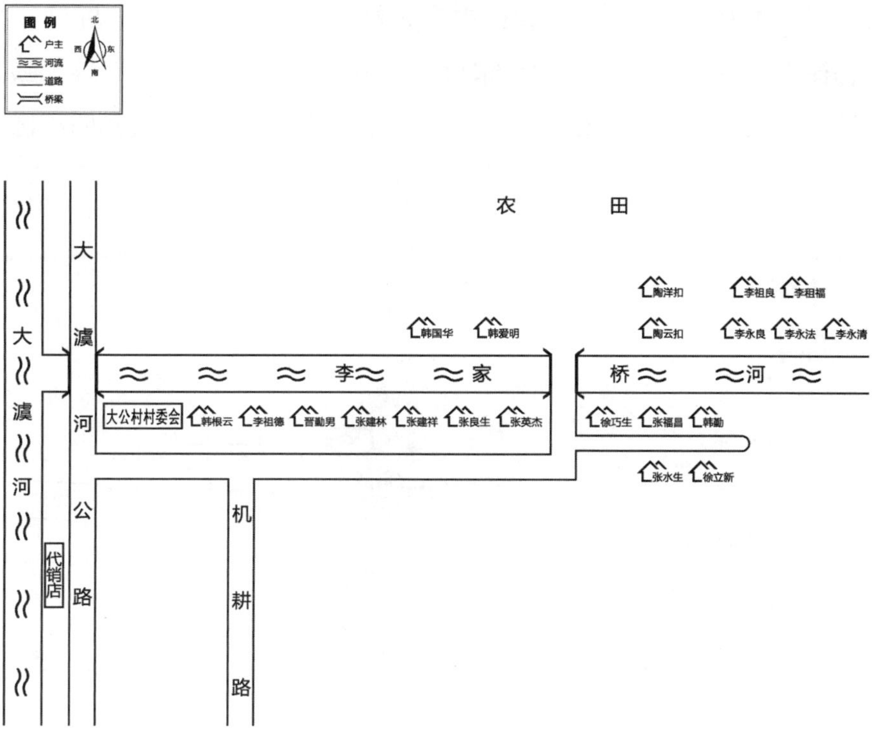

2007 年李家桥村民住宅分布平面图（2020 年，大公村供图）

张北泾 位于原大公村南端，东至陶家溇，南近坟西溇，与庙灯村交界，西靠大濵河，北临杨巷自然村，是原大公村最南端、最大的一个自然村。村庄呈直角分布，东西长 350 米，南北长 250 米，村庄占地 56.5 亩。有耕地 446.25 亩，村民主要以农业为生，种植水稻、三麦和油菜。以前有多户张姓大户人家居住，故村庄取其姓氏命名为张北泾。

1949 年前属昆山县城区，1950 年划归昆山县城郊区濵西乡，1954 年属濵西乡张北泾初级社，1956 年属城南乡大公高级社第 4 生产队，1958 年属马鞍山人民公社大公大队第 4 生产队，1959 年属城南人民公社大公大队第 4 生产队，1962 年该生产队一分为二，编为第 6、第 7 生产队，张北泾属第 6、第 7 生产队。

1983 年有村民 61 户，其中平瓦房 60 户，草房 1 户；有 218 人，其中男 108 人，女 110 人。

2001 年撤并后属玉山镇大公村第 6、第 7 村民小组。

2007 年 8 月动迁时，有村民 61 户，其中楼房 55 户，平瓦房 6 户；有 209

人，其中男 104 人，女 105 人。姓氏中有张姓 16 户，李姓 7 户，叶姓 6 户，顾姓 5 户，徐姓 4 户，王姓、许姓、朱姓、奚姓各 3 户，陈姓、赵姓、钱姓各 2 户，常姓、马姓、牛姓、戴姓、邵姓各 1 户。村民被安置在大公花园小区，张北泾自然村消失。

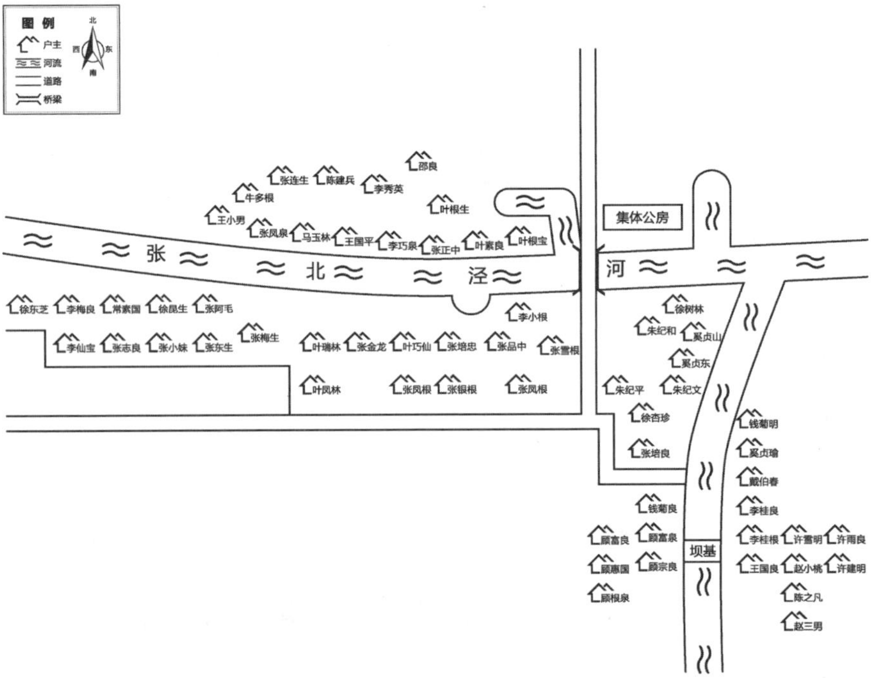

2007 年张北泾村民住宅分布平面图（2020 年，大公村供图）

北星渎　位于迎丰村北侧，北靠沪宁铁路，与赵厍村第 1 村民小组相邻，东与周家角自然村相近，南靠如泾自然村，西临尤泾江，呈东西向，占地 11.6 亩。村民以农业为生，种植水稻、三麦和油菜。

1949 年前属昆山县城区，1950 年划为昆山县城郊区新东乡，1956 年属昆山县城南乡珠浜高级社，1958 年属马鞍山人民公社珠浜大队第 1 生产队，1959 年属城南人民公社珠浜大队第 1 生产队。1962 年该生产队一分为二，增设第 6 生产队，北星渎属第 1、第 6 生产队。

1983 年，有耕地 235 亩，村民 29 户，其中楼房 2 户，平瓦房 27 户；有 120 人，其中男 62 人，女 58 人。

2001 年三村合并后属大公村第 9 村民小组。

2014 年动迁时，有村民 30 户，其中楼房 19 户，平瓦房 11 户；有 102 人，男 50 人，女 52 人。姓氏中有杨姓 6 户（村民杨根宝有两处住宅），朱姓 4 户，方姓 3 户，王姓、程姓、郑姓、李姓、金姓各 2 户，夏姓、刘姓、阚姓、胡姓、张姓、蔡姓、钱姓各 1 户。村民被安置在万欣苑小区，北星渎自然村消失。

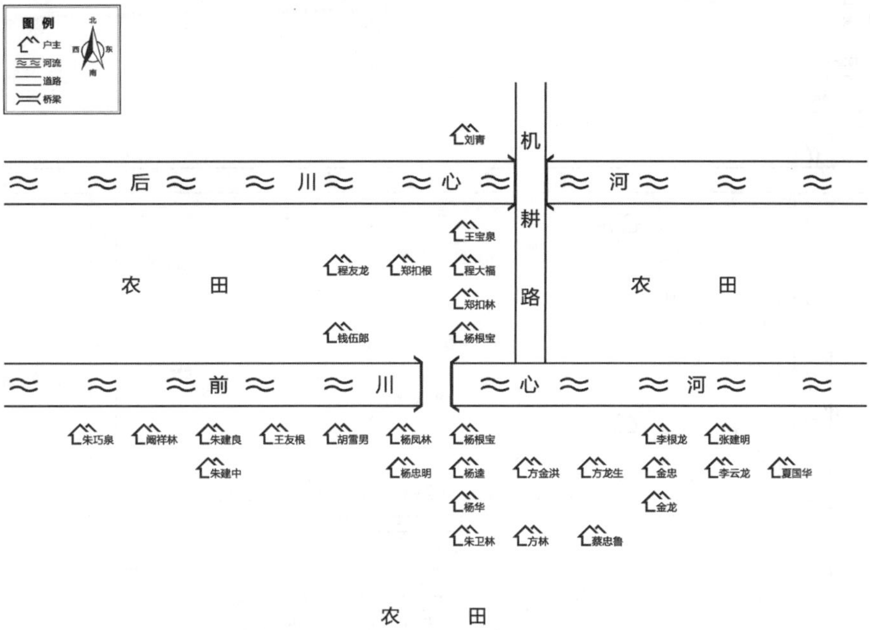

2014 年北星渎村民住宅分布平面图（2020 年，大公村供图）

杨家角　位于迎丰村东北处，呈东西走向，东以原大公村第 4 村民小组农田为界，南临李岸泾河东农田，西靠李岸泾自然村，北与曹头河为邻，村庄占地 17.2 亩。村民以农业为生，种植水稻、三麦和油菜。新中国成立前，有一杨姓大户落户于此，后逐步形成村庄，故名为杨家角。

1949 年前属昆山县城区，1950 年划为昆山县城郊区新东乡，1956 年属昆山县城南乡珠浜高级社，1958 年属马鞍山人民公社珠浜大队第 2 生产队，1962 年该生产队分为 2 个生产队（第 2、第 7 生产队），杨家角属第 2、第 7 生产队。

1983 年政社分设后，杨家角自然村属第 2、第 7 村民小组。第 2 村民小组有耕地 220 亩，村民 22 户，全部住平瓦房；有 88 人，其中男 42 人，女 46 人。第 7 村民小组有耕地 231 亩，村民 21 户，其中平瓦房 20 户，草房 1 户；有 76 人，其中男 39 人，女 37 人。

2001年撤并后属大公村第10、第15村民小组。

2011年7月动迁时，有村民43户，其中楼房37户，平瓦房6户。姓氏中王姓10户，张姓9户，龚姓7户，徐姓5户，沈姓3户，孙姓、顾姓、何姓各2户，李姓、黄姓、赵姓各1户。村民被安置在万丰苑小区，杨家角自然村消失。

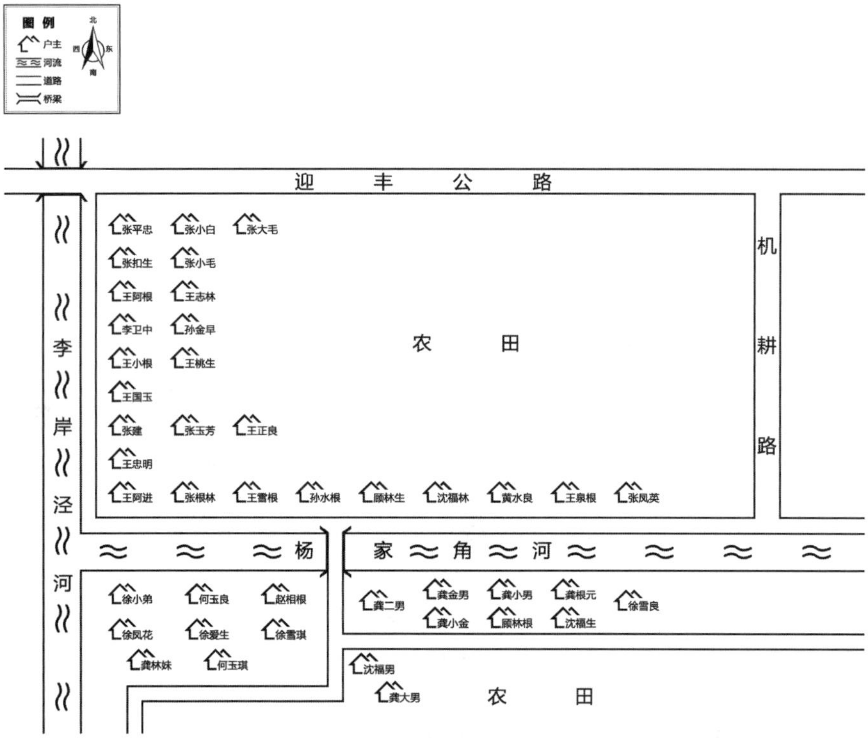

2011年杨家角村民住宅分布平面图（2020年，大公村供图）

李岸泾　位于迎丰村东侧，呈南北向，东靠李岸泾河，南至张泾河，西与潭郎自然村为邻，北以如泾河为界，村庄占地18.5亩。村民以农业为生，种植水稻、三麦和油菜。村名取自李岸泾河。

1949年前属昆山县城郊区城区，1950年划为昆山县城郊区新东乡，1956年属昆山县城南乡珠浜高级社，1958年属马鞍山人民公社珠浜大队第3生产队。1962年生产队分为2个生产队（第3、第9生产队），李岸泾属第3、第9生产队。

1983年，第3、第9生产队改为第3、第9村民小组。第3村民小组有耕地144.5亩，23户，其中平瓦房22户，楼房1户；有101人，其中男53人，女48

人。第 9 村民小组有耕地 144.5 亩，村民 20 户，其中平瓦房 16 户，楼房 4 户；有 103 人，其中男 50 人，女 53 人。

2001 年撤并后属大公村第 3、第 17 村民小组。

2011 年动迁时，有村民 43 户，其中楼房 29 户，平瓦房 14 户。姓氏中有张姓 6 户，周姓、吴姓、钱姓、俞姓各 4 户，龚姓、高姓各 3 户，曹姓、胥姓、杜姓、任姓、郭姓各 2 户，王姓、陆姓、陈姓、刁姓、唐姓各 1 户。动迁后，村民被安置在万丰苑小区，李岸泾自然村消失。

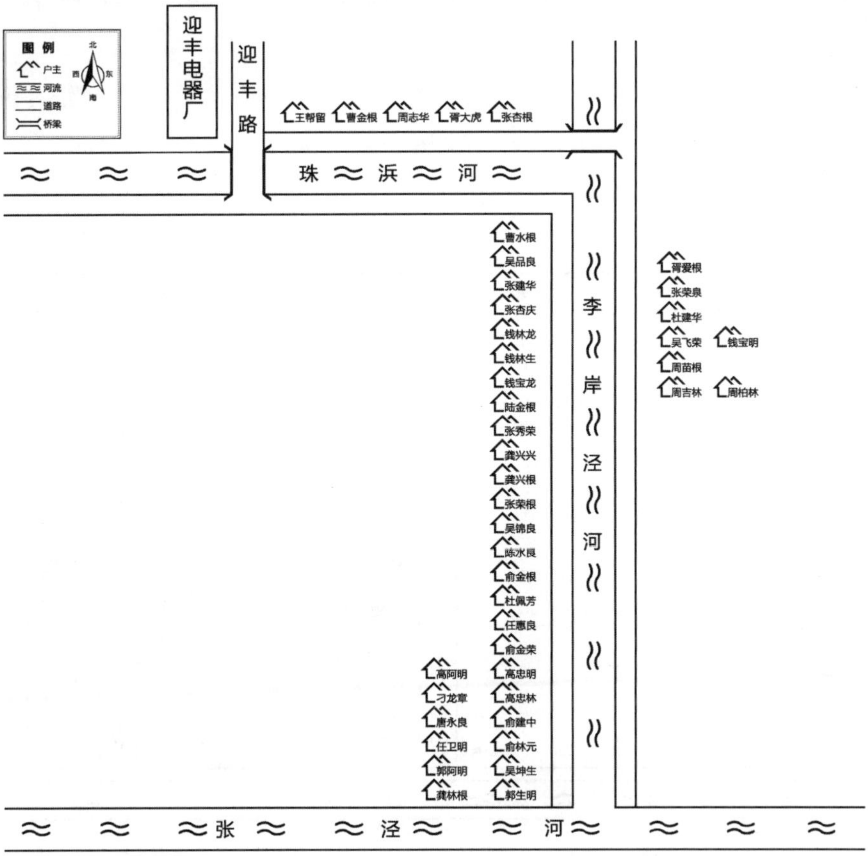

2011 年李岸泾村民住宅分布平面图（2020 年，大公村供图）

珠浜　位于迎丰村村委会所在地，自然村以珠浜河命名，东与迎丰电器厂相邻，南与迎丰村村委会所在地相接，至珠浜河，北靠如泾河，村庄占地 14.5 亩。村民以农业为生，种植水稻、三麦和油菜。

1949 年前属昆山县城区，1950 年划为昆山县城郊区新东乡，1956 年属昆山县城南乡珠浜高级社，1958 年属马鞍山人民公社珠浜大队第 4 生产队。

1983 年属迎丰村第 4 村民小组。第 4 村民小组有耕地 159 亩，村民 25 户，其中平瓦房 24 户，草房 1 户。

2001 年撤并后属大公村第 12 村民小组。

2014 年动迁时，有村民 25 户，其中楼房 17 户，平瓦房 8 户。姓氏中有李姓、张姓、赵姓、吴姓各 3 户，宋姓、周姓、谷姓、陈姓各 2 户，杨姓、曹姓、王姓、顾姓、殷姓各 1 户。动迁后，村民被安置在万欣苑小区，珠浜自然村消失。

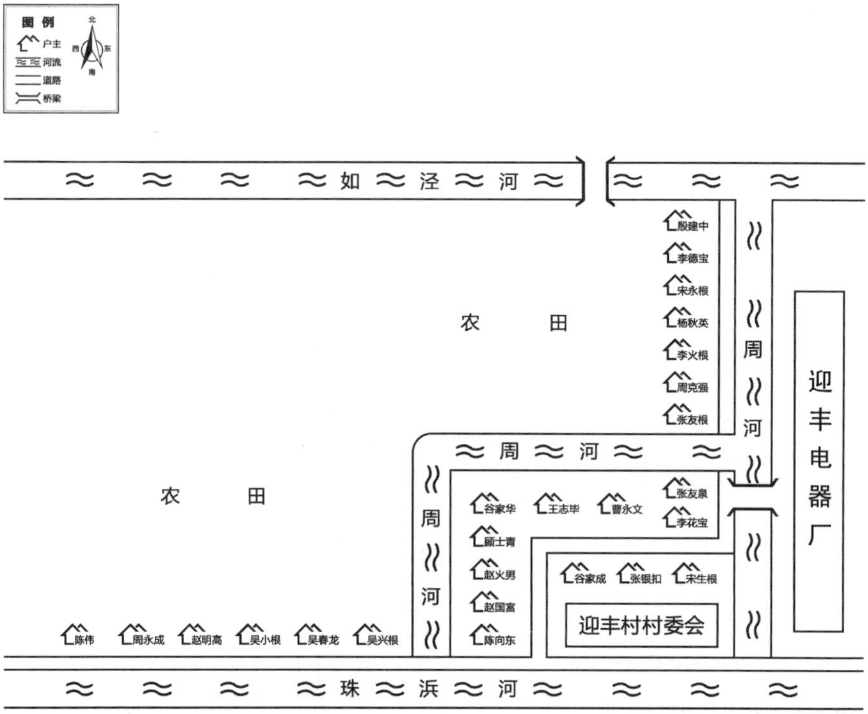

2014 年珠浜村民住宅分布平面图（2020 年，大公村供图）

潭郎　位于迎丰村西侧，东以珠浜河为界，南以张泾河为界，西邻群南村，北与如泾自然村为邻。村民居住在横溇梢两侧，村庄占地 12.8 亩。村民以农业为生，种植水稻、三麦和油菜。

1949 年前属昆山县城区，1950 年划归昆山县城郊区新东乡，1956 年属昆山县城南乡珠浜高级社，1958 年属马鞍山人民公社珠浜大队第 5 生产队。

1983 年属迎丰村第 5 村民小组。第 5 村民小组有耕地 308 亩，村民 30 户，村民住宅全部为平瓦房；有 141 人，其中男 69 人，女 72 人。

2001 年撤并后属大公村第 13 村民小组。

2014 年动迁时，有村民 30 户，其中楼房 21 户，平瓦房 9 户。姓氏中有张姓 7 户，陈姓 5 户，蒋姓 3 户，周姓、茅姓、李姓、孙姓各 2 户，宋姓、王姓、赵姓、龚姓、沈姓、朱姓、殷姓各 1 户。动迁后，村民被安置在万欣苑小区，潭郎自然村消失。

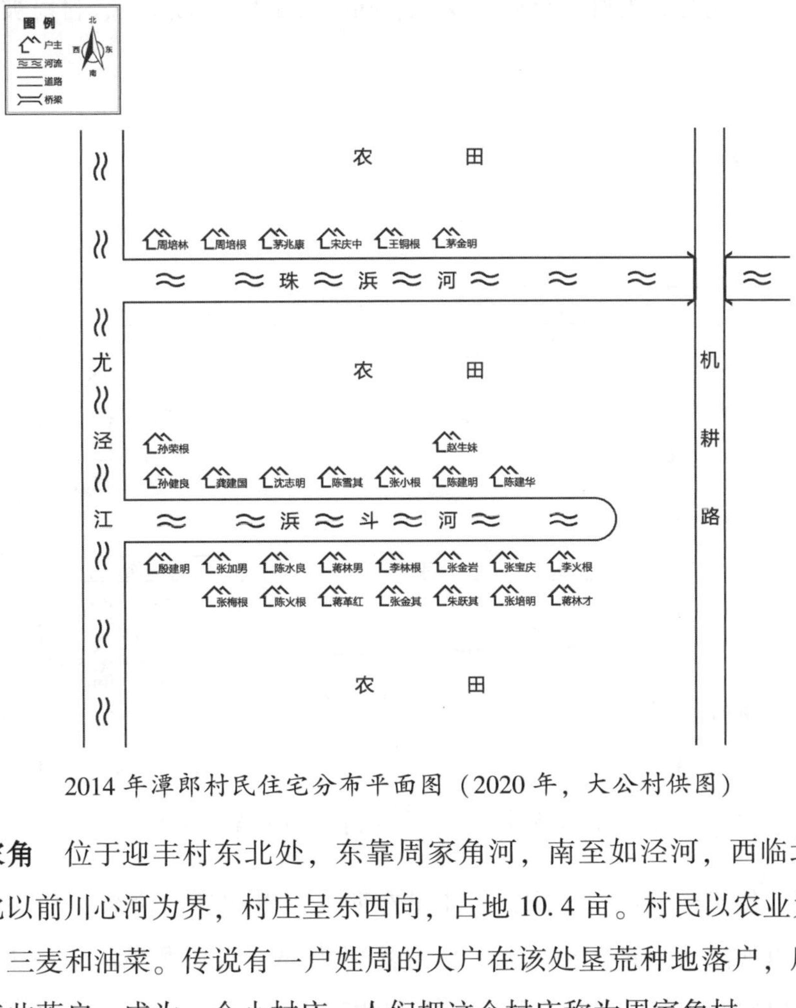

2014 年潭郎村民住宅分布平面图（2020 年，大公村供图）

周家角 位于迎丰村东北处，东靠周家角河，南至如泾河，西临北星渎自然村，北以前川心河为界，村庄呈东西向，占地 10.4 亩。村民以农业为生，种植水稻、三麦和油菜。传说有一户姓周的大户在该处垦荒种地落户，后来先后有几户来此落户，成为一个小村庄。人们把这个村庄称为周家角村。

1949 年前属昆山县城区，1950 年属昆山县城郊区新东乡，1956 年属昆山县城南乡珠浜高级社，1958 年属马鞍山人民公社珠浜大队第 1 生产队，1959 年属昆山县城南人民公社珠浜大队第 1 生产队。1962 年该生产队一分为二，增设第 6 生产队，周家角自然村属第 6 生产队，且有耕地 248 亩。

1983 年，第 6 生产队改为第 6 村民小组，有耕地 235 亩，村民住宅为平瓦房的有 26 户；有 95 人，其中男 47 人，女 48 人。

2001 年撤并后属大公村第 14 村民小组。

2008 年动迁时，有村民 26 户，其中楼房 20 户，平瓦房 6 户。姓氏中有韩姓、周姓各 3 户，张姓、戴姓、吴姓、徐姓、朱姓各 2 户，卞姓、夏姓、杨姓、王姓、奚姓、胡姓、冯姓、许姓、支姓、陆姓各 1 户。动迁后，村民被安置在大公花园小区，周家角自然村消失。

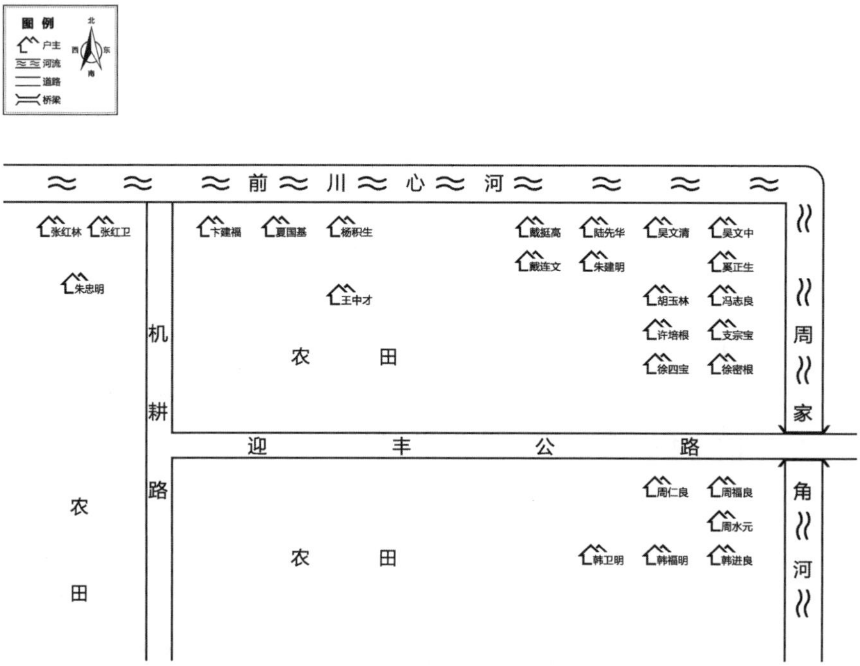

2008 年周家角村民住宅分布平面图（2020 年，大公村供图）

如泾　位于迎丰村西北侧，村庄呈东西向，以如泾河命名。东以李岸泾河为界，南以如泾河为界，北与北星渎自然村为邻，西临尤泾河，村庄占地 9.5 亩。村民以农业为生，种植水稻、三麦和油菜。

1949 年前属昆山县城区，1950 年属昆山县城郊区新东乡，1956 年属昆山县城南乡珠浜高级社，1958 年属马鞍山人民公社珠浜大队第 8 生产队，1983 年属迎丰村第 8 村民小组。第 8 村民小组有耕地 169 亩，村民 17 户，其中平瓦房 16 户，楼房 1 户；有 85 人，其中男 41 人，女 44 人。

2001 年撤并后属大公村第 16 村民小组。

2014 年动迁时，有村民 17 户，其中楼房 13 户，平瓦房 4 户。姓氏中有李姓、林姓各 3 户，赵姓、朱姓、陈姓各 2 户，宋姓、包姓、姚姓、祁姓、卞姓各 1 户。动迁后，村民被安置在万欣苑小区，如泾自然村消失。

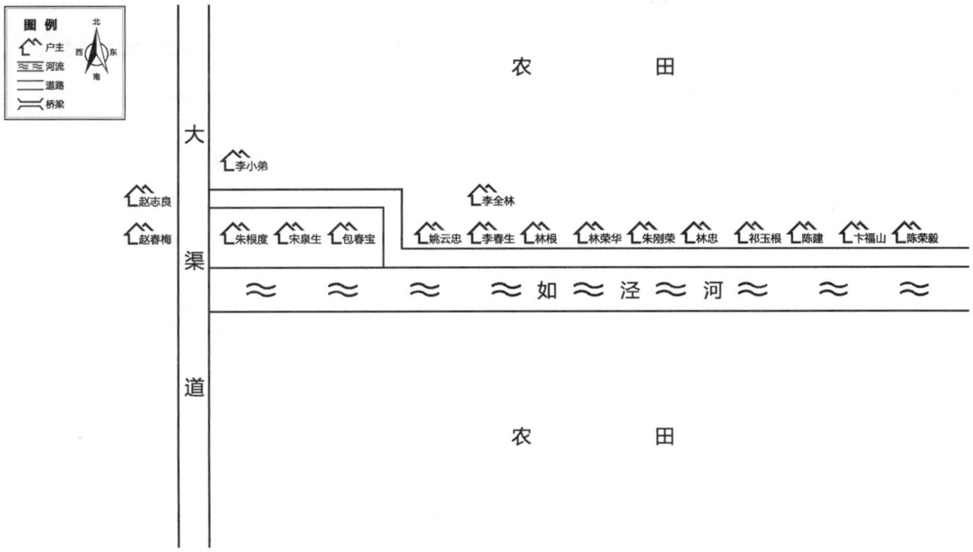

2014 年如泾村民住宅分布平面图（2020 年，大公村供图）

蒋家浜　位于路南村西北，东至西横塘自然村，南至南神泾河，西至大公村第 8 村民小组农田，北至沪宁铁路，村庄占地 25 亩。村民以农业为生，种植水稻、三麦、油菜。传说蒋家浜因蒋家浜河而得名。

蒋家浜自然村一角（2020 年，李金水供图）

新中国成立初期属昆山县城区，1950 年划归昆山县城郊区濵西乡，1956年属大公高级社第10生产队，1958年属马鞍山人民公社大公大队第10生产队，1959年属城南人民公社大公大队第10生产队，1962年4月属城南人民公社团结大队第1生产队。

1983年属城南乡路南村第1村民小组。第1村民小组有耕地158.8亩，有24户，全是平瓦房；117人，其中男57人，女60人。

2001年撤并后属玉山镇大公村第18村民小组。

2007年动迁时，有村民24户，其中楼房21户，平瓦房3户；有127人，其中男62人，女65人；有陈姓6户，李姓4户，朱姓、孙姓、吕姓、周姓各2户，王姓、沈姓、董姓、龚姓、卞姓、吉姓各1户。动迁后，村民被安置在大公花园小区，原村庄成为农田，蒋家浜自然村消失。

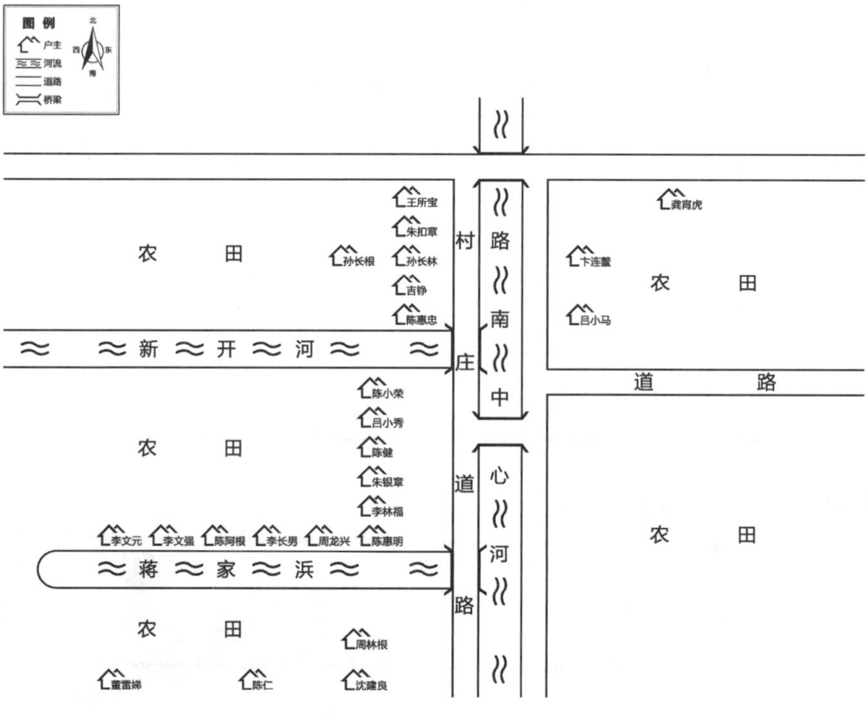

2007年蒋家浜村民住宅分布平面图（2020年，大公村供图）

西横塘　位于路南村西北，东至七泾河，南至南神泾河，西至团结中心河，北至西横塘河，村庄占地29亩。村民以农业为生，种植水稻、三麦、油菜。传说西横塘自然村因西横塘河而得名。

新中国成立初期属昆山县城区，1950年划为昆山县城郊区澞西乡。1956年属大公高级社第 9 生产队，1958 年属马鞍山人民公社大公大队第 9 生产队，1959 年属城南人民公社大公大队第 9 生产队，1962 年 4 月属城南人民公社团结大队第 2 生产队。

消失前的西横塘自然村一角
（2020 年，李金水供图）

1983 年属城南乡路南村第 2 村民小组，有耕地 170.08 亩，平瓦房 25 户；有 90 人，其中男 42 人，女 48 人。

2001 年撤并后属大公村第 19 村民小组。

2007 年动迁时，有村民 34 户，其中楼房 30 户，平瓦房 4 户；有 101 人，其中男 52 人，女 49 人。姓氏中有沈姓 10 户，李姓、朱姓各 3 户，徐姓、吉姓、曹姓、俞姓、费姓各 2 户，杨姓、庞姓、谢姓、姜姓、殷姓、王姓、周姓、施姓各 1 户。动迁后，村民被安置在大公花园小区，原村庄成为农田，西横塘自然村消失。

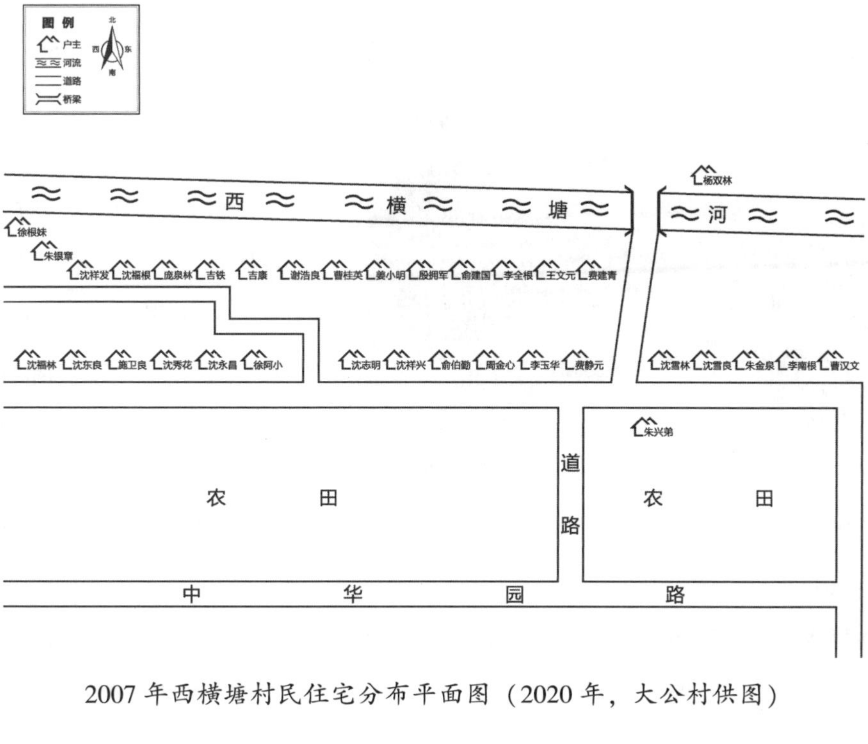

2007 年西横塘村民住宅分布平面图（2020 年，大公村供图）

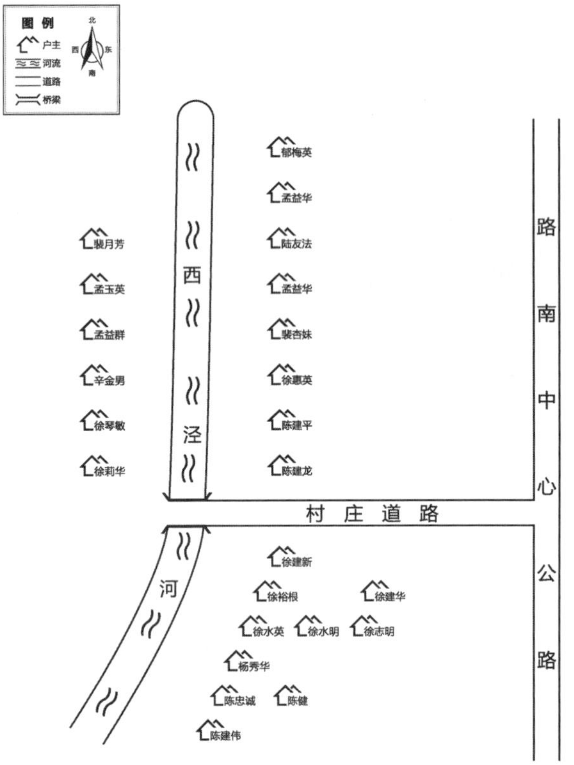

2009年西浜村民住宅分布平面图

西浜　位于路南村北侧，东至东横塘自然村农田，南至西横塘河，西至路北村农田，北至沪宁铁路，村庄占地25亩。村民以农业为生，种植水稻、三麦、油菜。西浜自然村因西浜河而得名。

新中国成立初期属昆山县城区，1950年属昆山县城郊区濵西乡，1956年属大公高级社第8生产队，1958年属马鞍山人民公社大公大队第8生产队，1959年属城南人民公社大公大队第8生产队，1962年4月属城南人民公社团结大队第3生产队。

1983年属城南乡路南村第3村民小组，有耕地174.2亩，村民27户，其中楼房2户，平瓦房25户；有97人，其中男47人，女50人。

消失前的西浜自然村一角（2020年，李金水供图）

2001年撤并后属大公村第20村民小组。

2009年动迁时，有24户，其中楼房20户，平瓦房4户；88人，其中男41人，女47人。姓氏中有徐姓9户，陈姓5户，孟姓4户（村民孟益华有两处住宅），裴姓2户，辛姓、郁姓、陆姓、杨姓各1户。动迁后，村民被安置在大公花园小区，原村庄成为农田，西浜自然村消失。

东横塘　位于路南村北侧，东至玉山自然村农田，南至严村自然村农田，西至七泾河，北至沪宁铁路，村庄占地29亩。村民以农业为生，种植水稻、三麦和油菜。

东横塘自然村因东横塘河而得名。

新中国成立初期属昆山县城区，1950 年属昆山县城郊区濾西乡，1956 年属大公高级社第 7 生产队，1958 年属马鞍山人民公社大公大队第 7 生产队，1959 年属城南人民公社大公大队第 7 生产队，1962 年 4 月属城南人民公社团结大队第 4 生产队。

消失前的东横塘自然村一角
（2020 年，李金水供图）

1983 年属城南乡路南村第 4 村民小组。第 4 村民小组有耕地 313.7 亩，42 户，其中楼房 1 户，平瓦房 41 户；有 165 人，其中男 83 人，女 82 人。

2001 年撤并后属大公村第 21 村民小组。

2007 年动迁时，有 40 户，其中楼房 37 户，平瓦房 3 户；144 人，其中男 74 人，女 70 人；姓氏中有刘姓、陈姓、邹姓、潘姓各 4 户，方姓、张姓、薛姓各 3 户，顾姓、赵姓、夏姓、李姓各 2 户，孙姓、朱姓、沈姓、孟姓、周姓、杨姓、徐姓各 1 户。动迁后，村民被安置在大公花园小区。原村庄成为农田，东横塘自然村消失。

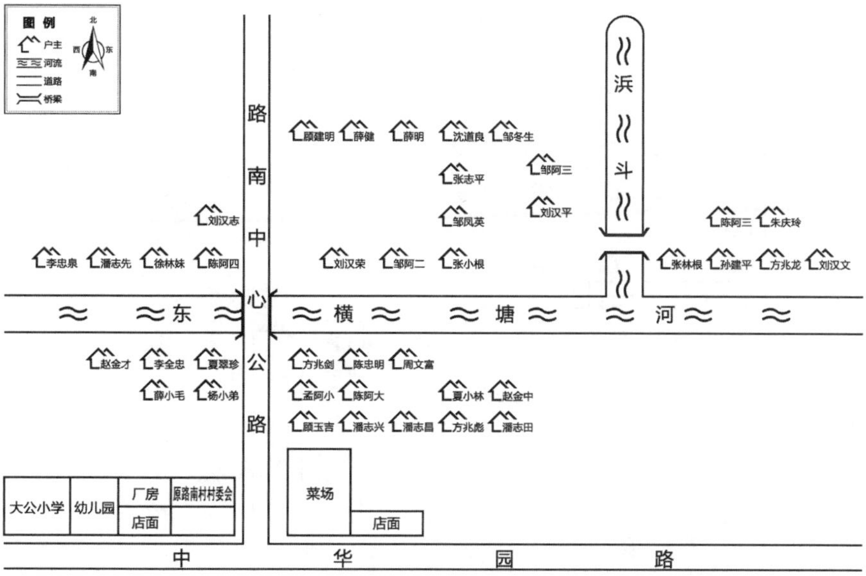

2007 年东横塘村民住宅分布平面图（2020 年，大公村供图）

消失前的严村自然村一角
（2020 年，李金水供图）

严村 位于路南村南侧，东至小澞河，南至伯拉河，西至团结中心河，北至东横塘自然村农田，村庄占地 50 亩。村民以农业为生，种植水稻、三麦和油菜。严村以前有严姓大户人家居住，村因此得名。

1949 年新中国成立初属昆山县城区，1950 年划归昆山县城郊区澞西乡，1956 年属大公高级社第 6 生产队，1958 年属马鞍山人民公社大公大队第 6 生产队，1959 属城南人民公社大公大队第 6 生产队，1962 年 4 月属城南人民公社团结大队第 5、第 6 生产队。

1983 年属城南乡路南村第 5、6 村民小组，有耕地 508.7 亩，84 户，其中楼房 1 户，平瓦房 83 户；有 289 人，其中男 143 人，女 146 人。

2001 年撤并后属大公村第 22、第 23 村民小组。

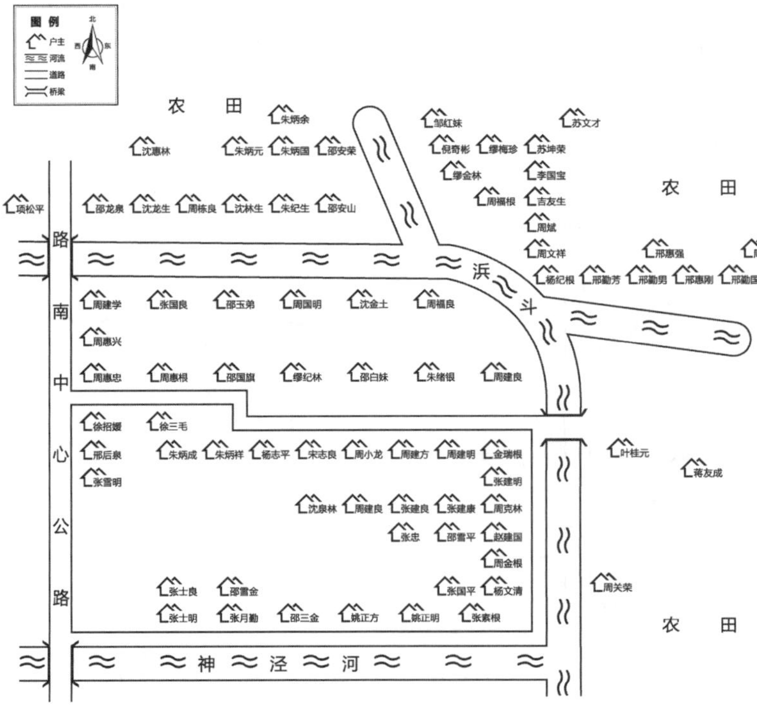

2007 年严村村民住宅分布平面图（2020 年，大公村供图）

2007年动迁时，有80户，其中楼房75户，平瓦房5户；有303人，其中男136人，女167人。姓氏中有周姓18户，张姓12户，邵姓10户，朱姓7户，邢姓6户，沈姓5户，缪姓、杨姓各3户，苏姓、姚姓、徐姓各2户，项姓、邹姓、倪姓、李姓、吉姓、蒋姓、叶姓、赵姓、金姓、宋姓各1户。动迁后，村民被安置在大公花园小区，严村自然村消失。

前严村 位于路南村南侧，东至老小澞河，南至加泾河，西至张北泾自然村，北至神泾河，村庄占地38亩。村民以农业为生，种植水稻、三麦、油菜。前严村因地处严村前（南）而得名。

消失前的前严村自然村一角
（2020年，李金水供图）

新中国成立初期属昆山县城区，1950年属昆山县城郊区澞西乡，1956年属大公高级社第5生产队，1958年属马鞍山人民公社大公大队第5生产队，1959年属城南人民公社大公大队第5生产队，1962年4月属城南人民公社团结大队第7生产队。

1983年属城南乡路南村第7村民小组。第7村民小组有耕地334.1亩，37户，其中楼房2户，平瓦房35户；有159人，其中男77人，女82人。

2001年撤并后属大公村第24村民小组。

2007年动迁时，有37户，其中楼房32户，平瓦房5户；有131人，其中男60人，女71人。姓氏中有李姓16户，龚姓、方姓各4户，周姓3户，邢姓、魏姓各2户，俞姓、陈姓、王姓、叶姓、卜姓、杨姓各1户。动迁后，村民被安置在大公花园小区，原村庄成为农田，前严村自然村消失。

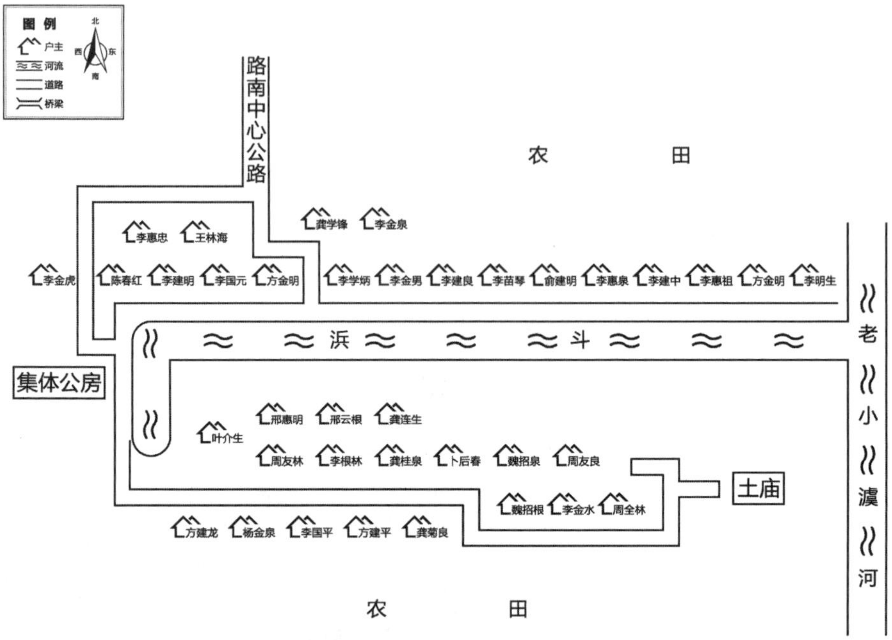

2007 年前严村村民住宅分布平面图（2020 年，大公村供图）

2003—2014 年，大公村各自然村先后动迁，动迁后，村民被安置在大公花园、万丰苑、万欣苑 3 个小区（表 1–5）。

表 1–5　2003—2014 年大公村各自然村动迁安置一览表

自然村	动迁时间	动迁原因	涉及户数/户	涉及人口/人	安置小区
牛车浜	2003 年	339 省道建设	22	86	大公花园
蒋家浜	2007 年	玉山镇大经贸园区建设	24	127	大公花园
东横塘	2007 年	玉山镇大经贸园区建设	40	144	大公花园
西横塘	2007 年	玉山镇大经贸园区建设	34	101	大公花园
严村	2007 年	玉山镇大经贸园区建设	80	303	大公花园
支巷	2007 年	玉山镇大经贸园区建设	26	92	大公花园
杨巷	2007 年	玉山镇大经贸园区建设	29	78	大公花园
大渔	2007 年	玉山镇大经贸园区建设	44	143	大公花园
张北泾	2007 年	玉山镇大经贸园区建设	61	209	大公花园

续表

动迁自然村	动迁时间	动迁原因	涉及户数/户	涉及人口/人	安置小区
西浜	2009 年	玉山镇大经贸园区建设	24	88	大公花园
李家桥	2007 年	玉山镇大经贸园区建设	21	97	大公花园
前严村	2007 年	玉山镇大经贸园区建设	37	131	大公花园
周家角	2008 年	玉山镇建设规划	26	95	大公花园
杨家角	2011 年	玉山镇建设规划	43	164	万丰苑
李岸泾	2011 年	玉山镇建设规划	43	204	万丰苑
珠浜	2014 年	玉山镇建设规划	25	96	万欣苑
如泾	2014 年	玉山镇建设规划	17	85	万欣苑
潭郎	2014 年	玉山镇建设规划	30	141	万欣苑
北星渎	2014 年	玉山镇建设规划	30	102	万欣苑

第二章　自然环境

大公村域地势平坦，河流纵横交叉，气候温和湿润，四季分明，有耕地 5 200 余亩，水域近 600 亩，是典型的江南鱼米之乡。域内土地肥沃，植物种类丰富，村民历来按季节种植水稻、三麦、油菜。除了种植粮食作物和经济作物外，域内还有多样的林木、花草和水生植物、菌类植物。域内既有家养动物，也有野生动物。域内有丰富的自然资源和良好的生态环境，适于多类动植物生存。随着农村城镇化和工业化的推进，村民饲养的家畜家禽不断减少直至消亡，野生动物的生存条件也发生了变化，不少野生动物逐渐消失。

第一节 田圩地貌

大公村域地势平坦，地形、地貌受流水切割和水力推动堆积影响，陆地有河流分割，地面高程（基准为吴淞江零点）3.4米，属玉山镇南部高田区域。

为了耕作便利，村民为自己世代耕种的田圩取田名、圩名。

域内19个自然村有24个村民小组，104块大小不等的田圩分布于各自然村周围。21世纪初村庄动迁前，村民小组拥有各自的田圩及耕地。其中，第1村民小组有场门前、北极、上高头、东干4块，面积分别为18亩、60.5亩、64亩、35.5亩。第2村民小组有宅基头、曹头河北、夏西溇3块，面积分别为54.53亩、68.3亩、49.5亩。第3村民小组有西高头、陈塘桥、二十四亩头、河南4块，面积分别为25.2亩、42.5亩、24.1亩、53.3亩。第4村民小组有曹头河南、野猫溇、曹头河北、二十五亩头4块，面积分别为78.6亩、72.5亩、45.3亩、25亩。第5村民小组有南拾亩头、北拾亩头、杨巷浜3块，面积分别为10.8亩、10.5亩、152.7亩。第6村民小组有神泾郎、杨字圩、陈塘桥3块，面积分别为75.5亩、28.6亩、104.2亩。第7村民小组有陶家溇、王家溇、神泾郎、杨字圩4块，面积分别为42.5亩、37.7亩、75.5亩、54.8亩。第8村民小组有蒋家浜、李家桥、支河浜3块，面积分别为80.3亩、8.5亩、29.8亩。第9村民小组有外圩泾、和尚溇、前川心、后川心4块，面积分别为48亩、135亩、12亩、28亩。第10村民小组有朝渎上、东湾江、七家村3块，面积分别为52亩、126亩、23亩。第11村民小组有二十八亩头、公司河东、大珠浜、李岸泾4块，面积分别为28亩、14亩、32亩、55亩。第12村民小组有泾河、公司河东、珠浜河北3块，面积分别为14亩、24亩、102亩。第13村民小组有张泾河、横溇梢、长坟、龙泾江4块，面积分别为90亩、34亩、17亩、150亩。第

14 村民小组有朝漤上、三坻漤田、洳泾河北、杨家角河西 4 块，面积分别为 64 亩、71 亩、24 亩、64 亩。第 15 村民小组有东湾江、李岸泾、七家村 3 块，面积分别为 81 亩、75 亩、64 亩。第 16 村民小组有尤泾江、如泾河北 2 块，面积分别为 70 亩、89 亩。第 17 村民小组有张泾河北、李岸泾河东 2 块，面积分别为 84 亩、49 亩。第 18 村民小组有环龙桥头、五爷娘田、十亩头、南神泾、场门前 5 块，面积分别为 28 亩、20.3 亩、10 亩、84 亩、28 亩。第 19 村民小组有场门前、新开河南 2 块，面积分别为 80.1 亩、88.55 亩。第 20 村民小组有平庄漤、西横塘、藕田、夏三坻、西浜河东、西浜河西、猪棚头、芹菜田 8 块，面积分别为 18 亩、28 亩、10 亩、30.5 亩、10 亩、28 亩、29 亩、18 亩。第 21 村民小组有九亩头、荒八亩、五九漤潭、七泾江、高坟山、上坻、下坻、烂五田、西横塘 9 块，面积分别为 9.5 亩、8 亩、25 亩、23 亩、78 亩、60.1 亩、61.33 亩、8.5 亩、40 亩。第 22 村民小组有加工厂、小角郎、烂五田、七泾江、后底角、广播田 6 块，面积分别为 45 亩、20 亩、8.5 亩、70 亩、28 亩、70.37 亩。第 23 村民小组有林家坟、南神泾、杨家坟、东头坟 4 块，面积分别为 27.23 亩、80 亩、70 亩、50 亩。第 24 村民小组有小濵滩、南海、长田、老坟头、夏三亩、横田、高头、中勤、下坻、猪棚头、廿三亩头、坟隔相、鸭口田 13 块，面积分别为 30 亩、50 亩、10 亩、6.5 亩、6.5 亩、10 亩、40 亩、25 亩、40 亩、8 亩、23 亩、20.71 亩、18 亩。

第二节　地质土壤

1982 年昆山县第二次土壤普查资料显示，大公村的土壤主要分为三类，即黄泥土、乌栅土、青泥土。黄泥土、乌栅土、青泥土分布于 19 个自然村、24 个生产队、104 块田圩，其中黄泥土占 17.76%，乌栅土占 53.85%，青泥土占

28.39%。域内土质适合水、旱轮作，微生物活动较频繁，养分储量比较丰富，农作物产量处于中等水平；适宜种植水稻、三麦、油菜、棉花等作物，也适宜种植各类蔬菜瓜果。

1982 年大公村域各生产队土壤类型分布情况如表 2-1 所示。

表 2-1 1982 年大公村域各生产队土壤类型分布情况一览表

大队	队别	土壤类型分布		
		黄泥土/%	乌栅土/%	青泥土/%
大公大队	1	24.00	56.00	20.00
	2	25.10	55.12	19.78
	3	20.68	57.20	22.12
	4	26.20	53.88	19.92
	5	22.80	55.20	22.00
	6	23.91	56.89	19.20
	7	24.18	54.87	20.95
	8	23.20	55.72	21.08
路南大队	1	17.56	60.48	21.96
	2	12.54	63.74	23.72
	3	13.35	58.78	21.87
	4	18.10	60.94	20.96
	5	14.33	62.76	22.91
	6	15.68	62.93	21.39
	7	12.08	62.95	24.97
迎丰大队	1	11.40	52.55	36.05
	2	12.54	63.74	23.72
	3	13.35	58.78	27.87
	4	18.10	60.94	20.96
	5	16.75	45.42	37.83
	6	12.89	44.58	42.53
	7	15.77	43.60	40.63
	8	16.17	42.72	14.11
	9	17.69	43.51	38.80

第三节 河流

大公村域属太湖流域水系地区，域内河流纵横交叉。

域内主要过境河流中，南北向河流有 4 条，即小澞河、尤泾江、大澞河、团结中心河。

大公村依靠天然河道交通往来、灌溉、泄洪。由于缺少分洪河流，半低洼田块遇到洪涝易受灾，高程田块如在雨水稀少年份常因旱灾而歉收。新中国成立后，人工开挖大澞河 4.65 公里、团结中心河 2.5 公里、新阳河 1.4 公里。这些河流便利了水运交通及泄洪，为旱涝保丰收提供了保障。

一、过境河流

小澞河，南起吴淞江，北接娄江河，大公村域内段为 1 公里。

大澞河，南起吴淞江，北接新阳河，流经大公村大渔自然村，域内段为 1.2 公里。

尤泾江，南起吴淞江，北接娄江河，流经大公村潭郎自然村，域内段为 1.45 公里。

团结中心河，南起顾塘河，北接新阳河，流经大公村蒋家浜自然村，域内段为 1.5 公里。

二、域内河流

大公村东至小澞河，南至庙灯村，西至尤泾江，北至新阳河，域内河流面积为 564.17 亩。至 2020 年，有大小河流 17 条，其中纵向河流（南北方向）有 4 条，总长度为 9.5 公里。横向河流（东西方向）有 13 条，总长度为 14.28 公

里。（表 2-2）

表 2-2　2020 年大公村河流一览表

河道名称	流向	宽度/米	域内长度/米	起止
老小澞河	南北	70	1 000	南起吴淞江，北至苏州塘
伯拉河	南北	30	750	南起老小澞河，北至北神泾河
月池河	南北	25	210	南起团结中心河，北至新阳河
新阳河	东西	20	1 400	东起小澞河，西至大澞河
加泾河	东西	20	800	东起老小澞河，西至团结中心河
横塘河	东西	25	800	东起小澞河，西至团结中心河
北神泾河	东西	26	1 300	东起伯拉河，西至大澞河
南神泾河	东西	23	1 350	东起伯拉河，西至大澞河
后泾河	东西	15	500	东起新开河，西至大澞河
夏西娄	东西	20	1 100	东起大澞河，西至李岸泾河
后川心	东西	11	120	东起曹头河，西至月池河
东湾江	东西	10	450	东起七家村，西至李岸泾河
生产河	东西	10	210	东起李岸泾河，西至珠浜河
曹头河	东西	15	1 300	东起大澞河，西至李岸泾河
支河浜	东西	16	800	东起新阳河，西至大澞河
珠浜河	东西	20	500	东起李岸泾河，西至尤泾江
李岸泾河	南北	15	1 000	南起张泾河，北至曹头河

三、溇浜

至 2020 年，大公村除有 17 条大小河道之外，还有小溇浜 7 个、小河浜 8 个，如表 2-3、表 2-4 所示。

表 2-3　2020 年大公村小溇浜一览表

小溇浜名称	所在原自然村	面积/亩
王家溇	前严村	20
陶家溇	张北泾	18
野猫溇	大渔	14
和尚溇	北星渎	5
藕溇	西浜	4.5
坟西溇	张北泾	30
杨巷浜	杨巷	25

表 2-4　2020 年大公村小河浜一览表

小河浜名称	所在原自然村	流向	宽度/米	长度/米
西浜河	西浜	南北	25	750
夏水浅	东横塘	南北	35	800
蒋家浜	蒋家浜	东西	35	900
浜斗河	前严村	东西	25	480
生产河	严村	南北	8	330
东浜	严村	东西	25	150
西浜河	严村	南北	25	170
生产河	西横塘	东西	7	300

第四节　气候

大公村域位于长江流域，地处北回归线以北，属北亚热带南部季风性气候，四季分明，光照充足，雨量充沛，无霜期长，雨热同期。根据昆山市气象资料，

1980—2020 年，域内年平均气温为 16.1 摄氏度，极端最高气温为 38.7 摄氏度，极端最低气温为-8 摄氏度。年平均降水量为 1 133.3 毫米，最多的年份降水量达 1 522.4 毫米，最少降水日数为 99 天。年平均日照时数为 1 974.8 小时，年平均日照率为 45%。年平均相对湿度为 79%。年出现霜日一般为 11 月 13 日，终霜日一般为 3 月 26 日。年平均风速为 3.1 米/秒。冬季盛行东北风、西北风；夏季盛行东南风。年最多的风向为东南风，但冬、夏季风进退有早有迟，风力强度变化不一。降水与气温每年实际差异较大，旱涝、风雪灾害时有发生。

春季　连续 5 天平均气温在 10 摄氏度以上为春季开始，历年一般为 3 月 20 日到 6 月 20 日，为期 92 天左右，春季极端最高温度为 16~18 摄氏度。极端最低气温为 3~5 摄氏度。到清明后，气温逐步上升转暖，到 5 月下旬，最高气温可达 31 摄氏度，最低气温在 20 摄氏度左右，俗称“暖三春”。但初春期间，偶暖又冷，出现寒流时，气温甚至会下降到零度，俗称“拗春冷”。

夏季　连续 5 天平均气温在 22 摄氏度以上为夏季开始，历年一般为 6 月 21 日到 9 月 22 日，为期 94 天左右。1997—1998 年，夏至节气是 6 月 21 日，极端最高气温为 28~38 摄氏度，极端最低气温为18~19 摄氏度。平均气温超过 22 摄氏度。7 月中下旬到 8 月上旬为盛夏，天气最为炎热，平均气温为 28 摄氏度，年极端最高气温为 35~38 摄氏度。

1998 年小暑时节，极端最高气温达 35~37 摄氏度。进入大暑时节，最高气温反倒比小暑时节相对低 2 摄氏度。

秋季　连续 5 天平均气温在 22 摄氏度以下为秋季开始，历年一般为 9 月 23 日到 11 月 6 日，历时 45 天左右，为四季中最短的季节，俗称“长到夏至，短到冬至”。入秋后气温开始逐步下降，但也有年份气温明显高于常年。1998 年入秋后，10 月平均气温比历史同期高出 2.2 摄氏度，创历史新高。11 月上旬气温仍比历史同期高出 2 摄氏度，平均气温保持在 10 摄氏度左右，体感舒适（1998 年 10 月 11 日后连续 20 天滴雨未落）。入秋后常年有较强冷空气轮番南下，每次冷空气南下通常有一次明显降雨过程。

冬季　连续 5 天平均气温在 10 摄氏度以下为冬季开始，历年一般为 11 月 7 日到 3 月 20 日，为期 134 天左右，是持续时间最长的季节。冬季常受到北方冷空气影响，最冷时段一般在 1 月下旬至春节前后，平均气温在 2~3 摄氏度。

第五节 自然灾害

大公村地处长江下游，受季风引起的天气变化影响，常年有多种类型的灾害性天气出现，有较长时间不下雨造成的干旱，有连续阴雨造成的水涝，有突然而至的强烈天气变化，如台风、暴雨、寒潮引起的低温冰冻等，还有破坏性很大的冰雹、龙卷风、雷暴等极端天气。

一、水灾

1949 年 8 月，台风、暴雨来袭，水位高达 3.7 米，域内农作物受到严重影响。

1951 年 7 月，受台风影响，阴雨连绵，水位猛涨至 3.6 米，域内各自然村农田受淹。

1954 年 5 月，连续普降大雨，水位高达 3.88 米，水灾严重，域内大部分民宅进水，农田被淹。

1957 年 6 月 30 日—7 月 9 日，连降大雨，水位上涨，域内部分民宅进水，农田被淹。

1980 年 8 月 12 日—25 日，连续降雨 14 天。8 月 21 日域内一天的降雨量达 79 毫米。8 月 23 日水位猛涨至 3.88 米，域内民宅进水，农作物被淹。

1983 年 6 月下旬，连续阴雨，持续 15 天，域内水位超过警戒线，高达 3.67 米。

1999 年 6 月 30 日—7 月 1 日，昼夜雨量达 145 毫米。域内受淹农田面积达 3 100 亩，菜农、瓜农损失较大。

二、风灾

1956 年 9 月 24 日上午 8 时和下午 2 时，域内局部遭受龙卷风袭击，部分牛棚、船舫、民宅草房等受损。

1976 年 4 月 22 日下午，域内出现大风暴雨天气，早稻秧田被淹，小麦、油菜有不同程度的损失。

1979 年 8 月 24 日上午 10 时，域内 3 个大队近 3 800 亩农作物遭受强台风袭击，水稻正在抽穗扬花阶段，成穗率降低，秕谷率增加。当年水稻每亩减收约 50 斤。

三、冰雹

1963 年 5 月 8 日，域内突降蚕豆大小的冰雹，连续降冰雹 5~8 分钟，小麦、油菜亩产减少 20%~30%。

四、虫害

1951 年，域内农作物受到螟虫大面积侵害，水稻白穗率近 10%。

1955 年秋天，域内水稻受到稻纵卷叶螟、稻苞虫、稻飞虱侵害，水稻产量受到影响。

1961 年 9 月，域内三化螟虫害、枯心苗病大面积暴发，水稻处于抽穗扬花阶段，水稻白穗面积占比在 10%~15%。当年水稻亩产减收 20%。

第六节　动植物

大公村域属北亚热带海洋性气候，动植物种类繁多，物产丰富。春季，天气暖和，植物萌芽开花；夏季，高温多雨，植物生长旺盛；秋季，植物结果，乔木类进入落叶期；冬季，寒潮来袭，植物在冰雪、霜冻中过冬。植物可分为林木、农作物、花卉等大类。动物大多是家养禽畜，野生动物较为少见。

一、植物

林木类 河杨、枫杨、垂柳、杞柳、桑树、榆树、榉树、松柏、雪松、水杉、刺槐、泡桐、梧桐、银杏、香樟、黄杨。

粮食类 水稻、三麦、玉米、高粱、甘薯、芋头、南瓜、赤豆、黑豆、红豆、绿豆。

油料类 油菜、花生、大豆、芝麻、向日葵。

蔬菜类 青菜、小白菜、大白菜、卷心菜、菠菜、韭菜、空心菜、香菜、荠菜、甜菜、大头菜、金花菜、雪里蕻、芹菜、白萝卜、胡萝卜、大蒜、胡葱、香葱、洋葱、莴苣、竹笋、茄子、瓠子、西红柿、茭白、慈姑、冬瓜、黄瓜、丝瓜、生瓜、毛豆、蚕豆、豌豆、豇豆、刀豆、扁豆、紫角叶、生菜、苋菜、蓬花菜、菱、荸荠、藕。

瓜果类 西瓜、香瓜、桃子、梨、橘子、枇杷、李子、草莓。

二、动物

家畜、家禽类 牛、猪、羊、兔、猫、狗等畜类；鸡、鸭、鹅、鸽、鹌鹑等禽类。

鱼类 鲫鱼、草鱼、鲢鱼、鳜鱼、鳊鱼、鲇鱼、昂刺鱼、塘鳢、白丝鱼、鳑鲏、穿条鱼、鳗鲡、黄鳝、泥鳅等。

甲壳类 虾、河蚌、蟹、蟛蜞、螺蛳、蚬子等。

野生禽类 麻雀、燕子、白头翁、喜鹊、乌鸦、猫头鹰、老鹰、野鸡、野鸭、八哥、画眉、布谷、百灵、黄鹂、啄木鸟、鸳鸯等。

昆虫类 蜜蜂、马蜂、蜻蜓、螳螂、蝗虫、螟虫、蚱蜢、蟋蟀、蚂蚁、蚕、纺织娘、蝴蝶、蝼蛄、金龟子、刺毛虫、萤火虫、跳虱、飞虱、蚜虫等。

其他 蜗牛、蜘蛛、蚯蚓、蚂蟥、黄鼠狼、田鼠、家鼠、水獭、野兔、蝙蝠、壁虎、蜈蚣、刺猬、水蛇、水赤链蛇、火赤练蛇、蝮蛇、青梢蛇、竹叶青蛇、蜥蜴、秤星蛇、青蛙、癞蛤蟆等。

第三章　人口婚育

新中国成立前，大公域内人口自然增长平稳。1950 年 5 月，《中华人民共和国婚姻法》颁布，提倡男女平等、婚姻自由，加上稳定的生活环境，域内人口增长加快。1968 年，第一批城镇知青插队落户到大公大队、珠浜大队、团结大队，还有一些城镇精简下放人员落户迁入村域，使域内人口呈阶段性机械增长趋势。改革开放后，随着社会主义市场经济的大力发展和对外开放的扩大，人口在村域内外的流动性明显增强。新昆山人在域内租房居住，婚配范围扩大到省内外，人口结构发生较大的变化。2000 年前后，域内在城镇购买商品房村民家庭增多，域内户籍人口有所减少。2020 年，大公村总人口为 2 748 人，比 1990 年的 2 269 人增加了 479 人，其中 60 周岁及以上老年人 755 人，占全村总人口的 27%，人口老龄化情况比较突出。

第一节 人口总量

新中国成立前，大公域内的人口以祖祖辈辈生活在这片土地上的人为主。其间，有多批外省市籍人口来到珠浜自然村垦荒种田。

1951 年土地改革时，大公域内总人口为 1 932 人，其中户籍人口为 1 739 人，外籍人口为 193 人。1962 年，域内大公大队、珠浜大队、团结大队有自然村 19 个，生产队 22 个，村民 507 户，人口 2 004 人，比 1951 年增加 72 人，增长 3.6%。1968 年，知青插队落户 62 人，域内人口为 2 111 人。1983 年，域内人口为 2 359 人，比 1968 年增加 248 人，增长 11%。1990 年，域内人口为 2 269 人，比 1983 年减少 90 人，下降 3.8%。进入 21 世纪后，昆山市推行城乡一体化，实行农村土地流转，农村劳动力转向第二、第三产业。婚姻、入学、买户口（农转非）等迁移因素，导致人口变动频繁。2020 年末，大公村有村民 757 户、2 748 人，比 1983 年分别增长 18.6%和 14.5%。60 周岁及以上老年人有 755 人，占全村总人口的 27%。

第二节　人口结构

一、性别结构

1951 年，大公域内人口为 1 932 人，其中男 952 人，女 980 人，男女比例为 1∶1.03。1962 年，域内人口为 2 004 人，其中男 939 人，女 1 065 人，男女比例为 1∶1.13。1968 年，域内总人口为 2 111 人，其中男 1 007 人，女1 104 人，男女比例为 1∶1.10。1983 年，域内人口为 2 359 人，其中男性 1 147 人，女性 1 212 人，男女比例为 1∶1.06。1990 年，域内人口为 2 269 人，其中男性 1 127 人，女性 1 142 人，男女比例为 1∶1.01。2020 年，大公村总人口为2 748 人，其中男性 1 360 人，女性 1 388 人，男女比例为 1∶1.02，如表 3-1 所示。

表 3-1　1951—2020 年大公域内人口性别结构情况选年表

单位：人

年份	大公村（大队、高级社）		迎丰（珠浜）村（大队、高级社）		路南（团结）村（大队）	
	男	女	男	女	男	女
1951	633	649	319	331	—	—
1962	308	357	313	354	318	354
1968	310	324	327	378	370	402
1983	342	370	378	407	427	435
1990	358	362	400	406	369	374
2020	1 360	1 388	—	—	—	—

注：2020 年的大公村指三村合并后的新的大公村。

二、年龄结构

2020 年，大公村 0~11 周岁人口呈下降趋势，60 周岁以上的老年人口呈增长趋势。全村 0~11 周岁人口为 334 人，占总人口的 12.2%。60 周岁及以上老年人为 755 人，占总人口的 27%。90 周岁及以上的老年人为 22 人，占 60 周岁及以上老年人的 2.9%，其中男性 4 人，女性 18 人。至 2020 年底，大公村村民中年龄最长的是第 7 村民小组的张小妹，为 99 周岁。如表 3-2、表 3-3 所示。

表 3-2　2020 年大公村人口年龄结构一览表

单位：人

年龄段	男	女	年龄段	男	女
1 周岁以下	43	48	60—80 周岁	308	329
1—11 周岁	113	130	81—89 周岁	33	63
12—25 周岁	264	274	90—99 周岁	4	18
26—59 周岁	550	571	合计	1 315	1 433

表 3-3　2020 年大公村 90 周岁及以上老年人名录一览表

序号	姓名	性别	出生年月	组别
1	张小妹	女	1921 年 9 月	7
2	俞梅生	男	1924 年 2 月	4
3	祁玉莲	女	1924 年 3 月	18
4	陈秀英	女	1924 年 4 月	18
5	吴小妹	女	1925 年 5 月	14
6	李二妹	女	1926 年 11 月	2
7	芦秀芳	女	1928 年 10 月	3
8	夏干妹	女	1928 年 1 月	13
9	潘阿香	女	1928 年 9 月	9
10	邵振洲	男	1928 年 9 月	22

续表

序号	姓名	性别	出生年月	组别
11	陆妹芝	女	1929 年 10 月	4
12	龚阿金	女	1929 年 1 月	18
13	殷桂根	男	1929 年 2 月	1
14	陈秀英	女	1929 年 5 月	13
15	王梅英	女	1929 年 6 月	19
16	周根妹	女	1930 年 1 月	22
17	王金荣	男	1930 年 1 月	6
18	许白妹	女	1930 年 1 月	14
19	李桂英	女	1930 年 12 月	13
20	周引仙	女	1930 年 2 月	6
21	吴玉珍	女	1930 年 3 月	22
22	徐阿六	女	1930 年 7 月	20

三、姓氏结构

据家庭调查统计数据表明，至 2020 年 12 月 31 日，大公村有姓氏 147 个，其中超过百人的姓氏有 8 个，张姓最多，共 287 人。如表 3-4 所示。2020 年全村姓氏与 1964 年的 98 个相比，增加姓氏 49 个，增长了 33.33%。

表 3-4　2020 年大公村村民姓氏一览表

姓氏	户数/户	人口/人	姓氏	户数/户	人口/人	姓氏	户数/户	人口/人
张	83	287	徐	41	153	沈	24	95
李	54	197	王	36	142	杨	20	71
周	46	161	陈	31	136	龚	14	56
俞	55	155	朱	30	101	晋	13	52

续表

姓氏	户数/户	人口/人	姓氏	户数/户	人口/人	姓氏	户数/户	人口/人
吴	7	49	吉	5	13	任	2	7
赵	13	48	邹	5	13	刁	1	7
顾	13	46	马	3	13	费	3	6
刘	8	45	林	2	13	冯	1	6
邵	16	41	谷	2	12	董	1	6
陆	4	35	姚	6	12	郑	2	6
方	8	32	吕	2	11	包	2	6
韩	7	31	袁	1	11	庞	2	5
叶	7	29	夏	4	10	魏	2	5
孙	7	28	何	1	10	江	1	5
殷	8	28	胥	3	10	杜	2	5
金	6	27	缪	2	9	阚	1	5
邢	11	25	苏	2	9	辛	2	4
许	7	25	卞	3	9	祁	1	4
宋	9	23	严	1	9	邱	1	4
蒋	4	21	倪	1	9	浦	1	4
钱	7	21	裴	3	8	蔡	1	4
曹	5	20	薛	3	8	茅	2	4
黄	6	19	郁	1	8	卜	2	3
高	1	17	唐	2	8	韦	2	3
郭	6	16	季	1	8	成	2	3
潘	5	15	范	4	8	邬	2	3
戴	5	15	孟	4	7	常	1	3
胡	2	14	丁	4	7	潭	1	3
陶	3	14	姜	4	7	讯	1	3
奚	4	14	程	2	7	余	1	2

续表

姓氏	户数/户	人口/人	姓氏	户数/户	人口/人	姓氏	户数/户	人口/人
沙	1	2	夷	1	2	于	1	1
柯	1	2	濮	1	2	瞿	1	1
支	1	2	柳	1	2	展	1	1
钟	1	2	官	1	1	祝	1	1
奕	1	2	宿	1	1	伍	1	1
施	1	2	田	1	1	梁	1	1
庄	1	2	齐	1	1	苟	1	1
彭	1	2	洪	1	1	管	1	1
盛	1	2	秦	1	1	诸	1	1
汤	1	2	童	1	1	席	1	1
富	1	2	桂	1	1	石	1	1
阮	1	2	毛	1	1	景	1	1
鲍	1	2	谈	1	1	熊	1	1
谢	1	2	纪	1	1	牛	1	1
汪	1	2	候	1	1	章	1	1
颜	1	2	付	1	1	罗	1	1
闵	1	2	崔	1	1	翁	1	1
柏	1	2	芦	1	1	全	1	1
佘	1	2	柴	1	1	伏	1	1

四、文化水平结构

新中国成立前，大公域内儿童入学率低，成年人尤其是女性大多不识字，文盲或半文盲居多。

1984 年，普及九年制义务教育后，升入高中和大学的人数逐年增加，村民整体文化水平逐年提高。

2020 年末，大公村村民中本科及以上学历者有 147 人，占总人口的 5. 35%。

初、高中或中专文化水平的有 1 788 人，占总人口的 65.07%；小学文化水平的有 332 人，占总人口的 12.08%；文盲或半文盲有 147 人，占总人口的 5.35%；学龄儿童有 334 人，占总人口的 12.15%。

五、劳动力结构

1968 年，大公域内有劳动力人口 1 400 人，其中男劳动力（16—59 周岁）682 人，女劳动力（16—59 周岁）718 人。2020 年，域内有劳动力人口 1 757 人，其中男劳动力 868 人，女劳动力 889 人。1968 年，域内第一产业劳动力人口为 1 385 人，第二、第三产业劳动力人口为 15 人，分别占总劳动力人口的 98.93%和 1.07%。改革开放后，农村大量剩余劳动力转向第二、第三产业。2020 年末，大公村自由职业者有 135 人，第二、第三产业劳动力人口为 1 622 人，分别占总劳动力人口的 7.69%和 92.31%。

第三节　人口变动

新中国成立后，实行人口户籍管理，人口跨区域迁移被严格限制，人口迁入、迁出主要有男女婚进婚出、应征青年入伍、知青上山下乡、干部工作调动等形式，总体人口变化较小。党的十一届三中全会以后，人员流动性增强，知青回城、大学生入学使人口迁移变化明显。20 世纪 90 年代，农民买城镇房产获得城镇户口（农转非）、青年应征入伍使总人口有所变化。2000—2020 年，域内人口迁入 186 人，迁出 162 人。如表 3-5 所示。

表 3-5　2000—2020 年大公村人口迁移一览表

年份	迁入人口/人		迁出人口/人	
	省内	省外	省内	省外
2000	8	—	6	—
2001	7	3	8	1
2002	11	1	7	—
2003	9	—	5	—
2004	5	1	9	1
2005	9	1	8	—
2006	11	—	7	4
2007	14	—	8	1
2008	9	1	—	—
2009	6	—	4	1
2010	5	—	7	—
2011	10	—	11	—
2012	11	—	10	—
2013	7	—	4	—
2014	8	1	10	—
2015	11	—	10	—
2016	10	—	9	—
2017	8	—	10	—
2018	5	—	11	—
2019	7	1	5	1
2020	6	—	3	1

新中国成立前，生儿育女被视为个人家庭之事。由于生活条件差、早婚早育、农村缺医少药，各种疾病肆虐，婴儿成活率低。新中国成立后，由于社会环境安定，人民生活水平和医疗水平逐步提高，受到“人多力量大”观念的影

响，大公村域于20世纪60—70年代出现人口出生高峰。

1963年，国家开始提倡计划生育、晚婚晚育。1973年，国家做出男25周岁、女23周岁为法定结婚年龄的具体规定。1979年，晚婚晚育年龄为男女双方年龄相加满50周岁，开始推行一对夫妻只生一个孩子，发放独生子女证。境内大公、珠浜、团结3个大队成立计划生育领导小组，大队书记任组长，副书记任副组长，组员有妇联主任、生产队妇女队长，负责计划生育工作。第一批领取独生子女证的有24户。

2009年，大公村的独生子女家庭有421户，其中大公村148户，迎丰村133户，路南村140户，占全村总户数的65%。计划生育使全村的人口增长得到控制。

对于大公域内人口变动，除了计划生育政策之外，外来人口的流入也起了很大的作用。新中国成立前，先后有62户、193名外省、市逃荒人员落户在大公域内珠浜自然村垦荒种田。

自20世纪90年代起，大量外来人员务工、经商，租住在大公村域。2010年大公村外来人口有5 973人，其中务工的有4 500人，经商的有350人，从事运输的有38人，从事家政的有50人，其他的有1 035人。

2014年，大公村域内自然村全部动迁消失后，外来人员租用大公花园、万丰苑、万欣苑小区村民空余房子居住。

至2020年底，大公花园小区有外来人口5 721人，大公村市民服务站、城西派出所警务站，配备5名专职协管员，管理外来人员。村配备协管信息员24人（各村民小组组长），对新昆山人经常性、定期或不定期上门核对信息。对无固定职业外来人员，警务站逐人核对，建立一户一档，将采集到的“三无”人员信息录入电脑存档。

1951—2020年，大公村域人口出生、死亡情况如表3-6所示。1951—2000年，三村合并前各大队（村）人口出生、死亡情况如表3-7、表3-8、表3-9所示。

表 3-6　1951—2020 年大公村域人口出生、死亡情况选年表

年份	出生			死亡			自然增长	
	人口/人	男/人	女/人	人口/人	男/人	女/人	人口/人	增减/%
1951	55	36	19	26	15	11	29	+1. 50
1962	59	39	20	33	23	10	26	+1. 30
1968	46	29	17	28	18	10	18	+0. 90
1975	40	16	24	28	13	15	12	+0. 60
1981	18	9	9	21	11	10	−3	−0. 14
1983	21	9	12	18	10	8	3	+0. 13
1990	22	11	11	20	10	10	2	+0. 01
2000	30	18	12	23	11	12	7	+0. 30
2006	19	9	10	13	9	4	6	+0. 23
2016	36	19	17	19	10	9	17	+0. 63
2020	21	9	12	13	7	6	8	+0. 29

表 3-7　1951—2000 年三村合并前大公大队（村）人口出生、死亡情况选年表

年份	总人口/人	出生			死亡			自然增长	
		人口/人	男/人	女/人	人口/人	男/人	女/人	人口/人	增减/%
1951	1 282	34	21	13	19	10	9	15	+1. 20
1962	665	17	12	5	9	7	2	8	+1. 20
1968	634	13	9	4	8	5	3	5	+0. 80
1975	636	5	3	2	8	3	5	−3	−0. 50
1981	635	5	2	3	8	4	4	−3	−0. 50
1983	712	5	2	3	5	2	3	0	0. 00
1990	720	7	3	4	7	5	2	0	0. 00
2000	719	5	3	2	8	5	3	−3	−0. 40

注：大公大队于 1962 年 4 月划分为 2 个大队，即新的大公大队和团结大队。

表 3-8　1951—2000 年三村合并前迎丰（珠浜）大队（村）人口出生、死亡情况选年表

年份	总人口/人	出生			死亡			自然增长	
		人口/人	男/人	女/人	人口/人	男/人	女/人	人口/人	增减/%
1951	650	21	15	6	7	5	2	14	+2. 20
1962	667	20	12	8	10	7	3	10	+1. 50
1968	705	14	9	5	9	6	3	5	+0. 70
1975	725	9	3	6	8	4	4	1	+0. 10
1981	735	7	4	3	5	3	2	2	+0. 30
1983	785	9	4	5	7	3	4	2	+0. 20
1990	806	7	4	3	6	2	4	1	+0. 10
2000	760	13	7	6	7	4	3	6	+0. 80

表 3-9　1962—2000 年三村合并前路南（团结）大队（村）人口出生、死亡情况选年表

年份	总人口/人	出生			死亡			自然增长	
		人口/人	男/人	女/人	人口/人	男/人	女/人	人口/人	增减/%
1962	672	22	15	7	14	9	5	8	+1. 20
1968	772	19	11	8	11	7	4	8	+1. 04
1975	758	16	6	10	13	7	6	3	+0. 40
1981	831	6	2	4	7	3	4	−1	−0. 12
1983	862	7	3	4	6	5	1	1	+0. 12
1990	743	8	4	4	7	3	4	1	+0. 13
2000	862	12	8	4	7	2	5	5	+0. 60

第四章　村级组织

20 世纪 50 年代，域内成立了党支部。党支部一班人带领村民开展生产合作化，走社会主义道路。同时，域内的经济组织、行政组织、群团组织等相继建立，形成了以党组织为核心的基层组织结构，共同推进域内农业生产和各项社会事业发展。改革开放后，村党支部在不断加强自身建设的同时，充分发挥村委会、村团支部、民兵营等组织的作用，全面推进经济建设、政治建设、社会建设、生态文明建设，推动物质文明建设与精神文明建设协调发展。2007 年，升格为党总支后，大公村村党总支坚持党建引领，全力做好域内征地动迁工作，不断创新经济发展思路，开拓村民收入渠道，组织全村文明家庭和文明村创建，大公村先后被评为苏州市实践科学发展，推进“两个率先”先锋村和苏州市民主法治村。

第一节　中共基层组织

一、党支部

1956年，域内大公、珠浜高级社成立党小组，开展党组织活动。

1958年10月，马鞍山人民公社成立，大公大队、珠浜大队成立党支部，李俊茂任大公大队党支部书记，吴纪明任珠浜大队党支部书记，大公大队党支部有13名党员，珠浜大队党支部有7名党员。

1962年，大公大队党支部划出一个团结大队党支部，陈海文任团结大队党支部书记。

1963—1983年，大公大队党支部书记分别由徐银泉、李连生担任，党支部委员有叶根生、张良生、金桂香、叶金香、李金妹。团结大队党支部书记分别由俞云生、周银生、李学炳、杨小弟担任，党支部委员有裴小毛、陈三孝、周小妹、周勤生。珠浜大队党支部书记分别由钱伍郎、李福根、张阿根、王志毕、宋庆忠担任，党支部委员分别由张荣宝、邹凤珍、何士林、李福根、金明玉、钱林生、吴飞荣担任。

1984年至2001年8月，大公村党支部书记分别由张良生、张银根、晋卫国担任，党支部委员分别由张银根、许福官、李忠生、俞福良、李祖德、俞建发担任。路南村党支部书记分别由杨小弟、李金水担任，党支部委员分别由周勤生、邢勤男、周小妹、夏小妹、孟益华、刘汉文担任。迎丰村党支部书记分别由宋庆忠、王志毕、吴兴根、钱林生担任，党支部委员分别由金明玉、徐雪其、徐凤花、吴兴根、王正良、谷家华、沈金珍担任。

2001年8月，大公、路南、迎丰3个村合并为大公村，党支部书记由晋卫国担任，党支部副书记由钱林生担任，党支部委员由孟益华、晋水根、龚凤珍担任。

1958—2001 年大公域内历任党支部书记、副书记任职情况见表 4-1。

表 4-1　1958—2001 年大公域内历任党支部书记、副书记任职情况一览表

中共党支部名称	书记及其任期		副书记及其任期①	
	姓名	任期	姓名	任期
大公大队（村）党支部	李俊茂	1958 年 10 月—1962 年 4 月	陈海文	1958 年 5 月—1962 年 3 月
	徐银泉	1962 年 4 月—1976 年 6 月	李连生	1966 年 8 月—1976 年 6 月
	李连生	1976 年 6 月—1983 年 8 月	—	—
	张良生	1983 年 8 月—1984 年 10 月		
	张银根	1984 年 10 月—1989 年 3 月		
	晋卫国	1989 年 3 月—2001 年 8 月		
团结（路南）大队（村）党支部	陈海文	1962 年 4 月—1965 年 6 月	周银生	1965 年 5 月—1967 年 4 月
	俞云生	1965 年 6 月—1967 年 4 月	俞云生	1967 年 4 月—1975 年 4 月
	周银生	1967 年 4 月—1975 年 4 月	陈三孝	1975 年 4 月—1978 年 4 月
	李学炳	1975 年 4 月—1978 年 4 月	李金水	1978 年 4 月—1996 年 4 月
	杨小弟	1978 年 4 月—1990 年 4 月	—	—
	李金水	1996 年 4 月—2001 年 8 月		
珠浜（迎丰）大队（村）党支部	吴纪明	1958 年 10 月—1960 年 12 月	李福根	1958 年 4 月—1964 年 4 月
	钱伍郎	1960 年 12 月—1964 年 4 月	金明玉	1974 年 5 月—1989 年 12 月
	李福根	1964 年 4 月—1967 年 3 月	—	—
	张阿根	1967 年 3 月—1977 年 4 月		
	王志毕	1977 年 4 月—1979 年 4 月		
	宋庆忠	1980 年 1 月—1990 年 10 月		
	王志毕	1990 年 10 月—1993 年 5 月		
	吴兴根	1993 年 5 月—1998 年 1 月		
	钱林生	1998 年 1 月—2001 年 8 月		

① 部分年份未设立党支部副书记一职，后表同。

二、党总支部

2007 年 4 月，大公村党支部升格为大公村党总支，晋卫国任党总支书记，钱林生任党总支副书记，晋水根、孟益华任党总支委员。大公村党总支下设三个党支部：第一党支部的党员主要是原大公村范围内的，党支部书记分别由晋水根、王振、俞文担任；第二党支部的党员主要是迎丰村范围内的，党支部书记分别由钱林生、龚凤珍担任；第三党支部的党员主要是路南村范围内的，党支部书记分别由孟益华、龚美娟、周丽青担任。

大公村党总支和下属党支部于 2013 年进行换届选举，刘青任党总支书记，王振任第一党支部书记，龚凤珍任第二党支部书记，龚美娟任第三党支部书记。2013 年底，大公村党总支共有党员 88 人，其中男 61 人，女 27 人；60 周岁及以上的 28 人，60 周岁以下的 60 人。2020 年，党总支书记为周丽青，副书记为何耀峰，第一书记为陈建华，第一党支部书记为俞文，第二党支部书记为龚凤珍，第三党支部书记为周丽青。至 2020 年底，共有党员 115 名。

2001—2020 年大公村党支部（总支）书记、副书记任职情况如表 4-2 所示。

表 4-2　2001—2020 年大公村党支部（总支）书记、副书记任职情况一览表

党支部（总支）书记及其任期	党总支副书记及其任期
晋卫国 2001 年 8 月—2009 年 9 月	钱林生 2001 年 8 月—2008 年 12 月
—	朱素华 2009 年 9 月—2010 年 9 月
朱素华 2010 年 9 月—2011 年 10 月	—
钱惠明 （2011 年 10 月—2012 年 5 月主持村全面工作） 2012 年 6 月—2013 年 7 月	
刘青 2013 年 8 月—2018 年 12 月	孟益华 2016 年 8 月—2017 年 9 月
王磊 2018 年 12 月—2020 年 10 月	何耀峰 2017 年 9 月至今
陈建华（第一书记） 周丽青 2020 年 10 月至今	

大公村党总支按照党章要求，全面履行职责，宣传和执行党的路线、方针、政策和上级党组织及本村党员大会决议；讨论决定村经济和社会发展中的重大问题，组织和带领广大干部、群众深化农村各项改革，大力发展农村经济，切实加强农村社会主义物质文明和精神文明建设，加快实现共同富裕和农村社会事业的全面进步；抓好党组织自身的思想、组织和作风建设，做到“打铁必须自身硬”，做好领导班子的表率作用；建立健全党的各项制度，规范党组织的各项活动，做好发展党员工作；负责全村和集体经济工作；进一步推进村级民主选举、民主决策、民主管理、民主监督，支持和保障村民依法开展自治活动；领导村委会、村集体经济组织和各群众组织，开展学法、普法、守法、执法和普及各种法律教育，认真落实“消防法”“安全法”，确保社区的安全；做好村民的思想工作，维护他们的合法权益和利益；做好社会、群众的稳定工作，增强村民的安全感、幸福感、获得感；负责召开党员大会，并向党员报告工作，动员全体党员积极做好各项经济工作，确保“两个文明”双丰收。

党员集体学习贯彻全国“两会”精神
（2020 年，大公村供图）

大公村村民代表会议
（2020 年，大公村供图）

大公村党总支慰问老党员
（2020 年，大公村供图）

三、现有党员名录

至2020年底，大公村有党员115人，其中男82人、女33人，党龄超过50周年的党员有16人，如表4-3、表4-4所示。

表4-3 2020年大公村党员一览表

姓名	性别	出生年月	入党年月	姓名	性别	出生年月	入党年月
李金妹	女	1933年11月	1954年7月	邵振洲	男	1928年9月	1973年9月
孟阿小	男	1934年12月	1955年11月	张小毛	男	1947年12月	1973年10月
王宝泉	男	1938年2月	1960年5月	李金水	男	1954年8月	1973年11月
杨凤林	男	1933年12月	1960年5月	邢勤男	男	1954年8月	1975年3月
李连生	男	1945年8月	1965年2月	李永清	男	1946年2月	1975年5月
李二妹	女	1926年11月	1966年3月	王正良	男	1941年7月	1977年2月
俞火生	男	1940年12月	1966年3月	宋庆中	男	1947年1月	1977年2月
张阿根	男	1945年10月	1966年3月	徐雪其	男	1950年8月	1977年2月
龚连元	男	1936年5月	1966年3月	谷家华	男	1949年2月	1977年2月
沈栋仙	女	1947年9月	1966年3月	徐凤花	女	1947年10月	1977年2月
孟玉英	女	1947年4月	1966年3月	龚林根	男	1954年7月	1977年12月
夏小林	男	1938年6月	1966年3月	张杏庆	男	1953年4月	1978年5月
顾福根	男	1948年5月	1966年4月	张良生	男	1944年12月	1978年7月
殷全根	男	1945年5月	1967年3月	朱学良	男	1958年2月	1979年1月
裴桂英	女	1946年4月	1967年3月	俞永良	男	1948年5月	1979年5月
叶金良	男	1950年7月	1970年3月	周克林	男	1955年7月	1979年11月
郭生明	男	1948年8月	1970年8月	杨积生	男	1943年1月	1979年12月
郭金明	男	1950年8月	1971年9月	周雨根	男	1939年10月	1979年12月
邹阿三	男	1952年1月	1972年9月	曹汉文	男	1948年11月	1980年11月
王志毕	男	1951年7月	1973年11月	陈忠明	男	1945年11月	1982年3月
李银泉	男	1950年10月	1973年4月	李正明	男	1947年1月	1982年6月
许福官	男	1942年3月	1973年7月	张建康	男	1961年1月	1983年5月

续表

姓名	性别	出生年月	入党年月	姓名	性别	出生年月	入党年月
俞惠明	男	1963 年 6 月	1984 年 4 月	徐建德	男	1963 年 3 月	1995 年 7 月
姚建华	男	1963 年 2 月	1985 年 3 月	周培根	男	1953 年 1 月	1996 年 5 月
沈美德	男	1965 年 1 月	1985 年 5 月	李全元	男	1962 年 5 月	1996 年 5 月
邢勤芳	男	1963 年 1 月	1985 年 6 月	杨益明	男	1973 年 3 月	1996 年 6 月
李祖德	男	1946 年 8 月	1985 年 7 月	李永良	男	1956 年 6 月	1997 年 1 月
晋水根	男	1956 年 10 月	1985 年 7 月	俞建发	男	1956 年 10 月	1997 年 1 月
陆素珍	女	1964 年 8 月	1985 年 7 月	邵素花	女	1965 年 6 月	1998 年 6 月
夏小妹	女	1949 年 4 月	1985 年 8 月	朱林荣	男	1976 年 2 月	1998 年 11 月
俞福良	男	1947 年 2 月	1986 年 6 月	陈建华	男	1968 年 4 月	1999 年 6 月
赵明高	男	1954 年 9 月	1986 年 11 月	刘建军	男	1977 年 7 月	1999 年 6 月
徐裕根	男	1948 年 1 月	1986 年 12 月	朱纪平	男	1956 年 10 月	1999 年 9 月
晋卫国	男	1956 年 11 月	1987 年 7 月	朱素华	男	1978 年 6 月	1999 年 10 月
王林海	男	1964 年 10 月	1987 年 7 月	邢　超	男	1982 年 9 月	2000 年 1 月
沈昆彪	男	1965 年 1 月	1988 年 10 月	周建良	男	1958 年 1 月	2001 年 3 月
龚桂泉	男	1954 年 8 月	1988 年 11 月	龚凤珍	女	1971 年 12 月	2002 年 7 月
沈美玉	女	1963 年 3 月	1989 年 7 月	周福良	男	1962 年 9 月	2003 年 6 月
韩根云	男	1954 年 12 月	1990 年 10 月	陈惠娟	女	1970 年 7 月	2003 年 6 月
陈琴珍	女	1958 年 8 月	1990 年 10 月	徐睿娟	女	1985 年 9 月	2004 年 1 月
徐根大	男	1950 年 11 月	1991 年 11 月	晋惠秋	女	1966 年 10 月	2004 年 5 月
沈金珍	女	1963 年 1 月	1991 年 11 月	江　琴	女	1974 年 11 月	2004 年 6 月
胥龙根	男	1964 年 4 月	1992 年 7 月	晋玉秀	女	1981 年 10 月	2005 年 3 月
钱林生	男	1956 年 5 月	1993 年 11 月	龚霄虎	男	1983 年 11 月	2005 年 8 月
刘汉文	男	1956 年 10 月	1994 年 5 月	张　庆	男	1985 年 5 月	2006 年 6 月
赵志兰	女	1957 年 8 月	1994 年 7 月	魏　炜	男	1986 年 4 月	2006 年 8 月
王秀珍	女	1964 年 8 月	1994 年 12 月	郭志洪	男	1962 年 6 月	2006 年 12 月
顾惠芬	女	1962 年 9 月	1994 年 12 月	张晓萍	女	1982 年 11 月	2007 年 7 月
孟益华	男	1962 年 8 月	1994 年 12 月	龚美娟	女	1977 年 3 月	2007 年 7 月

续表

姓名	性别	出生年月	入党年月	姓名	性别	出生年月	入党年月
王晓君	男	1990 年 6 月	2008 年 5 月	沈　静	女	1991 年 4 月	2012 年 6 月
张　敏	女	1981 年 11 月	2008 年 6 月	张凤泉	男	1964 年 9 月	2012 年 6 月
俞　丹	男	1987 年 2 月	2008 年 10 月	吴政军	男	1989 年 4 月	2012 年 7 月
晋玉芳	女	1986 年 10 月	2008 年 11 月	李　青	女	1991 年 7 月	2013 年 5 月
李　斌	女	1987 年 5 月	2008 年 12 月	周丽青	女	1982 年 5 月	2013 年 7 月
张英明	男	1968 年 6 月	2010 年 6 月	何耀峰	男	1986 年 8 月	2014 年 6 月
王　振	男	1986 年 11 月	2011 年 6 月	俞　文	女	1992 年 2 月	2015 年 6 月
余　蕾	女	1990 年 8 月	2012 年 3 月	张　薇	女	1985 年 9 月	2015 年 7 月

表 4-4　2020 年大公村入党 50 周年党员名录

序号	姓名	性别	出生年月	入党年月	所在支部
1	李金妹	女	1933 年 11 月	1954 年 7 月	第一党支部
2	孟阿小	男	1934 年 12 月	1955 年 1 月	第三党支部
3	杨凤林	男	1933 年 12 月	1960 年 5 月	第二党支部
4	王宝泉	男	1938 年 2 月	1960 年 5 月	第二党支部
5	张阿根	男	1945 年 10 月	1966 年 3 月	第二党支部
6	孟玉英	女	1947 年 4 月	1966 年 3 月	第三党支部
7	龚连元	男	1936 年 5 月	1966 年 3 月	第三党支部
8	夏小林	男	1938 年 6 月	1966 年 3 月	第三党支部
9	沈栋仙	女	1947 年 9 月	1966 年 3 月	第三党支部
10	裴桂英	女	1946 年 4 月	1966 年 2 月	第三党支部
11	俞火生	男	1940 年 12 月	1966 年 3 月	第一党支部
12	李二妹	女	1926 年 11 月	1966 年 3 月	第一党支部
13	顾福根	男	1948 年 5 月	1966 年 4 月	第一党支部
14	殷全根	男	1945 年 5 月	1967 年 3 月	第一党支部
15	郭生明	男	1948 年 8 月	1970 年 9 月	第二党支部
16	叶金良	男	1950 年 7 月	1970 年 3 月	第一党支部

四、已故党员名录

1949—2020 年大公域内已故党员有 53 名，如表 4-5 所示。

表 4-5　1949—2020 年大公域内已故党员一览表

序号	姓名	性别	出生年份	入党年份	原住自然村
1	邵瑞元	男	1923	1949	张北泾
2	陈海文	男	1925	1949	前严村
3	李俊茂	男	1925	1952	李家桥
4	徐振华	男	1932	1953	杨家角
5	叶根生	男	1929	1954	张北泾
6	晋考生	男	1928	1954	牛车浜
7	晋林生	男	1928	1954	支巷
8	周桐生	男	1922	1954	严村
9	陈三孝	男	1934	1954	前严村
10	陶菊泉	男	1900	1954	西浜
11	周爱宝	女	1924	1954	严村
12	周勤生	男	1932	1954	严村
13	钱伍郎	男	1920	1954	北星渎
14	何士林	男	1918	1954	杨家角
15	高仲伯	男	1919	1954	李岸泾
16	张瑞昌	男	1922	1955	李家桥
17	周小妹	女	1934	1955	严村
18	俞云生	男	1930	1955	西横塘
19	李福根	男	1930	1956	珠浜
20	邹凤珍	女	1934	1956	李岸泾
21	顾林生	男	1933	1956	杨家角
22	徐银泉	男	1929	1959	杨巷
23	晋桃生	男	1932	1959	牛车浜
24	叶金香	男	1925	1959	张北泾

续表

序号	姓名	性别	出生年份	入党年份	原住自然村
25	周银生	男	1929	1959	严村
26	张荣宝	男	1930	1959	李岸泾
27	蒋招生	男	1927	1959	潭郎
28	裴小毛	男	1936	1960	西浜
29	金明玉	男	1935	1960	北星渎
30	金桂香	男	1939	1962	支巷
31	李惠珍	女	1940	1966	张北泾
32	晋金英	女	1928	1966	牛车浜
33	浦全清	男	1935	1966	大渔
34	徐金惠	男	1922	1966	张北泾
35	杨小弟	男	1940	1966	东横塘
36	李庆祥	男	1921	1966	前严村
37	李大妹	女	1927	1966	前严村
38	李和尚	男	1930	1966	前严村
39	王楚臣	男	1912	1966	杨家角
40	吴飞荣	男	1941	1966	李岸泾
41	钱梅根	男	1937	1966	李岸泾
42	龚菊良	男	1945	1968	前严村
43	李义成	男	1923	1971	西横塘
44	吴兴根	男	1953	1971	珠浜
45	张勤生	男	1922	1974	张北泾
46	李学炳	男	1945	1975	前严村
47	徐文斌	男	1939	1976	杨巷
48	徐巧生	男	1943	1976	李家桥
49	张银根	男	1940	1976	张北泾
50	晋林根	男	1934	1978	支巷
51	钱福林	男	1933	1978	张北泾
52	王国玉	男	1931	1978	杨家角
53	杨金妹	女	1945	1988	杨巷

第二节　行政（自治）组织

一、机构沿革

1955年夏，域内成立了3个初级社。张北泾初级社的社长为李俊茂，会计为张双瑜；李岸泾初级社的社长为赵金根，会计为高仲伯；前严村初级社的社长为陈海文，会计为周勤生。初级社下设若干生产队，生产队由队长、副队长、工分会计（记工员）负责本队日常生产和管理工作。

1956年春，张北泾初级社与前严村初级社合并为大公高级社。李岸泾初级社改为珠浜高级社。大公高级社的社长为李俊茂，会计为周勤生；珠浜高级社的社长为何士林，会计为肖容。

1958年9月，撤乡建社，成立马鞍山人民公社，实行政社合一，建立军事体制。域内大公大队为大公营，珠浜大队为珠浜营，吴纪明为珠浜大队书记兼指导员，会计为肖容，营长为杨凤林。大公大队书记李俊茂兼指导员，副书记陈海文兼副指导员，营长为叶根生，会计为周勤生，下设若干连队，连队设连长，军事体制管理的时间较短。1959年春，撤销马鞍山人民公社，建立城南人民公社，域内有大公大队和珠浜大队2个大队。1968年中期，域内相继成立大公大队、团结大队、珠浜大队革委会。生产队建立革命生产领导小组，大队革委会与大队管理委员会领导职务基本相同。

1983年8月，政社分设，城南人民公社改为城南乡人民政府。域内成立大公村村委会、迎丰村村委会、路南村村委会。1983年8月—1988年6月，许福官、李祖德先后任大公村村主任。杨积生、徐雪其先后任迎丰村村主任。李金水任路南村村主任。1986年10月，撤乡建镇，城南乡与玉山镇合并。1986年

10 月—2001 年 8 月，李祖德、俞建发先后任大公村村主任，徐雪其、钱林生先后任迎丰村村主任，李金水、邢勤男、刘汉文先后任路南村村主任。

2001 年 8 月，大公村、迎丰村、路南村合并为大公村，先后由钱林生、朱素华（代主任），李亚（代主任）、刘青、龚凤珍、周丽青任大公村村主任。（表 4-6、表 4-7、表 4-8）

表 4-6　1955—2020 年大公域内主要行政负责人一览表

高级社（大队、村）名	姓名	职务	任期
原大公高级社（大队、村）	李俊茂	社长	1956 年 2 月—1962 年 3 月
	叶根生	大队长	1962 年 3 月—1966 年 2 月
	李连生	大队长	1966 年 2 月—1976 年 5 月
	徐银泉	革委会主任	1968 年 3 月—1976 年 5 月
	李连生	革委会主任	1976 年 5 月—1983 年 8 月
	许福官	大队长、村主任	1976 年 5 月—1985 年 4 月
	李祖德	村主任	1985 年 4 月—1998 年 11 月
	俞建发	村主任	1998 年 11 月—2001 年 10 月
珠浜（迎丰）高级社（大队、村）	赵金根	社长	1955 年 5 月—1955 年 12 月
	何士林	社长	1955 年 12 月—1960 年 12 月
	李福根	大队长	1960 年 12 月—1964 年 4 月
	金明玉	大队长	1964 年 4 月—1967 年 3 月
	张阿根	革委会主任	1968 年 3 月—1977 年 4 月
	王志毕	革委会主任	1977 年 4 月—1979 年 4 月
	宋庆忠	革委会主任	1980 年 1 月—1983 年 11 月
	杨积生	村主任	1983 年 11 月—1985 年 5 月
	徐雪其	村主任	1985 年 5 月—1997 年 6 月
	钱林生	村主任	1997 年 6 月—2001 年 10 月

续表

高级社（大队、村）名	姓名	职务	任期
团结（路南）大队（村）	陈海文	大队长	1962 年 4 月—1965 年 5 月
	周银生	大队长、革委会主任	1965 年 5 月—1975 年 4 月
	李学炳	革委会主任	1975 年 4 月—1978 年 4 月
	杨小弟	革委会主任	1978 年 4 月—1983 年 11 月
	李金水	大队长、村主任	1978 年 4 月—1990 年 10 月
	邢勤男	村主任	1990 年 10 月—1998 年 11 月
	刘汉文	村主任	1998 年 11 月—2001 年 10 月
大公村	钱林生	村主任	2001 年 10 月—2008 年 12 月
	朱素华	代主任	2008 年 12 月—2009 年 9 月
	李　亚	代主任	2009 年 9 月—2010 年 12 月
	刘　青	村主任	2010 年 12 月—2013 年 12 月
	龚凤珍	村主任	2013 年 12 月—2020 年 12 月

表 4-7　1955—2020 年大公域内高级社（大队、村）会计一览表

高级社（大队、村）名	姓名	任期
原大公高级社（大队、村）	周勤生	1955 年 5 月—1962 年 4 月
	张双瑜	1962 年 4 月—1966 年 3 月
	张良生	1966 年 3 月—1983 年 8 月
	俞福良	1983 年 8 月—2001 年 10 月
珠浜（迎丰）高级社（大队、村）	高仲伯	1954 年 5 月—1955 年 12 月
	肖　容	1955 年 12 月—1960 年 7 月
	张荣宝	1960 年 7 月—1965 年 12 月
	王国玉	1965 年 12 月—1968 年 4 月
	宋庆忠	1968 年 4 月—1980 年 1 月
	徐雪其	1980 年 1 月—1985 年 4 月
	谷家华	1985 年 4 月—1990 年 12 月
	钱林生	1990 年 12 月—1998 年 10 月
	龚凤珍	1998 年 10 月—2001 年 10 月

续表

高级社（大队、村）名	姓名	任期
团结（路南）大队（村）	周勤生	1962 年 4 月—1964 年 5 月
	王雪金	1964 年 5 月—1967 年 4 月
	周勤生	1967 年 4 月—1972 年 3 月
	李学炳	1972 年 3 月—1975 年 4 月
	周勤生	1975 年 4 月—1982 年 5 月
	李德庆	1982 年 5 月—1995 年 4 月
	夏小妹	1995 年 4 月—1999 年 7 月
	孟益华	1999 年 7 月—2001 年 10 月
大公村	孟益华	2001 年 10 月—2015 年 4 月
	龚美娟	2015 年 4 月至今

表 4-8　1983—2020 年大公域内农业（股份）经济合作社社长一览表

村名	姓名	任期
原大公村	张银根	1983 年 8 月—1984 年 10 月
	许福官	1984 年 10 月—1989 年 3 月
	张银根	1989 年 3 月—1996 年 12 月
	俞建发	1996 年 12 月—1999 年 12 月
	晋水根	1999 年 12 月—2001 年 10 月
迎丰村	谷家华	1983 年 8 月—2001 年 8 月
路南村	李金水	1983 年 8 月—1988 年 5 月
	徐裕根	1988 年 5 月—1995 年 8 月
	邢勤男	1995 年 8 月—1998 年 10 月
	李金水	1998 年 10 月—2001 年 10 月
大公村	晋水根	2001 年 10 月—2008 年 12 月
	陆素珍	2008 年 12 月—2014 年 9 月
	孟益华	2014 年 9 月—2019 年 7 月
	周丽青	2019 年 7 月—2020 年 10 月
	俞　文	2020 年 10 月至今

二、村民小组

1983 年，行政体制改革，在生产大队改设村的同时，生产队改设村民小组。原大公村有 8 个村民小组，迎丰村有 9 个村民小组，路南村有 7 个村民小组。2001 年，3 个村合并后，共有 24 个村民小组。2014 年，域内自然村全部动迁消亡，而村民小组的建制至 2020 年未变。（表 4-9）

表 4-9　2002—2020 年大公村各村民小组历任组长一览表

组别	组长姓名及任期	
	姓名	任期
1	张正中	2002—2015 年
	晋苏根	2016—2020 年
2	江月林	2002—2015 年
	晋水根	2016—2020 年
3	张培良	2002—2015 年
	江月林	2016—2020 年
4	江月林	2002—2015 年
	俞福良	2016—2020 年
5	张培良	2002—2015 年
	徐巧生	2016—2019 年
	韩林根	2020 年至今
6	张金龙	2002—2020 年
7	张金龙	2002—2015 年
	李桂根	2016—2020 年
8	张正中	2002—2015 年
	俞火生	2016—2020 年
9	周友根	2002—2007 年
	程玉培	2008—2011 年
	朱巧弟	2012—2020 年

续表

组别	组长姓名及任期	
	姓名	任期
10	王正良	2002—2007 年
	顾林根	2008—2020 年
11	陈惠娟	2002—2011 年
	张荣根	2012—2020 年
12	谷家华	2002—2020 年
13	谷家华	2002—2011 年
	陈火根	2012—2020 年
14	周友根	2002—2020 年
15	王正良	2002—2007 年
	顾林根	2008—2020 年
16	谷家华	2002—2011 年
	包春宝	2012—2020 年
17	陈惠娟	2002—2020 年
18	徐阿小	2002—2020 年
19	徐阿小	2002—2015 年
	李全根	2016—2020 年
20	徐裕根	2002—2020 年
21	徐裕根	2002—2015 年
	方兆龙	2016—2020 年
22	周建良	2002—2015 年
	周克林	2016—2020 年
23	周建良	2002—2015 年
	周克林	2016—2020 年
24	龚连元	2002—2010 年
	李金泉	2011—2015 年
	方建平	2016—2020 年

第三节 群团组织

大公村的群团组织有共青团、妇女联合会（简称“妇联”）、老年协会、民兵治保等。

一、共青团

1956 年，域内珠浜高级社成立团支部，夏国基任团支部书记。1962 年 4 月，大公大队成立团支部，顾富宝任团支部书记。1963 年 4 月，团结大队成立团支部，裴小毛任团支部书记。2001 年 8 月 3 个村合并后，大公村在 2012 年成立团支部，先后由孙洁、周丽青任团支部书记。

团支部在村党组织和村委会的领导下，围绕上级团委和村党组织、村委会工作要求，开展各项工作，组织团员青年积极上夜校，学习文化、技术，组建文娱宣传队，开展各种形式的文娱和竞赛活动。60—70 年代，发动团员学雷锋，树新风。80 年代，开展“五讲四美三热爱”活动，鼓励团员争做好人好事，积极参加农业生产。改革开放后，团员青年开展“学工匠精神、树工匠形象、立工匠业绩”活动，为社会主义新时代建设贡献力量。

1956—2020 年域内团支部书记任职情况如表 4-10 所示。

表 4-10　1956—2020 年大公域内历任团支部书记一览表

大队（村）	姓名	任期
珠浜（迎丰）高级社（大队、村）	夏国基	1956 年 7 月—1957 年 1 月
	陈荣坤	1957 年 2 月—1960 年 4 月
	林　根	1960 年 4 月—1961 年 12 月
	张阿根	1961 年 12 月—1967 年 3 月

续表

大队（村）	姓名	任期
珠浜（迎丰）高级社（大队、村）	徐雪男	1967 年 3 月—1975 年 5 月
	陈荣毅	1975 年 5 月—1981 年 12 月
	龚凤珍	1982 年 1 月—1983 年 4 月
	胥龙根	1983 年 5 月—1985 年 3 月
	徐凤花	1985 年 3 月—1994 年 7 月
	龚凤珍	1994 年 7 月—2001 年 10 月
原大公大队（村）	顾富宝	1962 年 4 月—1964 年 2 月
	张良生	1964 年 2 月—1966 年 3 月
	李忠生	1966 年 3 月—1969 年 12 月
	许福官	1969 年 12 月—1974 年 1 月
	姜新华	1974 年 1 月—1976 年 9 月
	戴建芬	1976 年 9 月—1979 年 1 月
	韩根云	1979 年 1 月—1983 年 7 月
	邵　青	1983 年 7 月—1986 年 12 月
	沈美玉	1986 年 12 月—1993 年 2 月
	江　琴	1993 年 2 月—2001 年 10 月
团结（路南）大队（村）	裴小毛	1963 年 4 月—1966 年 4 月
	陈忠明	1966 年 4 月—1969 年 3 月
	姚正方	1969 年 3 月—1971 年 9 月
	朱炳英	1971 年 9 月—1978 年 10 月
	王文元	1978 年 10 月—1979 年 10 月
	朱扣章	1979 年 10 月—1982 年 3 月
	姚建华	1982 年 3 月—1985 年 6 月
	陈建平（兼）	1989 年 10 月—1992 年 3 月
大公村	孙　洁	2012 年 1 月—2013 年 10 月
	周丽青	2013 年 10 月—2020 年 10 月

注：① 并村前路南村 1985 年 7 月—1989 年 9 月、1992 年 4 月—2001 年 10 月团支部书记一职未设。

② 并村后新的大公村 2001 年 10 月—2011 年 12 月团支部书记一职未设。

二、妇联

1962—2001 年，原大公大队（村）先后由李金妹、沈珠花、邵青、杨金妹、江琴任妇女联合会主任。

1958—2001 年，迎丰（珠浜）大队（村）先后由邹凤珍、徐凤花、陈惠娟任妇联主任。

1962—2001 年，路南（团结）大队（村）先后由周爱宝、孟梅英、周小妹、夏小妹、龚美娟任妇联主任。

2001 年，原大公、迎丰、路南 3 个村合并后，龚凤珍、俞文先后任妇联主任。

在大公村党总支和村委会的领导下，大公村妇联认真执行上级妇代会和本村妇代会的决议，维护好妇女、儿童的合法权益，带领全村妇女认真学法、懂法、守法、执法；围绕党的中心工作，充分发挥妇女“能顶半边天”的作用，带领广大妇女学技术，积极发挥自身在“两个文明”建设中的作用。2006 年，大公村被昆山市人民政府评为“十五”人口和计划生育工作示范村。

1962—2020 年域内妇联主任任职情况如表 4-11 所示。

表 4-11　1962—2020 年大公域内历任妇联主任一览表

大队（村）	姓名	任期
原大公大队（村）	李金妹	1962 年 4 月—1966 年 4 月
	沈珠花	1966 年 4 月—1970 年 5 月
	李金妹	1970 年 5 月—1983 年 8 月
	邵　青	1983 年 8 月—1986 年 12 月
	杨金妹	1986 年 12 月—1995 年 12 月
	江　琴	1995 年 12 月—2001 年 10 月
珠浜（迎丰）大队（村）	邹凤珍	1958 年 3 月—1977 年 3 月
	徐凤花	1977 年 3 月—1996 年 1 月
	陈惠娟	1996 年 1 月—2001 年 10 月

续表

大队（村）	姓名	任期
团结（路南）大队（村）	周爱宝	1962 年 4 月—1967 年 4 月
	孟梅英	1967 年 4 月—1978 年 5 月
	周小妹	1978 年 5 月—1983 年 3 月
	夏小妹	1983 年 3 月—1999 年 7 月
	龚美娟	1999 年 7 月—2001 年 8 月
大公村	龚凤珍	2001 年 8 月—2015 年 8 月
	俞　文	2015 年 8 月至今

三、贫协

1964 年，域内各大队进驻“小四清”（清政治、清经济、清组织、清思想）工作组，同时成立贫协组织，大队设贫协主任，生产队设贫协组长。贫协的主要工作任务是发动贫下中农积极投入“小四清”运动，组织深受旧社会苦的贫下中农“诉阶级苦，牢记血泪仇”，各大队召开批斗“四类分子”（地主、富农、反革命、坏分子）大会，提高贫下中农阶级觉悟。

1964—1968 年域内各大队贫协主任任职情况如表 4-12 所示。

表 4-12　1964—1968 年大公域内各大队贫协主任一览表

大队	姓名	任期
大公大队	晋桃生	1964—1968 年
珠浜大队	王楚仁	1964—1968 年
	李福根	1968—1976 年
团结大队	周祥林	1963—1966 年
	李叙福	1966—1968 年

四、老年协会

改革开放后，老年人的生活受到重视。1988 年，大公村、迎丰村、路南村成立了老年协会，做老年人的相关工作。

1988—2001年，叶根生任大公村老年协会会长，王国玉任迎丰村老年协会会长，邵鼎新、龚连元先后任路南村老年协会会长。

2001年，3个村合并后，徐友根、钱林生、龚凤珍先后任大公村老年协会会长。

第四节 民兵治保组织

一、民兵

新中国成立初期，域内成立了两个民兵中队。其一由晋考生任中队长，其二前后由李福根、杨凤林任中队长。民兵组织的任务是发动群众与地主展开斗争，分地主的家产，维持群众会议秩序，夜间巡防、值班，维护村庄治安，定期为军属、困难户代耕。

1958年8月，中共中央发出“全民皆兵”和“大办民兵师”的号召，全国掀起“全民皆兵”运动，公社设武装部，大队成立民兵营，生产队成立民兵排。民兵分为三种：基干民兵、普通民兵、武装民兵。基干民兵的年龄要求为男性17~25周岁、女性16~25周岁，普通民兵则是男性26~45周岁、女性26~36周岁，逐年登记造册，定期训练。

民兵营在上级武装部和本大队（村）党组织的双重领导下开展工作，落实上级和大队（村）党支部下达的各项任务；做好民兵“三落实”工作，对全体民兵进行政治与形势教育、国防与战备教育，增强民兵国防意识和战备观念，树立常备不懈的思想；加强对民兵的组织整顿和军事训练，定期开展打靶活动，努力提高民兵的军事素养，同时增强民兵执行任务的自觉性；做好兵员征集的信息收集工作，协助相关部门抓好征兵政治审查和服役教育工作，负责民兵预备役人员有关情况的登记、统计和上报工作。

1974 年，团结大队民兵营第 7 民兵排被昆山县革委会、昆山县武装部通令嘉奖。

1959—2020 年域内民兵营营长任职情况如表 4-13 所示。

表 4-13　1959—2020 年大公域内历任民兵营营长一览表

大队（村）名	姓名	任期
原大公大队（村）	晋考生	1959 年 6 月—1962 年 2 月
	郭昌发	1962 年 2 月—1965 年 3 月
	金桂香	1965 年 3 月—1974 年 6 月
	许福官	1974 年 6 月—1976 年 3 月
	李祖德	1976 年 3 月—1986 年 12 月
	韩林根	1986 年 12 月—1993 年 12 月
	俞福良	1993 年 12 月—1996 年 6 月
	晋水根	1996 年 6 月—2001 年 8 月
珠浜（迎丰）大队（村）	李福根	1956 年 1 月—1959 年 6 月
	杨凤林	1959 年 6 月—1962 年 7 月
	顾林生	1962 年 7 月—1967 年 3 月
	吴飞荣	1967 年 3 月—1977 年 3 月
	吴兴根	1977 年 3 月—1992 年 3 月
	程玉培	1992 年 3 月—2001 年 10 月
团结（路南）大队（村）	周银生	1962 年 4 月—1965 年 5 月
	裴小毛	1965 年 5 月—1976 年 4 月
	邢勤男	1976 年 4 月—1983 年 5 月
	殷卫平	1983 年 5 月—1986 年 4 月
	陈建平	1986 年 4 月—1992 年 3 月
	刘汉文	1992 年 3 月—1998 年 4 月
	周建良	1998 年 4 月—2001 年 10 月

续表

大队（村）名	姓名	任期
大公村	周建良	2001 年 10 月—2010 年 3 月
	王　振	2010 年 3 月—2019 年 5 月
	何耀峰	2019 年 5 月至今

二、治保

新中国成立初期，境内无治保组织，社会治安由域内 3 个大队的民兵营长兼任，各生产队由民兵排长兼任治保组长。自 1962 年起，设治保主任，大多也由民兵营长兼任，对“四类分子”进行就地监督、教育和劳动改造是治安保卫工作的一项重要工作。治保主任的职责是做好打击与预防犯罪，保障小区、村安全工作，开展打击“黄、堵、毒”与扫黑除恶等活动，净化社会风气。

1962—2020 年域内治保主任任职情况如表 4-14 所示。

表 4-14　1962—2020 年大公域内历任治保主任一览表

大队（村）名	姓名	任期
原大公大队（村）	郭昌发	1962 年 3 月—1964 年 3 月
	金桂香	1964 年 3 月—1974 年 6 月
	许福官	1974 年 6 月—1976 年 3 月
	李祖德	1976 年 3 月—1986 年 3 月
	韩林根	1986 年 3 月—1993 年 12 月
	俞福良	1993 年 12 月—1996 年 6 月
	晋水根	1996 年 6 月—2001 年 10 月
团结（路南）大队（村）	周银生	1962 年 4 月—1965 年 5 月
	裴小毛	1965 年 5 月—1976 年 4 月
	邢勤男	1976 年 4 月—1983 年 5 月
	殷卫平	1983 年 5 月—1986 年 4 月
	陈建平	1986 年 4 月—1992 年 3 月
	刘汉文	1992 年 3 月—1998 年 4 月
	周建良	1998 年 4 月—2001 年 8 月

续表

大队（村）名	姓名	任期
珠浜（迎丰）大队（村）	杨凤林	1959 年 5 月—1962 年 7 月
	顾林生	1962 年 7 月—1966 年 2 月
	张宝员	1966 年 2 月—1968 年 4 月
	吴飞荣	1968 年 4 月—1974 年 4 月
	王国玉	1974 年 4 月—1977 年 3 月
	王正良	1977 年 3 月—1991 年 5 月
	程玉培	1991 年 5 月—2001 年 10 月
大公村	周建良	2001 年 8 月—2013 年 2 月
	龚美娟	2013 年 2 月—2015 年 3 月
	张桂芳	2015 年 3 月—2020 年 6 月
	何耀峰	2020 年 7 月至今

第五章　农业副业

大公村村民世代以农业为本，以种植水稻、三麦和油菜为生。新中国成立后，村民在中国共产党的领导下开展土地改革和农业合作化，农业体制发生了根本改变。在人民公社时期，村民发挥集体经济优势，大兴农田水利建设，推广农业生产技术，农业生产得到改善和发展，粮食产量持续增长。1983 年，推行家庭联产承包责任制，村民农业生产积极性得到提升，域内农业稳步发展，种植、养殖业多种经营全面发展。1990 年后，土地流转和农业规模经营应运而生。2009 年，大公村涌现出多个种植、养殖专业大户。2013 年，大公村有 20 户种植大户，农业机械化和农业技术水平不断提高，农业产业化不断推进。因昆山高新区（玉山镇）规划建设需要，全村 4 060 亩农田被征用，农业整体规模缩小，但优良品种的推广、农业科技的进步、现代农机具的使用，使得水稻亩产持续超过 550 公斤，小麦亩产超过 375 公斤，全村农业现代化水平达到新高度。

第一节　生产关系

一、土地私有制

土地改革时，域内有耕地 4 075.41 亩，24 户地主、富农占有耕地 1 606.35 亩（户均 66.93 亩），占总面积的 39.4%。无地、少地的农民租种地主、富农的土地，议定租金为平均每亩交白米 1 石（1 石为 75 公斤），低洼田交白米 0.8 石，到期还不清租米的佃户，要被终止租田，或为债主打工抵债。在大忙时到地主、富农家做短工，挑草泥 2 工（天）为 1 斗米（1 斗为 7.5 公斤），莳秧 3 工（天）为 1 斗白米，做耘、耥 4 工（天）为 1 斗白米，做看牛娃的，东家仅管吃饭。

土地改革前域内各阶层土地占有情况如表 5-1 所示。

表 5-1　土地改革前域内各阶层土地占有情况一览表

村名	贫农、下中农		中农		富农		地主	
	人数/人	人均面积/亩	人数/人	人均面积/亩	人数/人	人均面积/亩	人数/人	人均面积/亩
大公	377	0.72	250	2.37	26	10.32	12	14.25
珠浜	634	0.52	185	2.80	13	9.34	9	25.00
团结	657	0.52	135	3.08	24	12.30	21	25.19

二、土地改革

1950 年 11 月至 1951 年 4 月，域内开展土地改革，在上级工作组的指导下，分步做好土地改革工作。

工作组组建农委，组织农民学习《中华人民共和国土地改革法》，同时摸清各户土地（包括自有地、租地），用工及大中型农具、生活来源和（受）剥削程度等情况，根据家产、农田、农具、（受）剥削程度，划分出地主、富农、中农、贫农等阶级成分，并经上级批准后出榜公示。查封地主的财产，发动受剥削、压迫农民诉苦，召开批斗地主大会。确定分田标准，丈量土地，抽签分田，经上级批准后，召开群众大会颁发土地证493张。

土地改革工作历时1年，判定域内地主、富农24户，上中农、中农149户，贫下中农668户，重新分地后人均分得土地2.1亩。

三、农业合作化

互助组　1951年底，域内贯彻落实中共中央《关于农业生产互助合作的决议（草案）》，引领农民走互助合作道路。各村开始组织成立临时互助组和常年互助组。1952年，大公村有58户、193人，组成9个互助组，有土地415.3亩。珠浜村有24户、112人，组成4个互助组，有土地242亩。

初级社　1954年夏，域内成立3个初级社。其中，张北泾初级社有29户、398.5亩土地，社长为李俊茂，会计为叶根生；李岸泾初级社有56户、505亩土地，社长为赵金根，会计为高仲伯；前严村初级社有23户、313亩土地，社长为陈海文，会计为周勤生。

1954年域内初级社基本情况如表5-2所示。

表5-2　1954年大公域内初级社基本情况一览表

初级社社名	户数/户	人数/人	男劳动力人数/人	女劳动力人数/人	耕地亩数/亩
张北泾	29	95	31	28	398.5
李岸泾	56	208	58	53	505.0
前严村	23	84	28	24	313.0

高级社　1956年，农业合作化进入高潮，有计划地把土地、生产资料折价归集体所有，各村在原来初级社的基础上成立高级社。

张北泾初级社、前严村初级社合并成立大公高级社。大公高级社成立管理委员会，另设监察委员，有农田 3 800 亩、总户数 227 户、总人口 912 人，其中男劳动力 217 人，女劳动力 211 人。社长为李俊茂，副社长为陈海文，会计为周勤生，下设 14 个生产队。

李岸泾初级社扩展为珠浜高级社，由吴纪明任社长，何士林任副社长，高仲伯任会计，另设监察委员。珠浜高级社的总户数为 112 户，总人口为 451 人，其中男劳动力 115 人、女劳动力 113 人，有农田 2 020 亩，下设 5 个生产队。

各高级社建有党组织、共青团、妇联、民兵组织，土地为高级社集体所有，实行土地、劳动力、耕畜大农具等“三固定”，实施定产量包干、定工分包工、定成本包本，按照面积结算到队，再按工分分配报酬，各生产队采取“三包一奖”（“三包”指包干、包工、包本，“一奖”指奖励土地超产或降本者），并将它纳入分配，若不达标则在分配中扣除，实行夏熟预分、秋熟决算的分配方式。高级社实现了土地及主要生产资料由私有制向公有制的转变，基本实现了农业社会主义改造。

四、人民公社

1958 年 10 月，马鞍山人民公社成立（1959 年 2 月，城南人民公社从中独立出来）。域内大公高级社改为大公大队，珠浜高级社改为珠浜大队，皆属城南人民公社，它们按自然村设生产队，大公大队设 8 个生产队，珠浜大队设 5 个生产队。这种政社合一的人民公社体制持续了 25 年。

1962 年 10 月，基本核算单位下放到生产队，确定了“三级所有、队为基础”的管理体制。生产队实行土地、劳动力、耕畜大农具“三固定”，统一经营管理，自负盈亏，受益分配承认差别。在劳动管理上，实行定额包工、评工记分、多劳多得、按劳分配，调动了农民的生产积极性，粮食生产情况有所好转。实行按人分基本粮、按劳分工分粮，取消了大锅饭。

1965 年 7 月，社会主义教育工作队全面进驻大公、团结、珠浜大队，开展“四清”运动，“四清”对象是大队及生产队干部，在政治上、经济上搞人人过关。通过运动，有少数干部受到处分，多吃多占的干部退赔。在运动中发展积极分子入党。各生产队民主选举，产生新的领导班子，同时配备一名政治队长。社会主义教育运动后，群众的劳动积极性有所提高，生产状况渐有起色。

1966 年，推广“大寨式”评工记分。学习昔阳县大寨大队经验，生产队里进行自报互评、评工记分。“大寨式”评分搞“政治挂帅，思想领先，树立标兵”。劳动评分先评政治分，再评劳动分，自报互评。人们称之为“先吃精神饭，再吃白米饭”。

1970 年，大公大队种植双季稻 97 亩，珠浜大队种植双季稻 75.5 亩，团结大队种植双季稻 85.8 亩。

强调“兴无灭资”（兴无产阶级思想、灭资产阶级思想）。域内农民在业余时间搞些家庭副业，被视为有资本主义倾向，受到批判，这一批判行为被称为“割资本主义尾巴”。饲养家禽限定人均一只，不得超过。不允许农户利用业余时间打草包，提出“宁要社会主义的草，不要资本主义的苗”。农业生产进入了低潮。

1971 年 12 月，恢复劳动定额、评工记分、多劳多得、按劳分配，农业生产有了起色。

1978 年党的十一届三中全会后，农业生产推广定额到人、按件记工、小段包工、死分活评。村民积极性有所提高。1982 年 4 月，域内少数生产队再分小组，实行包工、包产、包费用的“三包”到组，联产计酬，超产奖励，减产赔偿。但改革不彻底，“大锅饭”变成“小锅饭”，村民生产积极性没有得到充分调动。

五、家庭联产承包责任制

1983 年，大公村、迎丰村、路南村实行家庭联产承包责任制，按农业人口划分口粮田，每人 0.6 亩。各村以农户为单位实行家庭联产承包，人分口粮田，劳分责任田，猪分饲料田，在国家计划指导下自主经营，自负盈亏。依法缴纳农业税、集体公积金、公益金、管理费，余下的部分归农户所有，土地一包到底，结束了集体化生产经营方式，改变了大锅饭的生产管理模式，村民生产积极性得到了充分调动。

为解决分田后家庭经营中单家独户难以解决的困难，各村建立农业经济合作社和农业服务站，把作物布局、良种供应、机械作业、灌溉排水、防病治虫、肥药供应等工作统一起来，实施配套服务。服务站组织机耕队，建立常年管水队，进村指导，组织肥药供应。实行农户包任务、集体包服务，形成并完善以家庭联产承包责任制为主的统分结合双层经营体制。

1988 年，按照玉山镇党委关于承包土地调整的意见，综合考虑域内各村民小组人口和劳动力的增减导致农田分配不均、种田困难等情况，各村对家庭承包土地进行第一次调整。（表 5-3、表 5-4、表 5-5）

表 5-3　1988 年大公村各村民小组承包土地调整情况一览表

组别	户数/户	人数/人	确权面积/亩	组别	户数/户	人数/人	确权面积/亩
1	30	86	155.52	5	26	80	136.80
2	28	85	132.00	6	30	88	176.00
3	25	63	110.33	7	31	97	187.20
4	33	97	164.90	8	15	40	93.60

表 5-4　1988 年迎丰村各村民小组承包土地调整情况一览表

组别	户数/户	人数/人	确权面积/亩	组别	户数/户	人数/人	确权面积/亩
1	28	82	196.54	6	34	93	190.21
2	21	81	180.30	7	22	70	178.76
3	25	82	68.41	8	15	47	150.95
4	26	65	114.00	9	19	59	86.97
5	33	102	229.57				

表 5-5　1988 年路南村各村民小组承包土地调整情况一览表

组别	户数/户	人数/人	确权面积/亩	组别	户数/户	人数/人	确权面积/亩
1	36	115	111.56	5	48	139	193.35
2	28	88	134.04	6	45	139	190.31
3	29	77	137.58	7	40	142	283.31
4	43	134	235.76				

1993 年 8 月，根据人口、劳动力的变化，进行第二次土地承包调整。

1998 年，域内贯彻中央《关于进一步稳定和完善农村土地承包关系的通知》精神，根据苏州市关于做好延长土地承包期和承包农户确权的要求，严格按照1998年7月31日前在册的农业人口才享有土地承包权的规定，向24个村民小组核准发证2 151人，确权发证面积3 837.97亩，人均确权土地面积1.78亩。

六、土地流转和规模经营

实行家庭联产承包责任制后，村民生产积极性得到进一步调动。1983年第一轮土地承包后，出现了各种情况，村民有外出打零工的，也有参与第二、第三产业生产的。

路南村把农田转移给大农户种植，第一个承包户杨卿承包农田93亩。大公村王邦庚等9户承包农田721.5亩。1993年，路南村的817亩农田被承包给10户大农户。

2009年，大公村根据昆山市委《关于加快推进农村土地流转促进规模经营的实施意见（试行）》，为保障农民的合法权益、增加农民收入、维护农村社会稳定，根据农村改革要求，成立土地股份合作社。土地股份合作社统一布局、统一经营、统一发包，村民实现股权分红，实行真正意义上的规模经营。如表5-6、表5-7所示。

表5-6　2009年大公村部分村民小组土地流转情况一览表

组别	户数/户	人数/人	流转土地面积/亩	组别	户数/户	人数/人	流转土地面积/亩
9	30	97	225.81	14	34	97	206.04
10	24	82	205.74	15	24	83	220.40
11	26	83	128.00	16	22	51	164.74
12	26	73	130.27	17	26	70	133.13
13	45	130	300.71				

表 5-7　2013—2020 年大公村规模种植户一览表

序号	姓名	2013 年承包面积/亩	2014 年承包面积/亩	2015 年承包面积/亩	2016 年承包面积/亩	2017 年承包面积/亩	2018 年承包面积/亩	2019 年承包面积/亩	2020 年承包面积/亩
1	徐金华	138.00	138.00	138.00	138.00	138.00	138.00	138.00	251.58
2	徐金友	103.00	103.00	103.00	103.00	103.00	103.00	103.00	175.00
3	徐经芝	99.00	99.00	99.00	99.00	99.00	99.00	99.00	99.00
4	任伟民	279.60	279.60	279.60	279.60	279.60	279.60	279.60	279.60
5	周奎	117.80	117.80	117.80	117.80	117.80	117.80	117.80	117.80
6	瞿晓云	150.00	150.00	150.00	150.00	150.00	150.00	150.00	150.00
7	瞿贵姐	53.00	53.00	53.00	53.00	53.00	53.00	53.00	53.00
8	项雪平	79.00	79.00	79.00	79.00	79.00	79.00	79.00	79.00
9	李永春	113.00	113.00	113.00	113.00	113.00	113.00	113.00	113.00
10	张炳道	108.00	108.00	108.00	108.00	108.00	108.00	108.00	108.00
11	胡启柱	373.00	373.00	373.00	373.00	373.00	373.00	373.00	373.00
12	戴冲明	100.00	100.00	100.00	100.00	100.00	100.00	100.00	100.00
13	张炳能	124.00	124.00	124.00	124.00	124.00	124.00	124.00	124.00
14	李昌义	40.00	40.00	40.00	40.00	40.00	40.00	40.00	40.00
15	戴戈明	100.00	100.00	100.00	100.00	100.00	100.00	100.00	100.00

续表

序号	姓名	2013 年承包面积/亩	2014 年承包面积/亩	2015 年承包面积/亩	2016 年承包面积/亩	2017 年承包面积/亩	2018 年承包面积/亩	2019 年承包面积/亩	2020 年承包面积/亩
16	刘德生	82. 00	82. 00	82. 00	82. 00	82. 00	82. 00	82. 00	82. 00
17	孟照飞	30. 00	30. 00	30. 00	30. 00	30. 00	30. 00	30. 00	30. 00
18	魏安东	98. 00	98. 00	98. 00	98. 00	98. 00	98. 00	98. 00	98. 00
19	翟晓寿	53. 00	53. 00	53. 00	53. 00	53. 00	53. 00	53. 00	53. 00
20	孙庆云	165. 00	165. 00	165. 00	165. 00	165. 00	165. 00	165. 00	—

七、股份经济合作社

按照“民办、民管、民受益”的原则，大公村先后成立了大公村农地股份专业合作社和大公村股份经济合作社两个经济组织，发展壮大村集体经济，增加村民收入。

（一）玉山镇大公村农地股份专业合作社

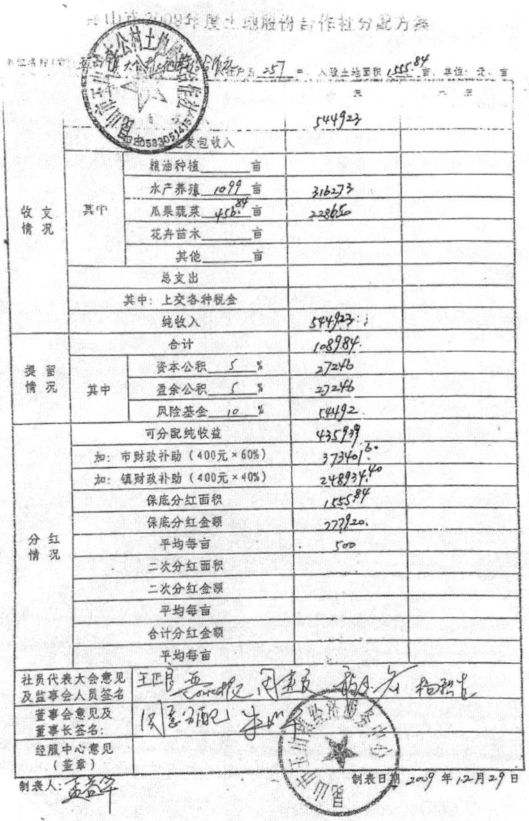

2009年度土地股份合作社分配方案

入股户数 257 户，入股土地面积 1555.84 亩，单位：元、亩

收支情况		总收入	544923
		发包收入	
	其中	粮油种植____亩	
		水产养殖 1099 亩	316273
		瓜果蔬菜 456.84 亩	228650
		花卉苗木____亩	
		其他____亩	
		总支出	
		其中：上交各种税金	
		纯收入	544923
提留情况		合计	108984
	其中	资本公积 5 %	27246
		盈余公积 5 %	27246
		风险基金 10 %	54492
分红情况		可分配纯收益	435939
		加：市财政补助（400元×60%）	373401.6
		加：镇财政补助（400元×40%）	248934.40
		保底分红面积	1555.84
		保底分红金额	777920
		平均每亩	500
		二次分红面积	
		二次分红金额	
		平均每亩	
		合计分红金额	
		平均每亩	
社员代表大会意见及监事会人员签名			
董事会意见及董事长签名：		同意分配	
经服中心意见（盖章）			

制表人：

制表日期 2009 年 12 月 29 日

大公村2009年度农地股份专业合作社分配方案（2020年，大公村供图）

2009年，玉山镇大公村农地股份专业合作社成立。

玉山镇大公村农地股份专业合作社的业务范围是组织成员种植农产品，养殖水产品，销售自产产品。

2009年，入股社员257户，入股土地面积1 714.84亩。当年规划建万丰苑小区扣除159亩，剩余1 555.84亩。当年水产养殖1 099亩，纯收入316 273元；瓜果蔬菜种植456.84亩，纯收入228 650元，合计纯收入544 923元。提留资本公积5%，盈余公积5%，风险基金10%，合计108 984元。可分配纯收益435 939元，加市财政补助373 401.60元，镇财政补助248 934.40元。实际保底分红777 920元，平均每亩分红500元。2020年每亩分红700元。

（二）玉山镇大公村股份经济合作社

2014年，由大公村“两委”提出申请，经昆山市委农村工作办公室批准，组建成立了玉山镇大公村股份经济合作社。全村经过清产核资、审计评估，确定经营性总资产为3 247.25万元，做好股东界定、股权分配、注册登记程序并建立统管投资、统管收益、统管分红、利益共享、风险共担的新型集体经济组织管理体制和运行机制。按规定，每年年终按村户籍人口计算分红，次年3月发放到户。

2016年，大公村依照昆山市委农村工作办公室《关于推进农村社区股份专业合作社股权固化改革的实施意见》，先后召开村民代表会议，村委会根据股权固化改革总体要求，听取群众意见和建议，制定股份经济合作社章程。同时，坚持尊重民意，坚持“民办、民管、民受益”原则。精确核实人员，配置股权，实行股权“固化”后若干年不变，即“生不增，死不减”，按2016年实际享受股份的人口登记造册，并发放股权证。2014—2020年累计发放合作社股金分红5 348 400元。

2001年，三村合并。大公村土地面积为6 328亩，其中耕地面积为5 139亩，各自然村村庄面积为503.55亩，河道、道路面积为564.17亩。自2003年起，历经省道建设、大公小区建设、沪宁高铁建设等十二批次土地征用，至2020年底，大公村集体土地面积为2 426亩（其中耕地2 268亩）。2003—2020年大公村被征用土地情况如表5-8所示。

表5-8　2003—2020年大公村被征用土地情况一览表

序号	时间	面积/亩	土地用途
1	2003年5月	167	339省道（江浦路）建设
2	2003年6月	67	中华园路、迎丰路北侧绿化带建设
3	2003年6月	164	大公花园小区建设
4	2005年4月	52	大公花园小区建设
5	2006年4月	591	中华园路路基、绿化带建设，路两侧停种停养
6	2008年6月	82	大公花园小区建设
7	2008年12月	280	沪宁高铁建设
8	2009年5月	1 861	玉山镇大经贸园区建设，全部停种停养
9	2009年11月	159	万丰苑小区建设
10	2010年9月	135	吴淞江学校建设

续表

序号	时间	面积/亩	土地用途
11	2012 年 1 月	235	中华园西路延伸段（339 省道西）建设
12	2013 年 11 月	267	万欣苑小区、沪宁高速公路出口处建设
—	合计	4 060	—

第二节　耕作制度

大公村的农业耕作为一年两熟。夏熟三麦、油菜、绿肥，秋熟水稻。新中国成立前，域内少数田只种一年一熟水稻，冬季休耕养田。新中国成立后，夏季种植小麦、蚕豆、红花草，增加绿肥，改善土质。在水稻品种方面进行改良，改籼稻为粳稻，改早稻为晚稻，改高秸秆为矮秸秆。

1969 年，域内开始试种双季稻，以绿肥田为茬口。后双季稻种植面积逐年增加，从绿肥茬口发展到大元麦、油菜茬口，连种两季水稻，实施一年三熟制。由于前季稻易遇低温烂秧，后季稻遭霜秕谷增加，开始时种双季稻的面积不大。到了 70 年代，在“以粮为纲”的指导下，域内片面追求复种指数，扩种双季稻。

1978 年，大公大队按照公社要求，以第 3 生产队为样板，在全大队种植双季稻。

然而，扩种双季稻导致农时紧张、秧田增多、劳动强度增加；减少小麦面积，增加大元麦面积，控制油菜面积，增加绿肥面积，粳稻改种杂优稻等措施使得农业开支增加，产量虽然有所增加，但经济收入减少。1984 年，域内停止种植双季稻，恢复一年两熟制。如表 5-9 所示。

表 5-9 1970—1983 年大公大队水稻种植情况选年表

年份	总面积/亩	单季稻面积/亩	杂优稻面积/亩	双季稻面积/亩	
				前季	后季
1970	1 471	900	—	502	570
1973	1 447	743	—	941	1 104
1976	1 431	427	—	875	1 003
1977	1 431	319	—	901	1 071
1978	1 431	365	—	823	985
1979	1 437	—	478	775	969
1980	1 419	503	66	696	791
1981	1 428	1020	—	351	407
1982	1 428	991	—	351	407
1983	1 428	911	—	426	409

第三节　农作物种植

一、水稻种植

（一）培育秧苗

秧板制作　村民一般选择备用田（冬闲田）或红花草田做秧田，在立夏前，翻耕秧田，将之整平、倒细，施足基肥。5 月中旬，将秧田上水平整，整平秧板，秧板一般为 1.3～1.4 米宽，然后拖平、开沟，再落谷，最后上秧灰。在新中国成立前和新中国成立初期，一般农民家庭的秧田上水、秧苗水浆管理，全靠两个人用一只秧水桶舀水。

浸种催芽 70年代前，村民把稻种装入蛇皮袋里，浸入河水中，连续浸3天3夜，再捞起来进行抽芽。抽芽时，用青草覆盖，使之保持一定的温度，勤洒水，保持湿度，抽芽2~3天至芽发白，再将芽摊开，待芽温度下降，即可落谷。70年代改用石灰水浸种，80年代改用多菌灵浸种，90年代选用菌种灵浸种。

落谷 60年代，一般做好秧田即可落谷。70年代，双季稻前茬采用尼龙薄膜育秧，上面再盖上稻草帘子，待秧苗长至4叶时揭开薄膜，再上水管理。80年代，采用泥浆落谷，播种量按大田面积算，每亩配10公斤。大规模种植双季稻后，采用除草剂除草。1983年，单季稻落谷采用散播方式直接播种。

秧田管理 早期秧田采用水、肥管理，日灌夜排，见秧叶黄施肥。70年代初，秧田管理科学化，秧苗生出1叶时，做到“晴天满沟水，雨天半沟水”，水不上秧板，长出1心则施“断奶肥”，仅留浅水层。长至3叶1心时施“接力肥”，移栽前3~4天施“起身肥”，同时打好农药，防病治虫，及时拔除杂草，确保壮秧。2000年后，采用秧盘育秧技术。秧龄虽短，但同样能确保壮秧，为机械化大田栽秧提供保障。

（二）移栽

50年代前期，秧苗移栽推广陈永康小株密植，要求每5寸×4寸（1寸约为3.33厘米）方形种植1株，每亩3万株左右。70年代，种植双季稻，每亩4万株左右。1978年，种植杂优稻，每亩2万株左右。

栽秧也称莳秧。一般秧龄满月，就可移栽至大田，移栽前先定好行距，同时备好秧尺。秧尺定位后，用经绳校准，保证行距，并使秧行笔直，便于后期管理及通风透光。莳秧时每行6棵，左边2棵，中间2棵，右边2棵，分布均匀。莳秧时不能出现“面水秧”，一般采用浅水莳秧、深水活棵，不能过深，也不能过浅。1980年，玉山农业技术推广站培训操作技术员，域内李金泉、沈珠花、钱菊芳、朱巧弟参加。是年，域内规模种植大户使用机械插秧。机械插秧不仅速度快，每天能插40~50亩，保证了水稻生长不误农时，而且秧苗成活快，能保证插秧密度。

实现机械插秧，关键要进行育秧改革。要保证秧田通气，秧田与大田的比例为1∶10，秧板控制在1.3平方米，育秧使用长方形塑料盘，每亩大田秧苗用量在20~22盘，在盘中放入2厘米厚的粉末状细泥，并在四周开好沟，便于水浆管理，用常规药剂浸种处理，催芽露白后播种，在塑料盘上面铺盖透气性好的无纺布，进行灌水。莳秧前5天揭膜，秧龄18天时适时移栽。

现代种植采取直播方式，1983年，域内开始在夏种中采用此方法。首先将大田整平，用好除草剂，在稻种露白后进行散播。实践证明直播效果好、省工、分蘖多、产量高，至2020年仍用此法。

单季稻移栽一般在夏至前5～7天开始，双季稻依品种而定。2000年后，域内人力莳秧基本消失，改为机械插秧。

70年代传统插秧（2020年，李金水供图）

（三）中耕管理

水稻的管理主要是水浆管理、耥稻、耘稻、除草、防病、治虫和施肥。秧苗移栽10天左右开始除草，补缺棵，然后进行耥稻、耘稻。一般的田块要耘稻2次，少数杂草较多的田块要耘稻3次，确保稻田里无杂草。在小暑前搁田。搁田后要拔除稗草等杂草。70年代中期，不需耘稻、耥稻工序，而是采用化学治草。移栽10天左右施好“分蘖肥”，25～30天重施“长粗肥”，搁田后施“拔节肥”和“穗肥”，最后巧施“接力肥”。按科学方法做好防病害治虫工作，根据具体情况精准用农药。90年代以后，为减少农药残留对人们生活的影响，用低毒农药。水稻的水浆管理是关键，深水活棵，干湿交替地发棵，孕穗、抽穗时保持田块湿度适宜。

（四）水稻产量

60年代以前，村民靠天吃饭，水稻亩产在75～130公斤。60年代以后，实施农田建设，科学施农药、化肥和农家肥，水稻产量有所提高。1964年，珠浜大队水稻种植面积为1 814亩，单产为290.5公斤，总产为526 967公斤。1977年，珠浜大队水稻种植面积为1 774亩，单产为410公斤，总产为727 340公斤，水稻单产和总产比1964年增长41%和38%。1982年，由于自然灾害及大幅度削减双季稻种植面积，粮食产量比1978年有所下降。90年代，由于使用良种和农业科技进步，水稻亩产超600公斤。

（五）水稻品种

新中国成立前，域内种有籼稻、糯稻、粳稻。籼稻分为罗籼、长条籼、红壳籼；糯稻有红糯、麻筋糯；粳稻有太湖青；等等。新中国成立后，逐步引进优良品种。1958年，推广高产晚稻老来青为当家品种，该品种产量高，但株高茎软易倒伏，后改为白芒短种。

60年代，引进苏粳1号、苏粳2号。1962年，引进农垦58，也称“世界稻”，该品种秆短抗倒伏，产量高。70年代，推广双季稻种植，前季稻品种有元丰早、广陆矮4号、二九青；后季稻品种以农虎6号、沪选19、扬糯等中粳为主；单季稻品种有昆农选、苏粳等。

1978—1981年，曾一度推广302杂优稻。80年代以后，推广太湖糯、昆农选、早单八、苏粳等晚粳单季品种。2000年后，推广苏香粳1号、太湖糯等品种。

二、三麦种植

新中国成立前，种麦比较粗糙，产量很低，在种植上粗耕粗作，小垄宽沟，而且沟浅，播种稀，无肥料，露籽多，产量低，亩产在50公斤左右。1969年，推广沙洲县塘桥公社的三麦高产经验，在种植上细耕细作，垄宽2米左右，条条沟深一尺半，采用垄头公路式，每块麦田两端出水，“三沟”配套（竖沟、横沟、排水沟），四面托起，做到3~4块田共用一条排水沟，沟沟相通，雨停田干，增产效果明显。1979年，域内推广种板田麦，在割稻前4~6天播下麦种，到稻收割时麦苗已出齐，稻收完后进行施肥、除草。在麦苗长出3叶1心后开沟压泥，促使三麦全苗、保暖、壮苗，确保冬壮冬发，实现高产。1983年以后，域内大面积推广种植板田麦，既抓住农时，又省工，三麦产量还高。

60年代以前，三麦播种前，不对种子做任何处理，播种无密度要求，不重视田间管理，不开沟，少施肥，不重视排水，产量低。1964年，珠浜大队三麦种植面积为864亩，单产49.3公斤。70年代，用石灰水或多菌灵浸种，同时对三麦做好防病治虫、开沟、排水、施肥等精细管理。1977年，珠浜大队三麦种植面积为870亩，单产152.75公斤，比1964年增长209.8%。1982年，珠浜大队三麦种植面积为937.7亩，单产为167.5公斤，比1977年增长9.7%。

三、油菜种植

油菜是域内主要油料作物。20世纪60年代，亩产在35~40公斤之间。70年代，亩产约75公斤。80年代，亩产约100公斤。新中国成立初期，耕作上粗耕粗作，移栽前将土地用牛或人力翻过来作垅头，用菜花柱打潭，用河泥与大粪拌在一起垫潭，将菜籽放入潭中直接播种，品种为土油菜。

70年代前期，9月底10月初播种菜秧，水稻收割后，将田土翻过来，做好垅头套好勒，分棵种油菜。1978年，团结大队油菜每亩产150公斤，团结大队获江苏省油料生产先进奖。

80年代，试种板田油菜，品种为胜利油菜。90年代，引进宁油7号、宁油50号等品种。

第四节　农技推广

一、积肥造肥

20世纪60年代以前，域内农作物种植全靠自然肥料，靠罱河泥、养猪羊解决肥料难题。农户每年养2~3头猪，每头猪的猪窠可提供1~2亩田的有机肥料。域内还采用沤肥、堆肥等积肥造肥办法增强肥效。

60年代，域内开始推广化肥，各生产队使用碳酸氢铵化肥、氨水、尿素、氢化铵、硫酸铵、碳铵作基肥，尿素、硫胺作追肥，化肥多施会导致农田土壤板结，碳酸氢铵和复合肥一起使用，土壤不易板结。进入21世纪后，种田用肥都是改良后的化学肥料。

50年代罱河泥（2020年，李金水供图）

沤肥 沤肥是域内农民积肥的主要办法，积肥办法有罱河泥、拖河泥、挟河泥、扎草、扒草，到上海罱黑泥、收垃圾等。冬天，在每块田的田角里开1个潭，每个潭的容量为10~12立方米，田块较大的可增开一个腰潭。5月初，进行翻潭，将潭里的河泥翻上来，放在潭的四周岸上，用榔头将潭四周敲打结实，做到潭不漏水，接下来将河水运到潭里，一层泥、一层花草地搅拌，越浓稠越好，把草塘泥搅成泥浆，使其发酵、腐烂，增强肥效。

造肥 造肥就是将渠道、溇潭等抽干水后，将浮泥挖出来，将青草、猪灰、稻草和浮泥拌一起，通过发酵做成肥料。做肥料仓则是把一块农田的泥土翻过来，将青草、猪灰放进这块田里，打上水，用拖拉机多次旋耕、打烂，通过发酵，做成基肥。

堆肥 堆肥就是铲尽田埂、渠道岸、河岸三面（两侧及正面）的草皮，连草带泥堆积起来，用河泥覆盖密封进行发酵，待种三麦时覆盖在抡头上，既消灭露籽麦，又增强肥力。

二、防治病虫害

（一）水稻病虫害防治

水稻虫害主要有三化螟、二化螟、大螟、稻纵卷叶螟和稻飞虱等虫害。水稻虫害防治，用苏化二〇三、甲胺磷等乳剂，也可用“二二三”和“六六六”等粉剂。90年代后，用高效低毒农药防治稻瘟病、纹枯病、条纹叶枯病和黑条萎缩病等。

70年代，稻瘟病用稻瘟净和井冈霉素防治。90年代至2020年，用“克井”，在抽穗进度达10%时施药。纹枯病用井冈霉素防治。条纹叶枯病、黑条萎缩病用“二二三”“六六六”粉混配或马拉松药水防治。用甲胺磷防治早季稻秧田和大田早期的灰飞虱与条纹叶枯病效果好。

（二）三麦病虫害防治

三麦虫害为蚜虫、行军虫，它们吃食麦叶，咬断麦穗。70年代，不仅用敌百虫或“二二三”防治，也用敌百虫、“六六六”粉混配防治。1983年以后，虫害严重的田块用甲胺磷防治。90年代，用高效低毒农药防治。

三麦病害以赤霉病为主。60年代，用合硫合剂防治。70年代中期，用多菌灵防治。90年代以后，仍用多菌灵或井岗霉素防治。

（三）油菜病虫害防治

油菜虫害以蚜虫为主，它会影响油菜结果。病害主要有菌核病和霜霉病，在病害最流行的年份，病株率在10%~15%。60年代用“六六六”防治。70年代初，用“二二三”或乐果防治。70年代后期，用甲胺磷、多菌灵防治。90年代以后，用高效低毒农药防治虫害。

三、除草

水稻杂草有以稗、千金子为主的禾本科杂草，以绒草为主的莎草科杂草和节节草，以鸭舌草为主的阔叶杂草。70年代初，除草主要以人工为主；70年代中期，开始用除草醚化学除草。80年代，推广使用丁草胺进行水稻除草。

三麦杂草主要有看麦娘、牛繁缕等。70年代中期，使用绿麦隆化学除草。80年代后期直至2020年，使用甲嘧磺隆除草，效果较好。

油菜杂草主要以看麦娘和硬草为主，主要使用绿麦隆化学除草。1988年以后，用茎叶处理剂精稳杀得、盖草能等除草，对看麦娘的效果尤为明显。

四、推广良种

50—60年代，水稻品种以苏粳1号为主，小麦品种以华东6号为主。70年代以后，水稻品种以昆农8号为主，小麦品种以昆麦672为主。80年代，水稻品种有昆农选16，小麦品种有扬麦4号。90年代，水稻品种有太湖粳2号，小麦品种有扬麦6号。2000年以后，水稻品种主要是苏香粳1号和南粳46等，小麦品种主要以扬麦8号和扬麦16号为主。如表5-10所示。

表 5-10　1961—2011 年大公域内水稻、小麦品种与产量对照情况选年表

年份	水稻		小麦	
	品种	亩产/公斤	品种	亩产/公斤
1961	苏粳 1 号	274. 5	华东 6 号	27. 0
1971	昆农 8 号	325. 5	昆麦 672	97. 0
1981	昆农选 16	342. 5	扬麦 4 号	160. 5
1991	太湖粳 2 号	439. 5	扬麦 6 号	171. 0
2001	苏香粳 1 号	494. 5	扬麦 8 号	244. 5
2011	南粳 46	561. 5	扬麦 16 号	315. 5

第五节　农田水利

一、农田排灌

（一）人力、畜力、风力水车

人力水车（2020 年，李金水供图）

新中国成立前和新中国成立后的 50 年代，村民种田用水排灌，全靠人力、畜力和风力。

人力水车　有牵水车、踏水车。两者皆为木结构，车筒内有鹤膝、斗板、齿钵，三者相连，牵车内有一根轴，一只“拨度”，两侧有木制轴承，轴上两端装“偏心”与牵杆连接，可供 1~2 人牵，一天能灌田 1~2 亩。

踏水车以脚踏为动力，岸上设扶手架，由两根立柱、一根横架组成，中间装“拨度”，两边装有脚踏榔头，效率比牵水车高，不需车基。

畜力水车 也称“牛车”，为木结构，此车须设牛场基，并架草棚（俗称“牛车棚”）一个，“拨度”、鹤膝、斗板、车筒相互连接，牛转动水车后将水抬起来，牛车一天可灌田10~15亩。

风力水车 又称“风车”，为木结构，设四方锥形立架，有天轴、地轴、立轴，水、旱两只“拨度”，蓬竹6根，风蓬6张，达到3级风力即可转动，一天能灌田15亩。

（二）电灌站

50年代后期，域内先后建起电灌站，改变了以前种田灌溉靠人力、畜力、风力的历史。1958年，大公大队在支巷自然村建电灌站一座，站长为朱海根，灌溉面积为3 000亩。新建高压输电线路3 000米、倒虹管5条，筑主渠道5 000米、支渠道3 500米，主要解决辖区内农田的排灌水难题。

1963年，珠浜大队在月池河和尤泾河口建电灌站一座，站长为何士林，灌溉面积为1 300亩。新建高压输电线路500米、倒虹管3条，筑主渠道3 000米、支渠道3 500米。

1969年，团结大队在前严村自然村建电灌站一座，站长为周桐生，灌溉面积为874亩。新建高压输电线路900米、倒虹管6条，筑主渠道1 800米、支渠道2 000米。

1983年，迎丰村在杨家角自然村再建电灌站一座，站长为吴飞荣，灌溉面积为577亩。新建高压输电线路600米。

二、水利建设

（一）河道治理

大公中心河，又名大濆河。城南公社组织新北片各大队出动劳动力2 500余人，于1974年拓浚大公中心河。拓浚后，域内大公中心河长1.2公里，底宽3米，面宽15米，南北向，南通吴淞江，北通新青阳河。

1974年，城南公社组织新北片10个大队共出动劳动力2 000余人，疏通新青阳河。新青阳河全长1.4公里，河面宽13米，东通小濆河，西通大濆河。

1977 年，新开团结中心河，域内长 1.5 公里，底宽 3.5 米，面宽 15 米，南北向，南通顾塘河，北通新阳河。

（二）修建水闸

1963 年，珠浜大队建防洪闸一座，西通尤泾河，东通月池河，为单闸。

1965 年，珠浜大队在珠浜河与尤泾河交汇处建一座套闸，主要解决珠浜大队防洪难题。

2019 年，大公村在横塘河与小溇河处交汇翻建排涝站一座、防洪闸一座，解决路南农田防洪抗灾难题。

第六节　农机农具

一、传统农具

新中国成立前，农田耕作，农作物播种、灌溉、排涝、治虫、收割、脱粒、运输等，全靠人力、畜力和风力。主要传统农具按功能分，有翻耕农具、灌溉农具、中耕农具、积肥施肥农具、收割农具、装运农具、脱粒农具、碾米工具等。翻耕农具有旱犁、水犁、刀耙、刮草耙、阔齿铁搭、尖齿铁搭；灌溉农具有牵水车、踏水车、牛水车、风力水车、秧水桶等；中耕农具有坌稻铁搭、耥耙、锄头、铁铲；积肥农具有船、罱网、挟网、

手摇风车（2020 年，李金水供图）

拖袋、扎草塘耙、扒草塘耙、粪桶、粪勺、“土大”、扁担；脱粒农具有稻床、鞭盖、削柴棒、推耙、竹枝扫帚、手摇风车、谷筛、脚踏式脱粒机；收割农具有镰刀、扁担；装运农具有船、跳板、麻袋、笆斗、挽子；碾米工具有木砻、石臼；播种工具有菜花柱、扦刀、笆斗。50 年代末，大公大队有耕牛 75 头、牛水车 24 部、踏水车 19 部、风力水车 7 部。60 年代以后，随着现代农机的推广，以人力、畜力和风力为动力的传统农具被现代农机具替代，牛水车、牵水车、踏水车、风力水车在域内逐渐消失。

牛水车盘（2020 年，李金水供图）

脚踏式脱粒机（2020 年，张阿根供图）

60 年代牛耕田（2020 年，张阿根供图）

60 年代牛耙田（2020 年，张阿根供图）

二、现代农机

脱粒农机 50 年代后期，各大队用抽水机拖动 4 人脱粒机。60 年代，用电力脱粒，配用 2.5 千瓦电动机和铁滚筒脱粒机。1983 年，家庭联产承包责任制推行后，小型脱粒机普及。1996 年以后，大农户使用大型收割机，进度快、工效高、谷粒净、无杂质，从而取代人力割稻、脱粒。

大型收割机（2020 年，张阿根供图）

翻耕农机 1971 年，珠浜大队第 2 生产队被分配手扶拖拉机 1 台。机手为王正良、张爱根。这是珠浜大队的第一台拖拉机，此后，各生产队逐步配置手扶拖拉机，手扶拖拉机在全大队普及。80 年代，随着机耕路的修筑和集体经济的壮大，大中型翻耕农机逐渐在域内普及。

1985 年，大公村购买中型拖拉机 1 台，后逐步增加到 3 台。

1990 年，路南村购买中型拖拉机 1 台，后逐步增加到 2 台。

1994 年，迎丰村购买中型拖拉机 1 台，后逐步增加到 4 台，机手为朱巧弟、何玉琪，从此结束了牛耕田的历史。

（三）运输机具

1950—1992 年，域内有木船 30 条、水泥船 59 条、挂机船 7 条。有了挂机船后，手摇船逐渐减少。1992 年，路南村、大公村、迎丰村公路与昆南公路相通后，水上运输改为陆地运输，农船运输改为汽车运输。

（四）其他农机

60 年代，生产队开始使用背包式手动喷雾机，用于农作物防病治虫。自 70 年代起，使用弥雾机喷雾。

1973 年域内各大队大型传统农具配置情况如表 5-11 所示。

表 5-11　1973 年大公域内各大队大型传统农具配置情况一览表

大队	队别	木犁/把	铁犁/把	刮草刀耙/把	脱粒机/台	木船/条	水泥船/条
大公	1	2	2	2	2	1	2
	2	3	2	2	2	2	2
	3	2	3	2	4	1	4
	4	2	2	2	2	2	2
	5	2	2	2	2	1	2
	6	3	4	2	4	1	4
	7	2	2	2	4	2	3
	8	2	2	2	2	1	2
珠浜	1	2	2	2	2	1	2
	2	3	6	2	4	1	2
	3	2	5	2	6	1	3
	4	2	3	2	2	2	3
	5	2	3	2	4	1	2
	6	2	6	2	4	1	2
	7	3	5	2	2	1	2
	8	2	5	2	2	1	3
	9	2	3	2	4	1	2
团结	1	2	3	1	4	1	2
	2	2	3	1	2	1	2
	3	2	3	1	2	1	2
	4	5	6	1	4	2	4
	5	2	3	1	4	1	2
	6	2	3	1	4	1	2
	7	4	4	4	6	2	6

第七节　多种经营

域内农民除种植粮、油、棉作物之外，历来还重视家庭副业，养鸡、鸭、鹅、猪、羊、兔等。每家每户在自留地上种植蔬菜，在河道内放养各种鱼苗、种植菱角，在河边种植茭白，等等。

新中国成立后，各级人民政府鼓励农民大力发展多种经营。三年困难时期，政府号召大搞瓜果蔬菜种植，大种“十边地”（村边、路边、河边、沟边等10种零散的荒地），解决农民温饱问题。域内农民种植南瓜、西瓜、香瓜、蔬菜等。各生产队大力发展集体养猪，既增加集体收入，又增加农作物有机肥料。80年代，域内部分生产队开始养蚌珠，并根据市场需求，不断调整种养结构。90年代以后，出现了各类种养大户，增加了村民和集体的经济收入。

一、蔬果种植

蔬菜、瓜果类种植　村民每家每户种植传统日常蔬菜，品种主要有青菜、茭白、莴笋、黄萝卜、白萝卜、香葱、韭菜、菠菜、雪菜、金花菜、扁豆、四季豆、长豇豆、马兰头、芥菜、茄子、青椒、黄瓜、丝瓜、苋菜、卷心菜、大白菜、小白菜、花菜、生菜、番茄、马铃薯、芹菜、香菜、刀豆、蚕豆、冬瓜、毛豆、娃娃菜等，主要满足日常生活需求。

域内村民有种瓜的传统，像西瓜、香瓜、菜瓜、黄瓜等。50年代初，珠浜高级社成立副业队，钱伍郎任副业队主任，副业队分为两组，主要种植各类蔬菜，如南瓜、黄萝卜、白萝卜等，主要满足养猪的饲料需求，组长张巧生，带领7个老年劳动力，种20多亩旱地。村民种西瓜、香瓜、黄金瓜等，基本上自己食用，部分出售。生产队一般种植3~5亩西瓜、香瓜，3~6亩南瓜，既满足社员吃瓜需求，又解决生产队猪饲料短缺难题。瓜类收入每亩一般为 300~500 元。1974 年团结大队各生产队组建副业组，利用生产队旱地、杂边地、低洼田、水面发展种养业，生产队与副业组签订承包合同，实行“五定一奖”（定人员、定面积、定产量、定销售、定报酬，超产奖励 50%）。1974 年团结大队副业组承包情况如表 5-12 所示。

表 5-12　1974 年团结大队副业组承包情况一览表

队别	负责人	人数/人	面积/亩	上缴款/元
1	李培生	5	13.5	2 700
2	沈爱生	4	7.0	1 400
3	戴连生	4	15.0	1 800
4	夏大林	6	39.0	8 100
5	徐风林	4	6.0	1 250
6	周虎生	4	7.0	1 300
7	周明俊	6	6.0	4 200

2003 年，大公村引进西瓜种植大户 7 家，承包 300 亩，每亩租金 350 元，每亩西瓜产量 4 600~6 400 斤，全年总收入 161 万元，扣除成本 93 万元（包括租金、大棚建设费、肥药费等），年净收入 68 万元，每亩平均收入 2 267 元。

蘑菇种植　1969 年，域内大公、珠浜、团结 3 个大队各生产队发展蘑菇种植业，各生产队搭建蘑菇棚，成立种植专业队伍。

3 个大队共种植蘑菇 7 200 平方米。供销社提供菌种，并收购成品蘑菇，每斤收购价为一级品 1.3 元，二级品 0.8 元。

其中，团结大队各生产队与种植人员签订承包合同，推行“五定一奖”制。具体情况如表 5-13 所示。

表 5-13 1969 年团结大队蘑菇种植承包情况一览表

队别	负责人	人数/人	面积/米^2	上缴款/元
1	吕小马	3	300	3 000
2	沈福林	3	300	3 000
3	李文龙	3	300	3 000
4	潘志昌	4	450	4 500
5	周建良	3	300	3 000
6	周文祥	3	300	3 000
7	李明生	4	400	4 000

承包一年后，7 个生产队全部超产，每人得奖金 10~30 元不等。1969 年大公大队、迎丰大队蘑菇种植承包情况如表 5-14、表 5-15 所示。

此后，蘑菇种植不再盛行，逐渐消失。

表 5-14 1969 年大公大队蘑菇种植承包情况一览表

队别	负责人	人数/人	面积/米^2	队别	负责人	人数/人	面积/米^2
1	殷仙珍	3	300	5	李祖根	3	300
2	杨小宝	3	300	6	许金花	3	300
3	陈小妹	3	300	7	韩老妹	3	300
4	俞惠中	4	450				

表 5-15 1969 年迎丰大队蘑菇种植承包情况一览表

队别	负责人	人数/人	面积/米^2	队别	负责人	人数/人	面积/米^2
2	孙金早	4	450	6	周林根	4	450
3	张荣根	3	300	7	徐雨仙	4	450
4	席金妹	3	300	9	俞伯元	3	300
5	陈根生	4	450				

种苗繁育 1975—2001 年，团结大队第 1 生产队 8 户农户繁育蔬菜种苗，搭建大棚 40 个、苗床 724 平方米。每年大寒时节整理苗床，施足基肥，精耕细作；冬至时节播种，种子为茄子、青椒、番茄、黄瓜、豇豆、刀豆、扁豆、扁胡、冬瓜、西瓜、香瓜等，保持苗床湿度、温度适宜，每年清明后销售种苗，每棵种苗价格为 2 分至 2 角不等。该生产队每年种苗销售总收入为 4. 5 万~11 万元不等。

鲜藕种植 1995 年，路南村引进朱姓、吴姓两家种藕大户，他们承包耕地 33. 5 亩，每亩上缴村租金 300 元，每亩产量 3 000~3 600 斤，年终收入为 15. 3 万元，扣除成本（种苗费、肥药费、耕作费、水电费、上缴款等），全年收入为 9. 46 万元，每亩平均收入为 2 824 元。

（五）水芹菜种植

2005 年，大公村引进水芹菜种植大户 4 家，他们承包农田 25 亩，每亩土地租金为 300 元，当年 1 月栽插种苗，施足基肥，中途精心管理，10 月开始收获。水芹菜亩产 1 300~1 500 公斤，按市场销售价计算，全年总收入为 14 万元，扣除成本 8. 6 万元（租金、种苗费、肥药费、机耕费、水电费等），全年净收入为 5. 4 万元，每亩平均收入为 2 160 元。

二、水产养殖

蚌珠养殖 1973 年，团结大队第 7 生产队利用区域内 3 亩水面养殖珠蚌 3 800 只，从种殖、放养、日常管理到获取蚌珠用时 3 年，每年获取蚌珠 7. 5 公斤，一级蚌珠每斤售价为 270 元，二级蚌珠每斤售价为 220 元，三级蚌珠每斤售价为 180 元，全年蚌珠总收入为 3 500 元。

此后，蚌珠养殖不再盛行，逐渐消失。

鱼类养殖 2001 年，大公村进行产业结构调整，发展多种养殖经济。共开挖虾塘、鱼塘、蟹塘 1 997 亩，引进外地有经验养殖能手，带资承包 73 家。2003 年，鱼塘增开面积至 2 220 亩，承包给 85 户，签订承包合同，每亩租金 350 元，85 家养殖户的全年总收入为 630 万元，扣除成本 450 万元（农田租金，鱼、虾、蟹种费，饲料费、农药费、水电费等），全年净收入为 180 万元，每亩平均收入为 811 元。

2007—2016 年大公村根据农田基本建设和农田保护规划，将大部分鱼虾塘逐年填平，改为粮田和建设用地。

2003 年大公村水产养殖承包情况如表 5-16 所示。

表 5-16　2003 年大公村水产养殖承包情况一览表

序号	姓名	承包面积/亩	序号	姓名	承包面积/亩	序号	姓名	承包面积/亩
1	曹雪宝	37.50	23	戴正芳	20.00	45	唐卫良	40.00
2	曹建宝	35.50	24	赵惠元	34.00	46	吴小根	28.00
3	金小龙	32.00	25	赵龙明	50.00	47	郑昌义	27.03
4	吴良生	38.00	26	李向红	13.00	48	陆金生	20.00
5	潘静国	48.00	27	戴跃华	42.60	49	赵志良	8.00
6	潘凤山	26.00	28	唐文兴	31.70	50	张建明	27.00
7	沈小宝	44.00	29	曹大配	31.00	51	王梅生	35.00
8	沈向东	36.00	30	张银根	37.00	52	蔡卫元	63.57
9	张小龙	31.00	31	朱美龙	37.00	53	孟文学	32.00
10	沈阿三	31.80	32	吴常兴	70.00	54	曹阿二	2.70
11	张银根	40.00	33	宋小龙	57.50	55	李梅梅	32.00
12	林云龙	43.00	34	赵建龙	31.00	56	顾根全	27.00
13	沈继方	55.00	35	张兆锐	95.00	57	陈建林	33.00
14	沈继良	42.00	36	谢炳士	40.00	58	朱建新	47.00
15	王水方	42.00	37	赵国华	28.00	59	吴飞荣	17.70
16	钱林初	25.00	38	郑方女	58.50	60	袁永良	30.00
17	徐连生	51.80	39	王学勤	69.30	61	袁永根	5.20
18	徐军然	6.90	40	唐阿小	40.00	62	史全男	33.00
19	王锁宝	20.00	41	唐卫龙	40.00	63	金国峰	15.00
20	沈福林	24.00	42	郭剂华	30.00	64	袁阿二	5.35
21	赵敏华	42.50	43	唐兴元	32.00	65	费永芳	4.45
22	赵平良	41.00	44	林龙元	43.80	66	合计	2 260.40

三、畜禽养殖

生猪　50年代，珠浜高级社有副业队2组，由程太昌担任组长，带领5名社员，饲养生猪100头、母猪5~6头，自繁自养，每年出售生猪约200头，每头生猪重约200斤，全年养猪收入在2万元以上。1963年，确定生产队为核算单位，政府号召“大力发展养猪事业”，调动农户养猪的积极性，养猪户数占总户数的75%，每年户均饲养2头，部分农户还养母猪。生产队集体大规模养猪，搭建猪棚，形成生产队养猪场。1966年，珠浜大队配备专职畜医龚连生、韩林根、张大毛。70年代，每个生产队饲养的生猪为40头至100头不等，母猪则为2~3头，实行自繁自育。猪饲料除杂粮、稻谷、元麦之外，还搭配柴糠、水花生、水葫芦、水浮莲等作为青饲料。养猪既增加了农田有机肥料，又增加了集体经济收入。1979年，迎丰大队第5生产队发展百头猪养猪场，场长为周仁富。

70年代各大队各生产队集体生猪饲养情况如表5-17、表5-18、表5-19所示。

表5-17　70年代团结（路南）大队各生产队集体生猪饲养情况表

队别	耕地面积/亩	饲养员	生猪/头	队别	耕地面积/亩	饲养员	生猪/头
1	153	朱石华	50	5	112	丁秀英	40
2	155	沈小宝	60	6	123	陈生	40
3	157	孟阿香	50	7	313	魏大男	90
4	301	袁荣佰	80				

表5-18　70年代大公大队各生产队集体生猪饲养情况表

队别	耕地面积/亩	饲养员	生猪/头	队别	耕地面积/亩	饲养员	生猪/头
1	178	周纪和	50	5	174	张秀芳	50
2	175	叶金英	50	6	208	李金林	70
3	145	王吉洪	60	7	210	张根英	60
4	221	张宗良	70				

表 5-19 70 年代珠浜（迎丰）大队各生产队集体生猪饲养情况表

队别	耕地面积/亩	饲养员	生猪/头	队别	耕地面积/亩	饲养员	生猪/头
1	235	方阿育	100	6	235	戴朝鲜	100
2	207	张其连	80	7	222	龚金招	80
3	134	杨凤妹	50	8	162	祁本才	50
4	150	陈生昌	50	9	134	俞林元	50
5	295	周仁富	100				

1983 年，土地承包到户，生产队集体养猪场解散，但养猪专业户有所发展。

1984 年，大公村第 7 村民小组村民张东生，搭建猪舍 30 间，占地 1.86 亩，第一批生猪圈存量为 150 头，第二批为 200 头，全年总收入为 40.39 万元，扣除成本 38.2 万元（人工费、饲料费、苗猪费、防疫费、水电费等）后，全年获得利润 2.19 万元，每头生猪的平均利润为 62.57 元。张东生专业养猪连续 22 年，直至 2006 年，因村庄动迁，养猪场停办。

1995 年，迎丰村张姓村民连续 5 年利用自己住宅边空地搭建猪舍，发展养猪业，5 年养猪 75 头。年均收入为 6 万元，扣除成本 2.7 万元（苗猪费、饲料费、防疫费、水电费等）后，年均净收入为 3.3 万元，平均每头猪的收入为 440 元。

90 年代末，由于大批劳动力转移和村庄动迁，域内养猪专业户逐渐消失。

鸡、鸽 1998 年，域内杨姓养鸡专业户在住宅边搭建鸡舍，发展养鸡业，3 年养鸡2 800 只，总收入为 9.2 万元，扣除成本 1.13 万元（苗鸡费、饲料费、防疫费、水电费等）后，年均净收入为 2.69 万元，平均每只鸡的收入为 29 元。

2000 年，大公村村办集体肉鸽养殖场，占地 5 亩，一年出售 4 批肉鸽，共 5 000 羽，收入为 7 万元。

鸭 1985 年，路南村第 7 村民小组养鸭专业户陈姓村民，连续 2 年利用自己的承包田搭建养鸭棚 80 平方米，2 年养鸭 600 只，总收入为 7 560 元，扣除成本 2 975 元（搭棚费、苗鸭费、防疫费等）后，年平均净收入为 2 292.5 元，平均每只鸭的收入为 7.64 元。

狐狸 1994年，路南村养狐狸专业户凌姓村民，当年养殖小狐狸108只，通过精心饲养和管理，3年内繁殖了72只。1997年，对108只老狐狸进行售卖，总收入为3.7万元，扣除成本2万元（人工费、饲料费、上缴费、防疫费、水电费等）后，获得利润1.7万元，每只狐狸的平均收入为157元。另有村民凌某养狐9年，先后批量销售狐狸4次。2003年，因昆山高新区开发建设，场地动迁，养狐中止。

耕牛 农村所养的牛主要代替人力进行耕地、灌溉等农业劳动。新中国成立前，域内只有富裕的人家有耕牛。新中国成立后，尤其是农业合作化时期，生产资料折价归集体，各生产队一般有耕牛2~6头。1971年，域内24个生产队有耕牛68头，至1984年，有耕牛30头。随着农业机械化的发展，耕地使用拖拉机，灌溉靠电灌站，耕牛被机械取代，至80年代后期耕牛全部被淘汰。

1971—1984年各生产队拥有耕牛数量情况如表5-20所示。

表 5-20　1971—1984 年大公域内各生产队拥有耕牛数量情况一览表

单位：头

大队（村）	队别	1971 年	1972 年	1973 年	1974 年	1975 年	1976 年	1977 年	1978 年	1979 年	1980 年	1981 年	1982 年	1983 年	1984 年
路南（团结）	1	2	2	2	2	2	2	2	2	2	2	2	2	2	1
	2	2	2	2	2	2	2	2	2	2	2	2	2	1	1
	3	2	2	2	2	2	2	2	2	2	2	2	2	2	1
	4	4	4	4	4	5	5	5	5	5	5	5	5	3	2
	5	2	2	2	2	2	2	2	2	2	2	2	2	1	1
	6	2	2	2	3	3	3	3	3	3	3	2	2	1	1
	7	5	5	5	5	5	5	5	6	6	6	6	4	3	2
大公	1	2	2	2	2	2	2	2	2	2	2	2	2	1	1
	2	2	2	2	2	2	2	2	2	2	2	2	2	1	1
	3	2	2	2	2	2	2	2	2	2	2	2	2	2	1
	4	3	3	3	3	3	3	3	3	3	3	2	2	1	1
	5	2	2	2	2	2	2	2	3	2	2	2	2	1	1
	6	3	3	3	3	3	3	3	3	3	3	3	2	1	1
	7	3	3	3	3	3	3	3	3	3	3	3	2	1	1
	8	1	1	1	1	1	1	1	1	1	1	1	1	2	1

续表

大队（村）	队别	1971 年	1972 年	1973 年	1974 年	1975 年	1976 年	1977 年	1978 年	1979 年	1980 年	1981 年	1982 年	1983 年	1984 年
迎丰	1	4	4	4	4	4	4	4	4	4	4	3	3	2	1
	2	4	4	4	4	4	4	4	4	4	4	4	4	2	1
	3	2	2	2	2	2	2	2	2	2	2	2	2	1	1
	4	2	2	2	2	2	2	2	2	2	2	2	2	1	1
	5	4	4	4	4	4	4	4	4	4	4	4	4	1	2
	6	4	4	4	4	4	4	4	4	4	4	4	4	3	1
	7	4	4	4	4	4	4	4	4	4	4	4	4	2	2
	8	2	2	2	2	2	2	2	2	2	2	2	2	2	1
	9	2	2	2	2	2	2	2	2	2	2	2	2	1	1

四、家庭手工业

1969年，团结大队第5生产队、第6生产队、第7生产队受邻近大队影响，社员发展搓绳、打柴包手工副业。绳每斤可获利8分，柴包每只可获利5角，绳、柴包由上海嘉定黄渡商家上门收购。利用晚上时间，男人捶稻柴，女人打柴包，孩子搓绳，每月绳款、柴包款收益不均，人手多的农户可挣100元，人手少的农户也有50元。

五、劳务输出

改革开放前，村民参加生产队集体生产劳动拿工分，靠集体分红过日子，村民被束缚在土地上。少数木工、泥瓦工要将外出打工挣的钱上缴给生产队，由生产队记工分，参加集体分红。村民经济收入来自种田。70年代，域内村民的年人均分配收入为130元。当时团结大队第4生产队有农田336亩、劳动力92人，种植双季稻150~180亩，社员虽然终年劳累，但年终分配时经济收入不高。为增加收入，各大队利用邻近玉山镇的地域优势，积极组织劳务输出，其中较为突出的是团结大队第4生产队。团结大队第4生产队与昆山化工厂、昆山粮库签订劳务用工合同，为集体创收。大忙时集中劳动力抢收、抢种，农闲时安排部分劳动力外出做工。劳务收入大部分被上缴给生产队，生产队给外出做工的劳动力适当补贴。同时，第4生产队还通过挖潜力，利用荒地、低田、潭、塘、河道进行种植、养殖，组织老年人成立副业组，增加生产队的集体收入。年终分配时，社员每10个工分可得报酬0.8元，比原来的报酬翻了一番，第4生产队成为当时邻村村民们都羡慕的富裕生产队。

第六章　工商服务业

新中国成立前，域内村民以农业为本。新中国成立后，在以粮为纲的政策指导下，域内依然是单一的农业经济。20 世纪 60 年代，兴办粮食饲料加工厂。60 年代末 70 年代初，珠浜、张北泾、横塘等自然村村民开办个体豆制品加工场，大公大队试办工业企业，路南大队办起电器胶木厂，迎丰大队办起针织厂。80 年代初，大公村办起玻璃钢瓦厂，迎丰村办起五金厂，后由于市场竞争激烈，产品滞销，部分村办集体企业先后关闭转产。1998 年，村办企业陆续转制。进入 21 世纪，各自然村陆续动迁。2003 年，大公村建造简易商业用房，开设农贸市场，并逐步完善商业配套设施，形成商业街。至 2020 年底，大公花园小区商业街入驻的商贸服务门店有 80 家，全村有较大规模的民营企业 6 家。随着大公村工商服务业的发展和村经济股份合作社的建立，大公村的经济结构发生根本性改变。

第一节　企业手工业

一、村办企业

20 世纪 60 年代中期，域内 3 个大队充分利用本地的农业劳动力发展工业经济，增加集体收入，先后开办了粮食饲料加工厂、纽扣厂、化工厂、玻璃钢瓦厂、五金厂、针织厂、电器胶木厂等队办和村办集体企业。

粮食饲料加工厂　60 年代以后，域内先后建起粮食饲料加工厂。珠浜大队粮食饲料加工厂建于 1964 年，有员工 4 人，厂长为徐振华。团结大队粮食饲料加工厂建于 1970 年，有员工 4 人，厂长为孟阿小。大公大队粮食饲料加工厂建于 1973 年，有员工 3 人，厂长为李忠生。加工厂的主要设备有电动机、轧米机、钢磨、面粉箩筛、轧糠机，主要业务是为社员加工口粮，磨面粉，轧麦（粉碎大麦、元麦），轧稻麦秸秆糠（养猪用的粗饲料）。村办粮食饲料加工厂不以营利为目的，适当收取加工费，基本没有利润，没有上缴款项，是没有积累的集体企业。2007 年，村庄大批动迁，粮食饲料加工厂随之关闭。

纽扣厂（知青点）　1968 年，苏州市第一中学的 16 名知青到大公大队插队落户。1972 年，第二批 13 名知青插队，主要是苏州第二轻工业局系统的干部和职工子女。苏州第二轻工业局与大公大队通过协商，投资合办纽扣厂。大公大队筹建厂房及办公场所，苏州第二轻工业局指定下属企业苏州嘉美克纽扣厂提供设备、资金和技术人员，企业负责人为晋桃生。纽扣厂主要生产各种规格的纽扣，原材料由苏州嘉美克纽扣厂提供，合格产品由苏州嘉美克纽扣厂销售。1972 年纽扣厂开办后，职工由插队知青、从生产队抽调的年轻社员组成。全厂职工、技术人员，包括企业负责人共 45 名。至 1978 年底，6 年间，纽扣厂每年的利润在5万~10万元。1979年，知青返城后，该厂设备全部留在大队。1979年，大队党支部利用原有设备和积累资金，重建纽扣厂，并将其更名为“昆山大公珠光纽扣厂”，注册资金为20万元，厂长为李忠生，有职工30名。当年创造工业产值20.5万元，实现利润1.2万元。1983年底，职工人数增至93人，产值为43.69万元，厂房占地面积为877平方米，建筑面积为396平方米。职工年人均收入为541元。1985年，由于市场竞争激烈，产品大部分积压在仓库，企业亏损。1986年，企业裁减员工，减少产量。1988年底，昆山大公珠光纽扣厂停产。（表6-1）

表6-1　1979—1988年昆山大公珠光纽扣厂经营情况一览表

年份	职工数/人	固定资产/万元	产值/万元	利润总额/万元
1979	30	10.80	20.50	1.20
1980	40	12.50	25.30	1.80
1981	45	15.30	28.50	2.10
1982	45	19.50	32.30	2.80
1983	93	23.60	43.69	0.60
1984	93	25.80	45.30	3.60
1985	90	26.70	38.20	2.20
1986	45	28.50	28.00	0.80
1987	45	28.50	25.00	0.50
1988	45	28.50	22.50	-0.50

化工厂　昆山大公化工厂利用原有昆山大公珠光纽扣厂厂房于1989年成立，注册资本为20万元，主要产品有脂肪酸、防腐剂、尼泊金酯、宗硫酸、十四酸异丙酯、十六酸异丙酯等化工产品；增造93.8平方米锅炉房，购进6.6万元锅炉一套、9.4万元化工设备一套，厂长为晋卫国。1992年，昆山大公化工厂实现产值914万元、利润31.61万元。1996年，昆山大公化工厂投资35.8万元建造办公大楼603.4平方米。（表6-2）

表 6-2　1989—1999 年昆山大公化工厂经营情况一览表

年份	职工数/人	固定资产/万元	产值/万元	利润总额/万元
1989	35	28. 50	653. 00	19. 50
1990	35	41. 22	675. 50	20. 10
1991	37	41. 22	700. 80	21. 30
1992	37	71. 90	914. 00	31. 61
1993	32	86. 80	228. 00	14. 60
1994	30	86. 80	195. 00	13. 80
1995	30	86. 80	192. 80	10. 50
1996	28	122. 60	186. 00	9. 80
1997	28	122. 60	180. 50	9. 30
1998	28	122. 60	165. 00	8. 70
1999	28	122. 60	155. 30	8. 50

2000 年，昆山大公化工厂转制为民营企业，全厂占地面积为 8 533 平方米，建筑面积为1 957 平方米，总资产为 348. 2 万元，其中固定资产为 116. 5 万元，负债为 290 万元，净资产为 58. 2 万元。

玻璃钢瓦厂　昆山大公玻璃钢瓦厂建于 1982 年，厂长为黄吉鸿。当时利用大公大队两幢楼房建厂，建筑面积为 62 平方米，生产场地面积为 50 平方米。主要生产原料是化学纤维和工业树脂，主要产品有玻璃钢瓦，玻璃钢水落管、漏斗等。1983 年，该厂实现工业总产值 43. 7 万元、利润 1. 1 万元。1983 年，职工有 14 人，年人均工资为 684 元。1987 年，该厂转为镇办企业。(表 6-3)

表 6-3　1982—1986 年昆山大公玻璃钢瓦厂经营情况一览表

年份	职工数/人	固定资产/万元	产值/万元	利润总额/万元
1982	12	0. 85	11. 50	0. 20
1983	14	1. 15	43. 70	1. 10
1984	14	1. 15	44. 30	1. 20
1985	14	1. 15	45. 00	1. 25
1986	14	1. 15	48. 00	1. 30

五金厂　昆山迎丰五金厂建于1982年，用迎丰大队种子仓库作厂房，投资4万元，购买价值1.5万元的机械设备，招职工6人，生产摩托车配件及小五金零件。1983年，该厂实现工业总产值11.5万元、利润0.3万元。（表6-4）

表6-4　1982—1984年昆山迎丰五金厂经营情况一览表

年份	职工数/人	固定资产/万元	产值/万元	利润总额/万元
1982	6	1.50	9.30	0.25
1983	6	1.50	11.50	0.30
1984	10	3.00	15.00	1.20

1984年，昆山迎丰五金厂投资71.8万元，建造厂房及配套房2 845平方米，企业占地面积为4 052平方米，更名为“昆山迎丰实业公司电器厂”，主要生产摩托车磁电机总线、点火线圈、摩托车配件等。厂房建成后，在本村招聘职工50人。1985年2月，投产，当年实现产值855万元、利润17.5万元。1994年，增建厂房4 730.98平方米，厂房建筑面积累计7 575.98平方米，企业占地面积为11 345平方米。1994年，业务订单量达到顶峰。为完成订单任务，职工人数增至130人。1995年，该厂实现产值1 936万元、利润45万元。（表6-5）

表6-5　1985—1997年昆山迎丰实业公司电器厂经营情况一览表

年份	职工数/人	固定资产/万元	产值/万元	利润总额/万元
1985	50	65.50	855.00	17.50
1986	50	65.50	905.00	18.10
1987	50	77.68	910.00	19.10
1988	60	77.68	960.00	22.00
1989	60	77.68	985.00	25.50
1990	65	77.68	1 291.00	27.99
1991	65	77.68	1 310.00	30.50
1992	65	77.68	1 290.00	28.10
1993	65	100.80	1 335.00	32.00

续表

年份	职工数/人	固定资产/万元	产值/万元	利润总额/万元
1994	130	535.00	1 805.00	40.50
1995	130	535.00	1 936.00	45.00
1996	85	535.00	1 320.00	19.80
1997	80	533.40	1 125.00	15.30

1998 年 10 月，全厂总资产为 1 021.68 万，负债 1 004.49 万元，净资产为 17.19 万元，转制为民营企业。

针织厂 昆山迎丰针织厂筹建于 1979 年，用珠浜大队 65 平方米的房屋作厂房，王宝泉任厂长。筹建期间，购进针织机 10 台（每台针织机 800 元），10 名职工到昆山巴城参加培训、学习。学习结束后，组建班子，贷款 1 万元，于 1980 年初开工，当年实现产值 8.2 万元、利润 1.4 万元。随着业务增加，1983 年，新增针织机 2 台，职工增至 37 人，当年实现产值 15 万元、利润 2.5 万元。年终分配平均每人每年 452.5 元，每月 37.7 元。由于针织企业增多，市场竞争激烈，1985 年，该厂停产。（表 6-6）

表 6-6　1980—1984 年昆山迎丰针织厂经营情况表

年份	职工数/人	固定资产/万元	产值/万元	利润总额/万元
1980	20	0.80	8.20	1.40
1981	20	0.85	8.60	1.50
1982	34	0.85	10.50	1.70
1983	37	1.00	15.00	2.50
1984	37	1.00	11.50	0.50

电器胶木厂 江苏昆山城南电器胶木厂建于 1978 年，位于东横塘自然村西侧，企业占地面积为 3 300 平方米，建筑面积为 1 500 平方米，主要生产胶木、大小外壳、大小插片、磁钢、开关、插座等 20 余种产品。1978 年，全厂有职工 15 人，孟阿小任厂长，当年实现产值 8 万元、利润 0.5 万元。1983 年，姚正明任厂长，当年实现产值 18.8 万元、利润 2.97 万元。职工年均每人分配 726.57

元。1992 年，朱永华任厂长，当年实现总产值 90 万元、利润 2.84 万元。1995 年，龚国强任厂长，当年实现产值 95 万元、利润 3.2 万元。1998 年，该厂转为民营企业。(表 6-7)

表 6-7　1978—1997 年江苏昆山城南电器胶木厂经营情况选年一览表

年份	职工数/人	固定资产/万元	产值/万元	利润总额/万元
1978	15	6.50	8.00	0.50
1979	25	8.30	12.00	1.20
1983	52	10.50	18.80	2.97
1992	31	13.02	90.00	2.84
1995	31	13.02	95.00	3.20
1996	33	13.02	103.00	4.00
1997	33	13.02	105.00	4.50

二、民营企业

随着市场经济蓬勃发展，以及国家对民营经济的支持和鼓励力度不断加大，1983 年，大公村首家民营企业大公水泥制品厂成立。至 2020 年末，大公村先后兴办大公水泥制品厂、昆山市开发区安达交通设施工程有限公司、昆山市玉山电器胶木厂、昆山市迎丰电器有限公司、晋盛大公药业（启东）有限公司、昆山市鹿泰交通安全设施工程有限公司等多家民营企业。

大公水泥制品厂　1983 年，村民晋素根开办大公水泥制品厂，注册资本为 2 万元，主要生产水泥楼板、水泥梁。1983—1995 年，共生产水泥楼板 7.2 万块、水泥梁 1.2 万根，为村民建造楼房做出贡献。1996 年，因产品销售不畅，该厂停办。

昆山市开发区安达交通设施工程有限公司　1997 年 1 月，村民周根生在昆山开发区成立昆山市开发区安达交通设施工程有限公司，注册资本为 50 万元，主要经营交通设施安装、维修。2005 年，企业规模扩大，增资 100 万元，注册资本为 150 万元。

昆山市玉山电器胶木厂　1998 年 1 月，村民方兆龙、周文富、陈惠明合伙成立昆山市玉山电器胶木厂，方兆龙为厂长。同年2月17日，该厂与路南村村委会签订设备流动资产转让租赁协议书，以15 000元购买原江苏昆山城南电器胶木厂机械设备（包括低值易耗品），租用厂房11间、场地400平方米，生产大小胶木外壳，大小磁钢插片，开关、插座等20余种产品。2007年，由于村庄动迁，该厂关闭。

昆山市迎丰电器有限公司　昆山迎丰五金厂建于1982年，于1984年更名为“昆山迎丰实业公司电器厂”。1998年10月，村民吴兴根接盘迎丰村集体企业昆山迎丰实业公司电器厂，后将其更名为“昆山市迎丰电器有限公司”，生产摩托车磁电机总线、点火线圈、摩托车配件等。2016年，村庄大批动迁，该厂停办。

晋盛大公药业（启东）有限公司　2000年，村民晋卫国接盘大公村村办企业“昆山市大公化工厂”，继续生产化工产品，主要包括棕榈酸异丙酯、脂肪酸、防腐剂、尼泊金酯等化工产品。2007年动迁后，村民晋卫国利用动迁补偿款，在江苏启东市购买30亩土地，建造厂房9 000平方米，成立晋盛大公药业（启东）有限公司。该厂注册资本为2 000万元，继续生产化工产品。

昆山市鹿泰交通安全设施工程有限公司　2004年12月，村民俞志坚开办昆山市鹿泰交通安全设施工程有限公司，注册资本为60万元，主要经营道路交通设施制作、安装、维修。经过几年经营，该厂规模不断扩大，至2014年注册资本增至500万元。

三、个体手工业

大公村在新中国成立初期有豆制品加工场2个，从业人员5人；缝衣店3家，从业人员4人；木匠10人；泥水匠8人；竹匠3人；漆匠3人；皮匠1人。他们平时从事农业生产劳动，利用农闲放假时间从事手工业劳动。

改革开放后，特别是1983年后，农村实行包干分配，村民为了增加收入，纷纷拜师学艺。20世纪90年代末，大公村有豆制品加工场3个，从业人员10人；缝衣店8个，从业人员12人；皮匠3人；木匠20人；泥水匠30人；竹匠5人；漆匠3人。

第二节　商贸服务业

一、“双代”（代购代销）商店

（一）供应店

大公供应店开办于1966年，主要经营油、盐、酱、醋、烟酒、糖果等日常生活用品。它是昆山供销社在大公大队的延伸店，由大队提供经营场所，由供销社委派人员经营管理。1980年，供销社撤销延伸店后，该店由大公大队安排人员经营管理。1986年，为方便群众，在村委会西侧、大濞路旁建房3间，建筑面积为48平方米。1988年，该店转为个体商店。2007年村庄动迁后，该店停业。

珠浜供应店于1973年开办，有店面2间，建筑面积为50平方米。2014年，珠浜自然村动迁后，该店关闭。

（二）肥药站

域内先后有肥药站3家，主要为玉山供销社代购、代销化肥、农药等生产资料。

大公肥药站　于1983年开办，位于李家桥自然村，由俞火生承包经营。2007年村庄动迁后停办。

迎丰肥药站　于1983年开办，位于珠浜自然村，由周友根、钱梅根、沈志明经营管理，有经营性房屋4间，建筑面积为100平方米。2014年村庄大批动迁后停业。

路南肥药站　于1983年开办，位于严村，先后由邢勤男、沈阿毛负责经营，有经营性房屋5间，建筑面积为150平方米。2007年村庄动迁后关闭。

二、农贸市场

2003 年，在大公花园小区第一期工程建设期间，大公村村委会为方便当地村民及建筑工人购物，在大公花园北侧、东横塘村南侧、路南中心路旁（现中华园西路北）建设简易商业用房 36 间，建筑面积为 720 平方米，设立 35 个出租摊位。该场所位于大公村域交通要道，且人口比较密集，外地经商人员纷纷前来开店经营：经营蔬菜瓜果、肉类等农副产品销售；经营油、盐、酱、醋、烟酒、糖果等日常生活用品销售；开设各类百货服饰、修理门店。对于自留地上种植的蔬菜、瓜果，当地村民也会临时设摊出售。

2006 年大公花园建成，137 户村民陆续入住。玉山镇政府在大公花园村委会办公楼前建造简易商业用房 1 200 平方米，设立门店 15 家、摊位 50 余个，原农贸市场被拆除。

2008 年 7 月，大公花园小区配套房建成，其中农贸市场的建筑面积为 1 808 平方米，初具规模的新农贸市场形成。经营者再次易地搬迁，原农贸市场旧址上经上级批准建成昆山大公翔艺幼儿园。

三、大公小区配套房

2007 年 7 月，大公村投资 864. 4 万元，建造大公小区配套房，总建筑面积为 9 997 平方米，工程竣工后，入驻便民服务企业 16 家。其中，昆山大公锦欣大酒店有限公司、大公农贸市场由大公村第 5 村民小组村民张英明承包租赁，每年上缴大公村经济合作社租金。（表 6-8）

表 6-8　2008—2020 年大公村部分小区配套房房租收入情况一览表

年份	昆山大公锦欣大酒店有限公司/万元	大公农贸市场/万元
2008	0	7. 5
2009	5	30. 0
2010	60	30. 0
2011	60	35. 0

续表

年份	昆山大公锦欣大酒店有限公司/万元	大公农贸市场/万元
2012	60	35.0
2013	60	35.0
2014	60	40.0
2015	70	40.0
2016	71	40.0
2017	71	45.0
2018	71	45.0
2019	71	50.0
2020	71	50.0
合计	730	482.5

四、大公花园商业街

2007 年，昆山中大房地产有限公司承建商业街，该商业街为东西走向，全长 150 米，道路两侧房屋建筑面积为 8 000 平方米。商业街建成后，由开发商销售给业主，产权人自己经营或出租。由于大公花园规模比较大，居住人口多，外地商人纷纷前来租赁开店经商。至 2020 年，商业街共开设 54 家门店，其中超市 1 家，饭店 4 家，医疗诊所 1 家，医药店 2 家，理发店 4 家，副食品店 6 家，小吃店 15 家，小百货店 4 家，五金建材商店 1 家，熟切店 1 家，文具用品商店 1 家，修理服务门店 14 家。

中华园西路大公花园北侧有商业门店 26 家，其中小宾馆 2 家，房产中介 5 家，小吃店 2 家，医药店 1 家，口腔门诊 1 家，汽车电瓶车修理店等修理服务门店 15 家。商业街成为大公花园的商业中心。

五、个体门店

1993 年，大公村村民叶秀花在玉山镇亭林路租用一间 25 平方米的门面房，经营杂货及服装销售。由于房租贵（每年租金 5 万元）及经营不善，该门面房于 1994 年停业。1995 年，叶秀花转行开炒栗子店，当年投入 2 500 元购置一台自动滚动式炒栗子机，栗子受顾客青睐。2001 年，她投入 2 万余元，购进全自动炒栗子机 2 台，扩大经营规模。

村民龚建国在 1994 年注册开办新日电瓶车专卖店，注册资本为 30 万元。在昆山市震川西路租下 60 平方米的门面房，主要经营新日摩托车、摩托车电瓶及配件。

村民俞金根在 1998 年注册成立昆山市迎丰商贸批发有限公司，注册资本为 50 万元，经营冷冻食品、冷饮批发业务。2016 年 6 月，俞金根注册成立太仓裕尔兴商贸有限公司，注册资本为 1 000 万元，经营粮食、油料、副食品等批发零售业务。

村民沈美玉于 2001 年 8 月在昆山市玉山镇汛塘商苑注册成立昆山市成成建材有限公司，注册资本为 50 万元，主要经营 PVC 管材、PVC 管材配件、建筑模板销售。

第七章　村庄建设

新中国成立之初，村民的住房十分简陋，大多数村民住的是草房，住房面积多为 70~90 平方米，结构简单，低矮潮湿，以毛竹为梁柱，以小竹为椽。域内道路全是以河岸、田岸为主的泥土路，出行极不方便。交通依靠木船，以走水路为主，主要河道上有几座石桥，一般河上建竹架桥。照明全靠煤油灯或菜油灯，入夜，村庄一片漆黑，村民过着“日出而作，日落而息”的生活。生活饮用水取自河流，洗衣、洗马桶、夏天洗澡都在河滩上进行，村民大多患有血吸虫病。60 年代，电力通到各生产队公场。70 年代，村民普遍翻建平瓦房，改善居住条件。村里有了手扶拖拉机后，将泥道加宽并铺上黑脚子，域内的竹木小桥也大多得以重修。80—90 年代，村民纷纷建起了楼房。90 年代，电话到家入户，村里通过改水、改厕、河道清理、环境整治，改善了人居环境。1999 年，原大公村被评为江苏省卫生村。进入 21 世纪后，各自然村陆续开始动迁。2014 年，大公村域内自然村全部消失，村民先后迁入大公花园、万丰苑、万欣苑等小区居住。

第一节　基础设施

一、道路桥梁

20 世纪 50 年代前期，域内自然村与自然村之间大多以河岸、田岸为道路，这些道路弯弯曲曲、高低不平。50 年代末，人民公社成立后，建电灌站，兴修水利，修建渠道，村间多以渠道岸为道路。

70 年代后，各生产队陆续购进拖拉机，开始建机耕路。从 80 年代开始，在自然村之间的泥土路及机耕路上铺上黑脚子、砂石。90 年代，实现村村通公路，各家各户之间都铺上水泥路。自行车、电动自行车、摩托车、汽车在村道上自由通行。

进入 21 世纪后，江浦路建成，中华园西路得到延伸，大公村交通实现“四通八达”。

（一）国家级铁路（过境铁路）

京沪高速铁路　横穿大公村域，由东向西北延伸，域内全长 2 200 米，双轨道。全程高架，横穿江浦路。

沪宁城际铁路　域内全程高架，双轨道，域内全长 2 200 米，基本上与京沪高速铁路平行。

沪宁铁路　位于大公村域北部，由东向西延伸，域内段东接昆山火车北站，西至赵厍自然村，全长 1 400 米，1971 年由原来的单轨道改建为双轨道。

（二）市级道路（过境道路）

中华园西路　位于村域中心，呈东西走向，域内东至小澞河桥，西至尤泾江桥，长 3 000 米，其中小澞河桥至江浦路段长 1 600 米，宽 34 米（机动车道为双向六车道，非机动车道两边各 3 米宽）。江浦路至尤泾江桥段全长 1 400 米，宽 30 米（机动车道为双向六车道，非机动车道两边各 3 米宽），横跨域内桥梁 3 座，在大公村设 2 个公交车站，分别大公小区站、生田站，158 路、134 路、159 路、205 路、207 路、微巴 6 号线公交车在此经停，其中 158 路、159 路直通昆山汽车南站。

江浦路 为 339 省道的部分路段，位于村中心，呈南北走向，域内南至与庙灯村的交界处，北至沪宁铁路，长 800 米，宽 30 米，机动车道为双向六车道，两边用护栏设非机动车道（各宽 2 米左右），两旁再设人行道。

江浦路（2020 年，李金水摄）

（三）镇级公路

大漉河路 南至庙灯村，北至沪宁铁路，域内全长 1 200 米，宽 5 米，为水泥路面，建公路桥 3 座，于 1990 年通车。

路南珠浜路 80 年代末，原大公村、路南村、迎丰村在各自地域筑机耕路（砂石路面），主要是为了方便中型拖拉机耕作和通行。90 年代初，玉山镇人民政府为实现村村通公路，以 3 个村的机耕路为基础修建路南珠浜路，此路东至小漉河，西至迎丰村，全长 2 500 米，宽 10 米，为水泥路面，建公路桥 3 座。昆山市修建中华园路后，该路消失。

大漉河路（2020 年，李金水摄）

路南珠浜路（2020 年，李金水供图）

（四）村级道路

大公村有主干道 20 条、自然村内小路 19 条，分布情况如表 7-1、表 7-2 所示。

表 7-1　2001 年大公村主干道分布一览表

序号	所在自然村	起讫	长度/米	路面性质
1	张北泾	张北泾—杨巷	800	砂石路
2	张北泾	张北泾—大濮河	500	水泥路
3	杨巷	杨巷—李家桥	200	水泥路
4	李家桥	蒋家浜—李家桥	300	水泥路
5	大渔	李家桥—大渔	200	水泥路
6	牛车浜	大渔—牛车浜	200	水泥路
7	支巷	大渔—支巷	500	水泥路
8	前严村	前严村—严村	800	水泥路
9	严村	严村（村庄）—严村小学	400	水泥路
10	东横塘	严村—东横塘	400	水泥路
11	西横塘	东横塘—西横塘	700	水泥路
12	蒋家浜	西横塘—蒋家浜	600	水泥路
13	西浜	东横塘—西浜	700	水泥路
14	李岸泾	李岸泾—珠浜	300	水泥路
15	潭郎	潭郎—珠浜	1 000	水泥路
16	杨家角	杨家角—珠浜	1 100	水泥路
17	珠浜	珠浜—迎丰电器厂	300	水泥路
18	如泾	珠浜—如泾	1 200	水泥路
19	周家角	珠浜—周家角	600	水泥路
20	北星渎	珠浜—北星渎	1 300	水泥路

表 7-2 2001 年大公村小路一览表

序号	自然村村名	长度/米	路面性质	序号	自然村村名	长度/米	路面性质
1	张北泾	1 200	水泥路	11	蒋家浜	800	水泥路
2	杨巷	400	水泥路	12	西浜	500	水泥路
3	李家桥	700	水泥路	13	潭郎	900	水泥路
4	大渔	400	水泥路	14	杨家角	1 100	水泥路
5	牛车浜	300	水泥路	15	珠浜	450	水泥路
6	支巷	800	水泥路	16	如泾	800	水泥路
7	前严村	800	水泥路	17	周家角	700	水泥路
8	严村	1 200	水泥路	18	北星渎	600	水泥路
9	东横塘	700	水泥路	19	李岸泾	900	水泥路
10	西横塘	400	水泥路				

（五）村级桥梁

域内有古老的石桥 9 座、平板桥及竹架桥 12 座。80 年代以后，翻建新建的水泥桥 13 座。域内合计有桥梁 34 座，现存桥梁 9 座，拆除桥梁 25 座。

1. 现存桥梁

陈塘桥 位于张北泾自然村西侧、大濂河路上，呈南北走向，桥长 15 米，宽 2.5 米，高 3 米，为阶梯石级桥堍，桥面由 3 块石条组成。1990 年因修建大濂河路被拆除，原址改建为长 16 米，宽 4 米的公路桥。

原陈塘桥（2020 年，李金水供图）

张北泾桥 位于张北泾自然村东侧，为老式石桥，呈南北走向，桥长 15 米，宽 2.5 米，高 3 米，为阶梯石级桥堍，桥面仅用 2 块石条铺成，因年久失修，作为危桥在 1998 年被翻建，桥堍得到加固、加宽，桥面被换成水泥平板。

东横塘桥 位于东横塘自然村中心，建于 1983 年，呈南北走向，为平板水泥桥，桥长 12 米，宽 3 米，高 3 米，为钢筋混凝土结构。

七泾江桥 位于东横塘自然村西侧，呈南北走向，桥长 10 米，宽 2.5 米，高 3 米，建于 1991 年。

路南中心河桥 位于中华园西路、大公花园北侧，为市级道路过境桥梁，建于 2009 年，呈东西走向，桥长 16 米，宽 34 米，为钢筋混凝土结构。

大濵河桥 位于中华园西路江浦路东侧，为市级道路过境桥梁，建于 2009 年，呈东西走向，桥长 16 米，宽 34 米，为钢筋混凝土结构。

大濵河桥（2020 年，李金水摄）

李岸泾桥 位于中华园西路、万丰苑小区南侧，为市级道路过境桥梁，建于 2011 年，呈东西走向，桥长 16 米，宽 30 米，为钢筋混凝土结构。

大公花园桥 位于大公花园西门，横跨路南中心河，建于 2011 年，呈东西走向，桥长 25 米，宽 7 米，为钢筋混凝土结构。

丰和桥 位于万丰苑小区与万欣苑小区之间，建于 2014 年，呈东西走向，桥长 16 米，宽 20 米，为钢筋混凝土结构。

大公花园桥（2020 年，李金水摄）

丰和桥（2020 年，李金水摄）

大公村域内现存桥梁如表 7-3 所示。

表 7-3 2020 年大公村现存桥梁一览表

序号	桥梁名称	建造年份	走向	长度/米	宽度/米	桥梁材质	备注
1	陈塘桥①	1855	南北	15	2.5	石料	1990 年翻建
2	张北泾桥②	1900	南北	15	2.5	石料	1998 年翻建
3	东横塘桥	1983	南北	12	3	钢筋混凝土	
4	七泾江桥	1991	南北	10	2.5	钢筋混凝土	
5	路南中心河桥	2009	东西	16	34	钢筋混凝土	市级道路过境
6	大濵河桥	2009	东西	16	34	钢筋混凝土	市级道路过境
7	李岸泾桥	2011	东西	16	30	钢筋混凝土	市级道路过境
8	大公花园桥	2011	东西	25	7	钢筋混凝土	
9	丰和桥	2014	东西	16	20	钢筋混凝土	

注：① 此条录入的桥梁尺寸、结构为 1855 年初建时的。
② 此条录入的桥梁尺寸、结构为 1900 年初建时的。

2. 拆除桥梁

南石桥 位于前严村自然村，呈南北走向，桥长 50 米，宽 2.5 米，高 3 米，为阶梯石级桥堍，桥面由 3 块长方形石条组成，于 1957 年被拆除。

伯拉桥 位于前严村自然村东侧，伯拉河与老小濵河交汇处，呈东西走向，桥长 20 米，宽 2.5 米，高 3 米，为阶梯石级桥堍，桥面由 3 块石条组成，因小濵河改道，于 1958 年被拆除，石材用于建马鞍山人民公社跃进电灌站。

浜斗大石桥 位于前严村自然村中心，呈南北走向，桥长 15 米，宽 2.5 米，高 3 米，桥面由 3 块长方形石条组成，因自然村河浜底已形成路，故在 1958 年被拆除，石材用于建马鞍山人民公社跃进电灌站。

横溇梢桥 位于潭郎自然村中心，于新中国成立前建造，呈南北走向，为平板木桥，桥长 10 米，宽 1 米，高 3 米，于 1979 年被拆除。

如泾桥 位于如泾自然村，呈南北走向，在新中国成立初期是木桥、三向桥，桥面、桥堍全部由木板组成，宽 1 米，于 1967 年被翻建成石桥，桥长 12

米，宽2米，高3米，在1978年又被拆除重建成拱形环龙桥，桥长12米，宽3.5米，高3米，在1987年被拆除。

新阳河桥　位于支巷自然村西北处，大瀍河与新阳河交汇处，沪宁铁路南侧，呈南北走向，桥长12米，宽3米，高3米，建于1975年，于1998年被拆除。

方家桥　位于严村自然村中心地段，呈东西走向，桥长5米，宽2.5米，高3米，为阶梯石级桥堍，桥面由3块长方形石条组成，于2006年被拆除。

南神泾桥　位于严村自然村北侧，呈南北走向，桥长7米，宽3米，高3米，为平板水泥桥，建于1984年，于2007年被拆除。

北神泾桥　位于严村自然村西侧，呈东西走向，为钢筋混凝土结构的平板桥，桥长6米，宽3米，高3米，建于1985年，于2007年被拆除。

杨巷浜桥　位于杨巷浜自然村西侧，杨巷浜与大瀍河的交汇处。1975年建造时，只为行人行走考虑，故为简易平板桥，桥两侧设水泥墩子，桥面由2块水泥板组成，桥长12米，宽1.8米，高3米。1990年建大瀍路时重建，重建桥为钢筋混凝土结构的平板水泥桥，呈南北走向，桥长13米，宽4米，高3米。2008年杨巷浜自然村动迁后，杨巷浜桥被拆除，在原址上填土复耕。

牛车浜桥　位于牛车浜自然村南、大渔自然村西，是牛车浜村民出入的主要通道。该桥横跨新开大瀍河，呈东西走向，桥长13米，宽3米，高3米，为拱形环龙水泥桥，建于1975年。因中型拖拉机无法通过，在1991年被翻建成钢筋结构水泥平板桥，桥长13米，宽3.5米，高3米，于2009年被拆除。

朝头河桥　位于朝头河东端，在新中国成立初期到70年代末为竹架桥，两桥墩用泥土堆成并用毛竹固定，桥面同样用毛竹拼成，须每年修缮。80年代以后，桥墩用水泥砌成，桥面用水泥板组成，该桥只能人行，电动自行车及摩托车不能通行，在2010年建造江浦路时被拆除。

支巷河桥　位于跃进电灌站以南，为竹架桥，呈南北走向，结构简单，只能人行。1975年大瀍河改造，竹架桥被拆除，在新开大瀍河上新建水泥平板桥，桥长15米，宽3米，高3米。1990年筑大瀍河路时，再次重建该桥，桥长15米，宽4米，成为公路桥，于2010年被拆除。

路南中心河桥（一）　位于路南村第7村民小组地域，呈东西走向，桥长

12 米，宽 2 米，高 3 米，桥面是钢筋混凝土结构，建于 1975 年，于 2010 年被拆除。

路南中心河桥（二） 位于路南村第 5 村民小组地域，呈东西走向，桥长 12 米，宽 2 米，高 3 米，为钢筋混凝土结构的平板桥，建于 1975 年，于 2010 年被拆除。

路南中心河桥（三） 位于路南村第 1 村民小组地域，呈东西走向，长 12 米，宽 2 米，高 3 米，为钢筋混凝土结构的平板桥，建于 1976 年，于 2010 年被拆除。

新大濜河桥 位于大渔自然村西侧、大濜河路上，呈南北走向，为平板桥，建于 1975 年，桥面由 2 块水泥板组成，桥长 10 米，宽 2 米，高 3 米，1990 年修建大濜公路时被拆除重建，新桥长 12 米，宽 4 米，高 3 米，为钢筋混凝土结构，于 2010 年被拆除。

大春桥 位于大渔自然村西侧，呈东西走向，桥长 15 米，宽 2.5 米，高 3 米，为阶梯级石桥，只供步行，桥面由 3 块花岗石石条组成，桥面上有 1 块似女人脚印大小的青印，传说曾经有仙人走过留下了脚印。20 世纪 80 年代，因自行车、摩托车、三轮车通行此桥困难，村里组织人员翻修，新建成的平板水泥桥方便了老百姓的出行。2010 年，此桥因村庄动迁而被拆除。

李家桥 位于李家桥自然村东侧，呈南北走向，两边桥堍为石驳岸，桥长 12 米，宽 1.5 米，高 1.5 米，桥面用木板铺成，由于桥高度低，村民收麦收稻经过时必须由两人把桥面抬高才能通过，有时不小心，桥面会被直接撞入河中。1998 年，此桥被翻建成平板水泥桥，桥面宽度、高度没有改变，仅供自行车、摩托车通过。2010 年，此桥被拆除。

路南中心河桥（四） 位于路南中心河北端与新阳河的交汇处，呈东西走向，桥长 12 米，宽 3 米，高 3 米，为钢筋混凝土结构的机耕路桥，比较坚固，建于 1976 年，于 2010 年被拆除。

李岸泾桥 位于李岸泾自然村北侧，为新中国成立初期建造的竹架桥，于 20 世纪 50 年代末被翻建成拱形水泥桥。70 年代，又被翻建成钢筋水泥平板桥。1990 年建造珠浜村到路南村镇级公路时，再次被翻建，桥长 12 米，宽 3.5 米，高 3 米，呈东西走向，为钢筋混凝土结构的平板桥，于 2014 年被拆除。

后川心桥 位于北星渎自然村北侧，呈南北走向，为木质平板桥，在新中国成立之前建成。1990 年，被改建成平板水泥桥，桥长 12 米，宽 2.5 米，高 3 米，于 2014 年被拆除。

前川心桥 位于北星渎自然村中心，呈南北走向，为木质平板桥。90 年代，被翻建成水泥桥，为钢筋混凝土结构，桥长 10 米，宽 2.5 米，高 3 米，于 2015 年被拆除。

杨家角桥 位于杨家角自然村中心（迎丰村第 2、第 7 村民小组之间），呈南北走向，桥长 12 米，宽 2 米，高 3 米，桥面由 2 块石条铺成。80 年代，被改建成水泥桥，于 2015 年被拆除。

周家角桥 位于周家角自然村东侧，呈东西走向，桥长 12 米，宽 2 米，高 3 米，桥面由 2 块长石铺成。80 年代末，为适应自行车、摩托车通行，被改建为水泥桥面，两桥堍也是水泥路面。90 年代初，建珠浜路时，被拆除，重建水泥桥。2015 年，该桥被拆除。

1957—2020 年大公域内已拆除桥梁如表 7-4 所示。

表 7-4 1957—2020 年大公域内已拆除桥梁一览表

序号	桥梁名称	建造年份	走向	长度/米	宽度/米	桥梁材质	备注
1	南石桥	1900	南北	50	2.5	石料	1957 年拆除
2	伯拉桥	1895	东西	20	2.5	石料	1958 年拆除
3	浜斗大石桥	1890	南北	15	2.5	石料	1958 年拆除
4	横溇梢桥	1940	南北	10	1	木材	1979 年拆除
5	如泾桥①	1967	南北	12	2	石料	新中国成立初期是木桥 1967 年翻建为石桥，1978 年重建，1987 年拆除
6	新阳河桥	1975	南北	12	3	钢筋混凝土	1998 年拆除
7	方家桥	1910	东西	5	2.5	石料	2006 年拆除
8	南神泾桥	1984	南北	7	3	钢筋混凝土	2007 年拆除

续表

序号	桥梁名称	建造年份	走向	长度/米	宽度/米	桥梁材质	备注
9	北神泾桥	1985	东西	6	3	钢筋混凝土	2007 年拆除
10	杨巷浜桥[②]	1975	南北	12	1.8	钢筋混凝土	1990 年重建，2008 年拆除
11	牛车浜桥[③]	1975	东西	13	3	钢筋混凝土	1991 年翻建，2009 年拆除
12	朝头河桥	1950	南北	12	1	毛竹	20 世纪 80 年代重建，2010 年拆除
13	支巷河桥[④]	1975（前）	南北	15	3	钢筋混凝土	1975 年前为竹架桥，1975 年翻建，1990 年重建，2010 年拆除
14	路南中心河桥（一）	1975	东西	12	2	钢筋混凝土	2010 年拆除
15	路南中心河桥（二）	1975	东西	12	2	钢筋混凝土	2010 年拆除
16	路南中心河桥（三）	1976	东西	12	2	钢筋混凝土	2010 年拆除
17	新大漉河桥[⑤]	1975	南北	10	2	钢筋混凝土	1990 年重建，2010 年拆除
18	大春桥	1845	东西	15	2.5	石料	20 世纪 80 年代翻建，2010 年拆除
19	李家桥[⑥]	1858	南北	12	1.5	石木	1998 年翻建，2010 年拆除
20	路南中心河桥（四）	1976	东西	12	3	钢筋混凝土	2010 年拆除
21	李岸泾桥[⑦]	1990	东西	10	3	钢筋混凝土	新中国成立初期至 20 世纪 50 年代末为竹架桥，50 年代末、70 年代、1990 年均翻建过，2014 年拆除

续表

序号	桥梁名称	建造年份	走向	长度/米	宽度/米	桥梁结构	备注
22	后川心桥	1949（前）	南北	12	2.5	钢筋混凝土	1990年改建，2014年拆除
23	前川心桥	1990	南北	10	2.5	钢筋混凝土	20世纪90年代改建，2015年拆除
24	杨家角桥⑧	1935	南北	12	2	石料	20世纪80年代翻建，2015年拆除
25	周家角桥⑨	1940	东西	12	2	石料	20世纪80年代翻建，90年代初重建，2015年拆除

注：① 此条目录入的桥梁尺寸、结构数据为1967年第一次翻建时的，初建时的数据已不可考。

② 此条目录入的桥梁尺寸、结构数据为1975年初建时的。

③ 此条目录入的桥梁尺寸、结构数据为1975年初建时的。

④ 此条目录入的桥梁尺寸、结构数据为1975年翻建时的，初建时的数据已不可考。

⑤ 此条目录入的桥梁尺寸、结构数据为1975年初建时的。

⑥ 此条目录入的桥梁尺寸、结构数据为1858年初建时的。

⑦ 此条目录入的桥梁尺寸、结构数据为1990年第三次翻建时的，初建时的数据已不可考。

⑧ 此条目录入的桥梁尺寸、结构数据为1935年初建时的。

⑨ 此条目录入的桥梁尺寸、结构数据为1940年初建时的。

二、供水供电

供水　1965年以前，域内村民的生活用水都是河水，当时村民在厨房放一个缸，早上从河中提水入缸静置备用，讲究卫生的村民用明矾净水，不少村民不用水缸，直接使用河水。1966年，大队组织每个生产队至少挖2口深井，供生产队社员使用。19个自然村共挖深井39口，从此农民用上井水。自1980年起，村民建造楼房，多在家门口挖浅水井。

1993年，昆山市玉山自来水厂建成，铺设自来水管道，完成供水设施建设，从此家家户户用上自来水，既清洁又方便。李祖福、朱巧弟、周惠根负责维护、保养、收费。2010年，域内656户村民的自来水供应全部接入昆山城区供水网，由昆山市自来水集团有限公司管理。

供电 70年代以前，农村家庭都用自制的油盏灯或购买的煤油灯照明，婚丧喜事时使用桅灯、汽灯。

从1968年开始，域内各生产队用木头或水泥管作为电线杆，架起电线，通到各生产队公场，用于夜间脱粒。

1988年，各村进行线路整顿改造，把原来各种规格的电线杆统一换成“工”字形7米水泥杆，电线通往各自然村，再由各自然村通往各家各户，电力站统一安装触电保护器，确保人身安全。1990年，全面完成供电设施改造。

三、网络通信

50年代初，域内没有电话，村民传递信息只能通过信件，信件由昆山县邮电局委派邮递员投递，邮递员把信件送到生产大队，再由大队干部送到各户；社员寄信，只能到昆山县邮电局或大街上邮寄。遇到紧急情况，村民只能到邮电局发电报。

1958年，公社邮电所安装了一台60门的电话总机，各大队安装1门手摇电话，通过接通总机与外界联系。60年代末，家家户户通广播，每个自然村都安装高音喇叭。70年代，有较多农户购买收音机。80年代初，村民开始使用程控电话，通过拨号直接与对方联系。90年代初，各行政村、村办企业，村主要干部、个体工商户、企业外勤人员办公室等都陆续安装了固定程控电话。

1996年，路南村首先成为“电话村”，全村安装电话的有199户，占全村总户数的80%；1997年，原大公村成为“电话村”，全村安装电话的有164户，占全村总户数的80.7%。同年，迎丰村也成为“电话村”，全村安装电话的有168户，占全村总户数的78.5%。从此，域内村全部达到“电话村”标准。2007年，全村实现有线电视全覆盖。随着人民生活水平的提高，村民的电视机从原来的黑白电视机变成彩色电视机、液晶挂壁式电视机。截至2020年，大公村80%的成年人有移动电话，包括大多数老人。很多年轻村民学会了网上购物，进行手机移动支付。

第二节　生态建设

20世纪60年代，域内碧水蓝天，空气新鲜，基本无污染。随着社办、队办企业的兴起和化肥、农药的广泛应用，大气、水质出现污染，特别是包干分配后，农民不再积造自然肥，河底积淤严重。80年代末，域内各村对工业废水进行治理，对农村河道进行清淤，清除露天粪缸，开展农村环境整治、创建卫生村等活动，环境保护得到落实。

一、环境整治

新中国成立前，村民一家一户种田，没有公共卫生设施，受生活习惯影响，村民卫生意识淡薄，环境普遍脏乱差。

新中国成立后，域内历任村（大队）干部对环境卫生工作十分重视，把日常保洁看作改善人居环境、提高村民生活质量、促进村民身体健康的一项重要工作来抓。

50年代中期，各大队发动群众开展爱国卫生运动，动员村民积极开展以灭蚊、灭蝇、灭鼠、灭蟑螂为主的“除四害”运动。1958年，大公大队被江苏省爱国卫生运动委员会评为江苏省爱国卫生运动先进集体。60年代初，以生产队为单位，实行集体劳动，生产队派专业人员倒马桶，加强粪便和水源管理。80年代以后，域内改厕，消除露天粪缸，建立无害化厕所，改善卫生环境，控制传染病发生。1998年，大公村被昆山爱国卫生运动委员会评为昆山市卫生村。1999年，按照江苏省卫生村标准进一步加强村庄建设及整治，全村增建水泥路6 940米、砂石路800米、石驳岸150米，铺设下水道360米；建造公厕16座，改造公厕3座，设立垃圾箱108个。

2000 年，经江苏省爱国卫生运动委员会考核，大公村获得 1999 年度的江苏省卫生村荣誉称号。

1984—2000 年，全村 644 户农户中，改厕的有 575 户，占总户数的 89.3%。1997—2003 年，全村累计修建道路 25 750 米，铺设下水道 650 米，修建石驳岸 1 300 米（含农户家庭自费铺建），填污水潭 850 立方米。

1998—2007 年，为了整治环境，拆除乱搭乱建 25 处，拆除简易棚 33 个，粉刷外墙 87 560 平方米。

大公村动迁前，环境实行常态化管理，各自然村之间路面干净，路旁绿树整齐，河面清爽无杂草，公厕管理规范有序，农村面貌焕然一新，农村人享受着与城里人一样的幸福生活。

大公花园小区公厕（2020 年，李金水摄）

2009 年，政府在中华园与江浦路交界处建造了一座小桥流水的公园。2015 年，为解决乱停车、乱倒垃圾问题，大公村投资 16 万元，在从中华园路至横塘河桥两侧安装 400 个水泥护栏，并平整两侧土地，全部种上树木。2016 年，在大公花园小区西南侧、京沪高铁南侧，平整土地，种上树木，并建造垃圾中转站，实行垃圾分类投放管理，改善环境。同年，在大公小区公交站北侧建公厕一座，并在 2019 年对它进行改造装潢，落实专人管理。2017 年，昆山市交通运输局出资在大公花园小区南侧，京沪高铁沿线，东至小澞河，西至路南中心河，建设一处长廊式湿地公园“大公社区绿地公园”，供村民休闲玩乐。2019 年，对中华园路南侧，路南中心河至张北泾河河岸进行整治改造，全部进行绿化。2020 年，在中华园路北侧、路南中心河两侧，平整土地 50 余亩，种上农作物及进行绿化。

二、改厕

改革开放后，农民生活水平逐年提高，1988 年以后，大批村民建造楼房。

1994 年，域内全面开展“清洁村庄，清洁家园”活动，在普及自来水的基础上，组织村民安装抽水马桶，每户建三格式化粪池，对粪便进行无害化处理，要求达到省级卫生村标准。至 1999 年，域内 642 户农户中改厕的有 575 户，占总户数的 89.6%，1976—2020 年，域内先后建造公厕 30 座。（表 7-5、表 7-6）

表 7-5　1988—1999 年大公域内农户改厕情况一览表

组别	大公村			组别	迎丰村			组别	路南村		
	户数/户	改厕数/户	占比/%		户数/户	改厕数/户	占比/%		户数/户	改厕数/户	占比/%
1	26	23	88.5	1	30	27	90.0	1	23	21	91.3
2	22	19	86.4	2	22	20	90.9	2	32	29	90.6
3	29	27	93.1	3	22	20	90.9	3	22	19	83.3
4	29	27	93.1	4	25	22	88.0	4	37	34	91.9
5	21	19	90.4	5	30	26	86.7	5	38	34	89.4
6	30	28	93.3	6	26	23	88.5	6	38	35	92.0
7	31	29	93.5	7	21	18	85.7	7	35	31	88.5
8	15	13	86.5	8	17	13	76.5	合计	225	203	90.2
合计	203	185	91.1	9	21	18	85.7				
				合计	214	187	87.4				

表 7-6　1976—2020 年大公域内建造公厕情况一览表

序号	所在地	公厕/座	建筑面积/米^2	建造年份
1	大公村村委会	1	30	1976
2	路南大队幼儿园	1	50	1981
3	迎丰大队幼儿园	1	50	1982
4	大公村幼儿园	1	50	1983
5	迎丰村村委会	1	40	1985
6	路南村村委会	1	45	1998
7	李家桥自然村	1	40	1998

续表

序号	所在地	公厕/座	建筑面积/米^2	建造年份
8	支巷自然村	1	40	1998
9	张北泾自然村	1	40	1999
10	杨巷自然村	1	40	1999
11	大渔自然村	1	40	1999
12	牛车浜自然村	1	40	1999
13	李岸泾自然村	2	80	2000
14	潭郎自然村	1	40	2000
15	杨家角自然村	2	80	2000
16	珠浜自然村	1	40	2000
17	如泾自然村	1	40	2000
18	周家角自然村	1	40	2000
19	北星渎自然村	1	40	2000
20	前严村自然村	1	40	2000
21	严村自然村	1	40	2000
22	东横塘自然村	1	40	2000
23	西横塘自然村	1	40	2000
24	蒋家浜自然村	1	40	2000
25	西浜自然村	1	40	2000
26	大公小学	1	80	2006
27	大公花园北侧	1	30	2016
28	大公花园中部	1	60	2020

三、河道清淤

改革开放前，域内农作物种植以自然肥料为主，自然肥料以草塘泥为主，村民用罱网、拖袋把河中浮泥通过船只取上岸，与红花草、杂草及稻草等一起存放在田内事先挖好的潭内，发酵后制成有机肥料。由于村民经常在河内轧草、捞草，河底很少有污泥，河水水质良好。

80 年代中期，随着村、镇工业的迅速发展，工业污水、村民的生活污水排放不断增多，生活垃圾乱丢入河，加上农村包干分配后，农民不再罱河泥、拖河泥积自然肥料，完全依赖化学肥料，河道内水草杂物不断增多，河流水质污染日渐严重。针对这一情况，各村加强生活垃圾管理，做到垃圾日产日清，组织河道打捞专业队伍，每天打捞河道内漂浮物，进行河道清淤。2007 年 8 月，大公村对江浦路以西至尤泾江段河道进行清理，同时结合农田整治，填埋无用的河道，种上农作物。2016—2018 年，大公村对 9 条主要河道再次进行全面清淤，如表 7-7 所示。

表 7-7　2016—2018 年大公村河道清淤情况一览表

序号	清淤年月	河道名称	上游	下游
1	2016 年 3 月	大濵河	与庙灯村交界处	新阳河
2	2016 年 9 月	新阳河	小濵河口	大濵河
3	2017 年 5 月	横塘河	小濵河口	路南中心河
4	2017 年 8 月	南神泾河	路南中心河	大濵河
5	2017 年 9 月	路南中心河	与庙灯村交界处	新阳河
6	2017 年 1 月	七泾河	北神泾河	横塘河
7	2018 年 5 月	老小濵河	庙灯塌石桥	张北泾河
8	2018 年 8 月	加泾河	老小濵河	团结中心河
9	2018 年 1 月	李岸泾河	张泾河	朝头河

第三节　住房建设

一、农房建设

新中国成立初期，域内民房大多为草房，平瓦房少，且结构比较简单。草房一般用毛竹当梁，泥巴做墙，很少用砖砌墙。屋面多用稻草或麦草盖房，阴暗潮湿，经不起风吹雨淋，每隔两三年须重新更换一次屋面。老的平瓦房一般是青砖砌墙、木头梁柱、木头椽子、望砖小瓦，经久耐用。50 年代，域内 359 户村民中，住草房的有 296 户，占总户数的 82.5%，住平瓦房的有 63 户，占总户数的 17.5%。进入 60 年代，农民虽生活水平有所提高，但温饱问题尚未完全解决，农房建设发展缓慢。60 年代末，域内 389 户农户中，住平瓦房的有 70 户，住草房的有 319 户。70 年代，农民为改善居住条件，拆除简陋的平瓦房、泥墙草房，翻建新的平瓦房。由于建房材料紧缺，农户大多用从生产队分得的稻草、麦柴和菜箕到土砖瓦厂换砖瓦，购买或自制水泥梁，条件较好的购买什木或杂树做梁，自种树木或购买树棍做椽子，用黄泥石灰拌和砌空心墙。一般农户建造“三间一转头”，正屋中间 1 间为客堂，东西 2 间为房间，“转头”为厨房，每间宽 4 米，进深 7~8 米，约 28~32 平方米，每幢平瓦房的建筑面积约 80~128 平方米。农民居住环境得到较大改善，至 1979 年，域内翻建房屋的有 347 户，占总户数的 72.3%。(表 7-8)

70 年代的平瓦房（2020 年，李全水供图）

表 7-8　50—70 年代大公域内各大队村民住房情况一览表

村名	50 年代		60 年代		70 年代	
	瓦房户/户	草房户/户	瓦房户/户	草房户/户	瓦房户/户	草房户/户
团结（路南）大队	—	—	26	98	100	41
大公大队	45	179	21	82	122	45
珠浜（迎丰）大队	18	117	23	139	125	47
合计	63	296	70	319	347	133

80 年代，随着改革开放的不断深入，农民的经济收入大幅度增加，农村掀起建造楼房热潮，以“三上三下加厨房”为主，黄泥砌墙改为砂浆砌墙，外墙灰砂粉刷改为水泥砂浆粉刷，有的农户在建楼房砌墙时打钢筋腰箍，楼板用水

80 年代的楼房（2020 年，李金水供图）

泥钢筋制成预制楼板，多数农户用水泥梁，条件较好的农户用木头梁、木头椽子，大多数农户用小瓦盖屋面，极少农户用平瓦盖屋面。有条件的农户还修建了围墙，建成封闭式院落，居住条件大为改善。90 年代后，建造的楼房外形更新颖时尚，既美观又通风。

80 年代末，全村 562 户农户建造 401 幢楼房、161 幢平瓦房，草房已然消失。90 年代末，全村 656 户农户建造楼房 548 幢，占总户数的 83.5%。（表 7-9、表 7-10）

表 7-9　1980—2000 年大公域内新建楼房情况表

大队（村）名	80 年代		90 年代		2000 年动迁前	
	楼房户/户	平瓦房户/户	楼房户/户	平瓦房户/户	楼房户/户	平瓦房户/户
路南大队（村）	101	67	214	24	215	24
大公大队（村）	155	38	177	26	177	26
迎丰大队（村）	145	56	156	58	156	58
合计	401	161	547	108	548	108

表 7-10　2014 年动迁前大公村各自然村农房统计表

序号	自然村村名	农房/幢	序号	自然村村名	农房/幢
1	张北泾	61	6	支巷	26
2	杨巷	29	7	前严村	37
3	李家桥	21	8	严村	80
4	大渔	44	9	东横塘	40
5	牛车浜	22	10	西横塘	34

续表

序号	自然村村名	农房/幢	序号	自然村村名	农房/幢
11	蒋家浜	24	16	如泾	17
12	西浜	24	17	周家角	26
13	潭郎	30	18	北星渎	30
14	杨家角	43	19	李岸泾	43
15	珠浜	25		合计	656

二、集体用房

1962年以后，农村以生产队为基本核算单位，为方便种子、农具管理，域内24个生产队陆续建造仓库95间，建筑面积为2 558平方米。1969年，推广蘑菇种植，域内24个生产队中有21个生产队建造蘑菇房73间，建筑面积为1 719平方米。（表7-11）

表7-11　1962—1969年大公域内各生产队集体用房情况一览表

大队	队	生产队仓库		蘑菇房	
		数量/间	面积/米^2	数量/间	面积/米^2
大公大队	1	3	70	3	72
	2	2	40	3	72
	3	2	50	3	72
	4	2	65	4	96
	5	2	70	4	80
	6	8	200	4	80
	7	2	60	4	82
	8	4	142	—	—
珠浜大队	1	4	96	—	—
	2	3	72	4	96
	3	4	96	3	78
	4	4	96	3	76
	5	7	140	4	98
	6	6	130	4	96

续表

大队	队	生产队仓库		蘑菇房	
		数量/间	面积/米^2	数量/间	面积/米^2
珠浜大队	7	3	72	4	94
	8	3	72	—	—
	9	3	72	3	74
团结大队	1	5	125	3	72
	2	5	150	3	76
	3	2	28	3	74
	4	4	112	4	96
	5	5	120	3	75
	6	5	192	3	72
	7	7	288	4	88
合计		95	2 558	73	1 719

70 年代，集体经济不断发展，各大队利用集体历年积累，兴建办公大楼、种子仓库、农机仓库、小学、队办企业。90 年代，域内建造办公楼（含平瓦房）3 幢 34 间，建筑面积为 1 040 平方米；建造仓库（80 年代分田到户后改为肥药站仓库）3 幢 18 间，建筑面积为 540 平方米；建造农机库 3 幢 14 间，建筑面积为 606 平方米；建造幼儿园、小学 3 座 12 间，建筑面积为 431 平方米；队、村办企业经历组建、淘汰、转产过程，最终剩 3 家，企业的建筑面积为 11 033 平方米；代销店有 3 处 8 间，建筑面积为 183 平方米。(表 7-12)

表 7-12　1970—1983 年大公域内各大队集体用房情况一览表

用途		团结（路南）大队	大公大队	珠浜（迎丰）大队	合计
办公楼	数量/间	10	14	10	34
	面积/米^2	400	360	280	1 040
仓库	数量/间	6	6	6	18
	面积/米^2	180	180	180	540

续表

用途		团结（路南）大队	大公大队	珠浜（迎丰）大队	合计
农机库	数量/间	6	5	3	14
	面积/米^2	204	330	72	606
学校	数量/间	4	6	2	12
	面积/米^2	63	308	60	431
队、村办企业	数量/间	1	1	1	3
	面积/米^2	1 500	1 957	7 576	11 033
代销店	数量/间	1	3	4	8
	面积/米^2	35	48	100	183

三、动迁安置

2003 年，建设江浦路延伸段，动迁牛车浜 22 户，村民被安置在大公花园小区。2007—2008 年，架设高压线路，动迁蒋家浜 24 户、周家角 26 户，共 50 户，村民被安置在大公花园小区。2007 年 8 月，由于政府开发的需要，动迁支巷 26 户、大渔 44 户、李家桥 21 户、杨巷 29 户、张北泾 61 户、西浜 24 户、西横塘 34 户、东横塘 40 户、严村 80 户、前严村 37 户，累计 396 户，村民被安置在大公花园小区。2011 年，高压线沿线动迁李岸泾 43 户，村民被安置在万丰苑小区。同年，中华园西路延伸段建设，动迁杨家角 43 户，村民被安置在万丰苑小区。2014 年，政府安排动迁北星渎 30 户、珠浜 25 户、潭郎 30 户、如泾 17 户，累计 102 户，村民被安置在万欣苑小区。至此，大公村 656 户全部动迁安置完成。

2014 年 5 月，大公各小区被昆山高新区管委会纳入改善村民居住环境项目居民点后，张阿根、晋水根、徐友根、马玉林 4 位老同志组建督查小组，全面负责改建工程的督查工作。

小区经过改造整治，增植大小树木 3 800 棵，矮小景观花木种植面积为 25 000 平方米，草坪面积为 25 000 平方米；铺设人行道；补增 100 余盏路灯；10 处景点配置木制座位；增设篮球场、网球场、健身馆等场所的器材器具。

2003—2014 年大公村动迁安置情况如表 7-13 所示。

表 7-13　2003—2014 年大公村动迁安置情况选年表

序号	年份	自然村村名	户数/户	安置小区
1	2003	牛车浜	22	大公花园
2	2007	蒋家浜	24	大公花园
3		支巷	26	大公花园
4		大渔	44	大公花园
5		李家桥	21	大公花园
6		杨巷	29	大公花园
7		张北泾	61	大公花园
8		西浜	24	大公花园
9		西横塘	34	大公花园
10		东横塘	40	大公花园
11		严村	80	大公花园
12		前严村	37	大公花园
13	2008	周家角	26	大公花园
14	2011	李岸泾	43	万丰苑
15		杨家角	43	万丰苑
16	2014	北星渎	30	万欣苑
17		珠浜	25	万欣苑
18		潭郎	30	万欣苑
19		如泾	17	万欣苑

动迁前，大公村总户数为 656 户，总人口为 2 444 人，有楼房 548 幢。

动迁后，一般每幢楼房安置大、中、小三套户，大户 121 平方米，中户 91 平方米，小户 79 平方米，动迁户每幢楼房分配 291 平方米。平瓦房一般安置大、小两套户，合计分配 200 平方米。（表 7-14）

表 7-14　大公村动迁前后村民住房面积统计表

序号	自然村村名	总户数/户	总人口/人	动迁前					动迁后		
				楼房		平瓦房		人均面积/米^2	数量/套	面积/米^2	人均面积/米^2
				数量/幢	面积/米^2	数量/幢	面积/米^2				
1	张北泾	61	209	55	11 550	6	624	58. 25	177	17 205	83. 2
2	杨巷	29	78	23	4 830	6	624	69. 9	81	7 893	101. 2
3	李家桥	21	97	16	3 360	5	520	40. 0	58	5 656	58. 3
4	大渔	44	143	41	8 610	3	312	62. 4	129	12 531	87. 6
5	牛车浜	22	86	19	3 990	3	312	50. 0	63	6129	71. 3
6	支巷	26	92	23	4 830	3	312	55. 9	75	7293	79. 3
7	前严村	37	130	32	6 720	5	520	55. 7	106	10 312	79. 3
8	严村	80	277	75	15 750	5	520	58. 7	235	22 825	82. 4
9	东横塘	40	155	37	7 770	3	312	52. 1	117	11 367	73. 3
10	西横塘	34	90	30	6 300	4	416	74. 6	98	9 530	105. 9
11	蒋家浜	24	116	21	4 410	3	312	40. 7	69	6 711	57. 9
12	西浜	24	84	20	4 200	4	416	55. 0	68	6 620	78. 8
13	潭郎	30	141	21	4 410	9	936	37. 9	81	7 911	56. 1

续表

序号	自然村村名	总户数/户	总人口/人	动迁前					动迁后		
				楼房		平瓦房		人均面积/米^2	数量/套	面积/米^2	人均面积/米^2
				数量/幢	面积/米^2	数量/幢	面积/米^2				
14	杨家角	43	164	37	7 770	6	624	51.2	123	11 967	73.0
15	珠浜	25	96	17	3 570	8	832	45.9	67	6 547	68.2
16	如泾	17	85	13	2 730	4	416	37.1	47	4 583	53.9
17	周家角	26	95	20	4 200	6	624	50.8	72	7 020	73.9
18	北星渎	30	102	19	3 990	11	1 144	50.3	79	7 729	75.8
19	李岸泾	43	204	29	6 090	14	1 456	37.0	115	11 239	55.1
合计		656	2 444	548	115 080	108	11 232	51.7	1 860	181 068	74.1

四、村民居住小区建设

2003 年，玉山镇规划建设大公花园，第一期共 7 幢，分别为第 2、3、4、13、14、15、16 幢，2004 年 1 月竣工。第二期共 3 幢，分别为第 30、31、32 幢，2005 年竣工。第三期共 10 幢，分别为第 5、6、7、8、9、17、18、19、20、23 幢，2006 年 12 月竣工。第四期共 13 幢，分别为第 10、11、12、21、22、25、26、27、28、29、34、35、36 幢，2008 年 11 月竣工。第五期共 15 幢，分别为第 37、38、39、40、41、42、43、44、45、46、51、52、53、54、55 幢，2009 年 10 月竣工。第六期共 30 幢，分别为第 47、48、49、50、56、57、60、61、62、63、64、65、66、69、70、71、72、73、74、75、76、77、78、81、84、85、86、87、88、89 幢，2010 年 11 月竣工。第七期共 14 幢，分别为第 90、91、92、93、94、95、96、97、98、99、100、101、102、103 幢，2012 年 11 月竣工。第八期共 8 幢，分别为第 105、106、107、108、109、110、111、112 幢，2012 年 11 月竣工。同时，小区建设配套房：① 新江大厦，编号为 1 号；② 大公村村委会，编号为 23 号；③ 昆山大公翔艺幼儿园，编号为 24 号；④ 大公村会所，编号为 104 号。大公花园占地面积为 32. 7 万平方米，建筑面积为 35. 67 万平方米，绿化面积为 12. 34 万平方米。

2014 年，为满足动迁需求，在江浦路以西、沪宁铁路以南，建万丰苑小区和万欣苑小区。万丰苑小区建有小高层 17 幢 1 126 套房，建筑面积为 159 950 平方米，占地面积为 35 330 平方米，绿化面积为 2 万平方米，2016 年 7 月竣工交房。万欣苑小区，建有小高层 16 幢 1 394 套房，建筑面积为 201 800 平方米，占地面积为 44 662 平方米，绿化面积为 3. 5 万平方米，2019 年竣工交房。

第八章　精神文明建设

大公村的村民素有忠厚老实、勤俭持家、修善积德的好风尚。新中国成立后，村（大队）党支部始终把思想道德建设放在重要位置，在村民中开展社会主义教育，组织学《毛泽东选集》和学雷锋等活动。改革开放后，域内各村（大队）先后组织“五讲四美三热爱”活动，开展社会主义荣辱观教育。围绕勤劳致富、崇德向善、诚实守信、遵纪守法等内容，持续组织开展“五好家庭”“新风户”“文明户”“好婆媳”等评选活动，组织开展文明村创建，增强村民的家庭责任感和荣誉感。2010 年后，以村组为单位，以关爱孤寡老人、贫困家庭为重点，大公村广泛开展志愿者服务，大力表彰善行义举，营造浓厚的文明村、文明家庭氛围。2013—2020 年，全村评选出文明家庭标杆户 23 户，大公村先后被评为苏州市实践科学发展，推进“两个率先”先锋村和昆山市农村精神文明建设先进村。

第一节 思想道德教育

新中国成立初期，进村工作队组织村民开展忆苦思甜教育活动，调动村民建设社会主义的积极性，以主人翁姿态搞好农业生产。1963 年，毛泽东发表“向雷锋同志学习”题词后，各大队党支部组织社员群众以雷锋为榜样，热爱祖国，树立集体主义思想，做忠厚务实好社员，域内迅速掀起“学雷锋见行动”热潮，为集体做好事蔚然成风。1964 年，大公大队、珠浜大队和团结大队党支部学习贯彻中央《农村社会主义教育运动中目前提出的一些问题》（简称“二十三条”），配合“四清”工作队开展社会主义教育运动，在村民群众中开展社会主义教育，增强社会主义意识，推动社会主义建设。

自 1965 年 7 月起，各大队党支部组织开展学习毛泽东著作的活动。各生产队开办政治夜校，组织学习毛主席著作“老三篇”（《纪念白求恩》《为人民服务》《愚公移山》），学习白求恩毫不利己、专门利人的国际主义精神，学习张思德全心全意为人民服务的精神，学习愚公坚定信念，不怕苦、不怕累的吃苦精神。域内大公、团结 2 个大队所辖区域位于沪宁铁路沿线，自 60 年代中期起，党支部组织青年民兵每年春节、元旦、劳动节、国庆节四大节日，摇着队里的船停靠铁路旁，夜间义务为 55 号、57 号 2 座铁路桥和桥间 2 公里铁道线不间断值守巡视，直到 1983 年。1982 年，大公大队、路南大队、迎丰大队党支部响应中央等九部门的倡议，把“学雷锋、树新风”与“五讲四美三热爱”活动结合起来，对干部群众进行以坚持党的领导、坚持社会主义道路，坚持集体主义思想为主要内容的思想道德教育。

自 1985 年起，大公村、迎丰村、路南村党支部和村委会围绕培养有理想、有文化、有道德、有纪律的“四有”新人目标，组织党团员开展争做“四有新人”教育活动，对镇、村办企业进行爱岗敬业、遵纪守法、多为集体做贡献的教育，对务农家庭重点进行遵纪守法、勤劳务实、移风易俗、计划生育等内容的教育，对党员干部进行全心全意为人民服务的教育。

在深入学习“三个代表”重要思想的活动中，域内各党支部着重开展“两个率先”主题教育和构建社会主义核心价值观的教育。组织发动村民争先创优，开辟增收渠道，积极搞好富民工程，村内出现3家注册资本分别为150万元、500万元和2 000万元的颇具规模的民营企业。

2006年，域内组织开展社会主义荣辱观教育和实践活动，把“八荣八耻”内容做成宣传栏竖在村口路边，村团支部组织青年团员学唱“八荣八耻”歌，要求党员干部带头以社会主义荣辱观为基本遵循，做社会主义道德模范带头人。

2017年，党的十九大召开后，大公村党总支组织全体党员开展“奋进新征程”教育活动，加强思想建设。学习习近平新时代中国特色社会主义思想，增强“四个意识”，坚定“四个自信”，做到“两个维护”，用中国特色社会主义文化、社会主义思想占领思想文化阵地，激励党员干部群众，为大公村思想道德建设凝聚强大精神力量。在“不忘初心、牢记使命”主题教育中，紧密结合村里实际，组织开展“党员先锋十带头”活动，积极开展党建结对共建活动，开展多种形式的志愿者活动。组织党员干部参观革命传统教育基地，组织善行义举先进评选活动，建立善行义举宣传榜，定期张榜宣传善行义举标杆人物的先进事迹。至2020年，上榜宣传表彰善行义举标杆人物23名。

第二节　文明创建活动

一、文明村创建

1982年，域内开展“双文明”（精神文明与物质文明）创建活动。大公大队、路南大队和迎丰大队成立创建领导小组，组织制定村规民约，提倡移风易俗、勤劳致富、邻里和睦、尊老爱幼；组织评选“五好家庭”活动；在提升村民文明程度的基础上，开展争创文明村活动。1988 年，大公村、路南村和迎丰村围绕苏州市、昆山县争创“新风杯”的考核内容，积极组织争创“文明单位”和“六有十无文明村”系列活动，把文明村创建工作纳入物质文明和精神文明“双文明”单位的创建活动中。

1996 年，大公村、路南村和迎丰村按照玉山镇创建文明村镇的工作意见，把创建文明村的重点放在对村民进行思想教育和法纪观念教育上，全方位提高村民素质，对村民开展“三五”普法教育，召开由党员和组长参加的动员会，发放法纪教育宣传材料 2 000 多份、法律书籍 1 000 多册、法制宣传图纸 70 多张，配合镇司法所开展法律咨询活动 4 次，受教育群众有 600 多人次。1997 年，域内创建工作的着力点被放在综合治理方面。1998 年，创建工作重点被放在彻底解决农村环境卫生问题的薄弱环节上，开展清家园、清村庄、清河道的“三清”工作。1999 年，大公村被江苏省爱国卫生运动委员会评为江苏省卫生村。

2001 年，大公、路南、迎丰 3 个村合并后，大公村党总支成立以村书记为首的创建工作领导小组，下设 3 个工作小组，形成完善的创建工作组织网格，制订创建工作计划，明确创建工作方向。

村党总支围绕提高村民文明素质，提高本村文明程度，持续、广泛、深入地开展以创建文明村为重要内容的群众性精神文明创建活动，引导群众规范日常行为，做到家庭和睦，夫妻平等相待，兄弟、姐妹、妯娌、姑嫂之间礼让三分，邻里之间团结互助、友善相处，使下一代健康成长，老年人老有所养。针对域内外来人口多等实际状况，引导村民互相尊重、互相理解、互相帮助、和睦相处，建立良好的邻里关系。在开展“婚育进万家”活动中，对居住在各个小区的居民进行宣传教育，把婚育新风作为创建文明村的一项考核指标。

2006 年，大公村被评为昆山市农村精神文明建设先进村和昆山市“十五”人口和计划生育工作示范村。

大公村党总支加强对村领导班子的思想道德建设和作风建设，发挥党员干部在文明村创建活动中的先锋模范作用。建棋牌室、乒乓球室、图书阅览室，积极开展丰富多彩的文化活动；开设道德讲堂，建立善行义举榜，持久开展“文明和谐家庭”“好儿女”“好儿媳”等评选活动，用身边的典型教育群众；开放“家长学校”、未成年人活动室，开展志愿服务活动，让困难帮扶、环境卫生、社会安全、教育培训、学习娱乐等活动辐射到每个村民。

2009年，大公村被中共苏州市委员会评为实践科学发展，推进“两个率先”先锋村。

2011年，大公村积极参加镇组织的“一村一品”等文艺活动，丰富村民的文化娱乐生活，多渠道组织开展科技技能培训，用先进的科学知识武装村民。建有宣传橱窗，提高村民文化素养；建起便民服务大厅（中心），设有外来人口服务、便民服务、环境卫生等服务窗口，提供多项便民服务，确保全村各项规章制度建立健全、社会保障全覆盖。

大公村“两委”利用会所和小广场，组织开展社区老年人读书会，举办“我们的节日”文艺表演，开办少儿书法教育培训班，举办“文化进社区”公益电影放映活动。

2014年，大公村被评为昆山市级学习型社区。

2018年，大公村新时代文明实践站成立，站长由村党总支书记担任，村主任为副站长，组员由村相关领导兼任，把实践站建设纳入村“两委”工作人员实绩考核。

村党总支依托村部党群服务站主体，以村部相关功能室为宣讲平台，用教育服务、文化服务、科技与科普服务、健身体育服务等平台，形成固定活动场所，并按照昆山高新区（玉山镇）文明实践布置要求，结合本村实际，有选择性、针对性地借助公示栏、电子屏、微信等传播优势，开展文明实践活动。

村党总支每年组织村内全体党员集中冬训，利用学习平台进行党课宣传，发挥党员先锋模范作用，带领全村群众，投身于文明城市、文明村建设工作中。组织开展党员“先锋行动月”主题党日活动和“七一”系列活动。

2019年7月，村党总支组织46名党员前往常熟沙家浜瞻仰新四军抗日纪念馆，缅怀革命先烈，接受爱国主义思想教育。

村党总支组织全体党员，深入学习贯彻习近平新时代中国特色社会主义思想，开展主题党日活动。

2020年3月，村党总支举办弘扬中华传统美德，“推进移风易俗、树立文明新风”主题宣讲活动，党总支书记周丽青向全村党员干部作宣讲，号召全村党员干部坚定“不忘初心，牢记使命”理念，自觉做传承优秀文化的倡导者、实践者，让朴实善良、诚信做人的村风代代相传。

2020年6月，村党总支组织开展“学习弘扬伟大抗疫精神，庆祝新中国成立71周年”主题党日活动。

村党总支为巩固文明村创建成果，提升村文明程度，结合开展环境整治等专项工作，在征求党员、村民群众意见的基础上，对2015年制定的村规民约做了补充和完善，制定了新的村规民约。新的村规民约共分为11条，内容主要是引导村民自觉遵纪守法、做到邻里和睦、勤俭节约、崇尚环保、重视家风建设、积极参与乡村治理。

附：

大公村村规民约

第一条　本村规民约适用于本村村民。村民委员会负责本村规民约的实施，村民代表大会监督执行。

第二条　村民要自觉遵守法律法规、提倡社会主义精神文明，移风易俗，反对封建迷信及其他不文明行为，践行社会主义核心价值观。

第三条　爱护公共财产，不得损坏水利、供电、生产、绿化、道路、农田农作物、其他公共设施等。严禁在公共设施或公共区域随意进行挖埋、耕种养殖、违章搭建、焚烧秸秆等个人行为。对我村辖区内的高铁等重要设施要看护好，爱护好。

第四条　村民要自觉遵守交通规则，严禁酒驾、无证驾驶等违法、危险行为。在大公花园内要规范停车。

第五条　自觉配合村委会爱护小区环境、爱护小区卫生、不乱倒乱堆乱放、不影响整个小区集体的形象。不仅要做到“小家庭”的整洁，还要守住小区的整洁。

第六条　服从小区建设规划，不乱搭乱建。合理、合法地使用水、电、气。

第七条　小区内严禁贴发“黑广告”、严禁占道经营、黑车运营等非法行为。村民若发现有类似情况，主动举报，积极参与小区管理。既能遵守规则，也能及时举报，纠正错误行为。

第八条　小区内居住的各村村民、外来人员等要相互尊重、相互理解、相互帮助、和谐相处，建立良好的邻里关系。自觉遵守居民住宅小区生活公德，不影响、不危害他人生活。村民矛盾坚持以防为主、调防结合的方针，积极做好矛盾调处。

第九条　要保护老人、妇女、儿童、重病或特殊疾病人员在社会和家庭生活中的合法权益，禁止虐待、遗弃、伤害行为。对未成年子女、老年人要依法履行抚养和赡养义务。对重病或特殊疾病的弱势群体要尽力去帮助、照顾。

第十条　自觉维护村集体利益、集体荣誉，积极配合村工作和村集体活动。自觉遵守社会救助保障等规定。

第十一条　对于违反村规民约的个人或家庭，通过村民代表大会决议，可停发村级相关福利待遇，家庭不能被评为文明户。

二、文明家庭评选

1984年，大公村、路南村和迎丰村组织开展以“邻里团结好、家庭和睦好、婆媳关系好、计划生育好、教育子女好”为内容的“五好家庭”评比活动，树立文明家庭典型，推动整个村域的邻里团结、家庭和睦。1988年，大公村、路南村和迎丰村按照玉山镇建设精神文明的部署，组织开展争创“新风户”活动。村里成立以党支部书记为组长的评议组，在深入宣传发动的基础上，召开党员、组长会议，根据“五好家庭”内容和“新风户”10条标准（无抛荒田，无超计划生育，无赌博迷信违法犯罪，无擅自扩大宅基地，无欠国家定购任务和宕欠集体财务，无逃避服兵役，无虐待老人、打架、闹事而造成非正常死亡，无包办婚姻问题而家庭不和，无中小学生流生，无脏乱差现象）自报互评。村域坚持标准，集体评议，集体审定后张榜公示，征求意见，年终公布名单，给予挂牌授奖，形成“以少带多，以多促少，互相监督，户户争先”的局面。

1990年以后，“新风户”评选在坚持质量的前提下，根据精神文明建设的要求和村里的实际情况，从评选方法、评选内容等方面不断完善。各村村委会还在新风户中树立典型，并及时推荐上报。

2010年，大公村村委会组织开展“文明和谐家庭”等评选活动，并通过自报、互评、考核等评选环节，持续开展“文明户”“文明和谐家庭”“文明示范户”“最美家庭之好婆媳”的评选工作。2013—2020年，大公村评选出“文明家庭示范户”28户，“最美家庭”1户。

大公村文明家庭示范户

2013年，赵志明家庭、邵振州家庭、徐阿小家庭、孟益华家庭、张培良家庭、戴伯春家庭、严梅良家庭、周雨根家庭、谷家华家庭。

2014年，方兆龙家庭、张阿根家庭。

2015年，张阿根家庭、周克林家庭、徐裕根家庭。

2016年，王正良家庭、顾林根家庭。

2017年，李金水家庭。

2018年，龚桂泉家庭、俞福良家庭、钱林生家庭。

2019年，叶凤林家庭、李桂根家庭、陈惠娟家庭。

2020年，晋水根家庭、谷家华家庭、方兆龙家庭、殷全根家庭、孟益华家庭。

附：文明户标准

遵纪守法，修身立德 家庭成员有崇高的理想追求，爱国、爱党、爱社会主义，自觉遵守各项文明礼仪。

爱岗敬业，奉献社会 家庭成员具有敬业精神，热心公益，乐于奉献，助人为乐，扶贫济困，积极主动调解邻里间矛盾。

崇德尚教，教子向善 家庭学习氛围浓厚，父母带头学习，言传身教，注重对子女的道德教育，培育良好家风。

家庭和睦，邻里友善 家庭成员间相互平等，尊敬长辈，赡养老人，爱护儿童。邻里间以诚相待，团结友善，和谐相处。

崇尚科学，倡导文明 崇尚科学文明的生活方式，倡导勤俭持家传统美德，自觉抵制黄赌毒等丑恶现象。

第三节　志愿服务行动

2014 年，大公村组建志愿服务者队伍。以“五老”人员、妇女代表为主体，组建环境整治、医疗卫生、教育文化、巾帼志愿等服务队，富有成效地开展文明志愿服务活动。

环境整治志愿服务队。首先对村域内 3 个住宅小区开展拒绝窗外抛物、清除随处可见的“牛皮癣”活动。

村党总支书记带领志愿者，对村内私建乱搭建筑物进行清除，小区环境得到改善。

村党总支副书记带领志愿者，清理村民私自在绿化带垦种的作物和常年堆积的垃圾。

清除“牛皮癣”（2020 年，大公村供图）

抽调 4 名志愿者，配合村委会委员（简称“村委”）对小区内增设、改建工程做好监督和协调工作。

村委组织小区内商业街、农贸市场经营者到村会所集中，给他们放映消防安全教育警示片，教育他们时刻保持警钟长鸣，杜绝安全隐患。

村委针对各小区的环境卫生、公共秩序等开展公共文明行动专项服务，向群众宣传公共秩序、文明交通等方面的相关注意事项；发放《昆山市创建文明城市市民手册》，规范商户经营、车辆停放，落实“门前三包”责任制。

由于外来人员众多，村委开展“家在昆山，同城伙伴”文明城市创建志愿宣传活动，服务队员向新昆山人发放“昆山市民文明十二条”宣传手册200余份，让他们同村民共同参与创建活动。

在垃圾分类工作中，志愿者带上垃圾分类宣传资料入户，向村民介绍垃圾分类标识、分类标准和做好配合的相关要求。

每逢国庆、春节等重大节日，志愿者都会开展环境卫生大扫除。

2018年，志愿服务队精心制作改革开放四十周年成果宣传海报，让村民们感受到祖国取得的伟大成就。

医疗卫生志愿者向老年村民宣传健康保健知识，开展知识讲座，为辖区内居民义诊，为其测量血压，并告知日常生活中的注意事项；对于村内残疾人，除护理之外，配合村委向他们发放辅助器具，帮助他们掌握使用方法；请来上海“福寿康”护理医师，向老年人及其子女普及护理常识，并在现场对常见病护理注意事项做认真细致的讲解。

青少年书法活动
（2020年，大公村供图）

教育文化志愿者为村域内学生举办“亲子阅读”活动，发放益智趣味故事绘本。春节时，组织青少年写书法和春联、扎灯笼活动。在小区广场上举办“我们的节日”文艺表演晚会，演唱老年人喜欢的沪剧、锡剧等经典唱段，营造热烈喜庆的节日氛围，丰富村民的精神文化生活。

2016年，由10名女村民组成的巾帼志愿服务队为村内98户的80周岁及以上老年人上门服务，帮助打扫卫生，协助整理衣物，改善生活环境。

2019年，村委组织21名志愿者，为老年人和残疾人，提供买菜、做饭、洗衣、晒被褥、缝缝补补、洗脸、洗脚等服务。

2020年，在抗击新冠病毒疫情的活动中，志愿者不怕苦、不怕累，连续作战，为抗疫的胜利做出了贡献。

至2020年底，志愿者队伍由成立之初的10余人发展到131人。

第四节　凡人善举

大公村党总支始终把保持和发扬良好的村风民风作为精神文明建设的重要一环来抓，发掘、宣传发生在村民身边的先进人物和典型事例，涌现出一批爱岗敬业、助人为乐、诚实守信、见义勇为、孝老爱亲的人，他们的事迹感动着村民，产生了良好的社会效应。

徐琴敏　1944 年出生的徐琴敏，经大队推荐，担任团结大队赤脚医生，在公社卫生院接受 2 个月培训回大队后，因陋就简创办了团结大队合作医疗站。60 年代至 70 年代初，她除了肩负全大队村民的医疗任务外，还要做好查螺灭螺、治疗血吸虫病的工作。1976 年，到昆山县人民医院接受培训 4 个月后，她的医疗水平得到进一步的提升。至 2004 年退休。从业 30 多年来，她勤勤恳恳地为村民服务，受到村民的好评，先后获各类证书 8 个。1995 年，她荣获中共昆山市委员会、昆山市人民政府的“从事血防工作 20 年以上，作出显著成绩”表彰。

李桂根　1951 年出生的李桂根，是大公村第 7 村民小组人。自 2014 年起，他负责大公花园下水道（污水道）的疏通，垃圾桶清洗，水落管的疏通与窨井盖的调换、维修，以及建筑垃圾的清运等工作。他不仅认真负责地做好本职工作，而且为了节约自来水，利用下雨天清洗垃圾桶；为了节省村里维修开支，把小区住户装修废弃的砖、黄沙、水泥等分类收集备用。他不怕脏，不怕累，随时热心地为有需求的住户疏通下水道，受到小区住户们的好评。

沈栋仙　1947 年 9 月出生的沈栋仙孝敬公婆，十多年如一日。她婆婆从 82 岁到 98 岁，16 年间 4 次住院，其中 2 次进手术室开刀，全是沈栋仙陪伴。她白天、夜里耐心照料婆婆的吃喝拉撒，给婆婆刷牙、洗脸、梳头、擦身、洗脚。特别是在她婆婆 98 岁那年，吃饭要沈栋仙喂。她不仅要在床上垫好棉垫子，还要给婆婆穿好尿不湿，有时婆婆大便还要用手去抓。沈栋仙十几年如一日，热心、耐心、细心地照料婆婆，从没有一句怨言，婆婆讲：“我有这样一个好媳妇，是我的福气。”

宋和英　80年代末到90年代初，宋和英的2个孙子、1个外甥，一共3个小孩全是她带到8岁才回到他们的母亲身边的。2011年，孙媳妇坐月子，宋和英在家耐心、细心地照顾她，吃饭的碗筷全部用开水消毒。将产妇的衣服、小孩的尿布洗好晾干（产妇的婆婆还在上班），照顾产妇一个半月，还把曾孙带到2岁。2015年，宋和英家被评为大公村“最美家庭”，村领导还到宋和英家拍她带曾孙的照片，这张照片一直还在村会议室墙上贴着。

龚桂泉和王金英　龚桂泉和他的妻子王金英十多年来一直尽心尽力地照顾患痴呆症的母亲（婆婆），从不将她视为累赘，有时间就带她出去晒晒太阳。母亲（婆婆）瘫痪在床后，大小便不能自理，每次排便时他们都得用手帮她揉肚子往下顺。每天一早起床后，王金英就伺候婆婆穿衣服、洗脸漱口、吃早点，日复一日，年复一年，从来没有抱怨过。

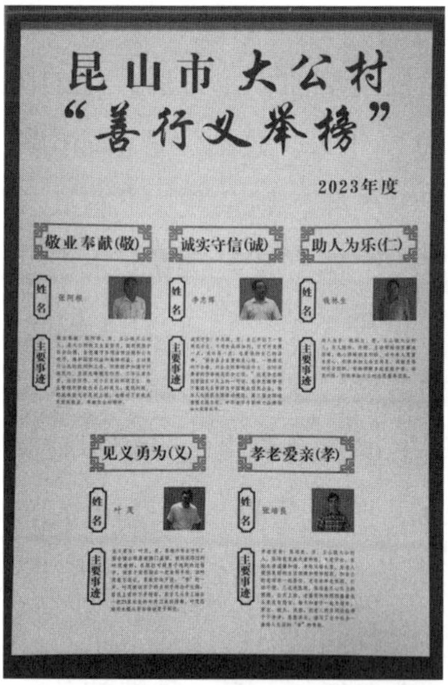

善行义举榜（2020年，李金水摄）

张雪英　张雪英婚后与公婆同住，把家庭打理得井井有条。2007年动迁安置时，为方便二老，她挑选了一套两层的动迁房。与公婆分开居住后，她每天抽时间去探望他们，时常带着蔬果和营养保健品去，关心他们的身体和生活。2011年，公公腿部动脉阻塞，在上海专科医院装了7个支架。2013年，婆婆中风，瘫痪在床，2016年又查出肺癌，住院动了手术。张雪英始终无微不至地照料公婆，经常给老人擦洗身子，陪着聊天，喂饭端水。

自2017年起，大公村党总支本着以榜样的力量帮助人、引导人的宗旨，设立善行义举榜，引导村民学习先进模范人物，培育和践行社会主义核心价值观。

善行义举榜以“榜”的形式，对村民在家庭美德、职业道德、社会公德、个人品德等方面涌现出的好人好事进行宣传展示，为村民树立学习榜样。通过自荐、群众推荐，党组织举荐，集体评议批准，每季度更新一次，把助人为乐（仁）、见义勇为（义）、诚实守信（诚）、爱岗敬业（敬）、孝老爱亲（孝）五类先进事迹张榜公布。

2020 年第四季度，善行义举榜张榜宣传了张培良等五人的事迹，引起了良好的社会反响。

附：1957—2020 年大公村域村民个人荣誉择录表（表 8-1）

表 8-1　1957—2020 年大公村域村民个人荣誉择录表

级别	颁发年份	姓名	荣誉	颁发单位
国家级	2015	王刚	二等功	公安部
省级	1994	夏国基	先进个人	江苏省水利厅
	1996	夏国基	先进个人	江苏省水利厅
	1997	晋林根	优秀基层干部	济南军区
	1999	俞福良	1997—1998 年度江苏省农村财务管理先进工作者红管家	中共江苏省委农村工作部
	2012	王刚	三等功	江苏省公安厅
	2013	王刚	三等功	江苏省公安厅
	2014	王刚	三等功	江苏省公安厅
市级	1986	姚正方	农机系统先进个人	苏州市人民政府
	1996	夏国基	先进工作者	苏州市水利局
	2002	晋林根	“十佳”公务员	苏州市司法局
	2003	张阿根	优秀工会工作者	苏州市总工会、苏州市人事局
	2013	谷文华	农业现代建设先进工作者	苏州市人民政府
	2014	谷文华	苏州市城乡一体化改革发展先进个人	中共苏州市委员会、苏州市人民政府
	2015	谷文华	苏州市劳动模范	苏州市人民政府

续表

级别	颁发年份	姓名	荣誉	颁发单位
市（县、区）级	1957	周小妹	血防积极分子	中共昆山县委员会
	1960	周苗金	“三八”红旗手	昆山县人民政府
	1978	李永清	先进工作者	昆山县革委会
	1978	王文元	先进工作者	昆山县革委会
	1978	李金妹	血防先进个人	昆山县革委会
	1979	李金妹	血防先进个人	昆山县革委会
	1985	夏国基	昆山县先进生产者	昆山县人民政府
	1988	夏国基	“创先争优”活动优秀共产党员	昆山市人民政府
	1994	夏国基	昆山市水利局三等功	昆山市人民政府
	1994	王文元	三等功	昆山市人民政府
	1995	夏国基	九五年考核优秀	昆山市水利局
	2003	张阿根	“党建带工建，工建促党建”工作先进个人	昆山市委组织部、昆山市总工会
	2004	张阿根	“奋不顾身救女工　见义勇为似警察”稿件	昆山市总工会
	2006	王文元	昆山市劳动模范	昆山市人民政府
	2008	晋林根	优秀党务工作者	中共昆山市委员会
	2008	钱林生	昆山市劳动模范	昆山市人民政府
	2011	晋林根	优秀党务工作者	中共昆山市委员会
	2012	冯志群	昆山市三等功	昆山市人民政府
	2014	谷文华	昆山市劳动模范	昆山市人民政府
	2015	晋林根	信访工作先进个人	中共昆山市委员会

第九章　文教卫生

新中国成立前，域内虽有私塾，但一般村民生活贫困，大多数孩子无条件读书；域内无一处像样的文化体育设施；域内地势低洼，河网密布，是血吸虫病高发地区。新中国成立后，域内教育、卫生、文体事业逐步得到发展。1953 年，域内先后办起了大公小学、珠浜小学，为普通村民的孩子提供上学机会。自 1957 年起，持续开展查螺灭螺群众运动，分期分批对患有血吸虫病的村民进行治疗。60 年代末，各自然村装上高音喇叭，家家通有线广播。1969 年，各大队建起合作医疗站。90 年代，开展争创卫生村活动，建广播电视室，开办老年活动室、图书室。进入 21 世纪后，群众业余文体活动丰富多彩。随着城乡医疗保险制度并轨和村医疗普惠救助的实施，村民过上了小病不出村、大病有保障的幸福生活。

第一节 教育

新中国成立前，域内前严村自然村、大渔村有2所私塾。1953年，域内各自然村开办托儿所（幼托班），办小学3所。2002年，大公村建民办学校1所，命名为昆山市玉山镇大公小学。2012年，昆山高新区在大公村域建造了一所九年制的吴淞江学校。

一、私塾

1940年，前严村自然村村民夏大文在自己家中办了一所私塾严村学堂，招收学生8人，主要教方块字、《三字经》、古诗、《百家姓》。1943年，该私塾并入公立严村小学。

1945年，大渔自然村村民俞鸿庆在自己家中开办私塾，名为大渔小学。1953年，大渔小学并入大公小学。

二、幼儿园

1958年，为使成年人集中精力参加集体生产劳动，域内各生产队办起托儿所，将3~6岁幼儿集中起来由专人看管。1966年，受“文化大革命”影响，托儿所停办。

1981年以后，域内3个大队各自先后恢复开办单班幼儿园，招收学龄前儿童入园。1983年，队办幼儿园变为村办幼儿园。

2006年，原3个村的幼儿园合并为大公村幼儿园，坐落在大公村小学北侧，占地1 050平方米，其中建筑面积为290平方米，活动场地为760平方米；有教室2间、入园儿童50名，幼儿园教师为吴爱仙、程小红、刘学娣。2009年6月，大公村幼儿园停办。

2009年9月，昆山大公翔艺幼儿园开办，园长为丁琇澜。该幼儿园坐落于大公花园小区24号楼，占地5 113平方米，其中操场为2 000平方米，绿化面积为500平方米，建筑面积为5 225平方米。幼儿园有教室24间，分为大、中、小班，其中大班入园儿童115名、中班160名、小班165名。有幼儿教师20名，阿姨13名，保健医生1名，食堂工作人员、清洁工、门卫共9名。

昆山大公翔艺幼儿园设置6门课程：语言、常识、计算、音乐、体育、美术，开展适合儿童心理特点、多种多样的游戏活动，做到寓教于乐，幼儿教育走向规范化。

1981—2005年域内各大队（村）开办幼儿园情况如表9-1所示。

表9-1 1981—2005年大公域内各大队（村）开办幼儿园情况一览表

大队（村）名称	始办年份	教师姓名	教室		始办年入园儿童数量/名	停办年份
			间数/间	面积/米^2		
路南	1981	胡建红	1	35	23	2005
迎丰	1982	程小红	1	33	21	2005
大公	1983	刘学娣	1	50	25	2005

三、小学

大公小学 1953年，域内办起第一所小学，校名为大公小学，大公小学前身是1945年俞鸿庆家中开办的大渔小学。该校建筑面积为60平方米，有学生40人，设置一至四年级复式班，教师为戴生炎。1957年，大公小学搬迁到支巷自然村陈范氏家中，仍设置一至四年级复式班，有学生31人，教师为张启仑、葛逸千。1965年，大公小学搬迁到李家桥自然村，占地1 800平方米，其中建筑面积为308平方米，办公室为1间25平方米，操场占地1 467平方米，设置一至六年级，成为完全小学，有学生150名，教师为韩启才、李巧泉、沈玉兴、吴雷、俞建发、张仁林、施杏芬、陶炳元、沈永昌。1990年，该校并入白渔潭小学。

珠浜小学 1954年，由珠浜自然村开办，占地300平方米，其中建筑面积为120平方米，操场占地180平方米，设置一至四年级复式班，有学生39名，教师为李胜坤。1975年，珠浜小学搬迁到珠浜大队第4生产队地域，占地890平方米，其中有教室4间88平方米、办公室1间22平方米、操场占地700平方米，设置一至四年级复式班，有学生45名，教师为朱美英、周永成。1992年，珠浜小学并入白渔潭小学（属其他村）。

团结小学 团结小学前身是严村自然村于1943年开办的一所公立小学，占地200平方米，其中建筑面积为90平方米，操场面积为110平方米，有教室2间、学生33名，教师为朱惠仙、金嘉梅。1962年，大公大队拆分成大公、团结2个大队后，团结大队在1963年拆除公立严村小学，在原地建起了团结小学，团结小学占地350平方米，其中建筑面积为100平方米，操场面积为250平方米，有教室2间，设置一至三年级复式班，有学生33名，教师为戴生炎。1968年，团结小学易地搬迁到团结大队第5生产队七泾江东岸，占地700平方米，其中建筑面积为120平方米，附房面积为25平方米，操场面积为550平方米，有教室4间，为一至三年级复式单班校，有学生45名，教师为戴生炎、毛金元、钱勤利。1992年，团结小学并入车站小学（属其他村）。

民办大公小学 民办大公小学于2002年9月建造，坐落于中华园西路北侧、路南中心路西侧，占地2 003平方米，其中教育楼为2层16间1 726平方米，办公室为2间56平方米，附房为2间56平方米，操场面积为1 028平方米，设置一至六年级单班，有学生351名、教职工21名。民办大公小学因高新区大经贸建设规划需要，于2008年整体搬迁到昆山高新区大众村。

吴淞江学校 2012年，昆山高新区在大公村域建造了一所全新的九年制学校，名为吴淞江学校，占地80亩，建筑面积为2.8万平方米，设备先进，有功能齐全的教室60间，并配备电子阅览室、练舞房、广播电视演播中心、可容纳418人的报告厅、标准塑胶跑道和篮球场，全校学生有2 603名，本科学历的教师有164名。

四、扫盲

新中国成立前，域内自然村有19个，总人口为1 910人，其中青壮年1 241人，青壮年中男性583人，女性658人，文化程度普遍低下，文盲或半文盲人数为 1 092 人，占青壮年总人数的 88. 0%。

1964 年，全国开展社会主义教育运动，工作队进驻域内 3 个大队。同年 11 月，为贯彻执行全国扫盲工作会议精神，在“四清”工作队指导下，各大队先后办起扫盲识字夜校共 7 所，其中大公大队 3 所（大渔自然村、牛车浜自然村、张北泾自然村各 1 所），珠浜大队 2 所（珠浜自然村、周家角自然村各 1 所），团结大队 2 所（严村自然村、前严村自然村各 1 所）。扫盲夜校设在生产队仓库内，用油灯照明，学员须自备凳子，教材为由常用简单文字编写的小册子读本，内容为农业节气、农作物名称、劳动生产项目等。由自然村中选出的俞福良、袁根妹、张双友等 7 人担任义务扫盲辅导员，时间一般安排在晚上，参加扫盲的青壮年占青壮年总人数的 80%。不少村民由原来不识字、不会写，变为既识字又能写。

1967 年，受“文化大革命”影响，扫盲夜校停办。1974 年，大公大队民兵营围绕民兵工作“三落实”，结合扫盲办起青年、民兵政治夜校。通过多年努力，大公域内由解放初文盲、半文盲占青壮年人数的 88. 0%，下降至 2000 年的 5. 4%。2020 年末，域内大学本科及以上学历的有 147 人。

第二节　医疗卫生

一、合作医疗

新中国成立前，村民采用刮痧、姜汤等土法医治小毛小病，妇女生小孩，请“老娘”（接生婆）。60 年代，域内有“老娘”3 名，分别是珠浜大队的王路英、大公大队的叶巧仙、团结大队的唐金花。

1962—1965 年，城南人民公社卫生院在大公大队开设诊所，医生是城南卫生院下派的全科医生张济民，社员基本上不出大队就可以治疗小毛病。

1965 年，各大队配备保健员，团结大队为徐琴敏，大公大队为徐文斌、李巧泉，珠浜大队为杨根宝。保健员能进行一般性伤口包扎，药品有红药水、紫药水、人丹等。

从 1966 年开始，昆山县卫生局对全县保健员进行统一培训，农村诞生赤脚医生。1969 年，域内各大队成立卫生室，且配有赤脚医生：大公大队为杨金妹、李巧泉、徐文斌；团结大队为徐琴敏、周栋良；珠浜大队为杨根宝、徐雪男。

1969 年，推行新的医疗保障制度，即合作医疗。参加合作医疗的个人每年缴纳 3 元，生产队为其缴纳 5 元。社员到合作医疗站看病免费；患重病到城南卫生院就诊，医药费可报销 50%；到县人民医院、玉山医院看病，医药费可报销 20%~30%。

1983 年，农村个人参加合作医疗的人数占全村总人数的 70%。

2000—2003 年，昆山市政府提高农村医疗保险缴费标准，每人每年 200 元，其中个人负担 50 元。60 周岁及以上的老年人免缴，由镇级财政和村级集体经济负担。

2009 年，昆山市调整居民医疗保险档次标准，每人每年 320 元，其中个人缴纳 80 元，市、镇两级财政补助 110 元，村级集体经济补助 130 元。

2020 年，每人每年有 955 元的基金，其中个人缴纳 270 元，村民 100%参加新型农村合作医疗保险。

1965—2008 年域内合作医疗室情况如表 9-2 所示。

表 9-2　1965—2008 年大公域内合作医疗室情况一览表

大队（村）名	时间	医务室地点	医务人员
大公	1965—1966 年	徐文斌家	徐文斌
	1965—1966 年	李巧泉家	李巧泉
	1967—2001 年	大队（村）办公楼	徐文斌、杨金妹、韩林根

续表

大队（村）名	时间	医务室地点	医务人员
团结（路南）	1965—1970 年	徐琴敏家	徐琴敏
	1965—1970 年	周栋良家	周栋良
	1971—1980 年	团结小学	徐琴敏、周栋良
	1981—1984 年	电器胶木厂	
	1985—1996 年	团结小学	
	1997—2001 年	村办公楼	徐琴敏
珠浜（迎丰）	1965—1966 年	杨根宝家	杨根宝
	1965—1966 年	徐雪男家	徐雪男
	1967—1969 年	大队办公楼	杨根宝、朱文娟
	1970—1978 年	插队知青家	杨根宝、朱美英、陈永芬
珠浜	1979—1990 年	珠浜小学	杨根宝、谷红妹
	1991—2001 年	珠浜供应店	杨根宝、陈惠娟
大公	2002—2008 年	村办公楼	姜小波、杨根宝、陈惠娟、李凤林

二、社区卫生服务站

2008 年，大公村合作医疗室搬迁到大公花园小区，由大公、庙灯、南渔等村合作组建成立大公社区卫生服务站，地址在大公村办公楼一楼，建筑面积为 250 平方米，服务站有药房 2 间，门诊室 2 间，输液室 2 间，换药室、处置室各 1 间，床位 2 张。设站长 1 名，医生 2 名，护士 2 名。医疗服务项目有医疗预防、保健、健康教育、计生指导。大公社区卫生服务站与家庭医生签约，为 60 周岁及以上老年人每年提供免费体检一次，签约对象有因病、因残困难人员，计生特殊户，失能或半失能户，高血压、糖尿病等慢性病患者。65 周岁及以上老年人、孕产妇、婴儿、肺结核患者、精神障碍患者、高血压患者、糖尿病患者等人群享受优惠服务。对于慢性病、高危病患者，则结合《苏州市健康市民“531”行动计划》的指示，建立和运行肿瘤、心脑血管疾病、高危妊娠三项筛查机制市民综合管理服务平台。每年为签约村民提供心血管疾病项目筛查、健康信息宣传、健康教育咨询。在合理、安全、有效的前提下，对慢性病患者提供随访服务，村民医保统筹增加 1 000 元，与二级医院衔接，保障村民基本用药要求。2020 年，大公村参加家庭医生签约人数为 1 845 人，参加免费一次性体检人数为 1 405 人，参加慢性病、高危病筛查人数为 938 人。

三、计生服务

1973 年，国家提倡晚婚晚育，各大队加大宣传力度。1974 年，城南人民公社成立计划生育办公室，各大队由大队长、妇联主任、团书记、赤脚医生组成计划生育领导小组。大队长或副书记兼任组长，妇联主任抓具体落实工作。1980 年，各大队成立计划生育服务室。1984 年，各村各组妇女组长担任计划生育宣传员。1988 年，域内各村成立计划生育协会。（表 9–3）

表 9–3　1988 年大公域内各村计划生育协会人员一览表

村名	村民小组数/个	育龄妇女人数/人	会长	委员
大公	8	218	杨金妹	叶玲玲、郭素芳、江招大、晋宗仙、李美玉、叶秀珍、李惠珍、张桂芳
路南	7	221	夏小妹	李林珍、徐水花、郁阿二、袁小妹、徐招囡、张明亮、李苗琴
迎丰	9	210	徐凤花	孙阿凤、江玉琴、张秀荣、宋和英、刘云娣、朱忠宝、周培花、何玉英、何林娣

计划生育　自 1973 年起，城南人民公社采用各种方式向社员宣传计划生育政策，指导避孕；推广晚婚晚育和计划生育政策，提出“结婚晚一点，间隔稀一点，生育少一点，养得好一点”的要求；规定结婚年龄男为 25 周岁，女为 23 周岁。1974 年，对于家庭经济困难的家庭，大队给予节育手术费补助，并全面实行避孕药具免费供应措施。

域内贯彻执行计划生育政策以来，党员干部带头执行，村民积极参与，有效地控制了人口增长，全村计划生育率达 100%，独生子女领证率达 100%，育龄妇女节育率达 100%。第一批有 24 人申领到独生子女父母光荣证（表 9-4），每年获发独生子女费 30 元。独生子女的父母退休后，每人一次性获得奖励金 3 600 元。

2006 年 12 月，大公村被昆山市人民政府授予“十五”人口和计划生育工作示范村荣誉称号。

表 9-4 1980 年大公域内第一批独生子女父母光荣证领证情况一览表

序号	独生子女	父	母
1	王 成	王国华	钱菊芳
2	李建芬	李桂根	叶瑞珍
3	王 芳	王国平	许金花
4	晋冬冬	晋素根	许社英
5	张志刚	张阿毛	张月仙
6	叶 锋	叶金良	陈百妹
7	俞抱花	俞宗明	徐三花
8	周春华	周培根	朱凤玲
9	沈 卫	沈福生	王林妹
10	龚凤仙	龚兴根	全小妹
11	高 荣	高阿明	张惠珍
12	杜国良	杜建华	王桂花
13	何小芳	何玉良	张根妹
14	许维萍	许培根	陈云花
15	张 政	张杏庆	陈阿妹
16	朱 兰	朱炳成	张小妹
17	龚美娟	徐阿小	龚玉珍
18	陈 燕	陈健	曹汉芳
19	沈 燕	沈志明	陈改英
20	吕立东	吕小马	杨银娥

续表

序号	独生子女	父	母
21	杨　琴	杨金泉	袁根牛
22	冯　萍	冯礼忠	李苗琴
23	刘晓英	刘汉平	严小妹
24	张　飞	张志平	宋荷妹

两孩政策　人口发展是关系中华民族发展的大事情。为贯彻落实党的十九大和十九届二中、三中、四中、五中全会精神，优化生育政策，促进人口长期均衡发展，自2016年1月1日起实施全面两孩政策，即一对夫妇可以生育两个子女，并取消社会抚养费等方面的制约措施，清理和废止相关处罚规定。计划生育政策从此成为历史。大公村贯彻落实两孩政策，人口生育迎来一个小高峰。

四、大病保险

患糖尿病、肾病等大病的村民，自付医药费用起付标准为5 000元，超过5 000元，按分段比例支付。（表9-5）

表9-5　2018年大公村大病费用段和支付比例一览表

费用分类	费用区间段	自付比例/%
自付费用	5 000~10 000元	30
	10 000（不含）~20 000元	40
自付和合规自费费用	20 000（不含）~50 000元	50
	50 000（不含）~100 000元	60
	100 000（不含）~200 000元	70
	200 000元以上	80

恶性肿瘤（含白血病）经化疗、放疗，器官移植后，需要抗排异治疗及尿毒症透析治疗等的特殊病例，起付标准适当降低。其在年度内发生的自付费用和合规费用，合计1万~2万元的部分，支付比例为50%。

大公村对按规定享受实时救助的人员实行“零起付”，并提高支付比例。除

在年度内发生的“零自付”外，个人负担的合规医疗费用合计数，按费用段比例支付。(表 9-6)

表 9-6　2018 年大公村实时救助人员支付比例一览表

医药费分类	费用区间段	支付比例/%
实时救助人员的个人负担合规医疗费用合计	0~20 000 元	60
	20 000（不含）~100 000 元	70
	100 000（不含）~200 000 元	80
	200 000 元以上	90

五、普惠医疗

自 2018 年 1 月起，大公村在册户籍人员在享受村土地补偿的同时，可享受普惠医疗。当年度患病就医支付金额较大的村民，在昆山市就医的，根据定点医院发票原件上的费用“个人现金支付”金额，可获得相应补助；在外地就医的，根据个人医院费用发票原件中个人实际支付医药费金额，也可获得相应补助（转院治疗的个人提供经劳动保障部门报销后的蓝色凭证原件）。

2020 年度，大公村村民享受普惠政策，可报销人员有 123 人，医药费总额为 173. 56 万元，补助总额为 32. 05 万元。

第三节　血吸虫病防治

大公村域气候温和湿润，境内河网交叉，沟渠纵横，适宜钉螺滋生繁殖，患血吸虫病的人较多。据昆山县防疫部门 1972 年血吸虫病病情统计，大公村累计有患者 1 400 人，占总人口的 65. 6%，其中早、中期患者 1 361 人，晚期患者

39人，严重危害村民身体健康乃至生命。

一、查螺灭螺

1957年5月，大公、珠浜两个高级社，组建群众性查螺灭螺队伍，周小妹负责严村自然村的查螺工作，组织了若干名妇女采用土办法查螺，用竹筷和削细竹片，在浅表层的泥土中翻土细查。查到钉螺后，确定螺点范围，及时报送到大队和上级主管部门，由主管部门专业人员到现场指导灭螺。此外，对河道、溇滩、渠沟、坟地、岸边、宅前宅后等容易滋生钉螺场所，采用五氯酚钠喷洒与土埋相结合的灭螺法，展开全方位灭螺工作。

1958年，大公、珠浜两个大队组建血防领导小组，各生产队配备责任心强的青年社员担任保健员。每年春、秋两季开展查螺灭螺工作，保健员负责带领查螺人员对本生产队域内进行“一般地段全面查，复杂地段重点查”，做到不遗漏，杜绝死角。大队血防领导小组全程督导查螺人员，排漏洞、排重点、排死角，并通过抽查确保查螺工作的质量。

1966年，大公大队使用昆山化工厂的碳氮化碱，在杨巷、严村、前严村3个自然村开展灭螺试点，达到预期灭螺效果。该成功经验在大公、珠浜两个大队得到全面推广，在江滩铺了宽0.5米的碳氮化碱。两个大队共铺设了长达7.5万米的灭螺带。此外，对大小渠道、水沟、坟地、宅基边、桥墩溇潭，使用五氯酚钠兑水喷洒，灭螺工作得到上级血防战线专家的认可。

1969年，大公、珠浜、团结3个大队在进行农田改造、平整土地、平坟返田、新开渠沟、填埋老沟等时，对老的沟渠用五氯酚钠兑水喷洒，同时填土夯实。

1972年，大公、珠浜、团结3个大队推行查螺责任状，各大队与查螺责任人签订“五定”责任状，即定区域范围、定人员、定任务、定质量、定报酬，落实查螺责任，提高查螺质量，巩固查螺成果。（表9-7）

表 9-7 1972 年大公域内群众性普查钉螺情况一览表

分项			大公大队	珠浜大队	团结大队	合计
查螺人员	责任人（赤脚医生）		杨金妹	杨根宝	徐琴敏	
	生产队配人员	保健员/人	8	9	7	24
		村民/人	250	250	260	760
普查范围	渠沟	面积/米^2	23 500	23 950	24 100	71 550
		钉螺数量/条	50	60	65	175
	河道	面积/米^2	18 000	18 500	19 500	56 000
		钉螺数量/条	10	12	15	37
	荒滩	面积/米^2	5 000	4 800	5 100	14 900
	石桥	面积/米^2	90	79	130	299
		钉螺数量/条	7	6	9	22
	电灌站	面积/米^2	70	50	50	170
		钉螺数量/条	1	1	1	3
	潭浜	面积/米^2	2 800	2 600	3 400	8 800
普查面积/米^2			49 460	49 979	52 280	151 719
有钉螺面积/米^2			18 317	7 300	9 800	35 417

1991 年 4 月，大公村在复查过程中，发现大公跃进电灌站蓄水池内存在大量活体钉螺，大公村村主任李祖德立即向镇防疫站领导汇报。镇防疫站、大公村组建灭杀钉螺领导小组，村主任李祖德任组长，防疫站的王志新任副组长，村委会抽调骨干 30 名参与灭螺，分为两个组，一个组集中精力对大公跃进电灌站蓄水池钉螺老巢喷洒“五氯粉”灭杀，同时用泥土填埋钉螺区；另一个组对跃进电灌站四周包括水滩、渠道、水沟、田埂进行拉网式复查钉螺。10 天内在近万米的干渠中发现不同密度的有螺沟渠 4 000 米，涉及大公村路北村渠道、稻田及铁路洋河地区，有螺面积达 18 317 平方米。专家组提出具体方案：由 130 名骨干对 4 000 余米的干渠进行药物喷洒，并三面铲土就地填埋压实；对 520 亩农田，包括田岸、支渠、回沟喷洒五氯粉，在农田上水移栽前（6 月 20 日前）

用大水泼浇五氯粉。经过70余天的艰苦奋斗后，防疫站组织秋季复查，未查到活体钉螺。此外，专项拨款10余万元拆除老的跃进电灌站，彻底埋葬钉螺老巢，并选择新地建造了新的跃进电灌站。李祖德被市血防办公室评为血防工作先进个人。

二、防病治病

（一）防病

中华人民共和国成立后，从中央到地方各级人民政府都十分重视血防建设。1953年，昆山县中小学师生2 821人进行粪便化验，阳性患者有405人，占14.3%。1958—1972年，昆山全县采用粪便沉卵“三送三查”法筛查阳性患者。1970年，实检9 821人，阳性患者有2 228人，占27.13%，域内各大队组织赤脚医生和生产队保健员化验组，全年普查血吸虫病患者两次。1975—1978年，每年普查一次。1975年，将量杯沉淀集卵孵化法改为尼龙袋集卵孵化法，按《昆山县血吸虫粪检工作条例》进行操作。1979年，粪便普查改为与病史体检相结合的重点查病。1980年以后，采用与皮试血清环卵试验相结合的综合查病方法。（表9-8）

表9-8　1970—1980年大公域内血吸虫病粪便检查情况一览表

年份	应检人数/人	实检人数/人	阳性人数/人	阳性人数占实检人数比例/%
1970	2 009	1 808	1 446	79.98
1971	1 909	1 781	1 407	79.00
1972	1 963	1 826	1 400	76.67
1973	2 031	1 828	1 307	71.50
1974	2 071	1 947	1 138	58.45
1975	2 046	1 903	1 024	53.81
1976	2 076	1 951	827	42.39
1977	2 126	1 913	478	24.99
1978	2 115	1 946	408	20.97
1979	2 119	1 589	16	1.01
1980	1 125	506	10	1.98

（二）治病

自1970年至1980年，域内大队（村）累计治疗血吸虫病早、中期及夹杂症患者9 461人次。1970年以前，治疗血吸虫的主要药物为酒石酸锑钾，分为长、短程疗法，长程疗法为20天，短程疗法有7天、5天、3天，其间还使用血防846、锑-273等，部分患者仍用酒石酸锑钾。1973—1980年，曾采用为期10天的呋喃丙胺与敌百虫肛栓合并疗法。1979年，采用吡喹酮口服疗法，疗程为1~2天。同时，发动群众采集枫杨树叶治疗血吸虫病。1970—1979年，各大队安排血吸虫病患者进行集中治疗，每年会安排1~3批。通过10年努力，域内阳性患者由1970年的1 446人降至1980年的10人。（表9-9）

表9-9　1970—1980年大公域内血吸虫病患者治疗情况一览表

时间	治疗血吸虫病患者人数/人		
	合计	早、中期	晚期
1970年	1 446	1 401	45
1971年	1 407	1 365	42
1972年	1 400	1 361	39
1973年	1 307	1 270	37
1974年	1 138	1 105	33
1975年	1 024	997	27
1976年	827	810	17
1977年	478	467	11
1978年	408	401	7
1979年	16	11	5
1980年	10	7	3
1981年以后	血吸虫病患者，在城南卫生院治疗		

第四节　文体娱乐

一、群众文娱活动

新中国成立初期，域内群众文化娱乐活动较少，旧时沿袭下来的每年一次的“赶庙会”，可算是一次群众性文娱活动。

村域西面的大众村有一座较大的庙宇，叫“老庙”。每年农历三月，“老庙”都会选定黄道吉日举办庙会。庙会主要内容是“出会”，出会是由庙宇总管召集群众，排列出简单仪仗，挑选健壮男性抬着“老爷”（神像）出游，绕场地一圈后，送“老爷”回庙“坐定”，善男信女叩头跪拜，敬香者络绎不绝。

庙会连办三天，文艺演出是其中最受欢迎的。庙会组织者会请来草台戏班子，演唱花鼓戏，唱的曲调叫“滩簧”，就是现在的锡剧。演唱剧目有《秦香莲》《西厢记》《梁山伯与祝英台》等。另一侧场子则表演“说书”，分为说“小书”“大书”。说小书，由男女搭档，又说又唱，即现在的苏州评弹，说的有《珍珠塔》《三请樊梨花》等。说大书，即台上只有一名男性，只说无唱，就是苏州评话，说的主要有《武松打虎》《薛刚反唐》等侠客、武将类故事。60 年代中期，庙会活动在“破四旧”运动中被列为封建迷信，庙宇被拆除，戏班子停止演出。

1956 年，大公高级社邀请昆山县锡剧团演出锡剧《十五贯》，附近各社群众纷纷前来观看，场面热闹非凡。

1966 年，域内大公、团结、珠浜 3 个大队，均成立文艺宣传队，排练文艺节目，利用农事的空闲季节，为社员演出，深受社员好评。尤其是大公大队宣传队排练的锡剧《沙家浜》在昆山全县闻名，经常被邀请去各大队、其他公社，甚至外县演出。

70年代初，城南人民公社成立了放映队，除农忙时外，每个大队每月能轮到1次放映机会，上映的大多是黑白片，有反映抗日战争的《地道战》《地雷战》《铁道游击队》等，反映解放战争的《南征北战》《渡江侦察记》《战上海》等，反映抗美援朝的《英雄儿女》《奇袭》等故事影片。70年代中后期，逐渐上映了彩色电影，歌颂工农兵形象的有《火红的年代》《红旗渠》《闪闪的红星》等。戏曲片有现代京剧《红灯记》《沙家浜》《智取威虎山》等。80年代初，公社的放映队解散。

2013年，大公村建1 176平方米的新昆山人俱乐部（会所），有200平方米的多功能厅，舞台背景置大屏幕1块，两侧安置宽大电视机，有座位200个，为村内老年人播放戏曲如锡剧、沪剧、越剧和老电影。俱乐部内的图书室还有各类书籍2 500余册，便于老年人聚在一起阅读。

二、广播电视

1969年，城南人民公社建立广播站，各大队安装高音喇叭1个，每天早、中、晚广播1小时。除每天在固定的时间转播昆山台新闻之外，公社干部在广播中根据各阶段农业生产情况，布置任务等。公社和县里召开各种会议需各大队出席的人员，均在广播中通知。

70年代初，各生产队安装广播小喇叭，节目内容丰富。每天上午6：30—7：00转播中央人民广播电台《新闻和报纸摘要》节目、昆山台新闻，其他时间播放现代京剧，《红灯记》几乎每天必放，还有地方戏曲和电影节目等内容。

1974年，域内大公大队分配到1台14英寸（1英寸=2.54厘米）黑白电视机，安排第4生产队购买。队里请木匠师傅做了一个木制电视架，安置在小队会议室。

70年代末，部分村民家中购买了收音机，有的购买了录音机，播放港台流行歌曲磁带，曾风靡一时。

80年代中后期，村民购买了电视机。黑白电视机换成了彩色电视机，小屏幕改成了大屏幕。2014年，全村村民已搬迁到小区居住，用上了宽带，电视节目更丰富，画面更清晰。

三、健身游戏

新中国成立后至70年代，域内无体育活动场所、无健身器具。孩子玩的都是传统玩具和游戏。家长也会自制陀螺、弹弓、风筝等供孩子玩。孩子聚在一起玩捉迷藏、老鹰抓小鸡、踢毽子、拽牡蛎壳等游戏。青壮年社员在农闲时节，举办掰手腕、摔跤、斗鸡之类的体力型娱乐比赛。

掼菱角（2020年，大公村供图）

掼菱角　掼菱角是男孩子常玩的游戏。用硬质木材，做成拳头大小的橄榄形木块，一头留个木帽，另一头用靴鞋钉钉上，即为菱角。出场者用一根约1米长的细绳从木帽开始顺时针缠菱角，留一段细绳绕在手指上，在将菱角倒置用力向地上甩的同时猛抽绳子。菱角自然立在地上快速旋转。几个男孩按口令“一、二、三”同时甩出菱角，比谁的菱角在地上旋转的时间长。还有一种玩法叫“吃菱角”，即在场地上画一个直径为20厘米左右的圆圈，参与者同时将菱角甩出，不转的菱角即为“死角”，将“死角”放在圆圈内让别人“吃”（掼击），被“吃”出圆圈的“死角”即被“救活”，也可以参与“吃死角”。有时，“死角”被吃得伤痕累累，甚至被劈成两瓣。20世纪70年代，还有少数男孩玩菱角，后逐步改玩陀螺。

放风筝（2020年，大公村供图）

放风筝　放风筝是一项有上百年历史的、男女老少都喜欢的娱乐活动。春节过后到清明节前后，春回大地、草木皆绿，大人带着孩子到野外踏青春游，玩放风筝，看谁的风筝飞得高，这一活动既可以让人呼吸新鲜空气，又可以增强人的体质。

打铜板　打铜板也称“吃铜板”，

是多人玩的游戏。选一个较宽敞的场地，将一块小方砖放在平地上，每人出一个铜板置于砖块上，用猜拳的方式决定出场顺序。玩家将所有铜板叠在一个不易被先出场者击中的位置。出场者手持铜板瞄准砖块上的铜板堆，甩出手中的铜板去击打铜板堆，掉落在地上的铜板归自己，剩下的铜板留给下一位出场者来打，直到铜板堆被打完为止。

打铜板（2020 年，大公村供图）

该游戏在 20 世纪 50 年代末消失。

挑绷绷　挑绷绷是女孩比较喜欢玩的游戏。取一根 1 米不到的“扎底线”，把线的两头打结，然后你来我往，利用自己的十个指头，钩、挑、叉变换出大方砖、梭子块、大手巾等许多不同的图形。这种游戏对孩子智力开发有好处，故一直流传了下来。

挑绷绷（2020 年，大公村供图）

跳绳　跳绳是适合普及的群众性体育健身运动，可提高人的灵敏度、弹跳力及耐力等，对提高人的身体素质很有好处。跳绳工具简单，场地不受限制，随时可跳。跳绳花样繁多，可简可繁，在家里、社区、学校等地点都可以进行此项活动。这种运动对减肥也有效，有些成年人想减肥就选择这项运动。跳绳一直盛行，近年来，一些中小学把跳绳列入了体育考试项目。

跳绳（2020 年，大公村供图）

叉铁箍　20 世纪五六十年代，农村男孩一般都会玩叉铁箍。铁箍一般选自桶箍，用一根 30 厘米长的铁丝，一头做成凹形弯钩，一头插在一根长 1 米左右

叉铁箍（2020 年，大公村供图）

的细竹竿里，然后用凹形铁钩钩住铁箍往前推，铁箍随着推力向前滚动，发出“哐啷哐啷”的声音。叉得熟练的孩子还会在小田埂上进行叉铁箍比赛，谁叉得远便赢，谁的铁箍先掉进田里便输。域内男孩还会开展另一种叉铁箍游戏。此游戏一般由 5 个及以上的人组成，大家围成一个圆圈蹲下，首推一名叉箍人，让叉箍人绕着圆圈叉。如没有碰到人，则回到原位蹲下，让左边第一人接力叉；如果铁箍碰到人，就让被碰到的人做下一轮的叉箍人，被碰到的人的位置由刚才叉铁箍的人占据。该游戏于 20 世纪 60 年代末消失。

打弹子（2020 年，大公村供图）

打弹子 打弹子是男孩玩得比较多的游戏。弹子是带花心的玻璃球，每种颜色都有。打弹子是用大拇指和食指弹玻璃球，通常玩“打老虎洞”游戏：在地上挖出比弹子略大的洞 4 ~ 5 个，前几个洞间隔 30 厘米左右，最后一个洞与其前面的洞间隔 60 厘米左右，被称为“老虎洞”。男孩会用猜拳的方法决定先后次序。将弹子滚进最后一个洞者为“老虎”，要在洞边守着，未当“老虎”的孩子弹子滚到哪儿就停在哪儿。滚完后，“老虎”开始击（吃）别的弹子，被击中的弹子归自己，击中后可连续击，击不中时，弹子停在那儿不许动。未进“老虎洞”的弹子继续向“老虎洞”进军，当上“老虎”后再击别人的弹子，依次进行，直至场上弹子击完为止（凡被“老虎”击中弹子的人，都只能等第 2 局开始后才可继续参与）。此游戏在 20 世纪 60 年代中期还有少数男孩在玩。

跳橡皮筋 这是女孩特别喜爱的活动。女孩们哼着童谣，一起有节奏地跳橡皮筋。20 世纪六七十年代，跳橡皮筋特别盛行，学生在课间也跳。后来中小学生课业负担变重，放学后作业多，玩此类游戏的人越来越少。

跳橡皮筋（2020 年，大公村供图）

踢毽子　踢毽子也是女孩比较喜欢的活动。毽子羽一般都用公鸡的长羽毛做成。公鸡的长羽毛色彩多样，很漂亮。用羽毛、铜钱、布，就能做成毽子。踢毽子考验下肢的协调性，技巧全在脚上，对各关节、肩背部肌肉都有好处，既可用于比赛又能促进人的身体健康，代代相传。

踢毽子（2020 年，大公村供图）

改革开放后，域内各项文体活动得到全面发展。大公花园小区、万丰苑小区、万欣苑小区新建 9 处室外运动场，配置座蹬器、云梯、平步器、腹肌板、扭腰器、太极揉推器、跷跷板等器具，还设有篮球场、网球场各 1 处。大公花园小区内建有 1 幢新昆山人俱乐部（会所）大楼，1 层供村民婚庆喜事办酒席，2~3 层用于健身、娱乐、教培、图书阅览、影视欣赏等。台球房配备台球桌 2 个，乒乓室配置标准乒乓桌 3 个，400 平方米拳道厅设沙袋 2 组，健身房有跑步机、哑铃、卧推器、动感单车、深蹬器、引体向上牵引器等大型器材器具。

第十章　方言习俗

大公村域的村民生活在江南水乡，历代以农耕为主，在长期的生产生活中传承着崇德向善的公序良俗，形成了古老又淳朴的社会风情和习俗。村域里的方言土语，是村民在生活中创造的丰富而生动的沟通语言，具有浓郁的乡土气息和地方特色。村域里流传的谚语和歇后语，是村民在长期的生产生活实践中形成的智慧结晶，蕴含了丰富的生活哲理。无论是婚嫁习俗，还是交往习俗，都体现了村民的礼仪，饱含了人间的温情。村里代代相传的祭祀习俗，反映了村民对祖宗先人的崇敬怀念。继承优秀传统文化，建设现代精神文明，成为大公村村民的共同追求。2011 年，大公村被苏州市文化广电新闻出版局评为苏州市公共文化服务优秀村。

第一节　方言

一、称谓类

好公：祖父
太公：父亲的祖父
好婆：祖母
太婆：父亲的祖母
阿爸、爹爹：父亲
娘、姆妈：母亲
丈人：妻子的父亲
丈母娘：妻子的母亲
好爹：干爹（过房亲）
好娘：干妈（过房亲）
老伯伯：父亲的哥哥
爷叔：父亲的弟弟
婶娘：爷叔的妻子
娘舅：母亲的兄弟
伲男客、伲屋里厢：丈夫
家主婆：妻子
娘姨、阿姨：母亲的姐姐或妹妹
阿哥：哥哥
大佬官：大哥哥

二、生活类

揩面：洗脸
汏浴：洗澡
落起来：起床，起来
做生活：干活
困觉：睡觉
吹风凉：纳凉
屙屎：大便
屙水：小便
赤骨里：赤膊
阿做啥：是否有空
阿勒浪：是否在
勒浪模样：差不多
插蜡烛：故障
歇角落：休息，停止

一埚括子：全部

三、疾病、人体类

勿受用：生病

发寒热：发高烧

红眼睛：结膜炎

偷珠眼：睑腺炎

热疮：内热引起口唇生疮

羊头风：癫痫

胃气痛：胃病

肚皮屙：腹泻

腰子病：肾炎

出痧子：麻疹

死血：冻疮

癞疥疮：疥疮

瘌痢头：头癣

油灰头指甲：灰指甲

猪狗臭：狐臭

栗子颈：颈部淋巴结核

发岳子：疟疾

痨病：肺结核

瘪罗痧：霍乱

发痴：精神病

吼徒：哮喘

翘辫子：死亡

小膀：小腿

腰子：肾脏

臂膀：胳膊

手节头：手指

脚节头：脚趾

大膀：大腿

脚馒头：膝盖

馋吐：唾液

脚弯弯：膝盖反面

四、时间、气象类

今朝：今天

明朝：明天

朝上：早晨

夜里厢、夜头：晚上

垂夜快：傍晚

日里：白天

格日里：前天

旧年：去年

日昼心里：中午

春三里：春天

热天式：夏天

黄梅里：夏收夏种季节

大伏天：大暑天

秋场里：秋天

寒场里：冬天

开年：明年

老底子：古时候
姜喊：刚才
该歇：现在
啥晨光：什么时候
有常时：有时候
冷天式：冬季
一来兴：时间很短
上趟：上次
下趟：下次
遏塞热：闷热
日头：太阳
霍显：闪电
阴丝天：阴天
雷响：打雷
麻花雨：毛毛雨
迷雾天：雾天
阵头雨：阵雨

五、动物、植物类

猡猡：猪
老猪娘：老母猪
羊妈妈：山羊、绵羊的统称
白乌九：鹅
蚕宝宝：蚕
田鸡：青蛙
番瓜：南瓜
林眼树：银杏树
谢菜：荠菜

第二节　惯用语、谚语

一、惯用语

万事开头难：做任何事开始总会感觉有点难，但不要轻言放弃。
名师出高徒：师父技艺高，徒弟艺出众。
一字值千金：有分量的文字就是无价之宝。

无风不起浪：任何事情都有因果关系。

病急乱投医：在紧要关头，做出盲目举动。

换汤不换药：形式变，实质未变。

墙倒众人推：受挫折时，被人趁机打击。

八九不离十：几乎，接近。

一报还一报：以牙还牙。

人心隔肚皮：人的内心世界不容易被人看清。

吃力不讨好：即使付出努力，也不讨人喜欢。

恨铁不成钢：比喻因对寄予希望的人不成器或达不到要求而焦急不满。

翻脸不认人：出尔反尔，变化快。

好人有好报：善良人做善事会得到回报。

人穷志不穷：不因贫穷而放弃志向。

吃死人不吐骨头：形容人贪心到极点。

牛头不对马嘴：答非所问或两者不相符合。

不知天高地厚：骄狂无知，不可一世。

强扭的瓜不甜：条件不成熟而勉强去做，不会有好结果。

家丑不可外扬：家中隐私不宜对外宣扬。

打肿脸充胖子：宁可付出代价也要硬装了不起。

烧香赶出和尚：喧宾夺主。

有眼不识泰山：不识事物真面目。

鸡蛋里挑骨头：比喻故意挑刺、找毛病。

长痛不如短痛：表示果断地解决问题。

六月里债还得快：马上要麦熟了，可以立即还债。

嫁出女儿泼出水：旧指女儿出嫁后，娘家管不了。

临时上轿穿耳朵：指事到临头才去做准备。

人怕出名猪怕壮：指人一旦出名，不警惕就会惹祸。

可怜天下父母心：父母对儿女总是无私关爱。

清官难断家务事：家庭内部的纠纷琐碎复杂，即使是清正之官，也难判断谁是谁非。

铜钿眼里迁跟头：一心贪财，斤斤计较。

死要面子活受累：虚荣心强，为要面子甘心受苦。

象牙筷上扳雀丝：故意挑刺，非要找错。

心急吃不得热粥：做事不能急于求成。

好马不吃回头草：比喻有志气的人，即使遭受挫折，也不走回头路。

近水楼台先得月：比喻地处近旁，获得优先机会。

酒香不怕巷子深：只要产品好，位置偏也有人来买。

二、谚语

嘴上没毛，办事不牢。

临睡洗洗脚，胜过吃补药。

越吃越馋，越困越懒。

棒头上出孝子，筷头上出逆子。

养子防老，积谷防荒。

只有懒人，没有懒地。

小洞不补，大洞吃苦。

浇花浇根，交人交心。

好记性不如烂笔头。

为人不做亏心事，半夜敲门心不惊。

少年苦，不算苦；青年苦，风吹过；老来苦，实在苦。

千金难买老来瘦。

一分行情一分货。

一朝天子一朝臣。

吃人家嘴软，拿人家手短。

金乡邻，银亲眷。

冷粥冷饭好吃，冷言冷语难受。

瞎子点灯白费蜡。

春天孩儿面，一日变三变。

清明断雪，谷雨断霜。

夏雨隔田生（夏雨隔牛背）。

雨落黄梅头，四十五天无日头。

一落一个泡，落过就天好。

开门落一歇，关门落一夜。

蚂蚁搬家，必有雨下。

乌头风，白头雨（乌云风，白云雨）。

九月南风两日半，十月南风当日雨。

迷露（雾）开，晒得呆。

朝霞不出门，晚霞行千里。

日没胭脂红，无雨也有风。

植树造林，莫过清明。

清明前后，种瓜种豆。

娘好囡好，秧好稻好。

做天难做四月天，秧要日头麻要雨。

麦莠风来掼，稻莠雨来淋。

人在岸上跳，稻在田里笑。

稻要养，麦要抢。

白露白迷迷，秋分稻莠齐。

寒露无青稻，霜降一齐倒。

人误地一时（农时），地饿人一年。

冬雪如浇，春雪如刀（冬雪是宝，春雪是刀）。

不识天，种啥田。

十月不见叶，蚕豆没有吃。

腊肥一滴，春肥一勺。

第三节　歇后语

蚕豆开花——黑良心
打破砂锅——问（璺）到底
和尚打伞——无法（发）无天
针掉大海——没处寻
饺子破皮——露了馅
霸王敬酒——不干也得干
板上钉钉——稳扎稳打
草把做灯——粗心（芯）
竹笋出土——节节高
高山上敲鼓——四面闻名（鸣）
关公走麦城——骄必败
孔夫子搬家——净是输（书）
老鼠钻风箱——两头受气
门缝里看人——把人看扁了
外甥打灯笼——照旧（舅）
王八吃秤砣——铁了心
赶鸭子上架——吃力不讨好
擀面杖吹火——一窍不通
黄牛追兔子——有劲使不上
和尚训道士——管得宽
聋子见哑巴——不闻不问
池塘里的风波——大不了
顶风逆水划船——硬撑
东北的二人转——一唱一和
火神庙求雨——找错了门
唱歌不看曲本——离谱
螃蟹过街——横行霸道
冰凌当拐杖——靠不住
吃棉花长大的——心软
老汉娶亲——力不从心
王婆卖瓜——自卖自夸
关公吃酒——面不改色
包公审案——铁面无私
孔明借箭——满载而归
敲锣卖糖——各干各行
鸡吃百脚——死对头
兔子尾巴——长不了
猫哭老鼠——假慈悲
蛇吃黄鳝——找死
狗拿耗子——多管闲事
无头苍蝇——瞎撞
脱底棺材——没救

卫生口罩——嘴上一套
肉骨头敲鼓——昏（荤）冬冬
茅坑里的石头——又臭又硬
瞎子吃馄饨——心中有数
棺材里伸手——死要钱
泥菩萨过河——自身难保
蜻蜓吃尾巴——自吃自
肉包子打狗——有去无回
鸡蛋碰石头——不自量力
恶人先告状——反咬一口
月亮里点灯——空好看
姜太公钓鱼——愿者上钩
柴刀劈毛竹——一分为二
济公当和尚——有口无心
山中无老虎——猴子称大王
落雨背柴——越背越重
十五只吊桶打水——七上八下
关公面前舞大刀——不自量力

第四节 民谣民歌

一、民谣

（一）

阿龙、阿龙，
烧火近拱，
塌脱烟囱，
压煞阿龙。

（二）

小人要唱小山歌，
蚌壳里摇船出太湖，
燕子衔泥叠断海，

鳑鲏鱼跳过洞庭山。

（三）

阿龙、阿龙，命里穷，
拾着鸭蛋两头空，
拾着铜勺没有翁，
拾着黄金变成铜。

（四）

摇啊摇，
摇到外婆桥，
外婆叫我好宝宝。
糖一包，果一包，
还有饼，还有糕，
宝宝吃得眯眯笑。

（五）

斗斗鸡，共共飞，
飞到天浪（上）吃白米。

（六）

一记尼（耳）光，
打到里床，
里床有只缸，
缸里有只碗，
碗里有只蛋，
蛋里有个荒（黄），
荒里有根洗帚芒，
梗煞一个小和尚。

（七）

一个姐姐三寸长，
茄树底下吹风凉，
长脚蚂蚁扛仔口（去），
笑煞姐夫哭煞娘。

（八）

排排坐，吃果果，
阿爹转来拉尼（耳）朵，
称称看二斤半，
烧烧看两大碗，
吃一碗，剩一碗，
放勒厅角落里祭罗汉，
罗汉不吃荤，
馄饨囫囵吞。

（九）

阿三、阿三，
蚂蚁爬山，
爬到昆山，
连忙转弯，
捡到一只破篮，
讨着两碗冷饭，
爷一碗，娘一碗，
阿三只好舔空碗。

（十）

摇啊摇，摇到村头浜，
新娘就在村里厢，

幛船[1]到，放鞭炮，
快把新娘抱上轿，
送上幛船用力摇，
新娘子坐稳弗滚倒，
加油摇，船儿到，
快把新娘往家抱，
拜天地，拜高堂，
夫妻对拜入洞房。

二、民歌

四句头山歌

耘稻要唱耘稻歌，双手弯弯捧六棵，
眼观目测棵里稗，双腿弯弯泥里拖。
有铜钿人六十年，做官当道三十年，
做生意人一蓬烟，种田人家万万年。
山歌唱得苦涟涟，年轻寡婆种家田，
被瞎子水蛇啄一口，哇啦哇啦哭青天。
四句头山歌唱开场，唱哥唱妹唱鸳鸯，
高楼上小姐死过去，听见我唱歌活转来。
四句头山歌口难开，扳弓射箭两头弯，
好花种勒高墙里，看花容易采花难。
天上乌云像缸爿，拔脱蓬仙种牡丹，
牡丹种勒高墙上，看花容易采花难。

十根扁担

第一根扁担梅花香，喂猪猡挑起麸皮糠，
一年过去从头起，大熟肥料靠猪羊。

---

① 幛船亦称“轿子船”，船主人在船的中舱装饰华丽的帐篷，摆设座椅迎客，船后架双橹，配吹鼓手和船工，用于办喜事迎亲。

第二根扁担灰上场，灰堆虽臭稻谷香，
肥多稻好收成好，巴望来年田稻旺。
第三根扁担两头长，花草河泥填草塘，
禾稻好比一枝花，全靠肥料把家当。
第四根扁担挑黄秧，黄秧连根六寸长，
落在田里蓬蓬长，莳好黄秧望爷娘。
第五根扁担日头旺，耥稻拔草是白忙，
汗水出得像雨打，东家茶馆听滩黄。
第六根扁担心欢畅，霜里头挑稻夜打场，
金谷满场自家少，公粮租米入他仓。
第七根扁担种麦忙，大麦小麦种两样，
种好麦田等落雨，明年收成有巴望。
第八根扁担两头光，一头白米一头糠，
摇船装谷牵砻做，卖脱白米做衣裳。
第九根扁担忙停当，缴脱公粮剩勾头，
一年粮食半落空，红花野菜度饥荒。
第十根扁担两头扛，丢掉扁担到城里厢，
城里穷人勿勿少，找不到帮工转家乡。

长工苦

正月梅花是新春，苦长工家里断笑声。
年初一就要寻东家，到仔初五就行程。
破衣裳包裹打一个，新草鞋带仔一大捆。
家里事托拨家主婆，依依不舍离家门。
二月杏花愁拗春，下船罱泥最碰真。
网杆上薄冰捋得手出血，西北风割脸泪纷纷。
早晨出门乌清清，搪泥船歇工近黄昏。
一舱两舱舱舱满，一舱浅点骂山门。
三月桃花一片红，弯扁担挑泥要用功。

上丘挑到下丘去，挑得长工肩胛肿。
一担两担担担直，泥墩挑成一条龙。
土大角不能拖坏麦叶头，踏脱青苗要骂长工。
四月蔷薇芬芳香，车场基配好搭车棚。
灌田浸谷搪垩用，做好秧田落稻种。
秧灰要乘露水里上，秧水打好天勿亮。
出日头东家喊挑粪，还说长工懒洋洋。
五月石榴是芒种，莳秧已到田已空。
老镰刀割麦根难断，磨刀还说是磨洋工。
没日头收麦黑洞洞，夜里掼麦露水重。
一记二记要用力，麦柴上有麦要骂长工。
六月荷花热难当，头顶烈日去耘耥。
田里水烫防蛇虫，跪倒耘稻最难行。
待等日落夜荫凉，还要踏水到三更。
上丘车到下丘止，田鸡墩勿没难上床。
七月凤仙望秋凉，割草要凑好太阳。
稻弄里独多蠓瞎子，那有手空去搔痒。
小田岸割到坟滩脚，岸脚边更要割清爽。
水牛筋草勿曾连根拔，就骂长工勿细相。
八月桂花阵阵香，跌柴押扇打担绳。
粳稻柴硬难跌软，牛棚里不停榔头声。
黄米饭一碗搭空子盛，多吃一碗要骂山门。
还说长工生活轻，要拿饭量减三分。
九月菊花是重阳，割稻种麦像打仗。
田里稻把日头晒，勿干勿能收上场。
腾出板田连手耕，麦伦头个个要一样。
趁牛吃草去坌田角，看到露麦骂得应天响。
十月芙蓉小阳春，牵砻掼稻纳官粮。
半天稻罗掼勿完，大囤谷堆难装像。

牵砻筛米一人做，自拗自筛手脚忙。
米堆有谷筛子破，还骂长工笨猪样。
十一月里雪花飞，长工赤脚碾糙米。
臼头石加大分量重，鲜红血泡满脚底。
白米出臼筛得净，黄糠里不能有大头粞。
米粒子潮勒骨子里，硬说是相水省力气。
十二月腊梅忙过年，杀猪杀羊糕粉牵。
长工熬到廿四夜，要搭东家算工钱。
东扣西扣扣脱多，算着三铟还要欠。
两手空空回家转，合家老小哭苍天。

第五节　岁时节俗

一、春节

农历正月初一，俗称“大年初一”，是一年中最为重要的节日。家家户户在大年初一早晨开门放鞭炮（俗称“高升”），寓意新年开门迎来好运，节节高升。男主人亲自下厨，做早饭。男主人是一家之主，有着养家糊口的责任，其亲自做饭意味着全家一年到头能吃饱。早饭吃大团子或糖汤圆、面条、年糕，意味着年年高升、团团圆圆、甜甜蜜蜜。小孩去给村里长辈拜年，祝长辈身体健康、全家发财，长辈给小孩一点糖、豆、瓜子，意味着大家一起甜甜蜜蜜、五谷丰登。

这一天有几个不允许：不允许家人出远门；不允许讨债；不允许骂人、打人；不允许扫地（过了正月初五方可扫）。早上晚辈面向长辈鞠躬，要请安，算作给长辈拜年。邻居见面时，拱手相贺，并道“新年好”“种田收成好”“恭喜发财”等吉祥语。正月初一早上，当家人要起早。古人认为，“初一起得早，种田人身体好，田里不长草”。

不少人家的大人还要到自家村的庙里“烧头香”。

二、正月初五（财神日）

这一天，家家户户第一件事就是把自家水缸接满水，表示有财水。请财神也称“接财神”。每到这一日，不仅要放鞭炮，鸣百响；还要请财神酒，焚香点烛等。至2020年，此习俗仍保留。

三、正月初七

古时，这一天，村民在农村里要走过七座桥，并且走路过桥不回头（寓意为“不走回头路”）。新中国成立后，此习俗已不再盛行。

四、正月初八

这一天，村民上午到村庙里烧香，晚上在自家场地扫“夜场”，一边扫一边默念“手拿金丝帚（实为竹枝扫帚），场上扫一扫，扫到东，自家屋里有青龙，青龙盘米囤，白米吃不尽；扫到南，自家屋里显黄龙，黄龙盘水缸，大小元宝两人扛……”盼望新年自家种田收成好，能发财致富。新中国成立后，此习俗逐渐消失。

五、元宵节

元宵节重在一个“闹”字，俗称“闹元宵”。新中国成立初期，元宵节要放炮仗、赶庙会、看灯笼、吃团子、燂田角落。元宵节晚上还要吃面和糖圆子，面象征长寿，糖圆子意味着团团圆圆、甜甜蜜蜜。

燂田角落是指农民在田岸上边跑边举着稻草火把大声喊“燂燂田角落，今年每亩收三石六，家里养只大猪猡”。这都是种田人美好的愿望。20世纪80年代，燂田角落习俗绝迹。

六、清明节

清明节既是一个节气，也是一个节日。清明节与农历七月十五中元节、十月十五下元节合称“三生冥节”。

清明节前后，扫墓是纪念先祖的主要方式，大公村村民称扫墓为“上坟”，清明过后至谷雨，任何一天都可以上坟，而对于新亡者一定要在清明节当天上坟，称为“新清明”。上坟时无论贫富，家家户户都要在祖先坟上拔草、填土，把坟重新装一番。火葬推行后，先祖骨灰都安葬于公墓，上坟时，先清理灰尘，然后祭奠。祭扫仪式是焚香、燃烛、摆贡品，摆完贡品后焚烧纸锭，最后按辈分磕头，以示纪念。

七、立夏

农村立夏时兴吃“三鲜”（咸鸭蛋、新蚕豆、新竹笋）和称体重，据说称体重对健康有利，特别是小孩，立夏节称了体重，整个夏天都不会难受。立夏这天，小孩胸前挂红蛋（大人用红色头绳织小网袋，将蛋放入小网袋里，挂在小孩胸前），据说可以辟邪不疰夏。

八、端午节

农历五月初五，每家每户在大门一侧上方悬挂菖蒲、艾草，还挂上一个大蒜头，据说可以辟邪驱病，驱蛇、白蚁。

端午节有吃粽子习俗，粽子有咸、淡、甜三种口味，如鲜肉粽、腊肉粽、白水粽、赤豆粽，还有蜜枣粽、蛋黄肉粽等。赛龙舟也是端午节传统活动，近几年，昆山高新区（玉山镇）有关部门会在端午当天组织赛龙舟比赛。

九、乞巧节

农历七月初七为乞巧节，这天长辈给孙辈买一只童子鸡吃，寓意孩子吃了童子鸡，身体好，读书记性好，以表长辈对孩子的关爱。乞巧节又称“七夕节”，相传为牛郎、织女银河鹊桥相会的日子，也是人间夫妻相互表达爱意的“中国情人节”。是日，人们用面粉、糖拌糊，擀薄，粘上芝麻，做成小块，穿成结油余，名为“巧果”，可食用，亦可赠亲友。80年代后，此习俗消失。

十、中元节（七月半）

农历七月十五为中元节，俗称“七月半”，传说这一天是地官的生日，所以又称“鬼节”。村民过七月半，都要在自家客堂里摆上一桌酒菜，点烛焚香，烧锡箔纸钱，祭拜祖先。至2020年，此习俗仍存。

十一、中秋节（八月半）

农历八月十五，俗称“八月半”，因居秋季之中，故名“中秋节”，又称“团圆节”。每逢这一天，全家人会聚在一起吃团圆饭。八月半有吃糖芋艿、月饼、菱角的习俗，晚上全家人赏月欢叙直至深夜。

八月半夜里，家家门口放一张八仙桌，上置各类水果、月饼、菱角和酒菜，一家人点烛焚香，守望供桌祭月，俗称“夜香”。在八月半前，亲朋好友以月饼馈赠，八月半以后就不兴送月饼了。

十二、重阳节

农历九月初九为重阳节，每家都要蒸重阳糕，吃重阳糕。重阳节除了吃糕，还要登高，俗称“有山登高，无山吃糕”，也称“有山登高，无山上高桥”，寓意为“高兴、稻田收成高”。20世纪90年代，国家将重阳节定为老人节，以传承中华民族优良传统，提倡敬老爱老。

十三、冬至

当年有亡者的人家会在冬至前夜，即冬至夜，在亡者的位台上点香烛、供祭品。到冬至日这天早上，又在位台上摆上一桌酒菜，以示对新亡人的思念。家有亡者已故2周年的，则在冬至夜准备一桌三荤三素的酒菜祭拜亡者，到黄昏时，将位台上的牌位等物品带到野外焚烧，晚上吃大团子。冬至夜还有“有铜钿，吃一夜；呒铜钿，冻一夜”之说。

十四、腊八节

农历腊月初八为腊八。过去，寺僧于是日煮七宝五味粥，名“腊八粥”，以红枣、核桃、莲子、栗子、花生、白果、桂圆等入米煮成，供斋求福。相传，食腊八粥可祛病延身，民间均效仿。域内村民至今传承此习俗，只是入粥食材各不相同，常选用红豆等杂粮。

十五、腊月二十四

农历腊月二十四俗称“腊月廿四”，民间也称“送灶君日”。这一天，每家每户掸檐尘（大扫除），淘米磨粉，开始蒸糕、做团子，为喜迎新年做准备。晚饭后要送灶君，村民在灶台上放些年糕、团子、米饭等祭品，烧香点烛，以敬灶君，祈保平安，之后把灶君从灶君宫里“请”下来与黄纸钱一起焚烧，寓意送灶君上天去，待第二年正月半再来掌管自家灶台，让自家烟火兴旺、家人健康。

新中国成立前，长工在东家干了一年农活，在替东家送走灶君后，在廿四夜要吃东家的 24 个团子，在二十五日饭后领取工钱，回家过年。民间有“长工苦，苦长工，廿四团子当廿五饭，卷了铺盖就滚蛋”的说法。

腊月廿四夜，农村盛行烧地香。

十六、除夕（大年夜）

除夕是阖家团圆的日子，每家每户都要吃年夜饭，这既是一年之中最后的一顿晚饭，也是最重要的晚饭。有钱人家餐桌上有各种菜肴，琳琅满目，但无论贫富，大年夜的餐桌上，有几样菜是必不可少的：① 红烧鱼，一般不吃，让它完整地保留到明年，有“年年有余”的说法；② 烧蛋饺，蛋饺颜色金黄，形状像元宝，象征财源滚滚来；③ 炒黄豆芽，黄豆芽别名“吉祥”，又叫“金镶玉如意”，寓意年年称心如意；④ 炒芹菜，芹菜有“勤劳致富”之寓意；⑤ 炒青菜，青菜“清清白白”，保平安。六七十年代，村民的生活水平低，吃肉、鱼靠生产队分。晚饭后，长辈给孩子发压岁钱。大年夜的特殊性在于所谓的“一夜连二岁，五更分二半”，因此，要吃好年夜饭。现在一家人往往围桌而坐，吃瓜子、花生、糖果，喝茶，看春晚，发红包，给至亲好友发“祝新的一年，身体健康，阖家欢乐”等祝福语，一直到子夜，守岁时成年人通宵不眠，就算小孩至少也要过了夜里十二点才会睡。夜里十二点整，大人去放关门炮仗，十分钟后，又放开门炮仗，有辞旧迎新之意，接着大人到庙里烧香，预祝来年风调雨顺、平平安安。

附一：四季农事

正月　立春、雨水

气候特点：天气寒冷，平均温度为3摄氏度，气温最低的时候为零下4摄氏度~零下7摄氏度，雨量在40~50毫米。

农事：拍麦泥，壅菜籽，追施腊肥。对绿萍、水葫芦进行越冬管理。选稻种，小孩、老人搓绳，女人打柴包，男人扎草鞋。

老话：不识人，勿好做事，不识天，不会种田。

古语：腊雪一层肥，春雪一把刀。

二月　惊蛰、春分

气候特点：气温逐步回升，平均温度为5摄氏度，雨量在50~60毫米之间。

农事：罱河泥、追施三麦返青肥，春耕备耕，清理三沟，检修农机具，等等。

老话：沟系一尺不通，万丈无用。

古语：未惊先蛰，种田人吃不好食。

三月　清明、谷雨

气候特点：气温逐渐上升，平均温度为7摄氏度，雨量在70毫米左右。

农事：春耕生产，追施三麦拔节孕穗肥，防三麦、油菜病虫害。绿萍春繁、翻潭、割青草。

老话：清明断雪，谷雨断霜。

古语：清明见蚕豆荚，立夏有蚕豆吃。

四月　立夏、小满

气候特点：气温明显上升，平均温度为14摄氏度，雨量在80毫米左右。

农事：挑河泥，做秧田，修水利。三麦追施破口肥，绿萍返田扩养，放养水葫芦、水花生。

老话：三月三晒得兜底白，沙草要变麦。

古语：小满里日头，好像后娘拳头。

五月　芒种、夏至

气候特点：平均气温在19摄氏度~32摄氏度，雨量在90毫米左右。

农事：夏收夏种毛豆（黄豆），大田放养绿萍，等等。

老话：芒种芒种，样样要种。

古语：夏至隔日长，一日二头长，三莳三送，低田白种。

六月　小暑、大暑

气候特点：平均气温在23摄氏度~38摄氏度，雨量在150毫米左右，阵雨多、雷多。

农事：耥稻、耘稻，防治水稻病虫害（稻飞虱、螟虫、稻瘟病、纹枯病）。

老话：人在岸上跳，稻在田里笑。

古语：端午晒得灰尘起，十只粪缸九只浮。

七月　立秋、处暑

气候特点：平均气温在28摄氏度~36摄氏度，雨量在140毫米左右，阵雨多、雷多。

农事：修船抹油，拔稗草，防台风，防稻瘟病、纹枯病、稻纵卷叶螟，等等。

老话：黄昏立秋热死人，清晨立秋凉爽人。

古语：秋前不搁田，秋后喊懊恼。

八月　白露、秋分

气候特点：平均气温在25摄氏度~30摄氏度，雨量在110毫米左右。

农事：绞稻索，修船舫，防台风，抗洪排涝，等等。

老话：白露白茫茫，秋分稻莠齐。

古语：八月田鸡叫，稻梢朝上翘。

九月　寒露、霜降

气候特点：天气转凉，平均气温为24摄氏度，雨量在130毫米左右。

农事：割稻，捆稻，收稻，码稻垛，种植三麦、油菜，等等。

老话：寒露无青稻，霜降一齐倒。

古语：霜降隔日一朝霜，种田人吃块糖。

十月　立冬、小雪

气候特点：气温转寒，平均气温为18摄氏度，雨量在40毫米左右。

农事：立冬前结束三麦油菜种植，进行沟系配套，“一方麦田，二头出水，三沟配套，四面托起”。

老话：十月里夜雨，种田人饭米。

古语：小雪雪盖地，来年必丰收。

十一月　大雪、冬至

气候特点：气温寒冷，寒潮来袭，平均气温为5摄氏度，雨量在45毫米左右。

农事：掼稻，轧稻，牵砻，积肥，修水利，整建农田，清沟理沟，等等。

老话：干净冬至邋遢年，邋遢冬至干净年。

古语：三朝迷雾起西风。

十二月　小寒、大寒

气候特点：严寒，寒风侵袭，平均气温在5摄氏度以下，气温最低的那天为零下5摄氏度~零下7摄氏度，雨量偏少，为30~40毫米。

农事：追腊肥，拍麦泥，踏麦，压麦，给油菜松土壅根，清理三沟，广积肥料。

老话：腊肥一滴，春肥一勺。

古语：腊雪暖洋洋，春雪寒冷冷。

附二　九九农谚①

头九暖。

二九寒。

三九冰掉百鸟卵。

四九三十六，摇行船连路宿。

五九四十五，刀枪不入土。

---

① 九九农谚，又称“九九歌”“数九”“冬九九”，源于冬至数九记日的习俗。

六九五十四，杨柳青滋滋。
七九六十三，棉衣二头穿。
八九七十二，猫狗讨荫地。
九九八十一，清明还有廿四日。

第六节 婚嫁习俗

新中国成立前，男女青年到十五六岁，就要谈婚论嫁。新中国成立后，《中华人民共和国婚姻法》颁布，男女青年一般到十八九岁谈恋爱，从谈恋爱到结婚，一般要经过定亲、迎娶、办婚礼等环节。2020 年，此习俗仍在延续。

一、定亲

新中国成立前，男婚女嫁听从“父母之命”“媒妁之言”，有钱的大户人家，一般讲究“门当户对”。男方请媒人到女方家提亲，女方将女儿的生辰八字写在红纸上作为“贴头”，交给媒人送给男方。男方接到女方的生辰八字后交由算命先生测算，如与男孩的生辰八字不合，则将女孩的生辰八字退还。如二者相合，男方将选一个黄道吉日备好礼品，在媒人带领下送给女方，称为“担盘”，同时要谈好聘金，具体金额视经济条件而定。新中国成立后，大多数男女青年自由恋爱，一旦确定关系，男女双方及其父母约定时间在饭店聚餐，就算定亲。至 2020 年，男女双方确定婚恋关系后一般没有定亲仪式。

二、迎娶

双方按选定的良辰吉日结婚，成婚之日，男女双方各自宴请自家的亲朋好友。结婚一般需要 3 天，第一天称为“开厨”，也叫“落桌”；第二天称为“正日”；第三天称为“荡厨”。“正日”那天，男方要请亲戚来铺新床，铺新床的人一定要成双成对、身体强壮、家庭和睦，铺床时需要1杆秤、2根甘蔗、20个肉馅大团子。秤意味着“称心如意”，甘蔗意味着“节节高”，肉馅大团子意味着“团团圆圆”。秤、甘蔗、团子全部贴上红纸。男方准备好6~8个盘（装肉、鱼、鸡、糕、皮蛋、香烟、糖），其中一部分会被退回男方。男方还要请好6个相帮人去接亲。女方要准备好嫁妆，被子、枕头要成双成对，被内放红蛋5个。还要有新马桶、脚桶，俗称“子孙桶”，同样要放5个红蛋，还有赤豆、红枣等物。新淘箩、饭箩也称“金饭箩”，饭箩内有1身新衣服、1双新鞋，并用红的方巾包好，俗称“子孙包”，饭箩里存放着1棵万年青、2个碗、2双筷子。女方送亲船到男方家之后，新郎的母亲要到送亲船上接新娘的母亲，新郎的长辈到送亲船上背新娘到新房，同时男方要送一定数量的烟、糖、礼给女方相帮人，女方的相帮人到男方家之后要喝红枣茶等。至2020年，此习俗仍延续。

三、办婚礼

20世纪60年代以后，举办婚礼（农村称为“结亲”）的整个过程由司仪主持，村里男女老少都来“轧闹猛”（看热闹）。

首先新郎、新娘入场，然后双方父母进场入座，主婚人、证婚人、介绍人（媒人）相继入席，婚礼开始，点燃花烛，鸣放鞭炮，奏乐。一番热闹之后，新郎、新娘行结婚礼，并进行三鞠躬，交换饰物，并向宾客致谢，待证婚人、介绍人、双方父母讲话后，花烛手将新郎、新娘送入洞房。村里的男女青年还要闹新房，一直到很晚才罢休。

70年代有一段时间，用铁搭等农具作为嫁妆，简单设宴，仅发点喜糖而已。

90年代，随着人民生活条件的改善，婚嫁之事渐趋讲究。21世纪初期，村民结婚仪式多在酒店和社区会所举行，并请婚庆公司司仪主持婚礼。有的花费前后3天时间（第二天作为“正日”），有的花费1天，请专职司仪、乐队入场，现场热闹非凡；也有极个别男女青年旅行结婚。

四、走三朝

结婚第2天，新郎要陪新娘回门，这就是“走三朝”，首先要由新娘的嫂子或弟媳到男方家接新娘回家（称“候三早”），男方要备好早点、茶水招待新娘的嫂子或弟媳，然后新郎和新娘回新娘娘家一整天，男方还要带一些糕、饼，到女方家后分发给邻居，一直要到天黑望不见烟囱才能回家。

五、吃蹄子与送拜节

过了大年初一，新婚夫妇要到双方的长辈家吃蹄子，要备好礼物送给长辈，一般是2瓶酒、1条烟、水果等。先到男方娘舅家，然后论资排辈逐一到各长辈家吃蹄子，认亲。这一活动被称为“送拜节”。

旧时吃蹄子相当讲究，新郎要带好红毡单，到长辈家就要叩拜长辈；准备好红包，吃完饭后，把红包放在蹄子盆里；东家要准备好洗脸水，让新郎、新娘洗脸；吃完蹄子后，男方要准备设宴回敬长辈，女方长辈要准备几盘饼，作为上门认亲的回礼。21世纪以后，送拜节基本消失。

第七节　民间礼仪

男女双方结婚后，要繁育后代。至2020年，大公村保留着催生、办满月酒等习俗。随着岁月的流逝，还有“男做十（十岁生日），女做十三（十三岁生日）”、做寿、谢世等礼仪习俗。

一、催生

催生是女方母亲为女儿腹中的胎儿在出生前举办的活动。事先，女方母亲要准备好尿布、婴儿衣服、草纸、鱼、肉、鸡、面等到女婿家，并在女婿家煮面分碗，加上浇头，送给女婿的左邻右舍享用，每家1碗面。孕妇产后被称为“舍姆娘”，吃到面的左邻右舍、亲戚好友应送“舍姆羹”，亲戚出礼钿，男方要发红蛋（也称“喜蛋”）回敬。至2020年，该习俗仍延续。

二、满月与周岁

婴儿出生满1个月叫满月，要办满月酒。进入21世纪后，大部分家庭要到婴儿出生后2~3个月时办双满月酒。随着生活条件的改善，现在满月酒越办越丰盛，不少家庭选择到饭店、酒家办宴席。

婴儿出生1周年，父母要为小孩过周岁，进行抓周。姥姥姥爷要为小孩准备摇篮、坐车、小船、金木鱼和小衣裳等，还要给小孩准备镜子、剪刀（镜子、剪刀表示压邪）、算盘、书、笔、钞票，放在匾里，然后叫小孩在匾里摸。如果摸到书与笔，则表示今后小孩学业有成。如果摸到算盘，则表示今后小孩会经商。如果摸到钞票，则表示今后小孩会发财。一番热闹之后，主人要设周岁酒席，招待客人。至2020年，此习俗仍流行。

三、男做十岁，女做十三

男孩到十岁，女孩到十三岁，父母要为孩子设宴，招待亲朋好友，这也称“受头”。刚出生的小孩，无论男女，留的发型是同样的。男孩到十岁，女孩到十三岁之后，要有区别。男孩留寿桃头，女孩留辫子，父母为孩子选一个好日子，请亲朋好友，比较隆重地举行“受头”活动，收到邀请的参加者，也要准备红包，以示庆贺。

四、做寿

做寿是子女为敬父母而举行的一种仪式，一般年龄较长的老年人被称为“寿星”。有做六十大寿、七十大寿的，还有做八十大寿、九十大寿的，还有少数人做一百大寿。

做大寿时有时请“宣卷”、戏班子，客堂中央挂着巨幅“寿”字及寿星图，点上寿香、寿烛，燃放鞭炮。

小辈向寿星跪拜叩头，寿星要给小辈红包，红包发得越多越好，说明子孙满堂。吃完晚饭，有拉胡琴、吹笛等表演。吹吹唱唱，非常热闹，一直持续到深夜。如今，老年人做寿一般选择到饭店、酒家举办。

五、谢世

村民家有人亡故，家属即将此噩耗讣告亲戚，俗称“报死”“报丧”，限报亡者亲戚，不报其朋友，但朋友得知讯息后会主动前往吊唁。亲属要给亡者净身，将死者睡的床席、蚊帐抛在屋顶上，在客堂中央置一门板，给亡者穿上新衣服、新鞋子（要“五领三腰”，即穿5件上衣、着3条裤子），将死亡从房中移至客厅，俗称“转尸”。将亡者放于门板上，头南脚北，用被单（面）将其盖上，并将一笆斗置于其双脚中间。亡者头前挂白被单，称“孝幕”，幕前放一桌，称“孝台”。在亡者头旁点一盏油灯，油灯昼夜不息。点燃香烛，放些祭品，在孝台前放一口铁锅，内焚锡箔纸或黄纸钱。亡者的亲属穿白衣，女性加穿白布罩裙，脚穿白鞋，腰扎白带，称“戴孝”。亲属昼夜守灵，称“守夜”，朋友守灵则称“陪夜”。请道士、佛婆念经称“做道场”。入殓棺材里放石灰包、黄纸及锡箔，称“陪葬”。出殡前办丧事人家请人专门记录亲友的吊唁钱额，称“吊好钱”，记录簿称“丧簿”。

出殡前，亲友在亡者棺材前依次跪拜作揖，子女披麻戴孝，将棺材抬出客堂，相帮人立即摔碗盏，道士吹哀乐，待亡者棺材出客堂后，客堂间马上用大扫帚扫地。至2020年，这一习俗在农村尚存。

1970年以前，亡者都土葬。自20世纪70年代起，推行火葬。21世纪后，大公村流行“热葬”（待亡者遗体火化后，直接将骨灰盒带到公墓安葬）。送葬人群回丧快到丧家时，要先放鞭炮，告知在丧家的人，由相帮人点燃“三灯火旺”（由一把稻草等分为三，竖在一起扎紧后形成的三角撑）将亡者用过的部分衣被、草席等物件烧毁，送殡者经过此地，要在火上跨过（去晦气），再回到丧家。亲戚、朋友、本村民小组的每户人家付白纸钿后吃晚饭。1970年以前，一般以豆腐、蔬菜为主，俗称“吃豆腐”“吃蔬菜”。80年代以后，晚饭备有酒和饮料，菜品丰富，以荤菜为主。

亡者去世后的第35天，称“五七”。2010年以后，有的村民家将“五七”

仪式安排在火葬后第二天进行。由亡者女儿烧羹饭，摆满一大桌，有的摆 18 个菜，有的摆 24 个菜，还有各种水果、饼、糖等。要请道士做道场，并将亡者生前穿过的所有衣服和床上用品等一起烧掉。放置在客堂西北角的一座灵台到天黑后会被一起撤掉。

第十一章　物产美食

大公村地处江南水乡，域内水网密布，土地肥沃，是典型的鱼米之乡。村民除种植粮食油料作物之外，还常年利用宅前屋后空地种植蔬菜、瓜果，饲养家畜、家禽，利用河浜水面放养鱼蟹。村民沿用各种农家土特产酿制和传统烹饪方法，做成各类美食，丰富日常饮食，提升生活品质。

第一节　物产

一、粮油

主粮　水稻（籼稻、粳稻、糯稻）、小麦、大麦、元麦。

杂粮　山芋（地瓜、红薯）、玉米、芋艿、土豆、红豆、蚕豆、黑豆、绿豆。

油料　油菜籽、芝麻、花生、大豆（黄豆）。

二、蔬菜

茎叶类　青菜、小白菜、大白菜、雪里蕻、韭菜、菠菜、荠菜、蓬花菜、金花菜、卷心菜、花菜、芹菜、生菜、红花草、大蒜、秋葵、葱等，还有野生马兰头、枸杞头等。

地茎类　白萝卜、红萝卜、黄萝卜（胡萝卜）、大头菜、洋葱头、慈姑、竹笋、大蒜头、茭白、藕、芦笋。

三、瓜果

果实类　茄子、丝瓜、黄瓜、菜瓜、冬瓜、北瓜、南瓜、番茄、青椒、辣椒、扁豆。

水果类　桃子、橘子、西瓜、香瓜、枇杷、葡萄、草莓、柿子、四角菱、二角菱。

四、食用菌

1969—1981 年，域内各生产队大力发展蘑菇种植，种植面积有 7 600 平方米，连续种了 11 年，同时还种植少量平菇、金针菇，1982 年后不再种植。

五、畜禽

牛 新中国成立前，域内条件较好的农户，养黄牛或水牛作耕牛。60—70 年代，各生产队根据耕地面积，确定耕牛饲养数量，其间域内耕牛（水牛）有 75 头。1983 年包干分配后，机械替代耕牛。1985 年后，集体耕牛全部被淘汰。

猪 新中国成立后，域内各家庭沿袭养猪的习俗饲养生猪。1962 年，各生产队开始集体养猪，都在 30~50 头左右。1970—1980 年是域内养猪业的发展高峰期，各生产队每年集体生猪饲养数量为 70~100 头。1981 年，生产队集体养猪消失。1983 年，养猪专业户有所发展，如 1984 年，大公村第 7 村民小组的张东生等户，在几年里都取得了较好的经济效益。2006 年动迁后，养猪专业户消失。

羊 新中国成立后，域内部分村民饲养山羊、绵羊（自食）。至 1980 年，村民不再饲养。

兔 新中国成立后，域内部分村民饲养肉兔、长毛兔（自食）。1978 年以后。村民逐步停养。

家禽 域内村民主要散养鸡、鸭、鹅、肉鸽（自食）。至 2003 年，村民不再养殖。

六、水产

域内大小河道纵横交错。80 年代，各村开挖鱼塘，发展人工养殖，在增加村民经济收入的同时，丰富了村民的菜篮子。野生和人工养殖的水产有如下几种：

鱼类 鲫鱼、白鲢、花鲢、草鱼、青鱼、鲤鱼、鲇鱼、昂刺鱼、鳊鱼、鳑鲏鱼、串条鱼、郎哥鱼、黄尚鱼、鳜鱼、黄鳝、泥鳅、鳗鱼。

贝壳类 河蚌、螺蛳。

甲壳类 河蟹、蟛蜞。

河虾类 罗氏沼虾、南美白对虾、龙虾、小白虾、河虾。

龟鳖类 甲鱼。

第二节 美食

一、自制土特产

老白酒 也称“冬酿酒”。酿老白酒的最佳时节是在冬至后，这时温度适宜，酿出的白酒既香又甜，不容易变酸。大公域内龚姓、陈姓村民酿出的老白酒在前严村小有名气。他们俩的做法是先将当年的新糯米放入缸内加水浸泡两天两夜，第三天捞起淘清；然后上笼蒸成稍硬的米饭，出笼后凉一下，但仍留有一点温度（25摄氏度左右），把适量的白酒酒药碾成粉末，一层米饭，一层酒药，拌均匀，放入酒缸内；再将一个玻璃瓶放入缸中心，把缸中酒饭压平；之后把瓶拔起，留下一个圆洞，酒缸的四周用棉胎保温，2~3天后揭开缸盖，看酒缸圆洞里的酒露水是否积满，待酒缸圆洞内积满酒露水后，把保暖棉胎去掉，这时称“敞缸”；敞缸4~5天后，用铲刀划开缸中米饭，如缸中的米饭糟浮起晃动，并且酒缸四周的米饭已脱壳（分开），就可以加水，水用纯水或冷开水，一般1千克酒酿加2.6千克水；最后待15天发酵后，就可沥酒。一般1千克米可酿取3.2千克老白酒。沥酒时，用纱布过滤之后，可储藏，储藏8~10天后，可饮用。老白酒口感甘甜，像酒酿味，但后劲十足，被称为“白

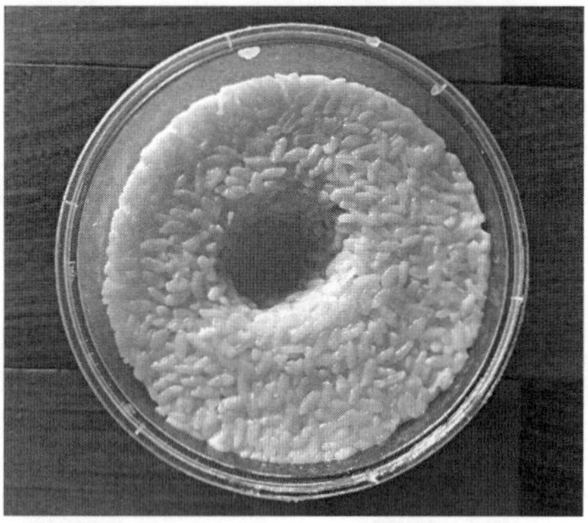

老白酒（2020年，李金水供图）

火冒”，好上口但容易喝醉，酒糟既可做酒酿饼，又可做糟水汤圆。

豆瓣酱 将面粉5 000克、豆瓣1 000克加水拌匀成糕粉，放入糕桶，下锅，大火沸水蒸熟。待熟糕出桶晾凉后，用刀将其切成小方块，同时准备一只小笾，笾内铺垫一层小麦柴，把小块酱糕放入小笾内，用棉被盖在糕块上面，进行为期15~20天的发酵，使小块酱糕长出真菌细毛，同时准备一个酱缸，把酱黄放入缸内，并加水加盐（5千克酱黄加7.5千克水、200克盐），拌匀，利用小暑、大暑太阳光暴晒。同时，用杨树枝做成一个圆形圈，寻找蜘蛛网卷在圆环上，盖在酱缸上方，防止垃圾、飞虫掉入酱缸内。10~15天后，每天用筷子拌动1~2次，使酱黄松烂。经过长期太阳光照射后，酱缸内的水逐渐蒸发，酱黄变成酱红色，并变成酱糊。立秋前后即可食用，喜欢吃甜酱的可以加糖100克。

臭豆腐 大公村潘姓村民的豆制品作坊做出的品牌“长脚臭豆腐”，口感细腻、酥软、糯肥、鲜嫩，烹饪简单，清蒸、油炸两相宜。昆山市区三大农贸市场都有售，昆山市内大多宾馆、饭店的菜单上也有该道菜，“长脚臭豆腐”在部分饭店成为食客必点的招牌菜。

长脚臭豆腐
（2020年，李金水供图）

老潘夫妇自70年代后期经营小作坊，每天凌晨4点前就把优质新鲜的黄豆磨成粉，将黄豆粉和着沸水，装入瓷缸，反复搅拌，再加入腌制多年的苋菜汁和其他秘制调料，经冷却后灌入木框定型，每一步都将一种工艺做到极致，为消费者提供物美价廉、优质可口的臭豆腐。

咸制品 域内村民历来自制的咸制品还有腌莴笋（莴笋）、腌白萝卜、腌黄萝卜、腌大头菜、腌大蒜头、酱瓜、腌雪里蕻、腌菜苋头、水咸菜、酸白菜、腌洋生姜。

二、农家特色烹饪

20世纪五六十年代，域内村民的生活处于半温饱状态，饭菜以蔬菜、瓜果、豆制品、酱瓜等素食为主。党的十一届三中全会以后，村民生活条件逐步改善，在传统农家菜的基础上，特色菜被摆上餐桌。

糖醋秋葵（2020 年，李金水供图）

糖醋秋葵 秋葵是蔬果植物，营养丰富，富含维生素 C、钾，适合本地种植。

先把秋葵放入锅内，用沸水涮 5~8 分钟，取出后放入油锅内拌炒片刻；然后加盐 5 克、鲜酱油 2 勺、白糖 3 勺、醋 4 勺，拌炒 3 分钟，加少量水；最后用大火焖烧 5~8 分钟，熟后出锅即可食用。

糖醋菜椒 先把新鲜菜椒切开，去掉内籽与筋，用手掰成三角小块；然后放入油锅内用中火拌炒，在菜椒表皮出现皱纹后，放入少量水，加盐 1 勺、鲜酱油 2 勺、白糖 2 勺、醋 4 勺；最后用中火焖烧 7~8 分钟，即可出锅食用。

腌笃鲜 先把腊肉、鲜猪蹄放入锅内，用沸水涮 5~8 分钟，捞出洗净；然后把肉切成块，放入锅内，加水 800 毫升，将竹笋 3~4 个切段后放入锅中，加黄酒 2 勺、老姜 7 片、鲜葱 4 根，盖上锅盖；最后用大火焖烧 20~30 分钟，肉熟后即可出锅食用。

糖醋菜椒（2020 年，李金水供图）

腌笃鲜（2020 年，李金水供图）

红烧冬瓜 先将冬瓜削皮，切成小块，洗干净后放入烧烫油锅中拌炒片刻；然后加少量水，加盐 1 勺、鲜酱油 2 勺、白糖 2 勺，盖上锅盖；最后用大火焖烧

15~20 分钟，冬瓜熟后即可出锅食用。

香菜豆腐羹 先用大火烧开锅中水，放入被划成细条形的嫩豆腐，待水烧开后，加盐 1 勺；然后放入香菜，加生粉 4 勺拌成稀糊；最后加 1 勺鸡精，即可出锅食用，加一点醋口味更好。

香菜豆腐羹（2020 年，李金水供图）

红烧东坡肉 先将新鲜五花猪肉切成方块，放入锅内，用沸水涮 8~10 分钟，捞出，用清水洗净；然后把涮好的五花猪肉放入锅内，加点水，大火焖烧至五成熟，然后加盐 1.5 勺、白糖 5 勺、酱油 5 勺、茴香 4 个，中火拌炒成酱红色，加水后，盖上锅盖；最后用大火焖烧 20~25 分钟，肉熟后即可出锅食用。

荠菜（野菜）制品 先把新鲜荠菜用水洗净，放入锅内；然后用沸水焯一下，取出，用刀切细，与鲜肉糜混拌在一起，加盐（根据数量而定）、味精、白糖，拌匀做馅心；最后包馄饨、百叶包、春卷、饺子、油豆腐等，荤素搭配，香味十足，清爽可口。

酱汁螺蛳 先用大火把油锅烧烫；然后把螺蛳放入锅内拌炒片刻，加水适量、盐 1.5 勺、黄酒 2 勺、老姜 5 片、辣椒 3 只、鲜葱 3 根、白糖 1.5 勺、辣酱 3 勺，盖上锅盖；最后用大火焖烧 8~10 分钟，出锅即可食用。该菜肴酱香味浓，螺蛳肉嫩鲜美，有"五样六样，不如螺蛳炖酱"的说法。

酱汁螺蛳（2020 年，李金水供图）

马兰头制品 先把马兰头洗净，放入锅中；然后用沸水焯一下，取出，用刀切细。第一种吃法：马兰头配豆腐干（先把豆腐干切成细小块），加盐、黄酒、白糖、味精、麻油，拌匀即可食用，清香爽口。第二种吃法：把焯好的马兰头晒干成马兰头干，将马兰头干和腊肉或新鲜肉一起烧，清香与鲜味融为一体，别有一番风味。

面筋鸭血豆腐汤 先用由面粉制成的面筋包上自制肉糜，做成面筋包肉；然后放入锅内沸水中，使面筋浮出水面，做成半成品。

把鸭子放入锅中，加水1 000~2 000毫升，加盐5勺、老姜5片、黄酒2勺、鲜葱1根，用大火烧30分钟；然后待鸭子煮熟后捞起，鸭汤里放入鸭血、面筋、嫩豆腐、蘑菇，盖上锅盖，用大火烧，待面筋鸭血浮起后加味精1勺、细大蒜叶适量即可出锅食用，外温内烫，十分鲜美。

小虾蛋饼 先把鸡蛋和小虾混拌在一起，加盐1勺、黄酒2勺、细葱叶适量，拌匀；然后待油锅烧烫后把调好的混有小虾的鸡蛋液倒入油锅中，用铲刀摊开，氽至金黄色，出锅即可食用。

面拖蟹 先把4勺面粉、1.5勺盐、2勺黄酒、4根姜丝、2.5勺鲜酱油加水拌成稀糊；再把蟹切成两半，待油锅烧烫后，把蟹沾稀糊放入油锅中煎至金黄色；然后加水适量，加入新鲜毛豆，大火烧8~10分钟；最后把剩余稀糊面粉放入锅中翻拌片刻，出锅前放入新鲜细葱叶，拌匀后出锅即可食用。嫩红的蟹、碧绿的毛豆、黄褐色的面糊，香气扑鼻，味道鲜美。

小白菜豆腐排骨汤 先把排骨切成小块，放入锅内，用沸水涮10~15分钟；再取出，用清水洗净；然后把排骨放入锅内，加水500~1 000毫升、黄酒2勺、老姜5片、盐2勺，盖上锅盖，用大火烧15~20分钟，待排骨基本烧熟后，放入嫩豆腐；烧熟后，放入小白菜，炖煮片刻；最后放入味精1勺即可食用。

第十二章　村民生活

新中国成立前，域内村民以种植业为生。经济收入主要靠一年两季稻、麦产出，收入单一。土地大部分被少数人占有，多数村民只有少量自留田，有些村民租田耕种，遇到自然灾害，生活无保障。新中国成立后，在中国共产党领导下，实行土地改革，农民分得土地，实现“耕者有其田”，村民基本生活得到保障。50 年代以后，先后成立互助组、初级社、高级社、人民公社，发展集体经济，村民生活水平有所提高。改革开放后，农业、农副业、工业经济全面发展，村民经济收入不断增长，村民人均收入从 1978 年的不足 200 元，1990 年的 2 052 元，2000 年的超 1 万元，发展到 2020 年达 48 561 元，衣、食、住、行发生根本性的变化。进入 21 世纪，养老保险、医疗保险全面铺开，涉及民生的公共事业快速发展，村民过上了小康生活。

第一节 村民收入

新中国成立前，域内村民以种田为生，靠天吃饭，收入微薄，有些村民在青黄不接时靠借高利贷度日。50 年代中期，村民年人均收入只有 100 元左右。60 年代中期，村民年人均收入在 150 元左右。70 年代，由于生产队农业生产产量提高，加上多种经营，村民年人均收入达到 200 元。改革开放后，村民收入水平提高。1990 年，村民年人均收入为 2 052 元，2000 年，村民年人均收入为 10 747 元，是 1990 年的 5.2 倍；2020 年，村民年人均收入为 48 561 元，比 2000 年增加 37 814 元。（表 12-1、表 12-2）

表 12-1　1990—2000 年大公域内各村村民年人均收入一览表

单位：元

年份	大公村	路南村	迎丰村	年均
1990	1 613	1 710	2 880	2 052
1991	1 963	3 177	2 876	2 711
1992	2 146	3 380	2 994	2 898
1993	2 413	2 377	4 174	2 974
1994	5 313	10 398	9 054	8 464
1995	6 150	12 532	9 504	9 705
1996	7 063	8 355	9 986	8 489
1997	7 087	3 803	5 714	5 391
1998	6 909	8 689	5 893	7 258
1999	8 053	8 520	8 865	8 487
2000	9 020	7 251	17 451	10 747

注：年均数为各村人数乘以该村人均收入，3 个村合计后，除以 3 个村总人数。

表 12-2　2001—2020 年大公村村民年人均收入一览表

年份	年人均收入/元	年份	年人均收入/元	年份	年人均收入/元
2001	5 970	2008	12 827	2015	34 687
2002	6 040	2009	15 258	2016	37 288
2003	6 264	2010	17 212	2017	39 897
2004	7 151	2011	19 625	2018	42 690
2005	7 868	2012	22 105	2019	45 576
2006	9 456	2013	25 139	2020	48 561
2007	10 718	2014	32 404		

第二节　村民消费

一、衣

新中国成立前，村民生活贫困，只求穿暖。绝大多数村民购买比较便宜的布料，由家中妇女缝制衣服，款式陈旧。比较富裕的村民在布店购买布料，请裁缝制作衣服。小孩的衣服，一般老大穿后老二穿，老二穿后老三穿，直至不能穿。成年人的衣服一般是“新三年，旧三年，缝缝补补又三年”。

新中国成立后，村民生活水平有所提高，衣服质量有所改善，但因国家对各种生活用品实行计划分配，村民凭票购买，而村民从事体力劳动，衣服容易损坏，所以计划供应的衣料不能满足村民需求。

70 年代中期，涤纶等人造纤维布进入市场，村民穿衣逐渐顺应潮流，服饰开始多样化。80 年代，国家实行社会主义市场经济，取消了生活用品定额供应政策。随着村域经济的发展，年轻人的服饰随时代变化而显得丰富多彩。

21 世纪后，村民的服饰消费开始注重时尚、健康、美观。70 年代的锦纶、涤纶等化纤布料不再受村民青睐，取而代之的是纯棉，甚至真丝、皮草等。60 年代“新三年，旧三年，缝缝补补又三年”的情况一去不复返。

60 年代的服饰（2020 年，李金水供图）

50—60 年代，村民穿的鞋子一般是妇女手纳的布鞋，村民不太去城里购鞋，当时姑娘出嫁前必须学会做鞋。有些贫困的村民穿草鞋。80 年代，村民基本不再穿自制的布鞋，而是从商店购买胶鞋、皮鞋，个别女青年开始穿高跟鞋。进入 21 世纪后，村民生活水平不断提高，年轻人穿皮鞋、旅游鞋、保健鞋等。

蓑衣（2020 年，李金水供图）

芦花鞋（2020 年，李金水供图）

二、食

大公村域属江南水乡，生产水稻、三麦。村民主粮以大米为主、面粉为辅。新中国成立前，村民耕田少，难以解决温饱问题。特别是遇到自然灾害时，或在青黄不接时期，靠野菜、糠饼充饥。1953 年 10 月，实行粮食统购统销，农村生产队的主粮，除按规定留足口粮、饲料粮、种子外，其余由国家统一收购，不准自由买卖。

50 年代中期，开展农业合作化，农民口粮按人口分配。1958 年，成立人民公社，各大队以自然村为单位，开办食堂，村民按规定时间在食堂用餐。当时有一句顺口溜——“鼓足干劲生产，放开肚皮吃饭”。60 年代初，由于自然灾害，集体食堂解散，恢复分口粮到户。

60 年代中期，农村经济逐渐好转，上级政府为提高社员劳动积极性，将社员口粮分为基本粮和工分粮，计算到户。大公大队域内人均口粮为 600 斤（原粮），80%作为基本粮，按人口分配，20%作为工分粮，按劳动工分分摊，那时分给社员的口粮，能满足其生活需求。

1983 年，实行家庭联产承包责任制，分田到户，每家每户落实定购任务，村民在完成国家定购任务后，可自由支配余粮。

此外，50 年代，村民吃的蔬菜主要靠自己种植，因为生活贫困，平时以吃蔬菜为主，几乎吃不到荤菜。亲戚串门时，宰一只自己养的鸡或拿鸡蛋招待。60—70 年代，农村经济发展缓慢，村民饮食没有多大改善。改革开放后，村民生活水平不断提高，农副产品供应丰富，村民可以根据自己的口味，自由挑选和购买食品。21 世纪以后，随着经济收入增加，村民开始注重饮食质量，平时无荤不吃饭，菜肴多样化，荤素搭配，饮食结构合理，讲究营养。

三、住

1949 年，域内总户数为 359 户，其中住平瓦房的有 63 户，住草房的有 296 户，多数房屋破旧，特别是有些草房常年失修，通常屋外下大雨，屋内下小雨，村民居住条件差。60 年代，村民生活水平有所提高，但只能解决温饱问题，农房建设基本停滞不前。至 60 年代末，域内农房比 50 年代初期只增建 30 幢，其中平瓦房 7 幢、草房 23 幢。进入 70 年代，农村经济逐渐好转，村民为改善居住条件拆除草房，翻新平瓦房。截至 70 年代末，域内 480 户村民中有 347 户新建了平瓦房，新建平瓦房的户数占总户数的 72. 3%。

80 年代，随着改革开放不断深入，农民经济收入大幅度增加，农村掀起建造楼房热潮，农户一般建造“三上三下加厨房”，造房比较讲究质量，有的农户造楼房砌墙时中间用钢筋水泥打腰箍，房屋结构也比较新颖，既美观又通风。80 年代末，全村草房消失。

90 年代末，全村 656 户村民建造楼房 548 幢，楼房户占总户数的 83.5%。

2003—2014 年，656 户农户全部动迁，大公村域内自然村全部消失。656 户村民分别被安置在大公花园小区（468 户）、万丰苑小区（86 户）、万欣苑小区（102 户）。

50 年代初，大公村域总户数为 359 户，人口为 1 795 人，总建筑面积为 30 150 平方米，人均居住面积为 16.8 平方米。70 年代末，域内总户数为 480 户，人口为 1 920 人，总建筑面积为 43 200 平方米，人均居住面积为 22.5 平方米。90 年代末，全村总户数为 656 户，人口为 2 444 人，总建筑面积为 126 312 平方米，人均居住面积为 51.7 平方米。动迁后，总安置动迁房 1 860 套，比动迁前即 90 年代末的人均 51.7 平方米增加了 22.4 平方米。

四、行

70 年代前，域内村民出行主要靠步行。因为交通不便，村民很少出门，家中有人患重病须摇船到县人民医院或玉山镇的玉山医院医治。生产队出售粮食，购买化肥、农药、生产资料全靠农船运输，有时村民乘船出行。

70 年代初，域内部分比较富裕的村民开始购买自行车，当时一辆长征牌自行车的售价为 120 余元，凤凰牌、永久牌自行车更贵。拥有一辆凤凰牌或永久牌自行车，常让人羡慕不已。

80 年代中期，随着经济条件好转，家家户户有自行车，有些中老年人不会骑自行车的，就购买三轮车。

90 年代初，年轻人开始购买摩托车。摩托车的价格为 3 000~6 000 元。20 世纪末，电动自行车、家用轿车逐步进入普通家庭。进入 21 世纪后，女青年婚嫁都要陪嫁一辆轿车。至 2020 年底，大公村域有各类轿车 752 辆、摩托车 30 辆、电动自行车 650 辆。在上班族中，除汽车之外，大部分骑电动自行车上班，年纪大的骑电动三轮车。

第三节　社会保障

新中国成立前，域内农民守望相助，遇到买田、造房、婚事、丧事等，往往请比较有威望的人牵头集资，俗称“搭会”，“搭会”一直延续到20世纪50年代。新中国成立后，各级人民政府采取各种形式，帮助农民解决困难，对符合条件的老年人、残疾人和未成年人实行保吃、保穿、保医、保住、保葬（教）政策，这类人群被称为“五保户”；对因灾困难户实行临时救助。60—80年代，以生产队为核算单位，每年年终，对经过评审的困难户，补贴20~50元。改革开放后，农村实行生产责任制，生产队分田到户，由村收取“二金一费”（公积金、公益金、管理费）。从那时起，村困难户、五保户、因病而形成的特殊困难户，全部由村负责补助。村级经济比较贫困的村，对困难户的照顾、补助比较少。2001年，三村合并后，村级经济好转，对困难户每年年终给予照顾补助；对低保户，每月发放一定数量的生活补助，以确保其获得最低生活保障；对五保户每月发放生活费。每年重阳节、春节，为60周岁及以上老年人发放慰问金，金额逐年增加。2019年，60~69周岁的，每人400元；70~79周岁的，每人500元；80~89周岁的，每人600元；90周岁及以上的，每人800元。

一、社会保险

（一）养老保险

新中国成立前，大公村域无工商企业。为私营业主服务的农民，年老退休后，业主一般给予不多的补贴。

改革开放后，乡镇企业蓬勃发展，农民踊跃参加乡镇企业、外资企业工作。从1995年开始，镇办企业及村办企业陆续执行《昆山市城镇职工养老保险暂行办法》，将企业职工纳入城镇社会保险范围，并按照社会统筹和个人账户相结合的原则，建立个人养老保险账户。2003 年，玉山镇贯彻执行《昆山市农民社会养老保险暂行办法》，推行农村社会养老保险。农村社会养老保险采取农民个人缴费为主，集体补贴为辅和国家政策扶持三结合的办法筹集，推行社会保险与家庭养老相结合的养老模式。2015 年，昆山市政府出台了《昆山市城乡居民养老保险管理办法》，使农民与城镇居民享受同等养老保险待遇。

2019 年，大公村缴纳城镇职工养老保险的村民有 834 人，退休且已领养老保险的有 695 人；参加城乡居民养老保险的村民有 138 人，已领养老保险的有 79 人，总参保率达 100%。

（二）医疗保险

1965 年，为贯彻“把医疗卫生工作的重点放到农村去”的指示精神，解决农村农民看病难、看病贵问题，改变农村长期缺医少药状况，大队开始建立合作医疗制度，其形式为“队办队管”，即由大队自筹资金，自己管理。3 个大队分别建立卫生室，配备医生，名曰“赤脚医生”，按每人 2 元筹集资金，从生产队公益金中支出，社员有病去大队卫生室诊治，有较重的病则去公社卫生院医治，遇疑难杂症则到县医院就诊。

70 年代中期，城南公社成立合作医疗办公室，合作医疗改为社队联办，费用由公社、大队、生产队及个人共同负担，实行“队办社管”，后来改为“村办乡管”。参加合作医疗的村民，凡在大队合作医疗办公室诊治产生的医疗费用，直接在大队基金中报销；在县级医院诊治产生的门诊医药费，村民将发票交于村医疗室，每年村统一至乡卫生院报销两次，报销后村医疗室将现金返还给村民；凡在公社（乡）医院住院和转上级医院住院产生的治疗费用，在公社基金中报销，未经批准、自行投医者不得报销。

2004 年，昆山市颁发《关于建立新型农村合作医疗制度的实施意见》，在全市范围内统一实行新型农村合作医疗制度，扩大参保范围，凡未参加城镇职工医疗保险的村民都参加合作医疗（包括中小学生）。参加者以户为单位设立个人账户，实施市、镇、村、个人四级出资，统一由市医保公司管理，向农村居民发放医保卡。随着经济发展，医疗保险基金也不断增加。2004 年，每人每年有 200 元的基金，其中个人出资 50 元。2020 年，每人每年有 955 元的基金，其中

个人出资 270 元。2020 年，村民 100%参加新型农村合作医疗保险。(表 12-3)

表 12-3　2010—2020 年大公村合作医疗保险金缴纳情况一览表

年份	参保人数/人	人均补助/元	村补贴总额/元
2010	718	20	14 360
2011	606	20	12 120
2012	533	20	10 660
2013	496	20	9 920
2014	469	30	14 070
2015	445	30	13 350
2016	408	30	12 240
2017	416	30	12 480
2018	405	30	12 150
2019	422	30	12 660
2020	459	30	13 770

(三) 失地农民生活保障

自 2006 年起，昆山市对失地农民，每人补助 2 万元，用于缴纳养老保险。在村民男性年满 60 周岁、女性年满 55 周岁退休时，原已缴纳城镇职工养老保险的，该款转交养老保险，并折算工龄；农村未转为城镇职工养老保险的或已退休，并领取城乡居民养老保险的，2 万元转为农村居民养老保险基金，并按规定发放养老金。自 2020 年起，不管是否退休，2 万元全部转入社会保险基金，并折算工龄。

从 2014 年开始，昆山市规定失地农民每人享受 1 股经济合作社股金，每年分红。在 2016 年以前，每年按实际人口分红，2016 年以后实行固化，即"生不增，死不减"。对应享受此政策的人员进行登记造册，发放股权证，若老年人去世，股权由子女继承。

大公村从 2014 年开始，每年按核定人口发放股金，并逐年增加。2014—2020 年，大公村累计发放合作社股金 534. 84 万元，如表 12-4 所示。

表 12-4　2014—2020 年大公村股份经济合作社股金发放情况一览表

年份	享受人数/人	人均金额/元	发放总金额/元
2014	2 521	150	378 150
2015	2 529	200	505 800
2016	2 551	250	637 750
2017	2 552	300	765 850
2018	2 553	350	893 550
2019	2 554	400	1 021 600
2020	2 564	450	1 145 700

二、社会救济

（一）五保户供养

新中国成立以来，域内无劳动能力、无维持生活能力、无赡养对象的老弱孤寡人员，由生产队保养起来，保吃、保穿、保医、保住、保葬（教），被称为“五保户”，其口粮、柴草、基本生活费用，由生产队供给，在生产队公益金中报支。五保户去世后，其个人财产归集体所有。1958 年，域内有 6 户 6 人被列为五保户，其中大公大队 4 户 4 人、珠浜大队 2 户 2 人。

2008 年，五保户龚荒生年老患重病，生活不能自理，大公村村委会派人服侍他至 2010 年去世。五保户周关荣自 2012 年患中风，变成植物人，生活不能自理，大公村村委会安排人服侍他至 2015 年去世。

（二）临时救助

临时救助是指对遭天灾人祸、患重大疾病、遇特殊困难的对象给予补助。1962—1982 年，村民家庭人员如患重大疾病、遇到天灾人祸，一般都会被救济，金额在 30~100 元，资金在生产队公益金中报支。1983 年以后，农村分田到户，农户上缴“二金一费”，由村统一管理使用，遇村民家庭有特别困难时，由村给予救助。随着经济发展及物价上涨，补助金额逐年增加，每年年终对特殊困难户发放 100~1 000 元的救助金。

（三）困难户补助

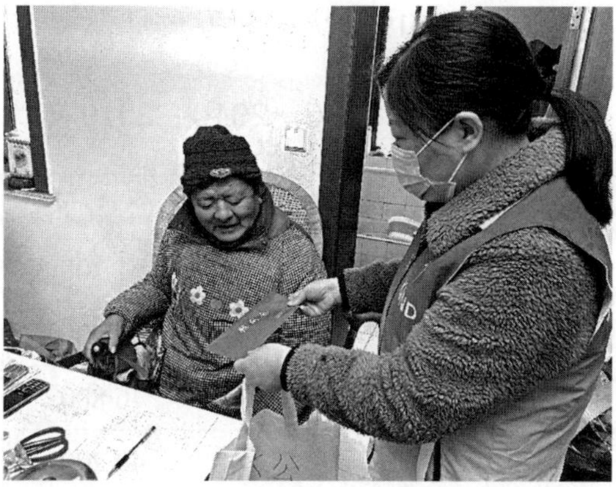

慰问特困户（2020 年，大公村供图）

20 世纪 60 年代初至 80 年代初，域内对困难户实行补助，年终兑现，每户补助 20～50 元不等，金额由各生产队讨论决定，报大队审核批准后，由生产队兑现，在生产队公益金中报支。80 年代初至 90 年代末，各村民小组为困难户提出申请，经村党支部、村委会研究后实施补助，每户补助 100～500 元。2001 年以后，困难户由镇级财政和村级集体经济给予补助，每年发放补助 300～1 000 元不等；2010—2020 年，大公村发放困难户补助 25.135 万元，如表 12-5 所示。

表 12-5　2010—2020 年大公村困难户补助情况一览表

年份	户数/户	金额/元	年份	户数/户	金额/元
2010	22	5 350	2016	67	26 100
2011	36	8 500	2017	84	35 800
2012	33	94 00	2018	67	30 300
2013	54	19 100	2019	63	31 500
2014	58	20 600	2020	80	40 000
2015	65	24 700	合计	629	251 350

（四）最低生活保障

60 年代至 70 年代，当时以生产队为基本核算单位，对因病长期不能参加生产、无劳动能力、无维持生活能力、家庭生活长期困难的家庭，生产队只提供按人口分配的口粮、柴草、实物，确保其生存。80 年代，包干分配，分田到户，对于那些无劳动能力的困难户，在农忙期间，生产队组织劳动力对其进行帮助，确保责任田、口粮田的耕种，从而保证有一定的经济收入，尽量做到自给自足。

2007 年以后，失地农民和符合低保条件的村民都被纳入低保，享受医疗、教育等方面的优惠。2007 年，农民低保标准为每人每月 500 元。随着经济收入增长、物价上涨，低保标准不断提高。2019 年，低保标准提高到每人每月 1 194 元。2010—2019 年大公村发放低保费 37.05 万元，如表 12-6 所示。

表 12-6　2010—2019 年大公村低保费发放情况一览表

年份	户数/户	金额/元	年份	户数/户	金额/元
2010	11	61 200	2015	3	34 800
2011	9	50 400	2016	2	21 600
2012	8	46 800	2017	0	0
2013	5	49 200	2018	0	0
2014	5	49 200	2019	4	57 312

（五）老年人福利

自 1985 年起，域内各村每年年终向老弱病残人员发放照顾款，根据不同情况，按每人 30 元、40 元、50 元的不同标准发放，同时每年向 60 周岁及以上老年人发放敬老费。原大公村自 1985 年开始发放，发放标准按年龄分档次，金额为20~30元不等；路南村自 1987 年开始发放，60 周岁及以上的每人每年 20 元。1995 年开始，各村发放金额有所增加，从原来的 20~30 元提高到 30~50 元，这个发放标准一直延续到 2000 年。从 2001 年开始，大公村、迎丰村、路南村三村合并后，随着集体经济不断壮大，发放金额也不断增加，发放标准提高到60~100 元。重阳节、春节发放老年人慰问金，每年发放金额从 2010 年的 8.19 万元提高到 2020 年的 73.07 万元，11 年共发放 348.11 万元。（表 12-7、表 12-8）

表 12-7　2010—2020 年大公村春节敬老费发放情况一览表

发放年份	发放人数/人	发放金额/元	人均发放标准/元			
			60~69 周岁	70~79 周岁	80~89 周岁	90 周岁及以上
2010	550	40 520	60	80	100	—
2011	562	41 520	60	80	100	—
2012	576	53 800	80	100	120	—
2013	582	66 650	100	120	150	—

续表

发放年份	发放人数/人	发放金额/元	人均发放标准/元			
			60~69 周岁	70~79 周岁	80~89 周岁	90 周岁及以上
2014	607	88 560	120	150	200	—
2015	683	97 840	120	150	200	—
2016	702	161 950	200	250	300	—
2017	740	170 450	200	250	300	—
2018	766	281 700	300	400	500	600
2019	744	367 700	400	500	600	800
2020	773	371 000	400	500	600	800
合计	—	1 741 690	—	—	—	—

表 12-8　2010—2020 年大公村重阳节敬老费发放情况一览表

发放年份	发放人数/人	发放金额/元	人均发放标准/元			
			60~69 周岁	70~79 周岁	80~89 周岁	90 周岁及以上
2010	562	41 440	60	80	100	—
2011	575	45 080	60	80	100	—
2012	599	55 980	80	100	120	—
2013	622	89 100	120	150	200	—
2014	645	91 430	120	150	200	—
2015	670	94 850	120	150	200	—
2016	692	158 850	200	250	300	—
2017	730	167 400	200	250	300	—
2018	760	277 700	300	400	500	600
2019	760	357 900	400	500	600	800
2020	755	359 700	400	500	600	800
合计	—	1 739 430	—	—	—	—

三、优抚

（一）拥军优属

新中国成立后，域内凡应征入伍的现役军人，由生产队每年年终补贴 10~20 元，每年春节大队组织慰问军属一次，送上慰问信及礼品。自 1983 年实行包干分配后，每年春节由村组织慰问，一般向现役军人每人发草鱼一条、猪腿一条。1983—2002 年，一直以实物形式对军属进行慰问。2003 年以后，对现役军人每人每年补助 500 元。

（二）复员退伍军人安置

新中国成立以后，域内有 85 名青年加入中国人民解放军，其中原大公村 23 人、路南村 37 人、迎丰村 25 人。60 年代，退伍村民大部分留在大队任民兵营长、生产队长。70 年代，退伍村民一般被安排在队办企业工作。80 年代，为适应农村经济体制改革发展，实行“征兵、优抚、安置”三位一体的优抚安置方针，在发入伍通知书时，把优抚工作一起落实，服役期满后，征求本人意见，根据接收单位意见和本人工作特长进行安置。

域内的退伍村民绝大部分成为乡村各项工作骨干，有 8 人成为农村基层干部，有 3 人成为私人企业业主，有 40 余人在乡镇企业工作，有 6 人转业在市政府及有关单位任职。

（三）残疾人安置

1984 年以前，域内残疾人一般都由家庭抚养，有的参加力所能及的劳动；生活困难的，由政府和集体给予照顾与补助。1984 年以后，各村村委会为照顾残疾人生活，优先安排残疾人进村办厂工作。2 名残疾人被安排进昆山大公珠光纽扣厂。2001 年以后，陆续安排 5 名残疾人进福利厂工作，并为其缴纳养老保险。对于确实不能参加劳动的，每月给予定额补助，确保其维持基本生活。（表 12-9）

表 12-9　2010—2020 年大公村残疾人补助发放情况一览表

年份	人数/人	金额/元	年份	人数/人	金额/元
2010	12	43 560	2016	8	43 320
2011	11	43 440	2017	8	40 800
2012	11	43 440	2018	7	43 200
2013	10	43 200	2019	7	43 908
2014	9	42 960	2020	5	40 740
2015	9	42 960			

第十三章　人物荣誉

大公村村民历来勤俭朴实，崇德向善。新中国成立后，良好的村风得以弘扬，在社会主义建设和改革开放实践中，涌现出一批优秀人物，他们有的为家乡建设、发展做出重要贡献；有的在市、乡领导岗位上取得了好的成绩；有在部队当兵，在学校当老师，在医院做医生；还有众多的泥瓦匠、漆匠、木匠、电工等能工巧匠及各类种养能手。在外工作人员也在各自的岗位上奋力拼搏做出了贡献。20 世纪六七十年代，62 名苏州市、和昆山县的城镇知青和 8 户下放的干部落户大公村域，给域内村民带来了文化和科学知识，为大公村的“两个文明”建设做出了贡献。至 2020 年，大公村有大学本科及以上学历人员 147 人，复员（退伍、转业）军人 85 人，教师 33 人，医务人员 14 人。他们均为大公村的集体荣誉做出努力和奉献。对此，大公村村民永远铭记。

第一节 人物简介

夏国基 1938年4月生，原迎丰村第6村民小组人，1957年入伍，1980年入党。

1956年，夏国基任珠浜高级社副业会计、团支部书记。1957—1961年，在部队服役。1962—1972年，在城南人民公社机电站工作。1973—1986年，调至昆山花桥人民公社机电站，先后任工程技术员、站长、联合支部书记。1987年，调至昆山县水利局任科长。1998年4月，退休。

夏国基的荣誉证书（2020年，张阿根摄）

夏国基退伍后一直在水利战线上工作，在城南、花桥工作时，为灌溉、排涝、防洪做了大量工作。到昆山县（市）水利局工作后，他负责深井的审批和管理，对深井逐口建牌、立账。他被江苏省水利厅评为一九九二、一九九五年度水政水资源工作先进个人，获苏州市水利局农机系统嘉奖1次、昆山市委、市政府嘉奖5次。

李连生 1945年8月生，原大公村第6村民小组人，1965年2月入党。

1966年2月—1976年5月，李连生任大公大队大队长。1976年6月—1983年8月，任大公大队党支部书记。1983年8月—1995年1月，任城南乡经济联合委员会副主任、城南乡多种经营服务公司经理。1995年2月，调至昆山市副食品公司办公室工作。2005年8月，退休。

李连生任大公大队书记时，为发展队办企业与企业负责人一起走南闯北，拓宽销售渠道，抓实、抓好生产和管理，连续多年将企业盈利下拨给生产队，增加村民收入。70—80 年代，化肥紧缺，他组织各生产队到上海罱河泥、运垃圾、割青草，缓解缺肥困难。李连生蹲点的大公大队第 3 生产队在 1978 年 100% 种双季稻且亩产超 1 500 斤，被昆山县革委会评为农业社会主义建设先进集体。

张阿根　1945 年 10 月生，原迎丰村第 4 村民小组人，1966 年 3 月入党。

1961 年 12 月—1967 年 3 月，张阿根任珠浜大队团支部书记，其间，1966 年 3 月兼任第 4 生产队政治队长。1967 年 3 月—1977 年 4 月，任珠浜大队党支部书记。1968 年 3 月—1981 年 9 月，任珠浜大队革委会主任，任城南人民公社革委会委员。1977 年 4 月—1984 年 10 月，任城南人民公社合作医疗管理委员会主任，其间，1977 年 7 月—1979 年 7 月，外借到城南人民公社蔡家大队参与路线教育，任工作组副组长；1979 年 8 月—1983 年 10 月，外借到城南人民公社合兴大队蹲点参与农业生产；1983 年 11 月—1984 年 10 月，回城南人民公社医管委工作。1984 年 11 月—2005 年 10 月，先后任昆山赛露达有限公司行政科科长、工会主席、党支部委员、党支部副书记、党支部书记。1975—2016 年，2 次见义勇为救起落水妇女，1 次救助急病村民，还曾 2 次勇斗抢包歹徒。2003 年，获苏州市总工会、苏州市人事局颁发的“优秀工会工作者”荣誉证书。2005 年，退休。

李永清　1946 年 2 月生，原大公村第 5 村民小组人，1975 年入党。

1961 年，李永清任大公大队团支部书记。1965 年，到苏州农校读书 3 年。1968 年，回大公大队任农技员。1972 年，调城南人民公社农技站工作。1975 年 5 月，任城南人民公社金星大队党支部书记。1978 年 7 月，任城南人民公社革委会副主任。1983 年 5 月，任南港乡乡长。1988 年，任昆山县农业局副局长。1995 年，任昆山市经济技术开发区农业管理局副局长。2000 年，任昆山市国家农业示范区总经理。2006 年 2 月，退休。

李永清任金星大队党支部书记时，严于律已，坚持与社员一起参加集体劳动，金星大队的经济有起色。任南港乡乡长时，他狠抓南港乡的经济发展，几年间南港乡的经济发展水平从昆山县的最后一位，跃升到昆山县第十位。1988 年，他调任昆山县农业局副局长时，主抓种子工作，推行农户不留种，由市、乡二级联供。1991 年春，在江苏省扬州市召开的全国种子工作会议上，李永清做了改良品种增加产量的先进经验介绍。

王文元　1955年6月生，原路南村第2村民小组人，1976年2月入党。

1978年10月—1979年10月，王文元任路南大队团书记。1979年2月—1985年8月，任城南人民公社团委副书记、党委组织干事。1985年8月—1988年3月，任昆山县委办公室秘书长。1988年4月—1996年9月，任昆山县（市）南港镇党委副书记、镇长、党委书记。1996年10月—2002年11月，先后任昆山市卫生局局长、文广局局长。2002年12月—2008年9月，任昆山市发改委主任。2008年10月—2012年9月，任昆山经济技术开发区党工委副书记。2012年10月—2015年6月，任开发区副调研员。2015年7月，退休。

王文元在职时坚持改革开放，重视经济发展，发展外资引进，在工作中做出了贡献。1994年，他获昆山市级三等功1次，2006年被评为昆山市劳动模范。

冯志群　1960年11月生，原迎丰村第6村民小组人，1978年3月入伍，1981年入党。

1978年3月—1999年8月，冯志群在部队服役，先后任排长、连长、营长、副团长（中校军衔），被评为某军区司令部先进标兵。1999年9月—2000年8月，任昆山市国家安全局副局长。2000年9月—2004年8月，任昆山市公安局东新分局副局长。2004年9月—2020年11月，任昆山市公安局警务保障科科长（副局级，三级警监警衔）。2020年11月，退休。

冯志群严格要求自己，处处以身作则，认真完成各项任务，转业后继承和发扬部队的优良传统和作风，在工作岗位上做出贡献，荣立三等功1次。

晋林根　1961年8月生，原大公村第2村民小组人，1979年12月入伍，1982年11月入党。

1981年10月—1984年7月，晋林根在某军校大专班学习。1984年8月—1999年8月，在山东省军区政治部工作。1997年，被济南军区表彰为“优秀基层干部”。1999年9月，调至济南军区任某所副所长（副团职）。转业后，他担任昆山市司法局副局长兼昆山市统战部副部长。2012年1月，

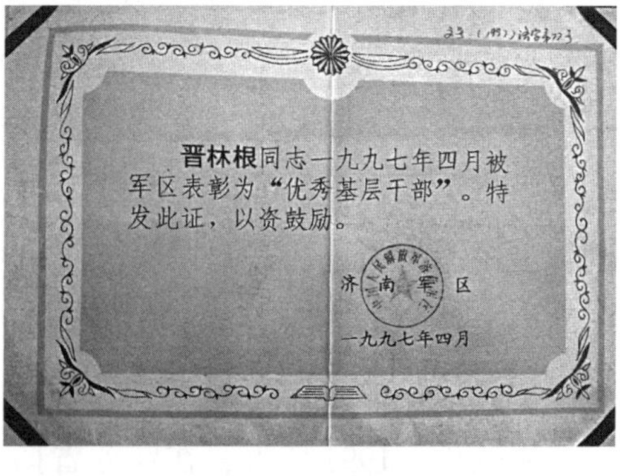

晋林根的荣誉证书（2020年，张阿根供图）

他担任市政协提案委员会主任（二级调研员，正局职）。

晋林根在部队服役期间荣立三等功 3 次，转业后，在新的工作岗位上继续发光发热。2002 年，他被苏州市司法局评为“十佳”公务员；2008 年，被评为昆山市优秀党务工作者，且在 2011 年再获此奖；2015 年，他被中共昆山市委员会评为信访工作先进个人。

王刚 1970 年 6 月生，原迎丰村第 5 村民小组人，1993 年入党。

1991 年 7 月，王刚毕业于江苏警官学院。2005 年 9 月，任昆山市消防大队教导员。2007 年 8 月，任苏州工业园区消防大队长。2018 年，任昆山市公安局主任科员、二级高级警长。

王刚在消防战线上成绩显著。2012—2014 年，他连续 3 年获江苏省公安厅三等功。2015 年，他获公安部二等功。

第二节 人物名录

一、退役军人名录

中华人民共和国成立后，大公村域青年响应祖国召唤，积极参军入伍，保家卫国，在抗美援朝及社会主义建设中建功立业。据不完全统计，至 2020 年底，大公村退伍军人共有 85 名，如表 13-1 所示。

表 13-1 2020 年大公村退役军人名录表

序号	组别	姓名	性别	出生年月	入伍年月	退役年月
1	15	徐振华	男	1932 年 4 月	1951 年 8 月	1956 年 2 月
2	23	周银生	男	1929 年 1 月	1951 年 8 月	1956 年 2 月

续表

序号	组别	姓名	性别	出生年月	入伍年月	退役年月
3	1	周金生	男	1933 年 6 月	1952 年 4 月	1957 年 6 月
4	5	张瑞昌	男	1933 年 4 月	1952 年 4 月	1957 年 6 月
5	12	曹小云	男	1933 年 1 月	1952 年 4 月	1958 年 3 月
6	12	卞长林	男	1934 年 3 月	1952 年 4 月	1957 年 6 月
7	15	顾林生	男	1933 年 5 月	1952 年 4 月	1957 年 6 月
8	1	金桂香	男	1939 年 12 月	1957 年 10 月	1964 年 11 月
9	14	夏国基	男	1938 年 4 月	1957 年 7 月	1961 年 6 月
10	20	陈忠云	男	1934 年 5 月	1960 年 12 月	1962 年 11 月
11	24	龚菊良	男	1945 年 1 月	1962 年 3 月	1970 年 3 月
12	1	殷全根	男	1945 年 5 月	1965 年 1 月	1970 年 1 月
13	18	朱顺章	男	1946 年 12 月	1965 年 9 月	1973 年 10 月
14	6	叶金良	男	1950 年 7 月	1968 年 3 月	1971 年 4 月
15	21	邹阿二	男	1949 年 7 月	1968 年 3 月	1970 年 2 月
16	10	张小毛	男	1947 年 12 月	1969 年 12 月	1974 年 10 月
17	12	吴兴根	男	1953 年 4 月	1969 年 12 月	1974 年 10 月
18	12	王志毕	男	1951 年 7 月	1969 年 12 月	1974 年 10 月
19	18	陈纪元	男	1950 年 1 月	1969 年 12 月	1985 年 3 月
20	24	李银泉	男	1950 年 10 月	1969 年 12 月	1985 年 3 月
21	19	王卫民	男	1950 年 4 月	1969 年 2 月	1983 年 1 月
22	21	周文贵	男	1951 年 12 月	1969 年 2 月	1973 年 3 月
23	17	郭生明	男	1948 年 8 月	1969 年 8 月	1973 年 2 月
24	17	郭金明	男	1950 年 8 月	1969 年 8 月	1973 年 2 月
25	23	周文化	男	1951 年 3 月	1970 年 11 月	1973 年 12 月
26	21	邹阿三	男	1952 年 1 月	1970 年 12 月	1975 年 3 月
27	23	邢勤男	男	1954 年 8 月	1972 年 11 月	1976 年 3 月
28	17	龚林根	男	1954 年 7 月	1974 年 12 月	1978 年 11 月
29	24	龚桂泉	男	1954 年 8 月	1974 年 12 月	1977 年 3 月

续表

序号	组别	姓名	性别	出生年月	入伍年月	退役年月
30	7	邵　亮	男	1956 年 10 月	1976 年 2 月	1978 年 3 月
31	3	朱学良	男	1958 年 2 月	1976 年 2 月	1982 年 1 月
32	10	王志林	男	1956 年 9 月	1976 年 2 月	1978 年 3 月
33	12	吴小根	男	1956 年 2 月	1976 年 2 月	1978 年 4 月
34	17	杜建华	男	1957 年 4 月	1976 年 2 月	1979 年 12 月
35	20	孟益成	男	1958 年 3 月	1976 年 3 月	1979 年 3 月
36	22	周克林	男	1955 年 7 月	1976 年 11 月	1985 年 3 月
37	14	冯志群	男	1960 年 11 月	1978 年 3 月	1999 年 9 月
38	3	徐建群	男	1959 年 9 月	1978 年 3 月	1996 年 8 月
39	22	朱炳国	男	1959 年 3 月	1978 年 3 月	1983 年 11 月
40	1	周东成	男	1958 年 8 月	1978 年 12 月	1982 年 1 月
41	1	晋小明	男	1960 年 3 月	1978 年 12 月	1981 年 12 月
42	2	晋林根	男	1961 年 8 月	1979 年 12 月	1999 年 9 月
43	22	张建康	男	1961 年 1 月	1979 年 12 月	1984 年 12 月
44	4	俞惠明	男	1963 年 6 月	1980 年 1 月	1986 年 1 月
45	19	费建康	男	1962 年 3 月	1980 年 1 月	2003 年 1 月
46	23	邢勤芳	男	1963 年 1 月	1980 年 12 月	1985 年 10 月
47	13	蒋林才	男	1961 年 6 月	1981 年 11 月	1983 年 11 月
48	1	晋敏明	男	1962 年 9 月	1981 年 11 月	1984 年 11 月
49	6	吴玉根	男	1963 年 6 月	1982 年 12 月	1986 年 1 月
50	7	戴伯坤	男	1964 年 5 月	1983 年 1 月	1986 年 1 月
51	4	沈美德	男	1965 年 1 月	1983 年 11 月	1986 年 1 月
52	10	王永明	男	1965 年 11 月	1983 年 11 月	1986 年 11 月
53	20	徐建新	男	1964 年 2 月	1983 年 12 月	1987 年 1 月
54	19	费建明	男	1965 年 2 月	1984 年 1 月	1986 年 1 月
55	6	马　良	男	1965 年 7 月	1984 年 9 月	1987 年 9 月
56	24	王林海	男	1964 年 10 月	1984 年 10 月	1989 年 2 月

续表

序号	组别	姓名	性别	出生年月	入伍年月	退役年月
57	18	陈卫春	男	1966 年 8 月	1984 年 11 月	1989 年 2 月
58	19	杨双明	男	1965 年 11 月	1984 年 11 月	1989 年 12 月
59	24	李建明	男	1965 年 7 月	1985 年 10 月	1990 年 3 月
60	5	徐立中	男	1967 年 12 月	1985 年 11 月	1990 年 3 月
61	15	龚二男	男	1966 年 3 月	1986 年 11 月	1988 年 10 月
62	20	陈建龙	男	1968 年 12 月	1986 年 11 月	1990 年 3 月
63	13	茅金明	男	1971 年 7 月	1990 年 11 月	1992 年 10 月
64	9	杨益明	男	1973 年 3 月	1991 年 11 月	1993 年 12 月
65	9	阚文华	男	1973 年 1 月	1992 年 12 月	1994 年 11 月
66	21	孙建平	男	1975 年 5 月	1993 年 12 月	1996 年 12 月
67	23	邵　伟	男	1975 年 10 月	1994 年 10 月	1997 年 12 月
68	16	朱林荣	男	1976 年 2 月	1995 年 11 月	1998 年 10 月
69	21	潘建峰	男	1977 年 6 月	1996 年 11 月	1999 年 12 月
70	6	朱素华	男	1978 年 6 月	1996 年 12 月	1999 年 1 月
71	23	周　明	男	1978 年 11 月	1997 年 12 月	1999 年 2 月
72	6	叶　挺	男	1978 年 12 月	2000 年 12 月	2002 年 12 月
73	18	龚宵虎	男	1983 年 11 月	2003 年 11 月	2005 年 12 月
74	2	王　振	男	1986 年 11 月	2004 年 12 月	2006 年 12 月
75	24	魏　炜	男	1986 年 4 月	2004 年 12 月	2006 年 11 月
76	13	王　钢	男	1970 年 6 月	1991 年 7 月	2018 年 11 月
77	7	钱林俊	男	1987 年 7 月	2005 年 12 月	2007 年 12 月
78	24	邢志华	男	1987 年 3 月	2005 年 12 月	2007 年 12 月
79	12	张　伟	男	1988 年 9 月	2007 年 9 月	2009 年 11 月
80	13	朱　军	男	1981 年 11 月	2007 年 9 月	2015 年 10 月
81	18	庞玉宇	男	1989 年 11 月	2007 年 12 月	2009 年 12 月
82	8	吴政军	男	1989 年 4 月	2009 年 12 月	2015 年 12 月
83	19	黄殷杰	男	1991 年 8 月	2012 年 12 月	2014 年 2 月
84	20	郁　峰	男	1993 年 6 月	2014 年 9 月	2019 年 9 月
85	22	徐　磊	男	1995 年 9 月	2015 年 12 月	2017 年 9 月

二、村籍在外任职人员择录

据走访、召开“五老”人员座谈会了解，截至2020年，大公村村民在外具备副股级及以上职称的干部有16人（包括已故4人），他们在不同时期的不同战线上做出了各自的贡献。（表13-2）

表13-2 2020年大公村在外具备副股级及以上职称人员择录表①

序号	姓名	性别	离村年份	任职单位	曾任职务	备注
1	胡玉坤	男	1956	花桥乡人民政府	文书	
2	王卫民	男	1969	昆山县第二招待所	所长	
3	胡玉林	男	1975	玉山镇工业公司	副经理	
4	李正明	男	1975	城南建筑工程公司	总经理	
5	朱瑞珠	女	1978	昆山翔峰塑料制品有限公司	财务总管	
6	姚正方	男	1978	昆山市农业机械化技术推广站	站长	
7	费建康	男	1980	上海市浦东新区人民防空办公室	副指挥	
8	陈永芬	女	1983	城南乡妇联	主任	
9	姚建华	男	1987	昆山市污水处理有限公司	副总经理	
10	朱炳英	女	1992	昆山经济技术开发区 社会事业管理局民政科	科长	
11	王志毕	男	1992	玉山镇村镇建设办公室	支部书记	
12	李金水	男	2001	昆山市玉山镇敬老院	副院长	
13	李福根	男	1973	城南建筑工程公司三分站	支部委员	已故
14	周银生	男	1975	城南公社合兴砖瓦厂	厂长	已故
15	徐银泉	男	1976	城南建筑工程公司	副书记	已故
16	李学炳	男	1978	城南公社石灰厂	会计	已故

① 此表中的工作单位根据村民口述录入，其中部分单位名称有所变更，此处以村民口述为准。

三、村籍教师择录

至2020年，大公村先后走上教育岗位的有33人，他们在大公村及其他地方任教，其中在职教师20人，退休教师10人，已故教师3人。他们在任教期间培养了一批又一批的社会主义建设事业接班人。(表13-3、表13-4、表13-5)

表13-3　2020年大公村村籍在职教师择录表

序号	姓名	性别	从教年份	工作单位
1	卞惠珍	女	1985	昆山经济技术开发区高级中学
2	李水花	女	1989	昆山市第一中学
3	卞惠芬	女	1990	昆山市爱心学校
4	唐敏芬	女	1991	昆山市玉山中学
5	李　忠	男	1993	昆山市秀峰中学
6	李益峰	女	1995	昆山高新区吴淞江学校
7	俞亚年	男	2000	昆山市葛江中学
8	朱金菊	女	2000	昆山市葛江中学
9	张志燕	女	2005	昆山市周市中心小学校
10	邵小燕	女	2005	昆山市第一中学
11	朱平海	女	2005	昆山市玉山镇第三中心小学校
12	龚　栩	女	2013	昆山市张浦中心小学校
13	裴　蓓	女	2015	昆山市娄江实验学校
14	苏　虹	女	2015	昆山市玉山镇新城域小学
15	顾金芳	女	2015	昆山高新区吴淞江学校
16	俞晓燕	女	2016	昆山市陆家中学
17	李　霜	女	2016	昆山高新区南星渎小学
18	谢桂丽	女	2016	昆山大公翔艺幼儿园
19	陈玉玲	女	2016	昆山市周市镇永平小学
20	沈婷婷	女	2016	昆山高新区娄汀苑幼儿园

表 13-4　2020 年大公村村籍退休教师择录表①

序号	姓名	性别	从教年份	退休年份	原工作单位
1	谷家德	男	1965	2004	昆山经济技术开发区高级中学
2	施杏芬	女	1968	1993	昆山市大公小学
3	吴福珍	女	1969	2004	昆山市城南三中心小学
4	谷家成	男	1971	2002	玉山镇成人教育中心校
5	周永成	男	1976	2006	昆山市庙灯小学
6	刘爱玉	女	1979	1985	昆山市路南小学
7	刘学娣	女	1980	2015	大公村办幼儿园
8	陶　仙	女	1980	2017	昆山市吴淞江学校
9	程小红	女	1983	2015	大公村办幼儿园
10	吴爱仙	女	1990	2007	大公村办幼儿园

表 13-5　2020 年大公村籍已故教师择录表

序号	姓名	性别	任教时间	工作单位
1	戴生炎	男	1953—1983 年	大公小学
2	韩启才	男	1957—1995 年	大公小学、庙灯小学
3	朱美英	女	1963—1993 年	昆山市三中心小学

四、村籍从医人员择录

1965 年，大公、珠浜、团结 3 个大队各推选 2 名青年到公社卫生院培训 2 个月，他们回到大队后成为大队保健员，通过考核后，由昆山县卫生局 1979 年颁发“赤脚医生”证书，1988 年颁发“江苏省乡村保健医生”证书，1995 年经过昆山市乡镇卫生初级职务评审获“医士”职务聘书。除了以上从医路径，还有在医科大学毕业后被分配到昆山市属医院工作的。至 2020 年，大公村村籍从

① 此表中的工作单位根据村民本人口述录入，村民任教期间、退休之后校名多有变更，在此不一一录入，以村民口述为准。

医人员有 14 名（其中已故 3 名）。（表 13-6、表 13-7）

表 13-6　2020 年大公村村籍从医人员择录表

序号	姓名	性别	出生年份	从业年份	退职年份	从业单位
1	杨根宝	男	1944	1965	2004	合作医疗站
2	周栋良	男	1945	1965	1993	合作医疗站
3	徐琴敏	女	1944	1965	2004	合作医疗站
4	李巧泉	男	1947	1966	1971	合作医疗站
5	朱文娟	女	1951	1969	1979	合作医疗站
6	韩林根	男	1948	1977	2000	合作医疗站
7	朱美英	女	1949	1977	1978	合作医疗站
8	陈永芬	女	1960	1979	1983	合作医疗站
9	谷红妹	女	1973	1990	1993	合作医疗站
10	陈惠娟	女	1970	1996	2020	医疗服务站
11	包亚明	男	1976	2001		昆山市第一人民医院

表 13-7　2020 年大公村村籍已故从医人员择录表

序号	姓名	性别	出生年份	从业年份	退职年份	从业单位
1	徐文斌	男	1945	1965	2005	大公大队、城南建筑站合作医疗站
2	杨金妹	女	1945	1967	1995	大公大队合作医疗站
3	徐雪男	男	1946	1965	1975	城南公社卫生院

五、插队知青、下放干部、安家落户人员名录

1968 年，城镇知青响应毛泽东主席“上山下乡”号召，到农村插队落户，接受再教育。大公大队、珠浜大队、团结大队分别安置苏州市、昆山县、玉山镇知青 62 名，安家落户人员、下放干部 8 名。

知青有文化、有知识，到农村后得到了锻炼成长，有的被推选为基层领导、民办教师、赤脚医生，有的成为文艺骨干，在文化传播等方面做出了积极贡献。（表 13-8、表 13-9）

表 13-8 20 世纪六七十年代大公域内插队知青一览表

序号	姓名	性别	出生年月	插队时间	所插生产队	返城时间
1	吴　雷	男	1950 年 3 月	1968 年 5 月	大公大队第 1 生产队	1979 年 5 月
2	俞明亮	男	1949 年 8 月	1968 年 5 月	大公大队第 1 生产队	1978 年 12 月
3	沈中兰	男	1951 年 2 月	1968 年 5 月	大公大队第 1 生产队	1978 年 12 月
4	石剑华	男	1948 年 6 月	1968 年 5 月	大公大队第 2 生产队	1979 年 5 月
5	石剑洪	男	1951 年 8 月	1968 年 5 月	大公大队第 2 生产队	1979 年 5 月
6	瓮建华	女	1951 年 4 月	1968 年 5 月	大公大队第 3 生产队	1978 年 12 月
7	孙杏珍	女	1950 年 5 月	1968 年 5 月	大公大队第 4 生产队	1978 年 12 月
8	胡佩华	女	1950 年 7 月	1968 年 5 月	大公大队第 4 生产队	1979 年 5 月
9	张培明	男	1951 年 1 月	1968 年 5 月	大公大队第 4 生产队	1979 年 5 月
10	华啬月	女	1949 年 10 月	1968 年 5 月	大公大队第 5 生产队	1978 年 12 月
11	江中行	女	1950 年 11 月	1968 年 5 月	大公大队第 5 生产队	1978 年 12 月
12	吴玲玲	女	1949 年 11 月	1968 年 5 月	大公大队第 6 生产队	1978 年 12 月
13	王亦群	女	1951 年 2 月	1968 年 5 月	大公大队第 6 生产队	1979 年 5 月
14	辛月琴	女	1949 年 3 月	1968 年 5 月	大公大队第 6 生产队	1979 年 5 月
15	姜新华	男	1949 年 8 月	1968 年 5 月	大公大队第 7 生产队	1978 年 5 月
16	王惠珍	女	1949 年 11 月	1968 年 5 月	大公大队第 7 生产队	1979 年 5 月
17	金源林	男	1950 年 10 月	1968 年 5 月	珠浜大队第 1 生产队	1976 年 4 月
18	蒋仁荣	男	1951 年 2 月	1968 年 12 月	珠浜大队第 1 生产队	1972 年 6 月
19	赵德明	男	1951 年 3 月	1968 年 12 月	珠浜大队第 1 生产队	1977 年 4 月
20	王维新	男	1951 年 4 月	1968 年 12 月	珠浜大队第 2 生产队	1970 年 4 月
21	陈肃明	男	1952 年 10 月	1968 年 12 月	珠浜大队第 2 生产队	1969 年 4 月
22	徐建忠	男	1953 年 1 月	1969 年 4 月	珠浜大队第 3 生产队	1977 年 8 月
23	刘定军	男	1952 年 5 月	1969 年 4 月	珠浜大队第 4 生产队	1976 年 7 月
24	王明珠	女	1951 年 3 月	1968 年 10 月	珠浜大队第 5 生产队	1976 年 10 月

续表

序号	姓名	性别	出生年月	插队时间	所插生产队	返城时间
25	朱美英	女	1949 年 8 月	1968 年 10 月	珠浜大队第 5 生产队	1978 年 4 月
26	沈惠平	女	1950 年 6 月	1968 年 10 月	珠浜大队第 5 生产队	1977 年 8 月
27	任庆耀	男	1949 年 3 月	1968 年 12 月	珠浜大队第 6 生产队	1978 年 12 月
28	郭旦华	男	1950 年 9 月	1968 年 12 月	珠浜大队第 6 生产队	1972 年 5 月
29	任建正	男	1951 年 4 月	1968 年 12 月	珠浜大队第 6 生产队	1979 年 12 月
30	魏　惠	女	1950 年 6 月	1968 年 10 月	珠浜大队第 7 生产队	1977 年 4 月
31	王素青	女	1952 年 5 月	1968 年 10 月	珠浜大队第 7 生产队	1977 年 4 月
32	许惠珍	女	1951 年 8 月	1968 年 10 月	珠浜大队第 7 生产队	1977 年 4 月
33	朱文娟	女	1951 年 1 月	1968 年 12 月	珠浜大队第 8 生产队	1977 年 4 月
34	范　玲	女	1949 年 8 月	1968 年 12 月	珠浜大队第 8 生产队	1979 年 3 月
35	张素飞	女	1950 年 10 月	1968 年 12 月	珠浜大队第 9 生产队	1979 年 4 月
36	孙贤芳	女	1950 年 8 月	1968 年 12 月	珠浜大队第 9 生产队	1976 年 1 月
37	茅招康	男	1943 年 2 月	1963 年 5 月	珠浜大队第 5 生产队	1987 年 7 月
38	李美囡	女	1950 年 6 月	1968 年 5 月	团结大队第 1 生产队	1972 年 10 月
39	潘旗妹	女	1949 年 10 月	1968 年 5 月	团结大队第 1 生产队	1972 年 11 月
40	蔡小男	男	1947 年 7 月	1968 年 5 月	团结大队第 2 生产队	1978 年 12 月
41	邵　龙	男	1947 年 3 月	1968 年 5 月	团结大队第 2 生产队	1977 年 12 月
42	杨作潭	男	1944 年 10 月	1967 年 3 月	团结大队第 3 生产队	1973 年 12 月
43	陆兰嫌	女	1950 年 2 月	1968 年 5 月	团结大队第 3 生产队	1973 年 12 月
44	胡建江	女	1951 年 2 月	1969 年 1 月	团结大队第 3 生产队	1982 年 1 月
45	朱红珍	女	1948 年 12 月	1968 年 5 月	团结大队第 3 生产队	1970 年 3 月
46	程永琳	女	1946 年 3 月	1968 年 5 月	团结大队第 4 生产队	1977 年 11 月
47	沈凤初	男	1944 年 11 月	1968 年 5 月	团结大队第 4 生产队	1977 年 12 月
48	殷志喜	女	1949 年 4 月	1968 年 5 月	团结大队第 4 生产队	1978 年 10 月
49	雷吉友	女	1950 年 2 月	1968 年 5 月	团结大队第 4 生产队	1978 年 12 月

续表

序号	姓名	性别	出生年月	插队时间	所插生产队	返城时间
50	任伍玲	女	1948 年 10 月	1968 年 5 月	团结大队第 4 生产队	1978 年 12 月
51	袁 铁	男	1949 年 3 月	1968 年 5 月	团结大队第 5 生产队	1979 年 6 月
52	金雪年	男	1948 年 6 月	1968 年 5 月	团结大队第 5 生产队	1978 年 2 月
53	蒋凤仙	女	1948 年 1 月	1968 年 5 月	团结大队第 6 生产队	1979 年 5 月
54	张叶培	女	1948 年 5 月	1968 年 5 月	团结大队第 6 生产队	1978 年 4 月
55	毛金元	男	1945 年 6 月	1968 年 5 月	团结大队第 7 生产队	1978 年 2 月
56	胡学荣	男	1949 年 9 月	1968 年 5 月	团结大队第 7 生产队	1971 年 5 月
57	钱勤利	男	1950 年 2 月	1968 年 5 月	团结大队第 7 生产队	1978 年 2 月
58	钱勤治	男	1952 年 3 月	1969 年 6 月	团结大队第 7 生产队	1973 年 3 月
59	勇 荣	男	1950 年 7 月	1968 年 5 月	团结大队第 7 生产队	1978 年 12 月
60	奚正冬	女	1950 年 10 月	1968 年 5 月	团结大队第 7 生产队	1975 年 5 月
61	奚远志	男	1948 年 3 月	1968 年 5 月	团结大队第 7 生产队	1973 年 3 月
62	吉文丽	女	1949 年 5 月	1968 年 5 月	团结大队第 7 生产队	1976 年 3 月

表 13-9　20 世纪六七十年代大公域内安家落户人员、下放干部一览表

序号	姓名	性别	落户/下放年份	类别	落户生产队	返城时间
1	吴玉明	男	1961	安家落户人员	珠浜大队第 6 生产队	—①
2	任连生	男	1961	安家落户人员	珠浜大队第 9 生产队	—
3	赵虎男	男	1961	安家落户人员	珠浜大队第 5 生产队	—
4	阮阿四	男	1961	安家落户人员	珠浜大队第 5 生产队	—
5	王国英	男	1961	安家落户人员	珠浜大队第 5 生产队	—
6	刘义华	男	1964	安家落户人员	珠浜大队第 1 生产队	1980 年
7	袁世伟	男	1964	安家落户人员	珠浜大队第 1 生产队	—
8	彭岳鸣	男	1971	下放干部	珠浜大队第 7 生产队	1980 年

① “—”表示未返城，下同。

六、村籍大学生择录

1977年恢复高考制度后，域内通过高考上大学或通过自学考试、电大学习取得本科学历的青年越来越多。据不完全统计，至2020年，大公村村籍本科大学生有147人，其中硕士研究生及以上学历的有14人。（表13-10）

表13-10 2020年大公村籍本科及以上学历人员择录表

序号	姓名	性别	学历	毕业院校
1	包亚娟	女	本科	江苏师范大学
2	包亚明	男	本科	江苏大学
3	卞卫国	男	本科	南京邮电大学
4	曹　娟	女	本科	扬州大学
5	陈　浩	男	本科	南京大学
6	陈　曦	女	本科	南通大学杏林学院
7	陈　燕	女	本科	南京大学
8	陈爱福	女	本科	南京大学
9	陈华静	女	本科	苏州科技大学
10	陈维仙	女	本科	淮阴工学院
11	陈正华	男	本科	南京工业大学浦江学院
12	方　成	男	本科	南京审计大学
13	费晓婷	女	硕士研究生	苏州大学
14	高　铉	男	本科	淮阴工学院
15	龚伊然	女	本科	徐州工程学院
16	谷晓玥	女	硕士研究生	英国诺森比亚大学
17	谷奕丰	男	本科	江南大学
18	顾佳敏	女	本科	澳大利亚国立大学
19	韩　婷	女	本科	南京航空航天大学
20	韩　艳	女	本科	扬州大学广陵学院

续表

序号	姓名	性别	学历	毕业院校
21	韩卓禾	男	本科	南京师范大学泰州学院
22	季建强	男	本科	加拿大约克大学
23	江星雨	女	本科	扬州大学广陵学院
24	蒋亚芳	女	本科	华东师范大学
25	蒋亚华	男	本科	加拿大西蒙菲莎大学
26	金　迪	男	本科	中国药科大学
27	金　磊	男	本科	徐州医科大学
28	金　甜	女	本科	盐城师范学院
29	金晟天	男	本科	金陵科技学院
30	金夏明	男	硕士研究生	江苏大学
31	晋　程	男	本科	东南大学
32	晋菲菲	女	本科	常州大学怀德学院
33	晋思雯	女	本科	江苏大学
34	晋文秀	女	本科	江苏师范大学
35	晋玉芳	女	本科	南京师范大学泰州学院
36	晋玉秀	女	硕士研究生	西华师范大学
37	李　铭	男	本科	江苏大学
38	李　霜	女	本科	南京师范大学
39	李　茵	女	本科	湖北中医药大学
40	李庭傲	男	本科	长春工程学院
41	李雯婷	女	本科	徐州医科大学
42	李晓燕	女	本科	天津工业大学
43	李叶舟	男	本科	南京大学
44	李玉忆	女	博士研究生	南京中医药大学
45	林锦均	男	本科	南京航空航天大学
46	刘　颖	男	本科	常州工学院

续表

序号	姓名	性别	学历	毕业院校
47	刘建军	男	硕士研究生	上海交通大学
48	吕　娟	女	本科	南京信息工程大学
49	马　琳	男	本科	江苏海洋大学
50	马伟伟	男	本科	徐州工程学院
51	缪　磊	男	本科	江苏大学
52	裴　蓓	女	本科	江苏理工学院
53	钱　斌	男	本科	盐城师范学院
54	钱超君	女	本科	常州大学怀德学院
55	阮云蕾	女	本科	吉林师范大学
56	邵安民	男	本科	南京医科大学
57	邵佳德	男	博士研究生	香港中文大学
58	邵小燕	女	本科	常熟理工学院
59	沈　洁	女	本科	扬州大学
60	沈　贤	女	本科	徐州师范大学
61	沈　燕	女	本科	南京医科大学
62	沈唯一	女	本科	江苏师范大学
63	宋雨梅	女	本科	苏州大学
64	苏　虹	女	本科	南京师范大学泰州学院
65	孙虎强	男	本科	江南大学
66	唐丽莹	女	本科	江苏第二师范学院
67	王　芳	女	本科	江苏大学
68	王　吉	女	硕士研究生	苏州大学
69	王欢欢	女	本科	江苏大学
70	王琳琳	女	本科	苏州科技大学
71	王秋芳	女	本科	南通大学
72	王诗韵	女	本科	淮阴工学院
73	王文韬	男	硕士研究生	南京信息工程大学

续表

序号	姓名	性别	学历	毕业院校
74	吴雷明	男	本科	南京大学
75	吴晓梦	女	本科	南京理工大学
76	夏　霖	男	本科	中国人民解放军海军军医大学
77	夏　萍	女	本科	苏州大学
78	夏思杰	男	本科	江西科技学院
79	谢桂丽	女	本科	中央美术学院
80	辛田飞	男	本科	江苏理工学院
81	徐　成	男	本科	江苏师范大学
82	徐　婷	女	本科	南京大学
83	徐　亚	女	本科	南京师范大学
84	徐　云	男	本科	南京财经大学
85	徐俊涛	男	本科	淮阴工学院
86	徐睿娟	女	本科	淮阴工学院
87	徐睿文	男	本科	江苏大学
88	许　晨	男	本科	江苏师范大学
89	许文华	男	本科	常州工学院
90	严　晗	女	本科	南京邮电大学
91	杨　洪	男	本科	江苏科技大学
92	杨　洁	女	本科	南京财经大学红山学院
93	杨肖荣	女	本科	南京农业大学
94	姚斯嘉	男	本科	扬州大学
95	姚贤萍	女	本科	南京理工大学
96	叶　锋	男	本科	扬州大学
97	叶红霞	女	本科	苏州大学
98	殷嘉伟	男	本科	南京邮电大学
99	余　蕾	女	本科	江苏理工学院

续表

序号	姓名	性别	学历	毕业院校
100	俞　丹	男	本科	南京工业大学
101	俞　芳	女	本科	苏州大学
102	俞　虹	女	本科	南通大学
103	俞　婧	女	本科	淮阴师范学院
104	俞　文	女	本科	南京财经大学
105	俞　莹	女	本科	南京体育学院
106	俞佳俊	男	硕士研究生	南昌师范学院
107	俞秋兰	女	本科	华中科技大学
108	俞苏霞	女	本科	华中农业大学
109	俞晓强	男	本科	江苏大学
110	俞晓燕	女	本科	江苏师范大学
111	俞雪明	男	本科	南京财经大学
112	俞玉静	女	本科	苏州科技大学
113	郁凌康	男	本科	江苏大学京江学院
114	展雅琴	女	本科	西北工业大学
115	张　浩	男	硕士	南京财经大学
116	张　敏	女	本科	四川农业大学
117	张　庆	男	本科	南通大学
118	张　蓉	男	本科	南京中医药大学
119	张　婷	女	本科	江苏大学
120	张　欣	女	硕士研究生	北京师范大学
121	张　炎	男	本科	东北大学
122	张国良	男	本科	中国农业大学
123	张佳洁	女	本科	南京财经大学
124	张文彬	男	硕士研究生	河海大学
125	张文新	女	本科	苏州大学
126	张晓兰	女	本科	苏州大学

续表

序号	姓名	性别	学历	毕业院校
127	张晓萍	女	硕士研究生	西南政法大学
128	张银根	男	本科	西安科技大学
129	张英华	男	本科	常州工学院
130	张志刚	男	博士研究生	武汉科技大学
131	张志燕	女	本科	南通大学
132	赵　洁	女	本科	华中科技大学
133	赵悦好	女	本科	集美大学
134	周　斌	男	本科	东南大学
135	周　青	男	本科	南京理工大学
136	周国良	男	本科	苏州科技大学
137	周丽青	女	本科	武汉科技大学
138	周倩瑜	女	本科	淮阴师范学院
139	周文豪	男	本科	中国人民解放军海军大连舰艇学院
140	周香函	女	本科	南京师范大学
141	朱　旭	女	本科	苏州大学
142	朱红芬	女	本科	天津商业大学
143	朱洁慧	女	本科	扬州大学
144	朱小玲	女	本科	南京师范大学
145	朱晓峰	女	本科	三江学院
146	朱晓佳	男	本科	江苏大学
147	朱韵雯	女	本科	南京审计大学

七、能工巧匠择录

能工巧匠包括泥水匠、木匠、漆匠、竹匠、电工、水道工、电焊工、白铁匠等一批手艺人。这些人一般都拜师学艺或祖传出师。他们活跃在城镇、乡村中，发挥一技之长，为村民修房造屋、砌灶、做家具，农忙时务农，农闲时务工。进入 21 世纪后，有部分人转行。至 2020 年，大公村有能工巧匠 72 人，其

中泥水匠 38 人，木匠 22 人，水电工、电焊工、竹匠、漆匠、白铁匠等 12 人。（表 13-11）

表 13-11　2020 年大公村能工巧匠择录表

序号	姓名	性别	出生年份	工种	备注
1	李金生	男	1936	木匠	已故
2	严夫连	男	1942	木匠	已故
3	缪纪林	男	1943	木匠	退休
4	朱炳祥	男	1950	木匠	退休
5	张国贞	男	1951	木匠	退休
6	邵安荣	男	1952	木匠	退休
7	潘志田	男	1962	木匠	个体
8	朱炳余	男	1952	木匠	退休
9	李林福	男	1952	木匠	退休
10	倪奇彬	男	1955	木匠	个体
11	李林根	男	1956	木匠	个体
12	杨忠明	男	1961	木匠	个体
13	张国平	男	1961	木匠	改行
14	周建明	男	1962	木匠	外聘
15	韩福明	男	1963	木匠	个体
16	张玉方	男	1965	木匠	个体
17	沈雪明	男	1966	木匠	个体
18	李火根	男	1966	木匠	个体
19	方龙根	男	1966	木匠	个体
20	沈雪良	男	1967	木匠	个体
21	李国元	男	1968	木匠	个体
22	陈建明	男	1969	木匠	个体
23	刘玉福	男	1941	泥水匠	退休

续表

序号	姓名	性别	出生年份	工种	备注
24	周福良	男	1941	泥水匠	退休
25	张凤根	男	1946	泥水匠	退休
26	俞福星	男	1947	泥水匠	退休
27	晋荣根	男	1948	泥水匠	已故
28	邵国旗	男	1948	泥水匠	退休
29	俞进发	男	1951	泥水匠	已故
30	陈小荣	男	1954	泥水匠	退休
31	邵三金	男	1956	泥水匠	个体
32	龚玉龙	男	1957	泥水匠	退休
33	赵建国	男	1958	泥水匠	任监理
34	李林才	男	1958	泥水匠	退休
35	俞伯勤	男	1958	泥水匠	退休
36	张志平	男	1958	泥水匠	退休
37	晋桂良	男	1961	泥水匠	退休
38	刘汉志	男	1961	泥水匠	个体
39	俞金根	男	1962	泥水匠	改行
40	李全元	男	1962	泥水匠	个体
41	孙长林	男	1963	泥水匠	个体
42	邢云根	男	1963	泥水匠	个体
43	晋雪根	男	1963	泥水匠	个体
44	俞国清	男	1963	泥水匠	个体
45	俞凤泉	男	1963	泥水匠	个体
46	徐爱国	男	1965	泥水匠	个体
47	徐建洪	男	1966	泥水匠	就职于江苏城南建筑集团有限公司
48	龚大男	男	1966	泥水匠	个体
49	俞正伯	男	1966	泥水匠	个体

续表

序号	姓名	性别	出生年份	工种	备注
50	辛银根	男	1966	泥水匠	个体
51	方金明	男	1967	泥水匠	个体
52	周全林	男	1967	泥水匠	就职于昆山化工厂
53	俞国坚	男	1967	泥水匠	就职于昆山鹿泰交通安全设施工程有限公司
54	周阿苟	男	1967	泥水匠	个体
55	陈雪其	男	1968	泥水匠	个体
56	李文元	男	1969	泥水匠	就职于江苏城南建筑集团有限公司
57	杨秀根	男	1969	泥水匠	个体
58	金瑞根	男	1969	泥水匠	就职于昆山利通燃气有限公司
59	邢密良	男	1970	泥水匠	个体
60	俞建忠	男	1971	泥水匠	个体
61	俞伟庆	男	1922	竹匠	已故
62	杨　逵	男	1952	竹匠	个体
63	朱根度	男	1952	竹匠	退休
64	晋红星	男	1966	竹匠	个体
65	李祖平	男	1960	竹匠	个体
66	龚玲弟	男	1967	竹匠	个体
67	朱纪和	男	1953	漆匠	个体
68	晋建明	男	1965	漆匠	个体
69	辛金男	男	1968	漆匠	个体
70	吴锦良	男	1965	白铁匠	个体
71	张友泉	男	1965	水电工、电焊工	就职于大公花园物业管理处
72	沈翠明	男	1971	水电工	个体

第三节 集体荣誉

新中国成立以来，村民们拧成一股绳，齐心协力建设家园，至2020年，获得了很多集体荣誉。1957—2020年大公村域集体荣誉如表13-12所示。

表13-12 1957—2020年大公村域集体荣誉择录表

级别	颁发年份	获颁单位	荣誉称号	颁发单位
省级	1958	大公大队	江苏省爱国卫生运动先进集体	江苏省爱国卫生运动委员会
	1978	团结大队	油料生产先进奖	江苏省人民政府
	1999	大公村	江苏省卫生村	江苏省爱国卫生运动委员会
市级	2009	大公村	实践科学发展，推进“两个率先”先锋村	中共苏州市委员会
	2009	大公村	民主法治村	苏州市依法治市领导小组办公室、苏州市司法局、苏州市民政局
	2011	大公村	苏州市公共文化服务优秀村	苏州市文化广电新闻出版局
市（县、区）级	1957	大公高级社	血防工作先进单位	中共昆山县委员会
	1960	珠浜大队第4生产队	农业社会主义建设先进单位	昆山县人民政府

续表

级别	颁发年份	获颁单位	荣誉称号	颁发单位
市（县、区）级	1960	大公大队幼儿园	农业社会主义建设先进单位	昆山县人民政府
	1974	团结大队民兵营第7民兵排	通令嘉奖	昆山县革委会、昆山县武装部
	1978	大公大队第3生产队	农业社会主义建设先进集体	昆山县革委会
	1978	团结大队	血防工作先进集体	昆山县革委会
	1979	路南大队	血防工作先进集体	昆山县人民政府
	1983	大公村	血防工作先进集体	昆山县人民政府
	1983	迎丰村	血防工作先进集体	昆山县人民政府
	1983	路南村	血防工作先进集体	昆山县人民政府
	1998	大公村	昆山市卫生村	昆山市爱国卫生运动委员会
	2006	大公村	昆山市农村精神文明建设先进村	昆山市精神文明建设委员会
	2006	大公村	“十五”人口和计划生育工作示范村	昆山市人民政府
	2007	大公村	昆山市“民主法治示范村”	昆山市依法治市领导小组
	2007	大公村	“实践三个代表，实现两个率先”先锋村	中共昆山市委员会
	2011	大公村	2010年度昆山市“土地执法示范村”	昆山市国土资源局
	2014	大公村	昆山市级学习型社区	昆山市社区教育办公室
	1996—2020	大公村	一九九五年度至二〇一九年度财务管理先进村	中共昆山市委农工部

第十四章　村民记忆

大公村人杰地灵、民风淳朴。世世代代的大公村村民，在这片土地上辛勤劳作、艰苦奋斗，挥洒劳动的汗水，经历了历史的演变和时代的变迁。回首旧事，忘不了的是艰难岁月，留下来的是奋斗足迹。生产队的那些事，抢收抢种的场景，查螺灭螺、育牛的故事，儿时的趣事，大公文艺宣传队锡剧《沙家浜》的演出盛况，插队知青在村 9 年的成长历程，桩桩件件，让人了解历史的进程，感知时代的脉搏。村民忆事入志，存档公共记忆，旨在继承优良传统，开创美好未来。

第一节　人物故事

一、血防积极分子——周小妹、李金妹

周小妹（1934—2003年）　女，严村自然村人，1955年3月加入中国共产党，一贯积极、认真、负责，不怕苦，不怕累，在村民中有较高的威信。1957年春季，她带领一个查螺小组，重点对人迹罕至、杂草丛生的坟地、水滩，进行拉网式细查，在一条水沟里查到了大量钉螺，平均每平方米有钉螺11只。周小妹及时向上级做了汇报，上级复查后，决定对这条水沟进行填土埋螺。大公高级社召集7位生产队长开会，由周小妹负责填土工作。周小妹在一个星期内，完成了填土任务。她发动群众开展爱国卫生运动，从村内到村外，从屋前到屋后，从室内到室外，从路边到角落，将严村分段，将人员分组，明确任务目标和完成时间，确保工作质量。此外，还发动群众填埋村边5个有螺溇潭。1957年，周小妹被中共昆山县委员会授予血防积极分子称号。

李金妹　女，1933年生。1970—1983年，任大公大队妇联主任。1970年，按照上级部署，她组织大队赤脚医生和各生产队保健员，开展对村民的血吸虫病普查。经过普查，阳性患者占实检人数的80%。她组织近邻几个大队联合集中设点，安排血吸虫病患者集中治疗。1973年，她利用春、冬农闲季节，增加治疗点，利用生产队仓库和房屋较宽敞社员的家，开办治疗所。对阳性患者分期分批地进行20天酒石酸锑钾治疗和口服血防846油剂治疗。还派社员采摘枫杨树叶，熬汤汁进行中草药治疗。至1978年，经化验，血吸虫病阳性患者占比从80%下降到21%，1979年降至1%。1978—1979年，李金妹连续两年被昆山县革委会授予血防先进个人荣誉称号。

二、育牛能人——张永高

张永高（1914—1979年） 为大公高级社第4生产队耕牛饲养员。1957年，队里的耕牛逐年减少，他看在眼里，急在心里。若购买耕牛，则价格昂贵，队里负担不起。他主动想办法，外出向他人学习繁殖小牛的经验，尝试给队里一头体健的母牛配种。配种成功后，对孕牛小心呵护，喂孕牛时要加入精饲料并细心拌匀。到了冬天，还用沸水将喂的料泡柔软，每次喂料都蹲守在料桶旁边，观察孕牛吃料。农忙季节需要用孕牛干活，他反复叮嘱牵牛人，尽量干些耖田类的轻松活，并要保证孕牛的喝水和休息，他定时把新鲜草料送到田头，让孕牛吃饱。在张永高辛勤、细心护理下，该孕牛顺利产下1头健壮的小牛。

在饲养耕牛的8年时间里，他亲手繁殖了4头小牛，给集体创造了财富，还送给邻队一头犍牛。

第二节　生产故事

一、生产队队长——蒋招生、孟阿小、徐爱生

从1958年成立人民公社到1983年实行家庭联产承包责任制，在这25年的时光里，村民在农业社或生产队里劳动，每天的劳动报酬就是工分，到了年终缴完公粮，卖完余粮，分完社员口粮，进行结算、分红。农业生产靠天吃饭，抓好农业生产，需要生产队队长具备高度责任心。队长在社员的眼里，就是指挥官，是哨声，带领全队社员在田间场头“战天斗地夺高产”。

蒋招生 1960年，蒋招生担任田多劳力少、农具差、耕牛弱、家底薄的珠浜大队第4生产队队长。身为党员，他勇挑重担，操劳各项农事农活，一心扑在

集体上。他勤劳踏实，妥善安排全队生产活动，干农活时，总是抢着干脏活、累活。全队社员受他的精神鼓舞，各项农业生产都率先完成，第4生产队成为珠浜大队的先进生产队。1960年，珠浜大队第4生产队被昆山县人民政府评为农业社会主义建设先进单位。

孟阿小 团结大队第4生产队队长，致力为全队社员增加可分配收入，挖掘增收新渠道。他联系到昆山城里的工厂企业，揽接各类劳务工作。在他的努力下，昆山西门粮库和昆山化工厂与生产队签订常年劳务合同。1969—1975年，生产队集体每年劳务收入为5 000~8 000元，年终分配比其他队高出一大截，成为周边生产队人人羡慕的高收入富裕生产队。

徐爱生 大公大队第3生产队队长，在1978年任职时，落实双季稻100%种植。为确保粮食增收，他在“双抢”大忙后带领全队积造自然肥。徐爱生抓管理，抢农时，确保各项农事环节紧紧相扣，当年水稻亩产量突破750公斤。1978年，大公大队第3生产队被昆山县委授予农业社会主义建设先进集体荣誉称号。

大公域内有24个生产队（村民小组），集体生产时期的生产队队长如今大多已步入晚年，但村民们不会忘记他们做出过的贡献。如表14-1所示。

表14-1 1962—2001年大公域内各生产队历任队长（村民小组长）一览表

队（组）别	历任队长（组长）
1	晋林生、殷桂根、晋林根、顾福根
2	晋桃生、晋考生、俞福星
3	陈阿四、朱阿洪、徐爱生、江月林
4	张雪生、俞永良、浦全清、俞福良
5	张瑞昌、徐巧生
6	叶金香、张勤生、张金龙
7	顾根林、许福官、钱福林、徐东芝
8	俞火生
9	王宝泉、方金洪、阙祥林、程玉培

续表

队（组）别	历任队长（组长）
10	张海根、王阿进、孙水根、王泉根
11	钱梅根、张荣宝、张杏庆、周柏林
12	张巧希、顾士青、曹小云、李福根、赵国虎
13	蒋招生、张林宝、王铁根
14	朱海根、杨凤岐、张宝员
15	沈金才、顾林生、徐雪其、龚金男
16	卞福山、李小弟、林冲、赵志良
17	吴进泉、俞伯元、龚兴兴、高剑峰
18	沈阿毛、周龙兴、陈惠明、李德庆、卞连鳌
19	沈爱生、曹汉文、费静元、吉铁、俞云生
20	陈阿毛、孟益群、裴仰发、裴小毛、徐克明、郁阿弟、刘汉平、陈阿四
21	邹栋生、杨小弟、孟阿小、方兆彪、薛小毛、陈阿大、陈忠明
22	周道生、周长年、赵志刚、周坤福、张阿小、周国民、张国良、周建良、徐三毛、徐凤林
23	周虎生、邵丁新、周惠根、沈林生、周文龙、周文祥、朱文中、邵国元、邵伯仁
24	陈三孝、李和尚、李叙福、李金水、李根林、陈春红、李金虎、方惠东、李金泉

二、赶鸟

1978—1981 年，域内多数生产队种上 302 品种杂优稻。在收割该稻前，会遇到大批麻雀吃稻谷的问题，各生产队队长都会安排一名做事认真的半劳动力老人赶鸟。

赶鸟人在杂优稻田里插上很多稻草人，给其戴上从社员家收集来的旧草帽，并在稻草人手上安细竹竿，在竿的顶端系上塑料布。将稻草人均匀插在田间，再用绳索连接，牵引到赶鸟人值岗的河岸上，人站在岸上，观察稻田上方，当成群麻雀飞向稻田时，赶鸟人迅速拉动绳索，此时稻草人晃动，塑料布乱舞，赶鸟人放开喉咙吼叫，鸟儿被吓得纷纷逃离稻田。此法确实能起到赶鸟作用，但数天后会渐渐失去效果，赶鸟人就携带锣、铁皮簸箕和短木棍，用敲锣、敲簸箕和拉稻草人的方法来赶鸟。每天清晨天没亮，赶鸟人就要赶在鸟儿觅食前，带着一天的干粮，来回奔跑在田埂与河岸间，直至太阳落山、鸟儿归宿才收工回家。待完全成熟的杂优稻开镰收割，赶鸟人才归队。

三、双抢

70年代，域内24个生产队全部种双季稻，在每年7月中旬到8月上旬，要抢时间完成收割早稻和栽插后季稻秧苗任务。这一段农忙时期，被称为“双抢”大忙期。

水稻的生长相对于其他农作物，季节性更强，从育秧到成熟收割，都有严格的时间要求。如晚稻秧苗必须在立秋节气（每年8月7日或8日或9日）之前被移栽到大田里，否则就会影响晚稻的收成。

“双抢”时段是各生产队一年中最紧张、最繁忙的日子，要在二十几天内完成早稻收割、晚稻移栽，时间紧，任务重，劳动强度大。而且“双抢”刚好处在7—8月，是一年中最炎热的时段。为了按时完成“双抢”任务，全村劳动力全力投入，每天凌晨三点前到秧田拔秧，被蚊虫咬、蚂蟥叮，中午头顶烈日，挑稻插秧，汗流浃背是常态。

“双抢”不仅磨炼社员们的意志，而且考验生产队长的领导能力，要想顺利完成“双抢”农活，领导的管理能力和调兵遣将的指挥才能尤为重要。对于每天割稻、收捆、登场、脱粒、犁田、耖田、挑草泥、拔秧、莳秧等一系列的农活需要多少人，人员怎样搭配，必须统筹兼顾、调配周全。人员安排多了会浪费劳力，人员安排少了又会影响进度。

在“双抢”中，村民们团结协作，“战天斗地”的震撼场景和村民所表现出来的不怕苦、不怕累、连续作战的精神值得铭记。

第三节　生活故事

一、童年记忆

老人们聚在一起聊起往事总是不忘儿时的记忆。20 世纪五六十年代，物质条件较差，生活单调枯燥，但难抑儿童好玩、好动的天性，一年四季中，最让他们开心快乐的是变着法儿玩乐。

春季放风筝。家长帮着小孩用竹枝做骨架，用药粉袋的牛皮纸糊面做成风筝，再用稻柴编个小辫子拖在后面，用细的稻柴绳当风筝线。几个大一点的男孩举着风筝，后面跟着一群小男孩和小女孩，到麦田田埂上放风筝。男孩逆着风向前奔跑，风筝歪歪斜斜缓慢舞动着上扬，一群小孩欢呼雀跃，为放风筝的孩子鼓劲加油。

夏季游泳。自然村边房屋旁的小河是孩子们消暑的乐园。男孩和少数胆子大的女孩一起下河游泳。有的手脚并用在水中以狗爬式扑腾，有的肚皮朝天漂浮在水面上，有的则像一只“水老鼠”灵活潜入水里。刚下河嬉水学游泳的在河滩上，双手撑在河滩石上，双脚在水面扑腾，搅得河底河泥泛起。静静的小河，有了孩子们的加入瞬间喧闹起来，孩子们相互间撩水、拍水，水花飞溅，喊叫声、笑闹声此起彼伏，你逃我追，好不热闹。

秋季捉昆虫。将长竹竿劈开一段，撑上一段竹枝或细木棍，形成一个三角形，先去卷蜘蛛网作为粘贴物，然后去粘蜻蜓，再把蜻蜓放在蚊帐里，让它吃蚊子。到南瓜地里，循着叫声捉纺织娘，将它装在用麦秸秆编的笼子里，观赏它碧绿的身躯、高高耸立的两根触须，唱叫时腹部的鼓起，着实好看。在房屋旁砖瓦堆里翻找蟋蟀，找到后把它放在甏里，从甏里发出的声音带有嗡嗡的共鸣声。

冬季堆雪人、打雪仗。下雪了，孩子们集中在生产队公场堆雪人、打雪仗。玩够了，他们扫开积雪，露出一块地面，用一根短木棍支起似圆台面大的竹筛，下面撒些秕谷、砻糠，木棍上系一根长绳，人远远地牵着绳躲到柴草堆旁，等待饿极了的麻雀飞进竹筛，将绳一拉，罩住鸟儿，进行抓捕。在寒冷的天气里，灶前头是孩子们取暖的地方，那里既暖和，又有美食吃，爷爷奶奶总会在烧饭炒菜时，趁烧火在灶膛里放些山芋和黄萝卜，烤熟后分给孩子们吃。孩子们不时还能吃到用火钳钳出来的爆米花，那是稻柴中遗留的谷粒爆出的美味。

这就是50—60年代儿童生活的片段，简单又有趣，而四季的轮替常常能勾起老人们的儿时回忆。

二、种棉花备嫁妆

60—70年代，物资匮乏，国家实行计划经济，各种日常生活用品包括火柴、煤油、香烟等，都是凭票供应。每人每年凭票供应棉布1丈6尺，棉花半斤。棉袄、棉裤、棉鞋，棉被的棉絮就靠这每人每年的半斤棉花。女儿的嫁妆需要更多棉花，就得靠自己种。域内很多村民会在有限的自留地上种棉花。那时，家中有女儿长到10岁，家长就着手准备置办嫁妆，像团结大队前严村陈姓阿姨，生有3个女儿，3个女儿年龄相差2岁上下，她为准备嫁女，压缩自留地的蔬果种植面积，多种棉花备嫁妆。

栽种棉花烦琐辛苦。春末时，在参加队里劳动之余，起早贪黑把棉籽播种到地里，待棉苗长出4~5片嫩叶时，利用队里劳动短暂休息间隙，进行除草、间苗、杀虫、打枝等棉地管理。到中秋，棉桃开始爆裂，迸出一团白絮，意味着可以采摘棉花了。一季棉花前后采摘5次以上。在棉花地里摘棉花，不仅闷热难受，脸和手还常被棉枝、棉壳划破。

每年新棉花摘完后，村民利用晴天在自家院内铺上用麦秸秆编成的帘子，将棉花层层铺开，直到把水分晒干。待棉花蓬松后，全家人再花费时间，把每朵棉花里的棉籽剥尽。就这样，为备嫁妆，不少村民年复一年地种棉花、积棉絮，备嫁妆。

第四节　往事留存

一、大公大队文艺宣传队

1966年，大公大队抽调部分有文化、有文艺特长的青年，组建了一支业余文艺宣传队。起初，宣传队以毛主席诗词、语录中具有代表性的内容为题材，以相声、小品、快板、独唱和大合唱的形式，在田间、村口、各小队的公场，为社员们表演。当年6月，大公大队文艺宣传队以锡剧的形式排演样板戏《沙家浜》。宣传队根据每名队员的体貌特征和嗓音条件选配剧中人物，招募懂音律、会演奏的乐师。人员齐全后，着手进入编创排练。

队员将“破四旧”运动中收集到的旗袍和丝质布料同采购来的粗布，一并交予大队里的裁缝师傅，让他给队员们量身赶制新四军服装戏服；长短枪支由木匠加工木料后刷上油漆制成；乐器则由演奏员自带。锣、鼓类演奏员也没有的乐器，由大队出资到乐器店购置，音响则利用大队部现有的扩音喇叭。

文艺宣传队队员根据自己的角色，对着脚本背台词、练唱腔，反复演练场景中要求饰演人物的每个特定动作、神态，与乐师通力合作，努力将唱腔节奏同步合拍，掌握每场的“出将”“入相”“过门”等环节，反复磨合，不厌其烦。经过近2个月的不断演练，通过2次彩排后，一部颇有质量的锡剧《沙家浜》演出诞生，并于当年8月在大队部空地上搭台向村民做汇报演出。

舞台布置以牛力水车的车轴和车墩子为基架，再用毛竹作为支架，用稻索绳绑定基架与支架固定，在底盘上面铺上各队收来的长跳板，以此作为舞台台面。4根桅杆竖立于四周，用篷布围着桅杆的左、右、后三面，桅杆顶端插上红旗，中部安上喇叭扩音和挂上汽灯照明。

汇报演出那天，全大队社员吃过晚饭后，纷纷涌向大队部演出场地，邻近村庄的村民闻讯也都前来观看这次难得的演出，真称得上盛况空前，热闹非凡。只见台下人头攒动，黑压压站满整个场地，足有近千人前来观看。

晚上 7 时左右，汇报演出开始，演员们全身心地投入，演绎着剧情。男演员嗓音嘹亮，身姿矫健；女演员嗓音委婉圆润，韵味十足。乐师们把耳熟能详的曲调与演唱者的歌词配合得精准完美。剧中人物形象被演绎得活灵活现，十分逼真。

大公文艺宣传队演出的锡剧《沙家浜》十分精彩，名声一时传遍四邻八乡。随即城南人民公社各大队纷纷邀请大公文艺宣传队去演出，其他公社如正仪、张浦，其他单位如上海振苏砖瓦厂，其他地区如吴县等也纷纷前来邀请。大公大队文艺宣传队在 3 年的时间里，对外演出 73 场次，深受广大观众的好评，在当时的昆山全县也十分有名。

1966 年大公大队文艺宣传队锡剧《沙家浜》演职人员名单如表 14-2 所示。

表 14-2　1966 年大公大队文艺宣传队锡剧《沙家浜》演职人员名单一览表

演员	乐师	其他演职人员
晋勤男（饰郭建光）	王金荣	俞裕生（导演）
施杏芬（饰阿庆嫂）	韩林根	李连生（负责宣传队日常管理）
周金翠（饰沙奶奶）	俞福星	俞永良
张良生（饰胡传魁）	许福官	俞福良
李祖德（饰刁德一）	俞裕生	叶金良
李永清（饰刘副官）	晋福泉	俞惠珍
许福官（饰沙四龙）	李连生	朱纪文
韩启才（饰程书记）		周福妹
		张水生
		张雨良
		李国萍
		张美玲

续表

演员	乐师	其他演职人员
		张小妹 周兰妹 周雪珍 朱巧妹 戴建英 徐建花 叶瑞林

二、插队知青的往事回忆

1968年，为响应毛主席“知识青年到农村去”的号召，62名苏州市和昆山县的知青先后插队落户在域内24个生产小队。他们在给大公村带来文化和科学知识的同时，也在农村这个广阔天地里，经受了历练，得到了成长。有的被推荐当上民办教师、赤脚医生、生产队干部，有的被推荐上了大学。

插队在珠浜大队第8生产队的苏州知青朱文娟就是其中具有代表性的一员。在农村生活的9年时间里，她从一个稚嫩的18岁城市中学生，成长为一名先后获得昆山县、江苏省表彰的优秀赤脚医生代表，这充分说明“农村是一个广阔的天地，在那里是可以大有作为的”。

了解20世纪六七十年代域内的历史变迁、村容村貌、自然环境、村民生产生活状况，了解那个时代域内的社会人文情况，审视知青在农村成长的经历，可以激励我们更好地珍惜当下，加强对改革开放、发展经济的重要意义的认识和体会，从而激发我们更加热爱我们的党、我们的国家、我们的人民。

朱文娟写的《忆我的知青岁月》一文，重现了20世纪六七十年代发生在村民身边的人和事，读来倍感亲切，也值得回味和铭记。

附：朱文娟《忆我的知青岁月》

“文化大革命”中，我们知青响应党中央的号召到农村去接受贫下中农再教育。

1968年12月13日，在热烈的欢送声与亲朋好友的道别声中，火车渐渐启动了，带我离开了城市，离开了父母家人，去到一个叫昆山县城南人民公社珠浜大队的完全陌生的农村。

我懵懵懂懂、迷茫地到了昆山车站，这时各大队来领知青的人早已在此等候欢迎了。不一会儿，被叫到名字的就跟着领队走了，我们班4个女生加同校67届的6个男生共10人被分在珠浜大队，跟着贫协主任李福根、大队长顾林生走到小西门下船到大队。

一路上，坐着摇摇晃晃的船儿，听着行船破水的哗哗声，看着两岸的田野和稀疏树枝，时不时主任、大队长给我们介绍“这是大公大队……这是民主大队……这是金星大队……”我们同学之间也互相交换了姓名，不知不觉一个小时过去了。

到了大队首先开大会，书记介绍了大队的简况，全大队有9个生产小队、220户、800来人左右（我已记不太清了），基本都是来自苏北、江阴的，本土农民只占约20%，田多人少，是公社最穷的大队，我听着心底瓦凉瓦凉的。会上，把我们分配到了小队，6个男生被分在1、6队，4个女生在8、9队，当时我听了还暗自高兴，8、9队连着肯定很近，我们以后走动会很方便。

然而，当我们走出会堂，她们跟着9队领队朝南走了，我们则是往北去，心里咯噔一下，再见大队门口通往9队的是一顶以木棍为支撑，用3块板搭起的又窄又陡的桥，心中大惊。

我来不及多想便跟着李队长一路向北走。这条路是北面所有人家通往大队学校、卫生所、代销店的主干道，下雨天走的人多了，所以天好就七高八低的，这时我也不安起来，穿过两间草房，又出现了以木棍为支撑，用3块板搭起的窄拱桥，我们小心翼翼、手牵着手走过了小桥，揪起的心才慢慢放下来。下桥沿河走着，李队长介绍说：“这家就是我们小队的，姓林。”我们顺着他手指的方向看到草屋门前站着一位老太在看我们。再往前走，又是一个茅草房，是五保户，老两口儿是刚才林家老太的兄嫂。沿着河岸走了1里路，8户人家都是茅草房、泥打墙，河浜的尽头倚着大队的灌溉渠，渠西还有5户人家。

河边渠道岸下是小队的打晒谷场，不远处是一个猪棚、一个牛棚，还有小队仓库。李队长领着我们走进事先腾出的仓库，说："你们先暂住这里吧！"进门望见一灶两锅、一张四方桌、两条长凳、一个水缸、一个提水桶，再走进里间，有两个竹片床、一套课桌椅、一条长凳，桌上摆了一个用玻璃瓶做的煤油灯，还有一个用草泥垒成的米缸，齐胸高，这就是我们全部的家当。我们打开行李铺好床褥，李队长的夫人荣妹就来叫我们吃晚饭了。

我们跟着荣妹，翻过渠道，看到茅草房、竹林、草坨桥挤在一起，比东面人家还要乱。走进黑乎乎、低矮的茅屋，桌上一盏油灯被风吹着跳跃地照亮两碗菜和热气腾腾的白亮稀饭。当吃到香喷喷、滑笃笃、稠稠糯糯的白米粥时，我心里有说不出的舒畅，就着鲜美可口的咸菜炒黄豆酱吃，又香又松，特别开胃。我和同学不约而同地问："这是什么米？真好吃！"荣妹说："这是新轧出的新品种金南风大米。"暖暖地吃完晚饭，我们道别回家，这时有点下大雨了，出门没走多远，烂泥粘住鞋子，走不动了，好不容易走到渠道，上坡又爬不上去了，滑得鞋子也掉了，这时正好有一个老农经过，拉了我们一把。老农说下雨不能走高墩，走时脚趾要扣住地面才行。我们庆幸正好碰到有人来，不然黑灯瞎火回不了家在外淋雨，那可太惨了。

看来18岁的我们还要像小孩一样从走路学起了。所幸我们来时秋收大忙已结束，妇女、小孩都在场上扬扬、晒晒稻谷。我们也被分配到场上跟着她们一起有说有笑地干起来，好在这些活没有技术性，就是生活上还是碰到了些困难，比如没有新鲜蔬菜，用灶锅做饭也要学起来。幸亏热心好客的乡亲们都采了自家种的菜送来。

有个五保户养猪老农，姓林，是个老好人，喂好猪就到我们这来坐坐，他一边帮我们烧火还一边教我们说："柴把要这样打松一点，容易着；柴把要放在锅底当中，下边要掏空一点；柴不要送得太里面，火会往烟囱里窜，也不要太外面，浪费柴，东西也煮得慢……"过些时日他又会帮我们铲掉锅底灰。在贫下中农的帮教下，我们学会了料理生活和干简单的农活，不知不觉一个无忧无虑的冬天过去了，春节回家过年还长胖了。

春节过后回来，农村春耕备耕工作开始了，雨水也多了。不管下不下雨都要照常出工，鞋子穿不了就赤脚走，碰到石子脚钻心地疼，路走远一点，大小腿会忽地酸疼抽筋，穿着雨衣，身上湿得分不清是汗水还是雨水。开沟、拍麦泥、压麦泥、割草、翻潭，只要是没技术的体力活，都拼命跟着干，晚上全身酸软，倒下就睡。第二天老农告诉我们一句俗语——“做一样生活换一样骨头”，想想他们也是这样过来的，有的还比我们小，有的上了年纪，辛苦一辈子了，我们才刚刚体会到，心里就舒坦点了。

这一年是国家“四五”计划的头一年，抓生产，昆山试种双季稻，我们赶上了。提前播种，早春下水田，水相当冷，下秧板田，就算穿了高帮雨鞋还是很冷，只好穿棉袄干活。两只手不停地拔，两手合一再用稻柴把秧苗扎起来。时间长了，手酸软，拳都握不紧了，手掌还烂了出血，干了又湿，钻心疼。

为了抢抓农时，所以吃饭也在田里，上学的孩子们放农忙假在家做家务，早餐就由他们送到田里，好心的社员都会分给我们吃，烤的饼、腌的瓜条都很好吃。

莳秧这活算是农村妇女的顶尖技术活。手脚并用莳好的秧像极了一幅浓墨淡彩的山水画，一棵棵秧苗在农妇的手中上下翻飞，宛如在翩翩起舞，不一会儿，一排排整整齐齐的秧苗展现在你面前，看着很舒服，莳秧手湿，身上衣服却干干净净，没有水滴污渍印。而我由于人胖身子重、手脚不灵活，莳秧时闹出了好多笑话。六棵秧东倒西歪，两条拖膀路成了歪歪扭扭的“水弄堂”，秧苗成活率不高。有时被关进“弄堂”里，有时一不留神就一直插到田埂边上。田埂边上的地，牛耕不到，田土很硬、很粗，更加不好作业，只能站在田埂上插，农民称之为“吊黄鳝”，这是不会莳秧人的苦差事。还有些时候，遇到田角边放肥的深潭，人会陷进去很深。

第一年的“下马威”就这样开始了。有次傍晚拔秧时，一条又大又肥的虫咬着我的腿不放，原来水里有好多蚂蟥。我吓得拼命拍腿，腿都拍红了，蚂蟥就是不松口，还是水娥队长跑过来拍打蚂蟥身体，它才缩了身子、松开吸盘掉下水，咬痕几天后才褪掉。

莳好的秧活棵后要除草。为了高产，要加强管理，耘稻时提倡跪耘。走在田里，脚皮还老一点，跪耘时跪处的皮肤是薄嫩的，几天下来，每个人的腿上都有不少伤痕。我不但和他们一样，还怕蠓飞子叮咬，有次下田涂了驱蚊药水，额头涂多了，出了汗，药水淌到眼睛里，辣得泪水嗖嗖地流下来，养牛的林大宝牵着牛在田埂上看到了，笑着说：“城里人不来塞哉，在哭了。”我眼睛又痛又睁不开，只好让他笑话了。

这时节油菜籽也成熟了，为了不让油菜籽爆在田里浪费，要在有露水时拔，每天只睡四个小时，凌晨两三点钟队长就吹着哨子叫出工了，拔到太阳出来手起泡发红才回家吃早饭。

在队里农民的帮助下，凭着自身的体魄和接受再教育的毅力，我们闯过了下乡第一年的难关“双抢”大忙。虽然人瘦了、黑了，但我们的心与贫下中农的心接近了。他们的简单淳朴、对劳动的热爱深深地烙在了我们的心田，是他们流血流汗、不辞辛劳地耕耘，才有粮食的丰收。通过第一年的劳动付出，年终分红扣除口粮、柴、油开支后，还分到了73元，我们还被大队评为“五好社员”，喜报送到苏州家中。

昆山是个水网地区，当时血吸虫病流行，患者很多。党中央提出一定要消灭血吸虫病，毛主席还作了一首诗《送瘟神》。城里派了“6.26”医疗队来支援。血吸虫病患者会没有力气、变瘦，脾、肝受损严重成肝腹水，农村人称血吸虫病为“大肚子病”。

苏州市第一人民医院外科主任张医生被派到昆山人民医院配合当地医生为一千多名血吸虫病患者切除脾脏。公社、大队、卫生院也密切配合，从源头抓起，搞好血防工作，一时间查螺灭螺、化验工作开展得轰轰烈烈，治疗组应运而生。我被小队派去大队、卫生院参加了这一系列工作。

大队在办治疗组时，需要一名女卫生员，就留下了我。在治疗组，我认真负责、热心细致，得到了患者的一致好评，再加工作的需要，大队选派我做了卫生所的赤脚医生。

通过一年同贫下中农一起艰辛劳作，我深刻体会到农民的艰难辛苦和生活的不易。农民纯朴的本性深深地印在我的心里，情感的交融使我认定要努力地做好这份工作，服务好他们。

在徐雪男、杨根宝两位师傅的认真带教下，经公社卫生院的培训，结合自己看书、学习，在边学边实践的过程中，我慢慢地学会了常见病的诊断和用药处理，苦练打针、针灸、拔火罐等基本功，得到了社员的信任和好评。

记得有一次深夜，一队的阚祥林慌慌张张地来叫出诊，说是老婆肚子疼得厉害，我二话没说，背起药箱就跟着他们走了，到了一看，患者疼得全身冒汗，怀孕并出血了，结合看到的书本知识和患者的状态，我判断可能是胎盘前置，十分危险，会大出血，我当机立断送她转院到昆山去，同时在路上先给她用了止血药，她及时赶到医院，避免了不幸。后来，他们看到我就对自己的孩子说："幸亏这位阿姨才保全住了你！"我想这是我分内应该做的，他们这样感激我，更让我感到救死扶伤是多么的崇高和光荣。

干高强度的农活，人们很容易腰肩酸痛、扭伤、劳损，我结合实际情况，认真学习了经络学，跟着徐师傅学扎针，有时我们互相扎体会针感、穴位正确与否，很快掌握了技术。社员奚正生患急性腰扭伤，我给他施针后，他的病痛立刻缓解了，经他宣传，后来大队许多人来找我施针治疗，效果好又省医疗费。

还有大队里几个慢性支气管炎和哮喘病患者，一到秋冬就发病，晚上发作不能睡就来叫我出诊，我随叫随到，一去就施针或进行静脉注射，出诊一次来回就是几小时不睡觉，但是看见患者病情好转，我就觉得值了。

我这样干了六年，特别是后来徐师傅调到公社卫生院后，我的工作量变大了，责任变重了，所幸这时我们村通电了，大队从昆山化肥厂拉来工业废渣铺整好了人行道，桥也用水泥板重架了，夜间出诊方便了。

我服务于大队230来户、800多人，他们也都热情地称我为"阿娟头"，把我当作自己人。我很高兴他们这样称呼我，我是他们的女儿，是他们重塑了我的灵魂。

1976年，大队推选我为优秀赤脚医生。我出席了昆山县赤脚医生表彰大会，后来又被选为江苏省赤脚医生代表，到南京参加表彰大会。我很惭愧，自己只是做了应该做的事却得到了如此殊荣。

我忘不了贫下中农给予我的帮助，忘不了他们的善良纯朴、勤劳踏实。在知青回城的大潮中，我离开了他们，但我忘不了这9年的励志岁月，5年后，我带着女儿重返昆山珠浜，以前的草房人家大多盖了平瓦房、楼房，除了田埂外，队与队、村与村之间都铺设了机耕路，出行靠机动车。热情好客的村民们依然"阿娟头""阿娟头"地叫个不停，说着"到我家来坐坐""来坐坐"，鸡蛋从这家吃到那家，我吃不下了，他们硬是塞到我怀里让我带走。"来玩啊！""以后来住几天，不要急着回去啊!”这些平凡的叮嘱久久地回荡在我的脑海里！要的，我会回来的，我的第二故乡昆山珠浜。

改革开放40多年，昆山发生了翻天覆地的变化，特别是最近几年，当我再次来到昆山时，县城高楼大厦鳞次栉比，宽阔的马路上汽车川流不息，到处是街心花园供人们休闲娱乐，新农村的建设让人们都住进了宽敞明亮的楼房，再也找不到下船的小西门、珠浜的里岸泾……我们的公房成了我梦中的家园。

朱文娟

2020年6月30日

编后记

《大公村志》编纂工作在昆山高新区党工委、管委会的直接领导下，在昆山市地方志编纂委员会办公室、昆山高新区（玉山镇）村志系列丛书编纂办公室的精心指导下，于2020年6月正式启动，历时4年多，在编纂人员的努力下，《大公村志》数易其稿，终于问世。

《大公村志》从大公村域的建置沿革、自然状况、经济发展、社会事业、村庄建设、村民生活、组织构架和村籍人物等方面，全面记述了大公村发展的历史和现状，全志共设14章。志前有图照彩页、概述和大事记。

《大公村志》力求全面、系统、客观地记录大公村经济、社会、文化、生活等方面的发展历程及变化情况，尤其是新中国成立至2020年这70多年间的变化发展，尽力还原大公村历史原貌，尽力写好变迁情况、发展过程，尽力留存公共文化记忆，为存史、传承、育人服务。在强调真实、客观的同时，尽量兼顾《大公村志》的趣味性、可读性。为此，编纂组人员到昆山市档案馆查资料，在县志、镇志上找材料，各处走访获取口述资料，并多次请村“两委”班子成员及老干部、老军人、老党员、老教师、老村民等“五老”人员的代表参与座谈会、论证会，广大村民、社会各界人士也积极踊跃地提供了很多资料，丰富和完善了村志的内容，在此一并表示衷心的感谢！

由于志书记述的人和事的时间跨度大，涉及面广，部分史料匮乏，致使有的章节不够充实。修志人员在编纂业务上边学边干，疏漏和谬误之处在所难免。敬请各位领导、方志专家、修志同人及广大读者不吝指教、匡正。

《大公村志》编纂组

2023年10月

昆山高新区（玉山镇）村志系列丛书

大公村志

村民家庭记载

DAGONG CUNZHI CUNMIN JIATING JIZAI

昆山高新区（玉山镇）村志系列丛书编纂委员会 编

苏州大学出版社
Soochow University Press

图书在版编目（CIP）数据

大公村志. 村民家庭记载 / 周丽青主编 ；昆山高新区（玉山镇）村志系列丛书编纂委员会编. — 苏州 ：苏州大学出版社，2023. 12
（昆山高新区（玉山镇）村志系列丛书）
ISBN 978-7-5672-4665-2

Ⅰ. ①大… Ⅱ. ①周… ②昆… Ⅲ. ①村史–昆山 Ⅳ. ①K295. 35

中国国家版本馆 CIP 数据核字（2023）第 239959 号

大公村志　村民家庭记载

编　　者	昆山高新区（玉山镇）村志系列丛书编纂委员会
主　　编	周丽青
责任编辑	严瑶婷
装帧设计	刘　俊
出版发行	苏州大学出版社
地　　址	苏州市十梓街 1 号
邮　　编	215006
电　　话	0512-67481020
网　　址	http://www.sudapress.com
邮　　箱	sdcbs@suda.edu.cn
印　　刷	苏州市越洋印刷有限公司
开　　本	787 mm×1 092 mm　1/16　插页 16　印张 37. 25（共两册）　字数 657 千
版　　次	2023 年 12 月第 1 版
印　　次	2023 年 12 月第 1 次印刷
书　　号	ISBN 978-7-5672-4665-2
定　　价	120. 00 元（共两册）

目录

村民家庭记载

村民家庭记载

至2020年末，大公村有24个村民小组，665户家庭。其中，有的家庭因父子分家、夫妻离婚等缘由分成2户，本家庭记载根据实际情况收录，统计总户数为757户。

本家庭记载将757户家庭悉数载入其中，仅对村民家庭的现状和历史片段做载录。所载“家庭成员”，以常住户籍人口为主，辅以部分户籍迁出成员；所载“家庭大事”，为记录家庭重大事件而设，部分家庭出于各种缘由留白。

一、大公村村民小组、户数一览表

大公村村民小组、户数一览表

组别	户数/户	组别	户数/户
1	36	13	43
2	24	14	28
3	27	15	23
4	32	16	17
5	30	17	22
6	28	18	31
7	38①	19	36
8	15	20	29
9	33	21	44
10	26	22	52
11	24	23	55
12	23	24	41

① 有1户村民要求不录入家庭记载

二、大公村村民家庭记载

大公村第 1 村民小组

<table>
<tr><td rowspan="4">家庭成员</td><th>姓名</th><th>性别</th><th>与户主关系</th><th>出生年月</th><th>民族</th></tr>
<tr><td>金雪林</td><td>男</td><td>户主</td><td>1967 年 11 月</td><td>汉族</td></tr>
<tr><td>赵　晴</td><td>女</td><td>配偶</td><td>1972 年 6 月</td><td>汉族</td></tr>
<tr><td>金晟天</td><td>男</td><td>儿子</td><td>1998 年 3 月</td><td>汉族</td></tr>
<tr><td>家庭大事</td><td colspan="5">1988 年，建造楼房；
2000 年，购商品房 1 套；
2007 年，得动迁房 1 套；
2008 年，金雪林被昆山市人民政府授予 2002—2007 年度昆山市无偿献血银质奖；
2008 年，金雪林被苏州市精神文明建设委员会、苏州市红十字会、苏州市献血领导小组授予苏州市无偿献血银奖；
2016 年，购汽车 1 辆；
2018 年，金雪林被中华人民共和国国家卫生健康委员会、中国红十字会总会、中央军委后勤保障部卫生局授予 2016—2017 年度全国无偿献血奉献奖银奖；
2018 年，金雪林被昆山市人民政府授予昆山市 2016—2017 年度无偿献血奉献银奖；
2020 年，金晟天毕业于金陵科技学院。</td></tr>
</table>

<table>
<tr><td rowspan="2">家庭成员</td><th>姓名</th><th>性别</th><th>与户主关系</th><th>出生年月</th><th>民族</th></tr>
<tr><td>李社兰</td><td>女</td><td>户主</td><td>1968 年 8 月</td><td>汉族</td></tr>
<tr><td>家庭大事</td><td colspan="5">2017 年，购汽车 1 辆。</td></tr>
</table>

<table>
<tr><td rowspan="7">家庭成员</td><td>姓名</td><td>性别</td><td>与户主关系</td><td>出生年月</td><td>民族</td></tr>
<tr><td>晋雪根</td><td>男</td><td>户主</td><td>1963 年 8 月</td><td>汉族</td></tr>
<tr><td>俞玉妹</td><td>女</td><td>配偶</td><td>1964 年 2 月</td><td>汉族</td></tr>
<tr><td>晋　程</td><td>男</td><td>儿子</td><td>1986 年 11 月</td><td>汉族</td></tr>
<tr><td>张　莉</td><td>女</td><td>儿媳</td><td>1987 年 4 月</td><td>汉族</td></tr>
<tr><td>晋宇桐</td><td>男</td><td>孙子</td><td>2013 年 11 月</td><td>汉族</td></tr>
<tr><td>张可盈</td><td>女</td><td>孙女</td><td>2020 年 11 月</td><td>汉族</td></tr>
<tr><td>家庭大事</td><td colspan="5">1988 年，翻建楼房；
2005 年，购商品房 1 套；
2007 年，得动迁房 3 套；
2009 年，晋程毕业于东南大学；
2010 年，购汽车 1 辆。</td></tr>
</table>

<table>
<tr><td rowspan="6">家庭成员</td><td>姓名</td><td>性别</td><td>与户主关系</td><td>出生年月</td><td>民族</td></tr>
<tr><td>金　方</td><td>男</td><td>户主</td><td>1966 年 9 月</td><td>汉族</td></tr>
<tr><td>严梅兰</td><td>女</td><td>配偶</td><td>1965 年 6 月</td><td>汉族</td></tr>
<tr><td>金夏明</td><td>男</td><td>儿子</td><td>1989 年 7 月</td><td>汉族</td></tr>
<tr><td>金　花</td><td>女</td><td>儿媳</td><td>1990 年 6 月</td><td>汉族</td></tr>
<tr><td>金忆恒</td><td>女</td><td>孙女</td><td>2016 年 8 月</td><td>汉族</td></tr>
<tr><td>家庭大事</td><td colspan="5">1987 年，翻建楼房；
2007 年，得动迁房 3 套；
2015 年，金夏明毕业于江苏大学。</td></tr>
</table>

<table>
<tr><td rowspan="2">家庭成员</td><td>姓名</td><td>性别</td><td>与户主关系</td><td>出生年月</td><td>民族</td></tr>
<tr><td>顾秀珍</td><td>女</td><td>户主</td><td>1942 年 3 月</td><td>汉族</td></tr>
<tr><td>家庭大事</td><td colspan="5"></td></tr>
</table>

	姓名	性别	与户主关系	出生年月	民族
家庭成员	范　亚	男	户主	1944 年 12 月	汉族
	殷秋意	女	配偶	1949 年 8 月	汉族
	范庆生	男	儿子	1984 年 8 月	汉族
	丁朝娟	女	儿媳	1985 年 10 月	汉族
	范逸婷	女	孙女	2011 年 7 月	汉族
家庭大事	1986 年，翻建楼房； 2007 年，得动迁房 3 套； 2011 年，购汽车 2 辆。				

	姓名	性别	与户主关系	出生年月	民族
家庭成员	晋桂良	男	户主	1961 年 4 月	汉族
	俞雪妹	女	配偶	1962 年 1 月	汉族
	晋　俊	男	儿子	1985 年 9 月	汉族
	王丽琴	女	儿媳	1985 年 9 月	汉族
	晋羽涵	女	孙女	2008 年 10 月	汉族
家庭大事	1985 年，翻建楼房； 2007 年，得动迁房 3 套； 2010 年，购商品房 1 套。				

	姓名	性别	与户主关系	出生年月	民族
家庭成员	范　平	男	户主	1938 年 10 月	汉族
	郑招章	女	配偶	1936 年 8 月	汉族
	范梅芳	女	女儿	1965 年 4 月	汉族
	范丽君	女	孙女	1987 年 11 月	汉族
	周　伟	男	孙婿	1989 年 8 月	汉族
	周泓宇	男	曾孙	2015 年 10 月	汉族
家庭大事	1988 年，翻建楼房； 2006 年，范丽君毕业于苏州市太仓卫生职工中等专业学校； 2007 年，得动迁房 4 套。				

	姓名	性别	与户主关系	出生年月	民族
家庭成员	晋素根	男	户主	1954 年 9 月	汉族
	晋冬冬	男	儿子	1978 年 9 月	汉族
	晋嘉怡	女	孙女	2005 年 8 月	汉族
家庭大事	1983 年，晋素根创办大公水泥制品厂； 1990 年，翻建楼房； 2007 年，得动迁房 3 套。				

	姓名	性别	与户主关系	出生年月	民族
家庭成员	俞社英	女	户主	1956 年 9 月	汉族
家庭大事					

家庭成员	姓名	性别	与户主关系	出生年月	民族
	晋敏明	男	户主	1962 年 9 月	汉族
	张凤娥	女	配偶	1962 年 6 月	汉族
	晋玉芳	女	女儿	1986 年 10 月	汉族
	金　齐	男	女婿	1987 年 2 月	汉族
	晋懿萱	女	孙女	2012 年 2 月	汉族
	金　垚	男	孙子	2020 年 9 月	汉族
家庭大事	1981 年，晋敏明参军入伍，于 1984 年退伍； 1987 年，翻建楼房； 1992 年，购商品房 2 套； 2007 年，得动迁房 3 套； 2008 年，晋玉芳加入中国共产党； 2009 年，晋玉芳毕业于南京师范大学泰州学院； 2010 年，购汽车 1 辆。				

家庭成员	姓名	性别	与户主关系	出生年月	民族
	金小琴	女	户主	1963 年 9 月	汉族
家庭大事					

家庭成员	姓名	性别	与户主关系	出生年月	民族
	晋小明	男	户主	1960 年 3 月	汉族
	薛玉英	女	配偶	1970 年 8 月	汉族
	晋　华	男	儿子	1983 年 10 月	汉族
	何佳琪	女	儿媳	1984 年 9 月	汉族
	晋铁瑄	女	女儿	2002 年 3 月	汉族
	金益冰	女	长孙女	2010 年 8 月	汉族
	晋英吟	女	次孙女	2017 年 10 月	汉族
家庭大事	1978 年，晋小明参军入伍，于 1981 年退伍； 1995 年，购商品房 1 套； 2000 年，购汽车 1 辆。				

<table>
<tr><td rowspan="6">家庭成员</td><th>姓名</th><th>性别</th><th>与户主关系</th><th>出生年月</th><th>民族</th></tr>
<tr><td>周根生</td><td>男</td><td>户主</td><td>1945 年 9 月</td><td>汉族</td></tr>
<tr><td>周梅琴</td><td>女</td><td>女儿</td><td>1968 年 4 月</td><td>汉族</td></tr>
<tr><td>周　彬</td><td>男</td><td>孙子</td><td>1990 年 6 月</td><td>汉族</td></tr>
<tr><td>张　伟</td><td>女</td><td>孙媳</td><td>1990 年 9 月</td><td>汉族</td></tr>
<tr><td>周桐瑶</td><td>男</td><td>曾孙</td><td>2016 年 8 月</td><td>汉族</td></tr>
<tr><td>家庭大事</td><td colspan="5">1987 年，翻建楼房；
1997 年，周根生创办昆山市开发区安达交通设施工程有限公司；
2004 年，购汽车 1 辆；
2007 年，得动迁房 4 套。</td></tr>
</table>

<table>
<tr><td rowspan="8">家庭成员</td><th>姓名</th><th>性别</th><th>与户主关系</th><th>出生年月</th><th>民族</th></tr>
<tr><td>范金川</td><td>女</td><td>户主</td><td>1949 年 8 月</td><td>汉族</td></tr>
<tr><td>晋玉成</td><td>男</td><td>长子</td><td>1972 年 2 月</td><td>汉族</td></tr>
<tr><td>张友花</td><td>女</td><td>长媳</td><td>1971 年 10 月</td><td>汉族</td></tr>
<tr><td>晋玉平</td><td>男</td><td>次子</td><td>1973 年 12 月</td><td>汉族</td></tr>
<tr><td>陶惠琴</td><td>女</td><td>次媳</td><td>1974 年 1 月</td><td>汉族</td></tr>
<tr><td>晋明超</td><td>男</td><td>孙子</td><td>1995 年 1 月</td><td>汉族</td></tr>
<tr><td>晋敏蕾</td><td>女</td><td>孙女</td><td>2000 年 1 月</td><td>汉族</td></tr>
<tr><td>家庭大事</td><td colspan="5">1985 年，翻建楼房；
2002 年，购商品房 1 套；
2007 年，得动迁房 4 套；
2018 年，购汽车 1 辆；
2020 年，购汽车 1 辆；
2020 年，晋敏蕾毕业于江苏省徐州医药高等职业学校。</td></tr>
</table>

<table>
<tr><td rowspan="8">家庭成员</td><td>姓名</td><td>性别</td><td>与户主关系</td><td>出生年月</td><td>民族</td></tr>
<tr><td>殷　明</td><td>男</td><td>户主</td><td>1963 年 12 月</td><td>汉族</td></tr>
<tr><td>许雪花</td><td>女</td><td>配偶</td><td>1964 年 1 月</td><td>汉族</td></tr>
<tr><td>晋爱珍</td><td>女</td><td>母亲</td><td>1937 年 7 月</td><td>汉族</td></tr>
<tr><td>殷　俊</td><td>男</td><td>儿子</td><td>1986 年 6 月</td><td>汉族</td></tr>
<tr><td>吴　琳</td><td>女</td><td>儿媳</td><td>1986 年 2 月</td><td>汉族</td></tr>
<tr><td>殷晨凯</td><td>男</td><td>长孙</td><td>2015 年 2 月</td><td>汉族</td></tr>
<tr><td>殷晨怡</td><td>男</td><td>次孙</td><td>2020 年 7 月</td><td>汉族</td></tr>
<tr><td>家庭大事</td><td colspan="5">1986 年，翻建楼房；
2007 年，得动迁房 3 套；
2007 年，购汽车 1 辆；
2010 年，购汽车 1 辆。</td></tr>
</table>

<table>
<tr><td rowspan="2">家庭成员</td><td>姓名</td><td>性别</td><td>与户主关系</td><td>出生年月</td><td>民族</td></tr>
<tr><td>殷桂根</td><td>男</td><td>户主</td><td>1929 年 2 月</td><td>汉族</td></tr>
<tr><td>家庭大事</td><td colspan="5"></td></tr>
</table>

<table>
<tr><td rowspan="2">家庭成员</td><td>姓名</td><td>性别</td><td>与户主关系</td><td>出生年月</td><td>民族</td></tr>
<tr><td>俞文花</td><td>女</td><td>户主</td><td>1950 年 7 月</td><td>汉族</td></tr>
<tr><td>家庭大事</td><td colspan="5">1988 年，翻建楼房；
2007 年，得动迁房 3 套。</td></tr>
</table>

	姓名	性别	与户主关系	出生年月	民族
家庭成员	张凤泉	男	户主	1964 年 9 月	汉族
	殷丽华	女	配偶	1964 年 12 月	汉族
	张　衡	男	儿子	1987 年 8 月	汉族
	朱晓燕	女	儿媳	1991 年 1 月	汉族
	张梓梵	男	孙子	2016 年 6 月	汉族
家庭大事	1980 年，翻建平房； 1999 年，购商品房 1 套； 2000 年，张凤泉荣获苏州市精神文明建设委员会、苏州市献血领导小组、苏州市红十字会、苏州市卫生局授予的国家无偿献血铜质奖章； 2007 年，得动迁房 2 套； 2010 年，张衡毕业于金肯职业技术学院； 2011 年，购汽车 1 辆； 2012 年，张凤泉加入中国共产党； 2018 年，张凤泉荣获昆山市人民政府授予的昆山市 2016—2017 年度无偿献血奉献银奖； 2020 年，张凤泉荣获中华人民共和国国家卫生健康委员会、中国红十字会总会、中国军委后勤保障部卫生局授予的 2018—2019 年度全国无偿献血奉献奖铜奖。				

	姓名	性别	与户主关系	出生年月	民族
家庭成员	俞梅香	女	户主	1946 年 4 月	汉族
	殷全根	男	配偶	1945 年 5 月	汉族
	殷坚松	男	长子	1971 年 2 月	汉族
	施红英	女	长媳	1972 年 6 月	汉族
	殷坚勇	男	次子	1973 年 5 月	汉族
	谈冬英	女	次媳	1978 年 1 月	汉族
	殷　燕	女	长孙女	1993 年 12 月	汉族
	殷思佳	女	次孙女	2000 年 7 月	汉族
家庭大事	1965 年，殷全根参军入伍，于 1970 年退伍； 1967 年，殷全根加入中国共产党； 1987 年，翻建楼房； 2007 年，得动迁房 3 套； 2018 年，购汽车 1 辆； 2018 年，购商品房 1 套。				

	姓名	性别	与户主关系	出生年月	民族
家庭成员	刘学娣	女	户主	1960 年 3 月	汉族
	刘忠汉	男	父亲	1933 年 10 月	汉族
	李兰芳	女	母亲	1931 年 11 月	汉族
	刘　斌	男	儿子	1981 年 12 月	汉族
	张　娟	女	儿媳	1980 年 4 月	汉族
	刘　蕊	女	女儿	1987 年 3 月	汉族
	刘欣怡	女	孙女	2004 年 8 月	汉族
	刘欣宇	男	孙子	2014 年 7 月	汉族
家庭大事	1989 年，翻建楼房； 2007 年，得动迁房 3 套、经济房 1 套； 2007 年，刘斌专科（成人教育，机电专业）毕业； 2013 年，刘斌本科（网络教学，园林技术专业）毕业； 2014 年，刘蕊专科（网络教学，园林技术专业）毕业； 2015 年，刘斌本科（苏州市广播电视大学，行政专业）毕业； 2019 年，购汽车 1 辆。				

	姓名	性别	与户主关系	出生年月	民族
家庭成员	浦友林	男	户主	1957 年 8 月	汉族
家庭大事					

<table>
<tr><td rowspan="8">家庭成员</td><th>姓名</th><th>性别</th><th>与户主关系</th><th>出生年月</th><th>民族</th></tr>
<tr><td>周东成</td><td>男</td><td>户主</td><td>1958 年 8 月</td><td>汉族</td></tr>
<tr><td>晋桂花</td><td>女</td><td>配偶</td><td>1957 年 9 月</td><td>汉族</td></tr>
<tr><td>周　锋</td><td>男</td><td>儿子</td><td>1982 年 10 月</td><td>汉族</td></tr>
<tr><td>周金依</td><td>女</td><td>儿媳</td><td>1982 年 12 月</td><td>汉族</td></tr>
<tr><td>周祺宸</td><td>男</td><td>长孙</td><td>2008 年 6 月</td><td>汉族</td></tr>
<tr><td>周祺峥</td><td>男</td><td>次孙</td><td>2016 年 12 月</td><td>汉族</td></tr>
<tr><td>周祺嵘</td><td>男</td><td>三孙</td><td>2016 年 12 月</td><td>汉族</td></tr>
<tr><td>家庭大事</td><td colspan="5">1978 年，周东成参军入伍，于 1982 年退伍；
1986 年，翻建楼房；
2005 年，周锋毕业于西安航空职业技术学院；
2007 年，得动迁房 3 套。</td></tr>
</table>

<table>
<tr><td rowspan="6">家庭成员</td><th>姓名</th><th>性别</th><th>与户主关系</th><th>出生年月</th><th>民族</th></tr>
<tr><td>季红亮</td><td>男</td><td>户主</td><td>1969 年 7 月</td><td>汉族</td></tr>
<tr><td>俞阿芳</td><td>女</td><td>配偶</td><td>1972 年 11 月</td><td>汉族</td></tr>
<tr><td>季康夫</td><td>男</td><td>父亲</td><td>1944 年 7 月</td><td>汉族</td></tr>
<tr><td>盛桂宝</td><td>女</td><td>母亲</td><td>1946 年 11 月</td><td>汉族</td></tr>
<tr><td>季建强</td><td>男</td><td>儿了</td><td>1993 年 11 月</td><td>汉族</td></tr>
<tr><td>家庭大事</td><td colspan="5">1988 年，翻建楼房；
2004 年，购别墅 1 栋；
2007 年，得动迁房 3 套；
2008 年，购汽车 1 辆；
2015 年，季建强毕业于加拿大约克大学。</td></tr>
</table>

<table>
<tr><td rowspan="6">家庭成员</td><th>姓名</th><th>性别</th><th>与户主关系</th><th>出生年月</th><th>民族</th></tr>
<tr><td>顾福平</td><td>男</td><td>户主</td><td>1962 年 4 月</td><td>汉族</td></tr>
<tr><td>王月珍</td><td>女</td><td>配偶</td><td>1964 年 10 月</td><td>汉族</td></tr>
<tr><td>李美宝</td><td>女</td><td>母亲</td><td>1937 年 7 月</td><td>汉族</td></tr>
<tr><td>顾　琳</td><td>女</td><td>女儿</td><td>1985 年 12 月</td><td>汉族</td></tr>
<tr><td>陈洪亮</td><td>男</td><td>女婿</td><td>1985 年 11 月</td><td>汉族</td></tr>
<tr><td>家庭大事</td><td colspan="5">1989 年，翻建平房；
2007 年，得动迁房 2 套；
2012 年，购汽车 1 辆。</td></tr>
</table>

<table>
<tr><td rowspan="6">家庭成员</td><th>姓名</th><th>性别</th><th>与户主关系</th><th>出生年月</th><th>民族</th></tr>
<tr><td>金　勇</td><td>男</td><td>户主</td><td>1968 年 8 月</td><td>汉族</td></tr>
<tr><td>徐银娥</td><td>女</td><td>配偶</td><td>1967 年 11 月</td><td>汉族</td></tr>
<tr><td>金　磊</td><td>男</td><td>儿子</td><td>1991 年 7 月</td><td>汉族</td></tr>
<tr><td>高春娟</td><td>女</td><td>儿媳</td><td>1992 年 4 月</td><td>汉族</td></tr>
<tr><td>金高熙</td><td>男</td><td>孙子</td><td>2018 年 8 月</td><td>汉族</td></tr>
<tr><td>家庭大事</td><td colspan="5">1992 年，翻建楼房；
2007 年，得动迁房 3 套；
2015 年，金磊毕业于徐州医学院（今徐州医科大学）。</td></tr>
</table>

<table>
<tr><td rowspan="4">家庭成员</td><th>姓名</th><th>性别</th><th>与户主关系</th><th>出生年月</th><th>民族</th></tr>
<tr><td>殷丽惠</td><td>男</td><td>户主</td><td>1967 年 8 月</td><td>汉族</td></tr>
<tr><td>张玲花</td><td>女</td><td>配偶</td><td>1968 年 6 月</td><td>汉族</td></tr>
<tr><td>殷雅萱</td><td>女</td><td>女儿</td><td>1995 年 4 月</td><td>汉族</td></tr>
<tr><td>家庭大事</td><td colspan="5">1986 年，翻建楼房；
2007 年，得动迁房 3 套。</td></tr>
</table>

	姓名	性别	与户主关系	出生年月	民族
家庭成员	李阿兴	男	户主	1940 年 11 月	汉族
	殷秀珍	女	配偶	1945 年 1 月	汉族
	殷丽萍	女	女儿	1970 年 6 月	汉族
	倪永彪	男	女婿	1970 年 9 月	汉族
	倪　颖	女	孙女	1997 年 4 月	汉族
家庭大事	1993 年，殷丽萍毕业于盐城工业专科学校（今盐城工学院）； 2007 年，得动迁房 1 套。				

	姓名	性别	与户主关系	出生年月	民族
家庭成员	晋阿二	男	户主	1944 年 2 月	汉族
	纪善英	女	配偶	1948 年 9 月	汉族
	晋小红	女	女儿	1969 年 7 月	汉族
	汤如军	男	女婿	1970 年 9 月	汉族
	晋　兵	男	长孙	1990 年 11 月	汉族
	汤　翔	男	次孙	1994 年 2 月	汉族
家庭大事	1996 年，购同组村民楼房 1 栋； 2007 年，得动迁房 3 套； 2010 年，购汽车 1 辆； 2013 年，晋兵毕业于镇江市高等专科学校。				

	姓名	性别	与户主关系	出生年月	民族
家庭成员	蒋亚芳	女	户主	1982 年 3 月	汉族
	李兴振	男	配偶	1980 年 1 月	汉族
	李睿恺	男	儿子	2015 年 4 月	汉族
	李睿恬	女	女儿	2015 年 4 月	汉族
家庭大事	1986 年，翻建楼房； 2005 年，购别墅 1 栋； 2005 年，蒋亚芳毕业于华东师范大学； 2006 年，购汽车 1 辆。				

	姓名	性别	与户主关系	出生年月	民族
家庭成员	蒋亚华	男	户主	1987 年 6 月	汉族
	周雯佳	女	配偶	1990 年 3 月	汉族
	蒋燕栋	女	女儿	2012 年 10 月	汉族
	蒋锐桥	男	儿子	2015 年 3 月	汉族
家庭大事	2005 年，购别墅 1 栋； 2011 年，蒋亚华毕业于加拿大西蒙菲莎大学； 2012 年，购汽车 1 辆。				

	姓名	性别	与户主关系	出生年月	民族
家庭成员	赵方中	男	户主	1949 年 2 月	汉族
	顾福妹	女	配偶	1954 年 8 月	汉族
	赵　洁	女	长女	1975 年 9 月	汉族
	赵　青	女	次女	1977 年 8 月	汉族
	富　卫	男	次婿	1977 年 3 月	汉族
	富铭海	男	外孙	2002 年 7 月	汉族
	张心怡	女	外孙女	2003 年 7 月	汉族
家庭大事	1975 年，翻建平房； 1992 年，购商品房 1 套； 1998 年，赵洁毕业于华中科技大学； 2007 年，得动迁房 2 套。				

	姓名	性别	与户主关系	出生年月	民族
家庭成员	马汝国	男	户主	1965 年 6 月	汉族
	殷海平	女	配偶	1967 年 6 月	汉族
	马成花	女	女儿	1989 年 8 月	汉族
	成丽农	男	女婿	1989 年 12 月	汉族
	马志翔	男	儿子	2008 年 1 月	汉族
	成秋卉	女	长外孙女	2013 年 9 月	汉族
	成欣怡	女	次外孙女	2015 年 11 月	汉族
家庭大事	2012 年，购大车库 1 间。				

	姓名	性别	与户主关系	出生年月	民族
家庭成员	郭秀英	女	户主	1940 年 7 月	汉族
	金桂山	男	配偶	1932 年 12 月	汉族
	金小强	男	儿子	1970 年 9 月	汉族
	沈秀英	女	儿媳	1971 年 2 月	汉族
	金　迪	男	孙子	1995 年 9 月	汉族
家庭大事	1988 年，翻建楼房； 2007 年，得动迁房 3 套； 2017 年，金迪毕业于中国药科大学； 2018 年，购汽车 1 辆； 2020 年，购汽车 1 辆。				

	姓名	性别	与户主关系	出生年月	民族
家庭成员	顾福根	男	户主	1948 年 5 月	汉族
	殷全妹	女	配偶	1948 年 2 月	汉族
	顾　娟	女	女儿	1969 年 12 月	汉族
	顾　健	男	儿子	1972 年 9 月	汉族
	徐红梅	女	儿媳	1981 年 5 月	汉族
	顾庭筠	男	孙子	2002 年 7 月	汉族
家庭大事	1966 年，顾福根加入中国共产党； 1988 年，翻建楼房； 2007 年，得动迁房 3 套。				

	姓名	性别	与户主关系	出生年月	民族
家庭成员	朱忠妹	女	户主	1967 年 11 月	汉族
家庭大事	1997 年，购商品房 1 套。				

大公村第 2 村民小组

	姓名	性别	与户主关系	出生年月	民族
家庭成员	王正妹	女	户主	1970 年 2 月	汉族
	俞福星	男	父亲	1947 年 12 月	汉族
	王阿二	女	母亲	1948 年 11 月	汉族
	王晓峰	男	儿子	1991 年 10 月	汉族
	周　莹	女	儿媳	1991 年 12 月	汉族
	王泽宸	男	孙子	2018 年 7 月	汉族
家庭大事	1973 年，建造平房； 1987 年，翻建楼房； 1990 年，购商品房 1 套； 1998 年，购汽车 1 辆； 2003 年，得动迁房 3 套； 2008 年，卖掉商品房 1 套。				

	姓名	性别	与户主关系	出生年月	民族
家庭成员	杨金龙	男	户主	1968 年 11 月	汉族
家庭大事	2003 年，得经济房 1 套。				

	姓名	性别	与户主关系	出生年月	民族
家庭成员	龚玲弟	男	户主	1967 年 9 月	汉族
	李金妹	女	配偶	1967 年 7 月	汉族
	龚裕生	男	父亲	1940 年 2 月	汉族
	龚黎晴	女	女儿	1990 年 8 月	汉族
	王秋冬	男	女婿	1986 年 1 月	汉族
	龚欣贤	男	孙子	2015 年 1 月	汉族
家庭大事	1977 年，建造平房； 1997 年，购第 8 村民小组村民楼房 1 栋； 2007 年，得动迁房 3 套； 2014 年，购汽车 1 辆。				

<table>
<tr><td rowspan="6">家庭成员</td><th>姓名</th><th>性别</th><th>与户主关系</th><th>出生年月</th><th>民族</th></tr>
<tr><td>杨秀根</td><td>男</td><td>户主</td><td>1963 年 10 月</td><td>汉族</td></tr>
<tr><td>丁翠花</td><td>女</td><td>配偶</td><td>1967 年 5 月</td><td>汉族</td></tr>
<tr><td>杨　峰</td><td>男</td><td>儿子</td><td>1988 年 7 月</td><td>汉族</td></tr>
<tr><td>唐　洋</td><td>女</td><td>儿媳</td><td>1987 年 8 月</td><td>汉族</td></tr>
<tr><td>杨卓逸</td><td>男</td><td>孙子</td><td>2016 年 11 月</td><td>汉族</td></tr>
<tr><td>家庭大事</td><td colspan="5">1977 年，建造平房；
1994 年，翻建楼房；
2003 年，得动迁房 3 套；
2010 年，购汽车 1 辆；
2019 年，购商品房 1 套。</td></tr>
</table>

<table>
<tr><td rowspan="7">家庭成员</td><th>姓名</th><th>性别</th><th>与户主关系</th><th>出生年月</th><th>民族</th></tr>
<tr><td>周厚良</td><td>男</td><td>户主</td><td>1964 年 11 月</td><td>汉族</td></tr>
<tr><td>张白妹</td><td>女</td><td>配偶</td><td>1965 年 9 月</td><td>汉族</td></tr>
<tr><td>张林花</td><td>女</td><td>岳母</td><td>1937 年 12 月</td><td>汉族</td></tr>
<tr><td>张文彬</td><td>男</td><td>儿子</td><td>1987 年 6 月</td><td>汉族</td></tr>
<tr><td>候佳荟</td><td>女</td><td>儿媳</td><td>1990 年 3 月</td><td>汉族</td></tr>
<tr><td>张耘溪</td><td>女</td><td>孙女</td><td>2020 年 1 月</td><td>汉族</td></tr>
<tr><td>家庭大事</td><td colspan="5">1993 年，翻建楼房；
2003 年，得动迁房 3 套；
2014 年，张文彬毕业于河海大学（硕士研究生）；
2014 年，购商品房 1 套；
2019 年，购商品房 1 套。</td></tr>
</table>

	姓名	性别	与户主关系	出生年月	民族
家庭成员	郭志洪	男	户主	1962 年 6 月	汉族
	张惠花	女	配偶	1966 年 1 月	汉族
	王杏花	女	母亲	1937 年 1 月	汉族
	王　振	男	儿子	1986 年 11 月	汉族
	周　伊	女	儿媳	1986 年 11 月	汉族
	王静轩	女	孙女	2011 年 6 月	汉族
	周昊轩	男	孙子	2016 年 1 月	汉族
家庭大事	1979 年，建造平房； 1988 年，翻建楼房； 2001 年，购商品房 1 套； 2003 年，得动迁房 3 套； 2004 年，王振参军入伍，于 2006 年退伍； 2006 年，郭志洪加入中国共产党； 2011 年，王振加入中国共产党。				

	姓名	性别	与户主关系	出生年月	民族
家庭成员	俞建良	男	户主	1953 年 8 月	汉族
	徐小妹	女	配偶	1957 年 3 月	汉族
	俞秋兰	女	女儿	1979 年 11 月	汉族
	陈志生	男	女婿	1977 年 12 月	汉族
	俞奕涵	女	孙女	2007 年 5 月	汉族
	陈翌宁	男	孙子	2010 年 11 月	汉族
家庭大事	1986 年，翻建楼房； 2003 年，得动迁房 3 套； 2004 年，俞秋兰毕业于华中科技大学； 2010 年，购商品房 1 套。				

	姓名	性别	与户主关系	出生年月	民族
家庭成员	俞建芬	女	户主	1963 年 1 月	汉族
	邬玉良	男	配偶	1965 年 3 月	汉族
	邬　赟	男	儿子	1988 年 4 月	汉族
	朱　萍	女	儿媳	1987 年 4 月	汉族
	邬梓童	女	孙女	2014 年 5 月	汉族
家庭大事	2012 年，得大公村照顾房 1 套； 2016 年，购汽车 1 辆。				

	姓名	性别	与户主关系	出生年月	民族
家庭成员	俞桂芬	女	户主	1966 年 6 月	汉族
	徐雪元	男	配偶	1967 年 10 月	汉族
	徐　婷	女	女儿	1990 年 6 月	汉族
	丁　浩	男	女婿	1991 年 1 月	汉族
	徐子博	男	孙子	2015 年 10 月	汉族
家庭大事	2000 年，购商品房 1 套； 2007 年，得动迁房 1 套； 2011 年，徐婷加入中国共产党； 2013 年，徐婷毕业于南京大学； 2016 年，购汽车 1 辆。				

	姓名	性别	与户主关系	出生年月	民族
家庭成员	朱建生	男	户主	1965 年 6 月	汉族
	邬玉珍	女	配偶	1965 年 1 月	汉族
	朱一鸣	男	儿子	1989 年 1 月	汉族
家庭大事	1978 年，建造平房； 1995 年，翻建楼房； 2003 年，得动迁房 3 套； 2003 年，购商品房 1 套。				

	姓名	性别	与户主关系	出生年月	民族
家庭成员	张正华	男	户主	1971 年 1 月	汉族
	许桂英	女	配偶	1971 年 5 月	汉族
	张泉生	男	父亲	1948 年 7 月	汉族
	陆凤娥	女	母亲	1949 年 7 月	汉族
	张永强	男	儿子	1993 年 8 月	汉族
	金志晨	女	儿媳	1993 年 3 月	汉族
	张承颐	男	孙子	2019 年 6 月	汉族
家庭大事	1976 年，建造平房； 1987 年，翻建楼房； 2003 年，得动迁房 3 套； 2012 年，购汽车 1 辆； 2015 年，购商品房 1 套； 2019 年，购汽车 1 辆。				

	姓名	性别	与户主关系	出生年月	民族
家庭成员	晋红星	男	户主	1966 年 10 月	汉族
	赵志珍	女	配偶	1968 年 8 月	汉族
	杨秀珍	女	母亲	1950 年 6 月	汉族
	晋菲菲	女	女儿	1991 年 4 月	汉族
	晋睿泽	男	孙子	2015 年 4 月	汉族
家庭大事	1996 年，购商品房 1 套； 2016 年，购动迁房 1 套； 2020 年，购汽车 1 辆； 2020 年，晋菲菲毕业于常州大学怀德学院。				

	姓名	性别	与户主关系	出生年月	民族
家庭成员	晋利民	男	户主	1971 年 6 月	汉族
	柏梅红	女	配偶	1972 年 2 月	汉族
	晋思雯	女	女儿	1995 年 5 月	汉族
	钱明程	男	女婿	1996 年 11 月	汉族
	晋幼恩	女	孙女	2020 年 4 月	汉族
家庭大事	1990 年，翻建楼房； 2000 年，购商品房 1 套； 2005 年，购汽车 1 辆； 2007 年，得动迁房 3 套； 2016 年，置换商品房（小高层电梯房）1 套； 2019 年，晋思雯毕业于江苏大学。				

	姓名	性别	与户主关系	出生年月	民族
家庭成员	晋水根	男	户主	1956 年 10 月	汉族
	郭素芳	女	配偶	1957 年 12 月	汉族
	晋文秀	女	女儿	1982 年 6 月	汉族
	方　勇	男	女婿	1982 年 5 月	汉族
	方静怡	女	长外孙女	2007 年 11 月	汉族
	晋漪苓	女	次外孙女	2012 年 4 月	汉族
家庭大事	1977 年，建造平房； 1985 年，晋水根加入中国共产党； 1991 年，翻建楼房； 1997 年，购商品房 1 套； 2001 年，购平房 1 套； 2003 年，得动迁房 1 套； 2005 年，晋文秀毕业于徐州师范大学（今江苏师范大学）； 2012 年，购汽车 1 辆。				

<table>
<tr><th rowspan="3">家庭成员</th><th>姓名</th><th>性别</th><th>与户主关系</th><th>出生年月</th><th>民族</th></tr>
<tr><td>王正夫</td><td>男</td><td>户主</td><td>1953 年 9 月</td><td>汉族</td></tr>
<tr><td>张巧珍</td><td>女</td><td>母亲</td><td>1933 年 9 月</td><td>汉族</td></tr>
<tr><th>家庭大事</th><td colspan="5">1997 年，购楼房 1 栋；
2007 年，得动迁房 3 套。</td></tr>
</table>

<table>
<tr><th rowspan="5">家庭成员</th><th>姓名</th><th>性别</th><th>与户主关系</th><th>出生年月</th><th>民族</th></tr>
<tr><td>严梅良</td><td>男</td><td>户主</td><td>1967 年 9 月</td><td>汉族</td></tr>
<tr><td>林玉兰</td><td>女</td><td>配偶</td><td>1966 年 3 月</td><td>汉族</td></tr>
<tr><td>晋水英</td><td>女</td><td>母亲</td><td>1947 年 11 月</td><td>汉族</td></tr>
<tr><td>严　晗</td><td>女</td><td>女儿</td><td>1991 年 2 月</td><td>汉族</td></tr>
<tr><th>家庭大事</th><td colspan="5">1975 年，建造平房；
1985 年，翻建楼房；
2000 年，购商品房 1 套；
2007 年，得动迁房 3 套；
2010 年，购汽车 1 辆；
2014 年，严晗毕业于南京邮电大学。</td></tr>
</table>

<table>
<tr><th rowspan="5">家庭成员</th><th>姓名</th><th>性别</th><th>与户主关系</th><th>出生年月</th><th>民族</th></tr>
<tr><td>晋建明</td><td>男</td><td>户主</td><td>1965 年 4 月</td><td>汉族</td></tr>
<tr><td>龚玲仙</td><td>女</td><td>配偶</td><td>1965 年 8 月</td><td>汉族</td></tr>
<tr><td>晋　赟</td><td>男</td><td>儿子</td><td>1988 年 10 月</td><td>汉族</td></tr>
<tr><td>倪开颜</td><td>女</td><td>儿媳</td><td>1987 年 11 月</td><td>汉族</td></tr>
<tr><th>家庭大事</th><td colspan="5">1976 年，建造平房；
1993 年，翻建楼房；
2007 年，得动迁房 3 套；
2012 年，购汽车 1 辆。</td></tr>
</table>

<table>
<tr><td rowspan="7">家庭成员</td><td>姓名</td><td>性别</td><td>与户主关系</td><td>出生年月</td><td>民族</td></tr>
<tr><td>张月珍</td><td>女</td><td>户主</td><td>1955 年 1 月</td><td>汉族</td></tr>
<tr><td>李二妹</td><td>女</td><td>婆婆</td><td>1926 年 11 月</td><td>汉族</td></tr>
<tr><td>李　强</td><td>男</td><td>儿子</td><td>1978 年 3 月</td><td>汉族</td></tr>
<tr><td>张　燕</td><td>女</td><td>儿媳</td><td>1979 年 7 月</td><td>汉族</td></tr>
<tr><td>李庭傲</td><td>男</td><td>长孙</td><td>2001 年 1 月</td><td>汉族</td></tr>
<tr><td>李奕璇</td><td>男</td><td>次孙</td><td>2006 年 5 月</td><td>汉族</td></tr>
<tr><td>家庭大事</td><td colspan="5">1966 年，李二妹加入中国共产党；
1986 年，翻建楼房；
1999 年，购商品房 1 套；
2007 年，得动迁房 3 套；
2010 年，购汽车 1 辆；
2019 年，李庭傲就读于长春工程学院。</td></tr>
</table>

<table>
<tr><td rowspan="6">家庭成员</td><td>姓名</td><td>性别</td><td>与户主关系</td><td>出生年月</td><td>民族</td></tr>
<tr><td>俞抱花</td><td>女</td><td>户主</td><td>1981 年 11 月</td><td>汉族</td></tr>
<tr><td>程水清</td><td>男</td><td>配偶</td><td>1976 年 9 月</td><td>汉族</td></tr>
<tr><td>徐三花</td><td>女</td><td>母亲</td><td>1958 年 3 月</td><td>汉族</td></tr>
<tr><td>俞佳怡</td><td>女</td><td>长女</td><td>2002 年 8 月</td><td>汉族</td></tr>
<tr><td>俞佳丽</td><td>女</td><td>次女</td><td>2007 年 5 月</td><td>汉族</td></tr>
<tr><td>家庭大事</td><td colspan="5">1984 年，购汽车 1 辆；
1985 年，翻建楼房；
2002 年，购商品房 1 套；
2007 年，得动迁房 3 套；
2007 年，购商品房 1 套。</td></tr>
</table>

	姓名	性别	与户主关系	出生年月	民族
家庭成员	俞红卫	男	户主	1968 年 4 月	汉族
	徐秀娥	女	配偶	1967 年 8 月	汉族
	俞晓燕	女	女儿	1992 年 11 月	汉族
家庭大事	1987 年，翻建楼房； 2007 年，得动迁房 3 套； 2015 年，俞晓燕毕业于江苏师范大学； 2017 年，购商品房 1 套。				

	姓名	性别	与户主关系	出生年月	民族
家庭成员	俞荣卫	男	户主	1966 年 6 月	汉族
	梁君芬	女	配偶	1971 年 10 月	汉族
	俞水增	男	父亲	1942 年 1 月	汉族
	徐凤花	女	母亲	1946 年 1 月	汉族
	俞玉静	女	女儿	1989 年 11 月	汉族
	陈正开	男	女婿	1990 年 7 月	汉族
	俞之乐	女	孙女	2018 年 12 月	汉族
家庭大事	1975 年，建造平房； 1996 年，购商品房 1 套； 2007 年，得动迁房 2 套； 2018 年，购汽车 1 辆； 2020 年，俞玉静毕业于苏州科技大学。				

	姓名	性别	与户主关系	出生年月	民族
家庭成员	晋伯生	男	户主	1953 年 3 月	汉族
	王美芳	女	配偶	1956 年 2 月	汉族
	晋　军	男	儿子	1978 年 9 月	汉族
	董丽娟	女	儿媳	1982 年 3 月	汉族
	晋家宝	男	孙子	2005 年 10 月	汉族
	晋思甜	女	孙女	2007 年 4 月	汉族
家庭大事	1975 年，建造平房； 1996 年，翻建楼房； 2007 年，得动迁房 3 套。				

	姓名	性别	与户主关系	出生年月	民族
家庭成员	陶宏扣	男	户主	1956 年 11 月	汉族
	张小妹	女	配偶	1967 年 8 月	汉族
	张文新	女	女儿	1989 年 3 月	汉族
	沈　阳	男	女婿	1991 年 11 月	汉族
家庭大事	1990 年，建造平房； 2007 年，得动迁房 2 套； 2014 年，张文新毕业于苏州大学； 2015 年，购汽车 1 辆。				

	姓名	性别	与户主关系	出生年月	民族
家庭成员	李翠娥	女	户主	1968 年 12 月	汉族
家庭大事					

大公村第3村民小组

	姓名	性别	与户主关系	出生年月	民族
家庭成员	张建平	男	户主	1963年11月	汉族
	王仲花	女	配偶	1965年7月	汉族
	张　磊	男	儿子	1987年1月	汉族
	陈文娟	女	儿媳	1987年10月	汉族
	张睿萱	女	孙女	2015年2月	汉族
	陈睿昊	男	孙子	2016年8月	汉族
家庭大事	1987年，翻建楼房； 2007年，得动迁房3套。				

	姓名	性别	与户主关系	出生年月	民族
家庭成员	徐建洪	男	户主	1966年3月	汉族
	张雪琴	女	配偶	1966年9月	汉族
	徐俊涛	男	儿子	1989年8月	汉族
	阮云蕾	女	儿媳	1988年12月	汉族
	徐子笑	女	孙女	2016年6月	汉族
	阮子钰	男	孙子	2018年8月	汉族
家庭大事	1986年，翻建楼房； 2007年，得动迁房3套； 2009年，购商品房1套； 2010年，购汽车1辆； 2011年，阮云蕾毕业于吉林师范大学； 2012年，徐俊涛毕业于淮阴工学院。				

	姓名	性别	与户主关系	出生年月	民族
家庭成员	张永昌	男	户主	1935 年 2 月	汉族
	张建法	男	儿子	1955 年 4 月	汉族
	张惠花	女	儿媳	1956 年 5 月	汉族
	张菊英	女	孙女	1981 年 10 月	汉族
	付　斌	男	孙婿	1980 年 5 月	汉族
	张颜荟	女	曾孙女	2004 年 3 月	汉族
	张译文	男	曾孙	2011 年 2 月	汉族
家庭大事	1986 年，翻建楼房； 2007 年，得动迁房 3 套； 2011 年，购汽车 1 辆； 2017 年，购商品房 1 套。				

	姓名	性别	与户主关系	出生年月	民族
家庭成员	陈祥花	女	户主	1948 年 5 月	汉族
	陈志平	男	儿子	1970 年 1 月	汉族
	龚银花	女	儿媳	1970 年 12 月	汉族
	陈　琳	女	孙女	1992 年 8 月	汉族
	赵家平	男	孙婿	1993 年 7 月	汉族
	赵屹恒	男	曾长孙	2018 年 11 月	汉族
	陈奕安	男	曾次孙	2020 年 7 月	汉族
家庭大事	1986 年，翻建楼房； 1997 年，购商品房 1 套； 2007 年，得动迁房 3 套； 2012 年，购汽车 1 辆。				

	姓名	性别	与户主关系	出生年月	民族
家庭成员	徐建德	男	户主	1963 年 3 月	汉族
	沈美玉	女	配偶	1963 年 3 月	汉族
	徐　成	男	儿子	1985 年 9 月	汉族
	李红燕	女	儿媳	1985 年 7 月	汉族
	徐煜祺	男	孙子	2013 年 10 月	汉族
家庭大事	1980 年，翻建楼房； 1986 年，购商品房 1 套； 1989 年，沈美玉加入中国共产党； 1995 年，徐建德加入中国共产党； 2000 年，沈美玉创办昆山市成成建材有限公司； 2006 年，李红燕毕业于苏州职业大学； 2007 年，得动迁房 3 套； 2007 年，徐成毕业于徐州师范大学（今江苏师范大学）。				

	姓名	性别	与户主关系	出生年月	民族
家庭成员	江月林	男	户主	1950 年 3 月	汉族
	陈小妹	女	配偶	1952 年 2 月	汉族
	江　琴	女	女儿	1974 年 11 月	汉族
	何　平	男	女婿	1973 年 12 月	汉族
	江雨星	女	孙女	1996 年 6 月	汉族
家庭大事	1988 年，翻建楼房； 2004 年，江琴加入中国共产党； 2007 年，得动迁房 3 套； 2017 年，江雨星毕业于扬州大学广陵学院。				

	姓名	性别	与户主关系	出生年月	民族
家庭成员	徐菊明	男	户主	1963 年 2 月	汉族
	徐爱玲	女	配偶	1962 年 12 月	汉族
	江招大	女	母亲	1942 年 10 月	汉族
	徐睿娟	女	女儿	1985 年 9 月	汉族
	孙　竞	男	女婿	1985 年 1 月	汉族
	徐子豪	男	长孙	2010 年 8 月	汉族
	孙　睿	男	次孙	2017 年 9 月	汉族
家庭大事	2008 年，徐睿娟毕业于淮阴工学院； 2004 年，徐睿娟加入中国共产党； 2005 年，购汽车 1 辆； 2007 年，得动迁房 1 套； 2009 年，购商品房 1 套。				

	姓名	性别	与户主关系	出生年月	民族
家庭成员	徐惠明	男	户主	1964 年 4 月	汉族
	沈培珍	女	配偶	1965 年 1 月	汉族
	徐睿文	男	儿子	1987 年 1 月	汉族
	王欢欢	女	儿媳	1987 年 2 月	汉族
	徐胤杰	男	孙子	2014 年 6 月	汉族
家庭大事	1973 年，建造平房； 1992 年，购商品房 1 套； 2004 年，购汽车 1 辆； 2007 年，得动迁房 2 套； 2012 年，徐睿文毕业于江苏大学； 2012 年，王欢欢毕业于江苏大学。				

	姓名	性别	与户主关系	出生年月	民族
家庭成员	徐　康	女	户主	1972 年 4 月	汉族
	赵玉良	男	配偶	1970 年 6 月	汉族
	徐晓频	女	女儿	1997 年 11 月	汉族
家庭大事	1986 年，翻建楼房； 2007 年，得动迁房 1 套； 2012 年，购汽车 1 辆； 2012 年，购商品房 1 套。				

	姓名	性别	与户主关系	出生年月	民族
家庭成员	徐　群	女	户主	1979 年 5 月	汉族
	李文宝	男	配偶	1978 年 1 月	汉族
	徐林花	女	祖母	1941 年 11 月	汉族
	徐嘉馨	女	女儿	2003 年 3 月	汉族
家庭大事	1985 年，翻建楼房； 2001 年，购商品房 1 套； 2007 年，得动迁房 3 套； 2011 年，购汽车 1 辆。				

	姓名	性别	与户主关系	出生年月	民族
家庭成员	徐　云	男	户主	1978 年 11 月	汉族
	陈味娜	女	配偶	1979 年 3 月	汉族
	徐陈羿	男	儿子	2008 年 3 月	汉族
家庭大事	1985 年，翻建楼房； 1998 年，徐云毕业于江苏财经高等专科学校（今南京财经大学）； 1998 年，陈味娜毕业于江苏财经高等专科学校（今南京财经大学）； 2003 年，购商品房 1 套； 2006 年，购汽车 1 辆； 2007 年，得动迁房 3 套； 2008 年，购汽车 1 辆； 2009 年，购商品房 1 套； 2015 年，购商品房 1 套。				

	姓名	性别	与户主关系	出生年月	民族
家庭成员	徐雨良	男	户主	1953 年 2 月	汉族
	林　凤	女	配偶	1952 年 8 月	汉族
	徐　琴	女	女儿	1978 年 6 月	汉族
	张苏明	男	女婿	1974 年 11 月	汉族
	徐天跃	男	孙子	2002 年 11 月	汉族
家庭大事	1985 年，翻建楼房； 1997 年，购商品房 1 套； 2007 年，得动迁房 3 套； 2017 年，购汽车 1 辆。				

	姓名	性别	与户主关系	出生年月	民族
家庭成员	周坤宝	男	户主	1932 年 1 月	汉族
家庭大事	1965 年，建造平房； 2007 年，得动迁房 2 套。				

	姓名	性别	与户主关系	出生年月	民族
家庭成员	郭苏玲	女	户主	1950 年 2 月	汉族
	徐云峰	男	儿子	1969 年 10 月	汉族
	王　凤	女	儿媳	1969 年 7 月	汉族
	徐　娟	女	孙女	1993 年 1 月	汉族
家庭大事	1970 年，建造平房； 1999 年，购商品房 1 套； 2007 年，得动迁房 2 套； 2014 年，购汽车 1 辆。				

	姓名	性别	与户主关系	出生年月	民族
家庭成员	黄吉良	男	户主	1942 年 8 月	汉族
	谭红妹	女	配偶	1946 年 6 月	汉族
	黄　芳	女	女儿	1969 年 7 月	汉族
	李招根	男	女婿	1968 年 1 月	汉族
	黄　莉	女	长孙女	1990 年 11 月	汉族
	黄　蕾	女	次孙女	1995 年 5 月	汉族
家庭大事	1975 年，建造平房； 1997 年，购汽车 1 辆； 2007 年，得动迁房 2 套； 2008 年，购商品房 1 套。				

	姓名	性别	与户主关系	出生年月	民族
家庭成员	陈祥生	男	户主	1952 年 3 月	汉族
	陈　刚	男	儿子	1977 年 10 月	汉族
	陈　泽	男	孙子	2000 年 11 月	汉族
家庭大事	1986 年，翻建楼房； 1999 年，购商品房 1 套； 2007 年，得动迁房 3 套。				

	姓名	性别	与户主关系	出生年月	民族
家庭成员	芦秀芳	女	户主	1928 年 10 月	汉族
	李　铭	女	孙女	1977 年 6 月	汉族
	鲍宪华	男	孙婿	1975 年 4 月	汉族
	鲍李欣	男	曾孙	2006 年 6 月	汉族
家庭大事	1970 年，建造平房； 1998 年，李铭毕业于江苏理工大学（今江苏大学）； 2007 年，得动迁房 2 套。				

<table>
<tr><th rowspan="6">家庭成员</th><th>姓名</th><th>性别</th><th>与户主关系</th><th>出生年月</th><th>民族</th></tr>
<tr><td>徐根大</td><td>男</td><td>户主</td><td>1950 年 11 月</td><td>汉族</td></tr>
<tr><td>李国萍</td><td>女</td><td>配偶</td><td>1953 年 7 月</td><td>汉族</td></tr>
<tr><td>徐　君</td><td>男</td><td>儿子</td><td>1975 年 10 月</td><td>汉族</td></tr>
<tr><td>李莺燕</td><td>女</td><td>儿媳</td><td>1979 年 10 月</td><td>汉族</td></tr>
<tr><td>徐李伟</td><td>男</td><td>孙子</td><td>2002 年 8 月</td><td>汉族</td></tr>
<tr><th>家庭大事</th><td colspan="5">1984 年，翻建楼房；
1991 年，徐根大加入中国共产党；
1994 年，购商品房 1 套；
1997 年，徐君毕业于连云港财经学校（今江苏财会职业学院）；
2000 年，徐君加入中国共产党；
2007 年，得动迁房 3 套。</td></tr>
</table>

<table>
<tr><th rowspan="8">家庭成员</th><th>姓名</th><th>性别</th><th>与户主关系</th><th>出生年月</th><th>民族</th></tr>
<tr><td>朱学良</td><td>男</td><td>户主</td><td>1958 年 2 月</td><td>汉族</td></tr>
<tr><td>李海琴</td><td>女</td><td>配偶</td><td>1962 年 2 月</td><td>汉族</td></tr>
<tr><td>李小妹</td><td>女</td><td>母亲</td><td>1934 年 10 月</td><td>汉族</td></tr>
<tr><td>朱晓佳</td><td>男</td><td>儿子</td><td>1983 年 3 月</td><td>汉族</td></tr>
<tr><td>王　怡</td><td>女</td><td>儿媳</td><td>1987 年 7 月</td><td>汉族</td></tr>
<tr><td>朱子昂</td><td>男</td><td>长孙</td><td>2011 年 10 月</td><td>汉族</td></tr>
<tr><td>朱子轩</td><td>男</td><td>次孙</td><td>2016 年 8 月</td><td>汉族</td></tr>
<tr><th>家庭大事</th><td colspan="5">1976 年，朱学良参军入伍，于 1982 年退伍；
1979 年，朱学良加入中国共产党；
1988 年，翻建楼房；
1999 年，购商品房 1 套；
2006 年，朱晓佳毕业于江苏大学；
2007 年，得动迁房 3 套；
2010 年，购汽车 1 辆。</td></tr>
</table>

	姓名	性别	与户主关系	出生年月	民族
家庭成员	黄吉云	男	户主	1955 年 9 月	汉族
	任福蓉	女	配偶	1970 年 4 月	汉族
	黄丽娇	女	女儿	1995 年 3 月	汉族
家庭大事					

	姓名	性别	与户主关系	出生年月	民族
家庭成员	赵成泉	男	户主	1933 年 5 月	汉族
	徐瑞珍	女	配偶	1942 年 12 月	汉族
	赵　云	男	儿子	1968 年 2 月	汉族
家庭大事	1998 年，购商品房 1 套。				

	姓名	性别	与户主关系	出生年月	民族
家庭成员	谢真平	男	户主	1968 年 2 月	汉族
	朱玉琴	女	配偶	1970 年 11 月	汉族
	谢桂丽	女	女儿	1992 年 8 月	汉族
家庭大事	1966 年，建造平房； 2007 年，得动迁房 2 套； 2016 年，谢桂丽毕业于中央美术学院。				

	姓名	性别	与户主关系	出生年月	民族
家庭成员	李振发	男	户主	1963 年 9 月	汉族
	杨素花	女	配偶	1963 年 10 月	汉族
	李奢艳	女	女儿	1986 年 6 月	汉族
	柴　俊	男	女婿	1985 年 11 月	汉族
	李柴莹霏	女	孙女	2010 年 5 月	汉族
家庭大事	1986 年，翻建楼房； 1995 年，购商品房 1 套； 2007 年，得动迁房 3 套； 2011 年，购汽车 1 辆； 2016 年，购商品房 1 套。				

	姓名	性别	与户主关系	出生年月	民族
家庭成员	林雪凤	女	户主	1957 年 5 月	汉族
	张　勇	男	儿子	1981 年 11 月	汉族
	张予腾	男	孙子	2008 年 3 月	汉族
家庭大事	1986 年，翻建楼房； 2007 年，得动迁房 3 套； 2010 年，购商品房 1 套。				

	姓名	性别	与户主关系	出生年月	民族
家庭成员	李森龙	男	户主	1978 年 10 月	汉族
	王银卤	女	配偶	1981 年 9 月	汉族
	李雪峰	男	哥哥	1975 年 11 月	汉族
	李裕铜	男	儿子	2007 年 8 月	汉族
家庭大事	1995 年，购楼房 1 栋； 2007 年，得动迁房 3 套。				

<table>
<tr><th rowspan="7">家庭成员</th><th>姓名</th><th>性别</th><th>与户主关系</th><th>出生年月</th><th>民族</th></tr>
<tr><td>张春华</td><td>男</td><td>户主</td><td>1952 年 2 月</td><td>汉族</td></tr>
<tr><td>徐建花</td><td>女</td><td>配偶</td><td>1954 年 1 月</td><td>汉族</td></tr>
<tr><td>徐　静</td><td>女</td><td>长女</td><td>1976 年 9 月</td><td>汉族</td></tr>
<tr><td>张　萍</td><td>女</td><td>次女</td><td>1978 年 8 月</td><td>汉族</td></tr>
<tr><td>徐政山</td><td>男</td><td>长孙</td><td>2002 年 11 月</td><td>汉族</td></tr>
<tr><td>周鼎程</td><td>男</td><td>次孙</td><td>2003 年 1 月</td><td>汉族</td></tr>
<tr><th>家庭大事</th><td colspan="5">1986 年，翻建楼房；
1995 年，购商品房 1 套；
2000 年，购商品房 1 套。</td></tr>
</table>

<table>
<tr><th rowspan="8">家庭成员</th><th>姓名</th><th>性别</th><th>与户主关系</th><th>出生年月</th><th>民族</th></tr>
<tr><td>晋卫国</td><td>男</td><td>户主</td><td>1956 年 11 月</td><td>汉族</td></tr>
<tr><td>唐群英</td><td>女</td><td>配偶</td><td>1957 年 5 月</td><td>汉族</td></tr>
<tr><td>俞彤花</td><td>女</td><td>母亲</td><td>1935 年 8 月</td><td>汉族</td></tr>
<tr><td>晋惠娟</td><td>女</td><td>妹妹</td><td>1962 年 4 月</td><td>汉族</td></tr>
<tr><td>晋玉秀</td><td>女</td><td>女儿</td><td>1981 年 10 月</td><td>汉族</td></tr>
<tr><td>刘建军</td><td>男</td><td>女婿</td><td>1977 年 7 月</td><td>汉族</td></tr>
<tr><td>晋刘潇</td><td>男</td><td>孙子</td><td>2010 年 1 月</td><td>汉族</td></tr>
<tr><th>家庭大事</th><td colspan="5">1982 年，翻建楼房；
1987 年，晋卫国加入中国共产党；
1999 年，刘建军加入中国共产党；
2000 年，刘建军本科毕业于四川师范学院（今西华师范大学），2006 年，毕业于西华师范大学（硕士研究生），2016 年，毕业于上海交通大学（硕士研究生）；
2003 年，晋玉秀本科毕业于吉林大学；
2005 年，晋玉秀加入中国共产党；
2006 年，晋玉秀毕业于西华师范大学（硕士研究生）；
2007 年，得动迁房 3 套；
2007 年，晋卫国创办晋盛大公药业（启东）有限公司。</td></tr>
</table>

大公村第 4 村民小组

	姓名	性别	与户主关系	出生年月	民族
家庭成员	俞惠明	男	户主	1963 年 6 月	汉族
	俞惠星	女	配偶	1964 年 11 月	汉族
	俞阿二	男	父亲	1944 年 2 月	汉族
	俞　丹	男	儿子	1987 年 2 月	汉族
	倪雅莉	女	儿媳	1989 年 10 月	汉族
	俞安倪	女	孙女	2016 年 10 月	汉族
家庭大事	1962 年，俞阿二毕业于昆山师范学校（今已停办）； 1980 年，俞惠明参军入伍，于 1986 年退伍； 1984 年，俞惠明加入中国共产党； 1985 年，建造平房； 2002 年，购商品房 1 套； 2003 年，得动迁房 1 套； 2008 年，俞丹加入中国共产党； 2009 年，俞丹毕业于南京工业大学。				

	姓名	性别	与户主关系	出生年月	民族
家庭成员	俞文明	男	户主	1968 年 1 月	汉族
	朱云仙	女	配偶	1968 年 10 月	汉族
	张小妹	女	母亲	1945 年 2 月	汉族
	俞　嘉	男	儿子	1991 年 4 月	汉族
	朱韵雯	女	儿媳	1990 年 5 月	汉族
	朱萌涵	女	长孙女	2015 年 5 月	汉族
	俞芮涵	女	次孙女	2020 年 1 月	汉族
家庭大事	1986 年，翻建楼房； 2007 年，得动迁房 3 套； 2012 年，朱韵雯毕业于南京审计学院（今南京审计大学）。				

<table>
<tr><td rowspan="3">家庭成员</td><th>姓名</th><th>性别</th><th>与户主关系</th><th>出生年月</th><th>民族</th></tr>
<tr><td>俞福良</td><td>男</td><td>户主</td><td>1947 年 2 月</td><td>汉族</td></tr>
<tr><td>沈珠花</td><td>女</td><td>配偶</td><td>1945 年 11 月</td><td>汉族</td></tr>
<tr><td>家庭大事</td><td colspan="5">1979 年、1980 年，俞福良被城南公社革委会评为先进工作者；
1986 年，俞福良加入中国共产党；
1991—1994 年，俞福良连续四年被中共玉山镇委员会、玉山镇人民政府评为年度先进（工作）者；
1999 年，俞福良被中共江苏省委农村工作部评为 1997—1998 年度江苏省农村财务管理先进工作者。</td></tr>
</table>

<table>
<tr><td rowspan="6">家庭成员</td><th>姓名</th><th>性别</th><th>与户主关系</th><th>出生年月</th><th>民族</th></tr>
<tr><td>俞国坚</td><td>男</td><td>户主</td><td>1967 年 9 月</td><td>汉族</td></tr>
<tr><td>张建芬</td><td>女</td><td>配偶</td><td>1966 年 9 月</td><td>汉族</td></tr>
<tr><td>俞　安</td><td>男</td><td>儿子</td><td>1990 年 6 月</td><td>汉族</td></tr>
<tr><td>余　蕾</td><td>女</td><td>儿媳</td><td>1990 年 8 月</td><td>汉族</td></tr>
<tr><td>俞锦辰</td><td>男</td><td>孙子</td><td>2020 年 1 月</td><td>汉族</td></tr>
<tr><td>家庭大事</td><td colspan="5">1988 年，翻建楼房；
2007 年，得动迁房 1 套；
2012 年，俞安毕业于镇江高等职业技术学校；
2012 年，余蕾加入中国共产党；
2013 年，余蕾毕业于江苏理工学院；
2016 年，购商品房 1 套。</td></tr>
</table>

<table>
<tr><td rowspan="5">家庭成员</td><th>姓名</th><th>性别</th><th>与户主关系</th><th>出生年月</th><th>民族</th></tr>
<tr><td>俞志坚</td><td>男</td><td>户主</td><td>1970 年 1 月</td><td>汉族</td></tr>
<tr><td>张银妹</td><td>女</td><td>配偶</td><td>1970 年 3 月</td><td>汉族</td></tr>
<tr><td>俞佳辰</td><td>男</td><td>长子</td><td>1992 年 9 月</td><td>汉族</td></tr>
<tr><td>俞棋皓</td><td>男</td><td>次子</td><td>1997 年 9 月</td><td>汉族</td></tr>
<tr><td>家庭大事</td><td colspan="5">1986 年，翻建楼房；
2003 年，得动迁房 3 套；
2004 年，俞志坚创办昆山市鹿泰交通安全设施工程有限公司；
2016 年，购别墅 1 栋。</td></tr>
</table>

	姓名	性别	与户主关系	出生年月	民族
家庭成员	俞品良	男	户主	1949 年 12 月	汉族
	张爱妹	女	配偶	1949 年 10 月	汉族
	俞惠琴	女	长女	1972 年 12 月	汉族
	俞惠青	男	长婿	1970 年 12 月	汉族
	俞惠萍	女	次女	1974 年 8 月	汉族
	俞　莹	女	孙女	1994 年 12 月	汉族
家庭大事	1986 年，翻建楼房； 2007 年，得动迁房 3 套； 2016 年，俞莹毕业于南京体育学院。				

	姓名	性别	与户主关系	出生年月	民族
家庭成员	俞锦良	男	户主	1953 年 5 月	汉族
	王振仙	女	配偶	1956 年 6 月	汉族
	俞　芳	女	女儿	1981 年 2 月	汉族
家庭大事	1989 年，翻建楼房； 1999 年，俞芳毕业于苏州市某技校； 2007 年，得动迁房 3 套； 2014 年，俞芳毕业于苏州大学。				

	姓名	性别	与户主关系	出生年月	民族
家庭成员	俞根良	男	户主	1956 年 9 月	汉族
	俞梅生	男	父亲	1924 年 2 月	汉族
家庭大事	1988 年，翻建楼房； 2003 年，得动迁房 3 套。				

	姓名	性别	与户主关系	出生年月	民族
家庭成员	俞国良	男	户主	1953 年 10 月	汉族
	陆雪花	女	配偶	1953 年 11 月	汉族
	俞永刚	男	儿子	1978 年 10 月	汉族
	周春燕	女	儿媳	1985 年 12 月	汉族
	俞　馨	女	长孙女	2003 年 10 月	汉族
	周净恬	女	次孙女	2010 年 5 月	汉族
家庭大事	1989 年，翻建楼房； 2007 年，得动迁房 3 套。				

	姓名	性别	与户主关系	出生年月	民族
家庭成员	俞国清	男	户主	1963 年 9 月	汉族
	曹正云	女	配偶	1966 年 2 月	汉族
	曹永成	男	儿子	1982 年 1 月	汉族
	朱　苏	女	儿媳	1984 年 10 月	汉族
	俞旭根	男	孙子	2008 年 1 月	汉族
家庭大事	1992 年，翻建楼房； 2003 年，得动迁房 3 套； 2016 年，购汽车 1 辆； 2019 年，购商品房 1 套。				

家庭成员	姓名	性别	与户主关系	出生年月	民族
	俞风良	男	户主	1957 年 8 月	汉族
	陆妹秀	女	配偶	1957 年 3 月	汉族
	俞玉芳	女	女儿	1981 年 8 月	汉族
	徐忠良	男	女婿	1980 年 8 月	汉族
	俞昀宏	男	孙子	2005 年 12 月	汉族
	徐梓媛	女	孙女	2008 年 9 月	汉族
家庭大事	1986 年，翻建楼房； 2007 年，得动迁房 3 套； 2013 年，购商品房 1 套。				

家庭成员	姓名	性别	与户主关系	出生年月	民族
	俞风泉	男	户主	1963 年 11 月	汉族
	俞梅芳	女	配偶	1964 年 10 月	汉族
	俞玉燕	女	女儿	1986 年 11 月	汉族
	邢　超	男	女婿	1982 年 9 月	汉族
	俞　俊	男	孙子	2009 年 2 月	汉族
家庭大事	1989 年，翻建楼房； 2000 年，邢超加入中国共产党； 2003 年，得动迁房 3 套； 2015 年，购商品房 1 套； 2016 年，购汽车 1 辆。				

家庭成员	姓名	性别	与户主关系	出生年月	民族
	俞风妹	女	户主	1975 年 5 月	汉族
家庭大事	2011 年，得经济房 1 套。				

<table>
<tr><td rowspan="6">家庭成员</td><td>姓名</td><td>性别</td><td>与户主关系</td><td>出生年月</td><td>民族</td></tr>
<tr><td>俞惠中</td><td>男</td><td>户主</td><td>1950 年 11 月</td><td>汉族</td></tr>
<tr><td>徐小花</td><td>女</td><td>配偶</td><td>1950 年 11 月</td><td>汉族</td></tr>
<tr><td>俞雪明</td><td>男</td><td>儿子</td><td>1974 年 2 月</td><td>汉族</td></tr>
<tr><td>张守丽</td><td>女</td><td>儿媳</td><td>1968 年 4 月</td><td>汉族</td></tr>
<tr><td>俞万毅</td><td>男</td><td>孙子</td><td>2009 年 9 月</td><td>汉族</td></tr>
<tr><td>家庭大事</td><td colspan="5">1986 年，翻建楼房；
1995 年，俞雪明毕业于南京经济学院（今南京财经大学）；
1999 年，购商品房 1 套；
2003 年，得动迁房 3 套。</td></tr>
</table>

<table>
<tr><td rowspan="6">家庭成员</td><td>姓名</td><td>性别</td><td>与户主关系</td><td>出生年月</td><td>民族</td></tr>
<tr><td>俞惠良</td><td>男</td><td>户主</td><td>1954 年 12 月</td><td>汉族</td></tr>
<tr><td>沈香珠</td><td>女</td><td>配偶</td><td>1957 年 9 月</td><td>汉族</td></tr>
<tr><td>俞文娟</td><td>女</td><td>女儿</td><td>1979 年 3 月</td><td>汉族</td></tr>
<tr><td>徐红亮</td><td>男</td><td>女婿</td><td>1977 年 11 月</td><td>汉族</td></tr>
<tr><td>徐敏豪</td><td>男</td><td>孙子</td><td>2019 年 12 月</td><td>汉族</td></tr>
<tr><td>家庭大事</td><td colspan="5">1986 年，翻建楼房；
2007 年，得动迁房 3 套；
2019 年，购商品房 1 套；
2019 年，购汽车 1 辆。</td></tr>
</table>

	姓名	性别	与户主关系	出生年月	民族
家庭成员	俞正中	男	户主	1949 年 3 月	汉族
	周红娥	女	配偶	1949 年 9 月	汉族
	俞永明	男	儿子	1973 年 4 月	汉族
	袁小英	女	儿媳	1975 年 4 月	汉族
	俞世平	男	孙子	2000 年 1 月	汉族
	俞雪怡	女	孙女	2008 年 1 月	汉族
家庭大事	1986 年，翻建楼房； 1993 年，俞永明毕业于南京电力高等专科学校（今南京工程学院）； 2007 年，得动迁房 3 套； 2007 年，购汽车 1 辆； 2018 年，购商品房 1 套。				

	姓名	性别	与户主关系	出生年月	民族
家庭成员	俞正伯	男	户主	1966 年 6 月	汉族
	常顺英	女	配偶	1967 年 10 月	汉族
	俞婷婷	女	女儿	1991 年 1 月	汉族
	朱　伟	男	女婿	1987 年 2 月	汉族
	朱柚宁	女	孙女	2014 年 10 月	汉族
	俞恺宁	男	孙子	2017 年 3 月	汉族
家庭大事	1978 年，建造平房； 1999 年，购商品房 1 套； 2003 年，得动迁房 1 套； 2014 年，购汽车 1 辆。				

<table>
<tr><td rowspan="4">家庭成员</td><td>姓名</td><td>性别</td><td>与户主关系</td><td>出生年月</td><td>民族</td></tr>
<tr><td>俞春华</td><td>男</td><td>户主</td><td>1979 年 5 月</td><td>汉族</td></tr>
<tr><td>龚杏英</td><td>女</td><td>母亲</td><td>1955 年 3 月</td><td>汉族</td></tr>
<tr><td>俞　扬</td><td>男</td><td>儿子</td><td>2004 年 8 月</td><td>汉族</td></tr>
<tr><td>家庭大事</td><td colspan="5">1987 年，翻建楼房；
2000 年，购商品房 1 套；
2007 年，得动迁房 3 套。</td></tr>
</table>

<table>
<tr><td rowspan="7">家庭成员</td><td>姓名</td><td>性别</td><td>与户主关系</td><td>出生年月</td><td>民族</td></tr>
<tr><td>沈美德</td><td>男</td><td>户主</td><td>1965 年 1 月</td><td>汉族</td></tr>
<tr><td>浦瑞花</td><td>女</td><td>配偶</td><td>1963 年 11 月</td><td>汉族</td></tr>
<tr><td>沈金花</td><td>女</td><td>母亲</td><td>1940 年 10 月</td><td>汉族</td></tr>
<tr><td>沈　飞</td><td>男</td><td>儿子</td><td>1989 年 6 月</td><td>汉族</td></tr>
<tr><td>王诗韵</td><td>女</td><td>儿媳</td><td>1992 年 3 月</td><td>汉族</td></tr>
<tr><td>沈奕辰</td><td>男</td><td>孙子</td><td>2015 年 10 月</td><td>汉族</td></tr>
<tr><td>家庭大事</td><td colspan="5">1983 年，沈美德参军入伍，于 1986 年退伍；
1985 年，沈美德加入中国共产党；
1986 年，翻建楼房；
1992 年，购商品房 1 套；
2007 年，得动迁房 3 套；
2011 年，沈飞毕业于金肯职业技术学院；
2014 年，王诗韵毕业于淮阴工学院。</td></tr>
</table>

	姓名	性别	与户主关系	出生年月	民族
家庭成员	沈立新	男	户主	1964 年 1 月	汉族
	徐招花	女	配偶	1963 年 3 月	汉族
	沈　斌	男	儿子	1988 年 1 月	汉族
	陈娇娇	女	儿媳	1986 年 6 月	汉族
	沈斯晨	男	孙子	2011 年 8 月	汉族
	沈佑思	女	孙女	2014 年 10 月	汉族
家庭大事	1991 年，翻建楼房； 2007 年，得动迁房 3 套； 2010 年，购汽车 1 辆。				

	姓名	性别	与户主关系	出生年月	民族
家庭成员	张云良	男	户主	1952 年 10 月	汉族
	沈梅茄	女	配偶	1955 年 4 月	汉族
	张　华	男	儿子	1978 年 6 月	汉族
	于刚华	女	儿媳	1979 年 6 月	汉族
	张　骏	男	孙子	2003 年 1 月	汉族
家庭大事	1988 年，翻建楼房； 2007 年，得动迁房 3 套； 2011 年，购汽车 1 辆； 2019 年，购商品房 1 套。				

	姓名	性别	与户主关系	出生年月	民族
家庭成员	张水良	男	户主	1954 年 11 月	汉族
	赵　芬	女	配偶	1956 年 6 月	汉族
	张　燕	女	女儿	1981 年 1 月	汉族
	李永健	男	女婿	1981 年 11 月	汉族
	张李丽	女	长孙女	2006 年 2 月	汉族
	李晓彤	女	次孙女	2012 年 12 月	汉族
家庭大事	1987 年，翻建楼房； 1999 年，张燕毕业于淮阴电子工业学校（今江苏电子信息职业学院）； 2003 年，得动迁房 3 套。				

	姓名	性别	与户主关系	出生年月	民族
家庭成员	俞栋良	男	户主	1943 年 9 月	汉族
	俞宗仙	女	配偶	1944 年 8 月	汉族
家庭大事	1987 年，翻建楼房； 2007 年，得动迁房 3 套。				

	姓名	性别	与户主关系	出生年月	民族
家庭成员	俞永良	男	户主	1948 年 5 月	汉族
	俞国芬	女	配偶	1948 年 10 月	汉族
	俞　慧	男	儿子	1970 年 4 月	汉族
	俞　帆	男	孙子	1993 年 4 月	汉族
	杨　婷	女	孙媳	1993 年 4 月	汉族
	俞清涵	女	曾孙女	2018 年 9 月	汉族
家庭大事	1979 年，俞永良加入中国共产党； 1984 年，翻建楼房； 2007 年，得动迁房 3 套。				

	姓名	性别	与户主关系	出生年月	民族
家庭成员	俞社良	男	户主	1955 年 9 月	汉族
	张培珍	女	配偶	1957 年 9 月	汉族
	俞春花	女	女儿	1981 年 2 月	汉族
	汪　卫	男	女婿	1976 年 5 月	汉族
	汪于寒	男	孙子	2004 年 5 月	汉族
	俞玥名	女	孙女	2017 年 11 月	汉族
家庭大事	1984 年，翻建楼房； 1998 年，购商品房 1 套； 1999 年，俞春花毕业于苏州市广播电视大学（今苏州开放大学）； 2007 年，得动迁房 3 套； 2010 年，购汽车 1 辆； 2019 年，购汽车 1 辆。				

	姓名	性别	与户主关系	出生年月	民族
家庭成员	俞建发	男	户主	1956 年 10 月	汉族
	俞　唯	女	女儿	1981 年 5 月	汉族
	颜立锋	男	女婿	1977 年 1 月	汉族
	颜俞豪	男	孙子	2004 年 1 月	汉族
	俞新颜	女	孙女	2007 年 3 月	汉族
家庭大事	1988 年，翻建楼房； 1997 年，俞建发加入中国共产党； 2007 年，得动迁房 3 套。				

	姓名	性别	与户主关系	出生年月	民族
家庭成员	俞华刚	男	户主	1978 年 9 月	汉族
	陈秀林	女	配偶	1978 年 12 月	汉族
	俞美玲	女	母亲	1953 年 11 月	汉族
	俞　越	女	女儿	2001 年 11 月	汉族
家庭大事	1985 年，翻建楼房； 2007 年，得动迁房 3 套； 2013 年，购汽车 1 辆； 2018 年，购商品房 1 套。				

	姓名	性别	与户主关系	出生年月	民族
家庭成员	张雨良	男	户主	1950 年 3 月	汉族
	戴建英	女	配偶	1950 年 11 月	汉族
	陆妹芝	女	母亲	1929 年 10 月	汉族
	张敏强	男	长子	1970 年 7 月	汉族
	张丽珍	女	长媳	1972 年 12 月	汉族
	张敏华	男	次子	1974 年 3 月	汉族
	张　艺	男	孙子	1993 年 11 月	汉族
家庭大事	1987 年，翻建楼房； 1998 年，购商品房 1 套； 1999 年，购商品房 1 套； 2007 年，得动迁房 3 套； 2019 年，购汽车 1 辆。				

	姓名	性别	与户主关系	出生年月	民族
家庭成员	张夫良	男	户主	1953 年 1 月	汉族
	方翠凤	女	配偶	1954 年 5 月	汉族
家庭大事	1985 年，翻建楼房； 2003 年，得动迁房 3 套。				

	姓名	性别	与户主关系	出生年月	民族
家庭成员	张群良	男	户主	1963 年 4 月	汉族
	俞良花	女	配偶	1962 年 3 月	汉族
	张　瑜	女	女儿	1985 年 11 月	汉族
	张骏毅	男	长孙	2007 年 1 月	汉族
	朱子骏	男	次孙	2013 年 7 月	汉族
家庭大事	1990 年，翻建楼房； 2001 年，购汽车 1 辆； 2003 年，得动迁房 3 套； 2014 年，购商品房 1 套。				

	姓名	性别	与户主关系	出生年月	民族
家庭成员	俞根福	男	户主	1961 年 8 月	汉族
	韩小英	女	配偶	1963 年 2 月	汉族
	俞苏霞	女	女儿	1985 年 11 月	汉族
	杨腾飞	男	女婿	1985 年 8 月	汉族
	杨禹知	男	孙子	2012 年 9 月	汉族
家庭大事	1991 年，翻建楼房； 2007 年，得动迁房 3 套； 2008 年，俞苏霞毕业于华中农业大学； 2016 年，购商品房 1 套。				

	姓名	性别	与户主关系	出生年月	民族
家庭成员	俞惠珍	女	户主	1948 年 4 月	汉族
	卢海梅	女	女儿	1971 年 10 月	汉族
家庭大事	2006 年，购别墅 1 栋。				

大公村第 5 村民小组

<table>
<tr><td rowspan="6">家庭成员</td><th>姓名</th><th>性别</th><th>与户主关系</th><th>出生年月</th><th>民族</th></tr>
<tr><td>韩根云</td><td>男</td><td>户主</td><td>1954 年 12 月</td><td>汉族</td></tr>
<tr><td>俞全英</td><td>女</td><td>配偶</td><td>1959 年 1 月</td><td>汉族</td></tr>
<tr><td>韩　健</td><td>男</td><td>儿子</td><td>1981 年 12 月</td><td>汉族</td></tr>
<tr><td>徐红霞</td><td>女</td><td>儿媳</td><td>1981 年 3 月</td><td>汉族</td></tr>
<tr><td>韩飞宇</td><td>男</td><td>孙子</td><td>2005 年 9 月</td><td>汉族</td></tr>
<tr><td>家庭大事</td><td colspan="5">1989 年，翻建楼房；
1990 年，韩根云加入中国共产党；
2006 年，购汽车 1 辆；
2007 年，得动迁房套 3 套；
2017 年，购商品房 1 套。</td></tr>
</table>

<table>
<tr><td rowspan="9">家庭成员</td><th>姓名</th><th>性别</th><th>与户主关系</th><th>出生年月</th><th>民族</th></tr>
<tr><td>李　华</td><td>男</td><td>户主</td><td>1966 年 1 月</td><td>汉族</td></tr>
<tr><td>朱富英</td><td>女</td><td>配偶</td><td>1965 年 8 月</td><td>汉族</td></tr>
<tr><td>李祖德</td><td>男</td><td>父亲</td><td>1946 年 8 月</td><td>汉族</td></tr>
<tr><td>周福妹</td><td>女</td><td>母亲</td><td>1946 年 7 月</td><td>汉族</td></tr>
<tr><td>李晓奇</td><td>男</td><td>儿子</td><td>1988 年 9 月</td><td>汉族</td></tr>
<tr><td>沈　燕</td><td>女</td><td>儿媳</td><td>1988 年 10 月</td><td>汉族</td></tr>
<tr><td>李梦倩</td><td>女</td><td>孙女</td><td>2013 年 4 月</td><td>汉族</td></tr>
<tr><td>李明谦</td><td>男</td><td>孙子</td><td>2020 年 4 月</td><td>汉族</td></tr>
<tr><td>家庭大事</td><td colspan="5">1985 年，李祖德加入中国共产党；
1985 年，翻建楼房；
1999 年，购商品房 1 套；
2007 年，得动迁房 3 套；
2013 年，购汽车 1 辆。</td></tr>
</table>

	姓名	性别	与户主关系	出生年月	民族
家庭成员	张建林	男	户主	1963 年 8 月	汉族
	张　斌	男	长子	1987 年 9 月	汉族
	杨肖荣	女	长媳	1988 年 12 月	汉族
	张俊华	男	次子	1992 年 4 月	汉族
	龚若萱	女	孙女	2015 年 8 月	汉族
家庭大事	1985 年，翻建楼房； 2007 年，得动迁房 3 套； 2015 年，杨肖荣毕业于南京农业大学； 2019 年，购汽车 1 辆。				

	姓名	性别	与户主关系	出生年月	民族
家庭成员	张英杰	男	户主	1966 年 10 月	汉族
	龚勤妹	女	配偶	1968 年 6 月	汉族
	张　琦	男	儿子	1990 年 3 月	汉族
	李玉忆	女	儿媳	1987 年 11 月	汉族
	张谦栾	女	长孙女	2014 年 11 月	汉族
	李谦妤	女	次孙女	2017 年 12 月	汉族
家庭大事	2000 年，购商品房 1 套； 2005 年，购别墅 1 栋； 2010 年，李玉忆毕业于南京中医药大学； 2012 年，张琦毕业于苏州建设交通高等职业技术学校。				

	姓名	性别	与户主关系	出生年月	民族
家庭成员	张英明	男	户主	1968 年 6 月	汉族
	韩玲英	女	配偶	1969 年 8 月	汉族
	张　丰	男	儿子	1992 年 7 月	汉族
	赵悦好	女	儿媳	1995 年 5 月	汉族
家庭大事	2005 年，购别墅 1 栋； 2010 年，张英明加入中国共产党； 2017 年，赵悦好毕业于集美大学。				

	姓名	性别	与户主关系	出生年月	民族
家庭成员	张英华	男	户主	1970 年 6 月	汉族
	陶金花	女	配偶	1969 年 10 月	汉族
	张艺伊	女	女儿	1999 年 10 月	汉族
家庭大事	1995 年，张英华毕业于常州工业技术学院（今常州工学院）； 2000 年，购商品房 1 套。				

	姓名	性别	与户主关系	出生年月	民族
家庭成员	张良生	男	户主	1944 年 12 月	汉族
	俞雪花	女	配偶	1945 年 1 月	汉族
家庭大事	1962 年，张良生毕业于昆山师范学校（今已停办）； 1978 年，张良生加入中国共产党； 1988 年，翻建楼房； 2007 年，得动迁房 6 套。				

	姓名	性别	与户主关系	出生年月	民族
家庭成员	徐立新	男	户主	1966 年 7 月	汉族
	徐雪花	女	配偶	1967 年 12 月	汉族
	李梅英	女	母亲	1944 年 11 月	汉族
	徐　亚	女	女儿	1989 年 5 月	汉族
	马伟伟	男	女婿	1990 年 1 月	汉族
	马茗轩	男	孙子	2015 年 1 月	汉族
	徐雅轩	女	孙女	2017 年 11 月	汉族
家庭大事	1987 年，翻建楼房； 2007 年，得动迁房 3 套； 2013 年，徐亚毕业于南京师范大学； 2014 年，马伟伟毕业于徐州工程学院。				

	姓名	性别	与户主关系	出生年月	民族
家庭成员	徐立中	男	户主	1967 年 12 月	汉族
	沈建文	女	配偶	1967 年 11 月	汉族
	徐　萍	女	女儿	1990 年 12 月	汉族
	徐文博	男	孙子	2014 年 2 月	汉族
家庭大事	1985 年，徐立中参军入伍，于 1990 年退伍； 1990 年，翻建楼房； 2007 年，得动迁房 3 套。				

	姓名	性别	与户主关系	出生年月	民族
家庭成员	张福昌	男	户主	1943 年 10 月	汉族
	张秋根	男	儿子	1969 年 8 月	汉族
	王球羽	女	儿媳	1982 年 2 月	汉族
	张学旺	男	孙子	2009 年 1 月	汉族
家庭大事	1975 年，建造平房； 2007 年，得动迁房 2 套。				

	姓名	性别	与户主关系	出生年月	民族
家庭成员	张秋华	男	户主	1971 年 1 月	汉族
	赵琴珍	女	配偶	1971 年 11 月	汉族
	张寒悦	女	女儿	1995 年 1 月	汉族
家庭大事	1987 年，翻建楼房； 2007 年，得动迁房 3 套； 2008 年，购商品房 1 套。				

	姓名	性别	与户主关系	出生年月	民族
家庭成员	姚菊芬	女	户主	1940 年 1 月	汉族
	韩　勤	男	次子	1964 年 10 月	汉族
	瞿老姑	女	次媳	1972 年 9 月	汉族
	韩　军	男	三子	1968 年 12 月	汉族
	朱芳兰	女	三媳	1978 年 4 月	汉族
	韩　莺	女	孙女	1987 年 7 月	汉族
	朱晋旻	男	孙子	1999 年 9 月	汉族
家庭大事	1980 年，建造平房； 2007 年，得动迁房 1 套； 2008 年，购商品房 1 套； 2009 年，购汽车 1 辆。				

	姓名	性别	与户主关系	出生年月	民族
家庭成员	韩林根	男	户主	1948 年 1 月	汉族
	徐雨花	女	配偶	1947 年 10 月	汉族
	韩国华	男	次子	1970 年 12 月	汉族
	韩国春	男	三子	1974 年 8 月	汉族
	李玉芳	女	三媳	1972 年 4 月	汉族
	韩　晶	男	长孙	1993 年 10 月	汉族
	韩卓禾	男	次孙	1997 年 10 月	汉族
家庭大事	1987 年，翻建楼房； 1997 年，购楼房 1 栋； 2003 年，得动迁房 3 套； 2007 年，得动迁房 3 套； 2020 年，韩卓禾毕业于南京师范大学泰州学院。				

	姓名	性别	与户主关系	出生年月	民族
家庭成员	李美娟	女	户主	1972 年 6 月	汉族
家庭大事					

	姓名	性别	与户主关系	出生年月	民族
家庭成员	李梅玉	女	户主	1946 年 7 月	汉族
	李永清	男	配偶	1946 年 2 月	汉族
	李　强	男	长子	1970 年 1 月	汉族
	刘怡麟	女	长媳	1974 年 11 月	汉族
	李　锋	男	次子	1973 年 12 月	汉族
	朱　燕	女	次媳	1978 年 8 月	汉族
	李雯婷	女	长孙女	1995 年 2 月	汉族
	李虹稼	女	次孙女	2009 年 5 月	汉族
	李锐益	男	孙子	2013 年 4 月	汉族
家庭大事	1975 年，李永清加入中国共产党； 1975 年，建造平房； 2007 年，得动迁房 2 套； 2007 年，购商品房 1 套； 2009 年，购汽车 1 辆； 2018 年，李雯婷毕业于徐州医科大学。				

	姓名	性别	与户主关系	出生年月	民族
家庭成员	韩爱民	男	户主	1968 年 12 月	汉族
	李巧花	女	配偶	1969 年 5 月	汉族
	刘巧珍	女	母亲	1932 年 8 月	汉族
	韩秋霞	女	女儿	1991 年 10 月	汉族
家庭大事	1988 年，翻建楼房； 2007 年，得动迁房 3 套。				

	姓名	性别	与户主关系	出生年月	民族
家庭成员	陶洋扣	男	户主	1955 年 8 月	汉族
	戴阿扣	女	配偶	1959 年 4 月	汉族
	陶菊明	男	儿子	1981 年 12 月	汉族
	蔡海霞	女	儿媳	1982 年 11 月	汉族
	陶成蚓	女	孙女	2005 年 3 月	汉族
	陶成皓	男	孙子	2011 年 11 月	汉族
家庭大事	1970 年，建造平房； 1999 年，购第 4 村民小组村民楼房 1 栋； 2007 年，得动迁房 4 套； 2019 年，购汽车 1 辆。				

	姓名	性别	与户主关系	出生年月	民族
家庭成员	陶云扣	男	户主	1964 年 10 月	汉族
	展雅琴	女	女儿	1986 年 5 月	汉族
	陈　锷	男	女婿	1986 年 1 月	汉族
	陶敏涛	女	孙女	2011 年 4 月	汉族
家庭大事	1973 年，建造平房； 2007 年，得动迁房 2 套； 2010 年，展雅琴毕业于西北工业大学。				

<table>
<tr><td rowspan="7">家庭成员</td><th>姓名</th><th>性别</th><th>与户主关系</th><th>出生年月</th><th>民族</th></tr>
<tr><td>李永法</td><td>男</td><td>户主</td><td>1948 年 8 月</td><td>汉族</td></tr>
<tr><td>王林娣</td><td>女</td><td>配偶</td><td>1951 年 5 月</td><td>汉族</td></tr>
<tr><td>李　春</td><td>男</td><td>儿子</td><td>1976 年 5 月</td><td>汉族</td></tr>
<tr><td>陈建芳</td><td>女</td><td>儿媳</td><td>1975 年 3 月</td><td>汉族</td></tr>
<tr><td>李子欣</td><td>男</td><td>长孙</td><td>1999 年 8 月</td><td>汉族</td></tr>
<tr><td>李子诚</td><td>男</td><td>次孙</td><td>2010 年 3 月</td><td>汉族</td></tr>
<tr><td>家庭大事</td><td colspan="5">1986 年，翻建楼房；
2007 年，得动迁房 3 套。</td></tr>
</table>

<table>
<tr><td rowspan="6">家庭成员</td><th>姓名</th><th>性别</th><th>与户主关系</th><th>出生年月</th><th>民族</th></tr>
<tr><td>李永良</td><td>男</td><td>户主</td><td>1956 年 6 月</td><td>汉族</td></tr>
<tr><td>高白妹</td><td>女</td><td>配偶</td><td>1957 年 11 月</td><td>汉族</td></tr>
<tr><td>李晓燕</td><td>女</td><td>女儿</td><td>1981 年 6 月</td><td>汉族</td></tr>
<tr><td>刘　颖</td><td>男</td><td>女婿</td><td>1980 年 8 月</td><td>汉族</td></tr>
<tr><td>刘塑嘉</td><td>男</td><td>孙子</td><td>2012 年 1 月</td><td>汉族</td></tr>
<tr><td>家庭大事</td><td colspan="5">1987 年，翻建楼房；
1997 年，李永良加入中国共产党；
2000 年，购商品房 1 套；
2003 年，刘颖毕业于常州工学院；
2004 年，李晓燕毕业于天津工业大学；
2007 年，得动迁房 3 套；
2013 年，购汽车 1 辆。</td></tr>
</table>

<table>
<tr><td rowspan="4">家庭成员</td><th>姓名</th><th>性别</th><th>与户主关系</th><th>出生年月</th><th>民族</th></tr>
<tr><td>李祖福</td><td>男</td><td>户主</td><td>1949 年 9 月</td><td>汉族</td></tr>
<tr><td>周阿金</td><td>女</td><td>配偶</td><td>1950 年 1 月</td><td>汉族</td></tr>
<tr><td>李志芳</td><td>女</td><td>女儿</td><td>1972 年 8 月</td><td>汉族</td></tr>
<tr><td>家庭大事</td><td colspan="5">1970 年，建造平房；
2007 年，得动迁房 2 套。</td></tr>
</table>

家庭成员	姓名	性别	与户主关系	出生年月	民族
	李　军	男	户主	1978 年 5 月	汉族
家庭大事	1986 年，翻建楼房； 2007 年，得动迁房 3 套。				

家庭成员	姓名	性别	与户主关系	出生年月	民族
	朱富良	男	户主	1962 年 5 月	汉族
	张雪珍	女	配偶	1964 年 7 月	汉族
	朱璋娴	女	女儿	1986 年 4 月	汉族
	朱麟珑	男	女婿	1989 年 10 月	汉族
	朱昊宇	男	长孙	2013 年 5 月	汉族
	朱奕辰	男	次孙	2017 年 1 月	汉族
家庭大事	1974 年，建造平房； 2007 年，得动迁房 2 套； 2016 年，购汽车 1 辆。				

家庭成员	姓名	性别	与户主关系	出生年月	民族
	韩　敏	男	户主	1962 年 11 月	汉族
	殷林珍	女	配偶	1961 年 12 月	汉族
	韩　炜	男	儿子	1985 年 11 月	汉族
	刘静玉	女	儿媳	1988 年 12 月	汉族
	韩俣睿	男	孙子	2011 年 11 月	汉族
家庭大事	1980 年，建造平房； 2000—2006 年，购商品房 2 套； 2007 年，得动迁房 1 套； 2010 年，购汽车 1 辆。				

	姓名	性别	与户主关系	出生年月	民族
家庭成员	李　刚	男	户主	1975 年 12 月	汉族
	李　林	女	配偶	1977 年 10 月	汉族
	李永根	男	父亲	1953 年 1 月	汉族
	张美娟	女	母亲	1955 年 1 月	汉族
	李　芳	女	妹妹	1978 年 4 月	汉族
	李欣宇	女	女儿	1999 年 9 月	汉族
	李博宇	男	孙子	2010 年 7 月	汉族
家庭大事	1989 年，翻建楼房； 2007 年，得动迁房 3 套； 2008 年，购商品房 1 套； 2012 年，购汽车 1 辆。				

	姓名	性别	与户主关系	出生年月	民族
家庭成员	黄春兰	女	户主	1956 年 6 月	汉族
	沈毛毛	男	儿子	1986 年 12 月	汉族
	胡　燕	女	儿媳	1986 年 2 月	汉族
	沈文夏	女	孙女	2020 年 5 月	汉族
家庭大事	1970 年，建造平房； 2007 年，得动迁房 2 套； 2019 年，购汽车 1 辆。				

	姓名	性别	与户主关系	出生年月	民族
家庭成员	张雪林	男	户主	1969 年 2 月	汉族
	杨惠芬	女	配偶	1968 年 1 月	汉族
	张风英	女	母亲	1942 年 4 月	汉族
	张　明	男	儿子	1992 年 2 月	汉族
家庭大事	1989 年，翻建楼房； 1998 年，购汽车 1 辆； 2007 年，得动迁房 3 套。				

	姓名	性别	与户主关系	出生年月	民族
家庭成员	沈玉兴	男	户主	1948 年 7 月	汉族
	周惠珍	女	配偶	1954 年 1 月	汉族
	沈　坚	男	儿子	1972 年 7 月	汉族
	陆文贞	女	儿媳	1972 年 4 月	汉族
	沈　玲	女	女儿	1975 年 7 月	汉族
	沈天辰	男	孙子	2000 年 9 月	汉族
	沈唯一	女	长孙女	1996 年 8 月	汉族
	沈然一	女	次孙女	2007 年 1 月	汉族
家庭大事	1984 年，翻建楼房； 1997 年，购商品房 1 套； 2005 年，购汽车 1 辆； 2007 年，得动迁房 3 套； 2019 年，沈唯一毕业于江苏师范大学。				

	姓名	性别	与户主关系	出生年月	民族
家庭成员	李祖根	男	户主	1949 年 8 月	汉族
	李玉国	男	儿子	1974 年 1 月	汉族
	王志娟	女	儿媳	1978 年 4 月	汉族
	李志兴	男	孙子	2012 年 1 月	汉族
家庭大事	1988 年，翻建楼房； 2007 年，得动迁房 3 套。				

	姓名	性别	与户主关系	出生年月	民族
家庭成员	邓丽珍	女	户主	1971 年 9 月	汉族
家庭大事					

大公村第 6 村民小组

	姓名	性别	与户主关系	出生年月	民族
家庭成员	叶素良	男	户主	1953 年 8 月	汉族
	吴玉英	女	配偶	1852 年 12 月	汉族
	叶　明	男	长子	1976 年 2 月	汉族
	叶　挺	男	次子	1978 年 12 月	汉族
	俞叶阳	男	孙子	2004 年 12 月	汉族
	叶　梓	女	长孙女	2007 年 2 月	汉族
	叶俞婷	女	次孙女	2013 年 3 月	汉族
家庭大事	1986 年，翻建楼房； 1988 年，建造平房； 2000 年，叶挺参军入伍，于 2002 年退伍； 2003 年，得动迁房 2 套； 2007 年，得动迁房 3 套。				

	姓名	性别	与户主关系	出生年月	民族
家庭成员	朱纪文	男	户主	1949 年 12 月	汉族
	潘平方	女	配偶	1952 年 1 月	汉族
	朱素琴	女	长女	1974 年 1 月	汉族
	朱美琴	女	次女	1976 年 7 月	汉族
	朱沈达	男	孙子	1994 年 12 月	汉族
家庭大事	1980 年，购商品房 1 套； 1987 年，翻建楼房； 2007 年，得动迁房 1 套。				

<table>
<tr><td rowspan="5">家庭成员</td><th>姓名</th><th>性别</th><th>与户主关系</th><th>出生年月</th><th>民族</th></tr>
<tr><td>朱纪和</td><td>男</td><td>户主</td><td>1953 年 5 月</td><td>汉族</td></tr>
<tr><td>倪明珍</td><td>女</td><td>配偶</td><td>1952 年 9 月</td><td>汉族</td></tr>
<tr><td>朱素华</td><td>男</td><td>儿子</td><td>1978 年 6 月</td><td>汉族</td></tr>
<tr><td>朱梓超</td><td>男</td><td>孙子</td><td>2005 年 8 月</td><td>汉族</td></tr>
<tr><td>家庭大事</td><td colspan="5">1988 年，翻建楼房；
1996 年，朱素华参军入伍，于 1999 年退伍；
1999 年，朱素华加入中国共产党；
2007 年，得动迁房 3 套。</td></tr>
</table>

<table>
<tr><td rowspan="6">家庭成员</td><th>姓名</th><th>性别</th><th>与户主关系</th><th>出生年月</th><th>民族</th></tr>
<tr><td>叶金良</td><td>男</td><td>户主</td><td>1950 年 7 月</td><td>汉族</td></tr>
<tr><td>陈白妹</td><td>女</td><td>配偶</td><td>1951 年 8 月</td><td>汉族</td></tr>
<tr><td>叶　锋</td><td>男</td><td>儿子</td><td>1973 年 10 月</td><td>汉族</td></tr>
<tr><td>沈芳妹</td><td>女</td><td>儿媳</td><td>1975 年 3 月</td><td>汉族</td></tr>
<tr><td>叶沈杰</td><td>男</td><td>孙子</td><td>2007 年 3 月</td><td>汉族</td></tr>
<tr><td>家庭大事</td><td colspan="5">1968 年，叶金良参军入伍，于 1971 年退伍；
1970 年，叶金良加入中国共产党；
1983 年，翻建楼房；
1997 年，叶锋毕业于扬州大学；
2005 年，购商品房 1 套。</td></tr>
</table>

	姓名	性别	与户主关系	出生年月	民族
家庭成员	王金荣	男	户主	1930 年 1 月	汉族
	叶瑞珍	女	配偶	1933 年 11 月	汉族
	王国平	男	儿子	1956 年 9 月	汉族
	许金花	女	儿媳	1956 年 8 月	汉族
	王　芳	女	女儿	1981 年 6 月	汉族
	王殷捷	男	曾孙	2012 年 12 月	汉族
家庭大事	1988 年，翻建楼房； 2004 年，王芳毕业于江苏大学； 2007 年，得动迁房 3 套。				

	姓名	性别	与户主关系	出生年月	民族
家庭成员	张凤根	男	户主	1946 年 5 月	汉族
	周兰妹	女	配偶	1946 年 4 月	汉族
	张敏华	男	长子	1969 年 2 月	汉族
	张敏勇	男	次子	1970 年 12 月	汉族
	李建芳	女	次媳	1970 年 11 月	汉族
	张新雨	女	孙女	1992 年 4 月	汉族
家庭大事	1988 年，翻建楼房； 1989 年，购商品房 1 套； 1990 年，购商品房 1 套； 1990 年，翻建楼房； 2007 年，得动迁房 6 套。				

	姓名	性别	与户主关系	出生年月	民族
家庭成员	朱纪平	男	户主	1956 年 10 月	汉族
	刘春芳	女	配偶	1959 年 4 月	汉族
	朱红芬	女	女儿	1981 年 5 月	汉族
	朱婉清	女	长孙女	2007 年 11 月	汉族
	杨晓清	女	次孙女	2017 年 10 月	汉族
家庭大事	1988 年，翻建楼房； 1999 年，朱纪平加入中国共产党； 2004 年，购商品房 1 套； 2004 年，朱红芬毕业于天津商业大学； 2007 年，得动迁房 3 套； 2018 年，购汽车 1 辆。				

	姓名	性别	与户主关系	出生年月	民族
家庭成员	顾惠良	男	户主	1968 年 6 月	汉族
	冯亚芳	女	配偶	1969 年 2 月	汉族
	徐林宝	女	母亲	1943 年 1 月	汉族
	冯晓顾蕾	女	女儿	1993 年 10 月	汉族
家庭大事	1970 年，建造平房； 2006 年，购汽车 1 辆； 2007 年，得动迁房 2 套。				

<table>
<tr><th rowspan="8">家庭成员</th><th>姓名</th><th>性别</th><th>与户主关系</th><th>出生年月</th><th>民族</th></tr>
<tr><td>徐杏珍</td><td>女</td><td>户主</td><td>1945 年 4 月</td><td>汉族</td></tr>
<tr><td>严翠玉</td><td>女</td><td>长女</td><td>1964 年 11 月</td><td>汉族</td></tr>
<tr><td>吴玉根</td><td>男</td><td>长婿</td><td>1963 年 6 月</td><td>汉族</td></tr>
<tr><td>严玉琴</td><td>女</td><td>次女</td><td>1967 年 10 月</td><td>汉族</td></tr>
<tr><td>姜红星</td><td>男</td><td>次婿</td><td>1965 年 4 月</td><td>汉族</td></tr>
<tr><td>严丹虹</td><td>女</td><td>孙女</td><td>1989 年 1 月</td><td>汉族</td></tr>
<tr><td>姜海昆</td><td>男</td><td>孙子</td><td>1989 年 4 月</td><td>汉族</td></tr>
<tr><th>家庭大事</th><td colspan="5">1981 年，建造平房；
1982 年，吴玉根参军入伍，于 1986 年退伍；
1988 年，翻建楼房；
2007 年，得动迁房 3 套。</td></tr>
</table>

<table>
<tr><th rowspan="7">家庭成员</th><th>姓名</th><th>性别</th><th>与户主关系</th><th>出生年月</th><th>民族</th></tr>
<tr><td>赵小桃</td><td>男</td><td>户主</td><td>1953 年 3 月</td><td>汉族</td></tr>
<tr><td>张月珍</td><td>女</td><td>配偶</td><td>1957 年 9 月</td><td>汉族</td></tr>
<tr><td>张梅娟</td><td>女</td><td>长女</td><td>1978 年 8 月</td><td>汉族</td></tr>
<tr><td>陈　巍</td><td>男</td><td>长婿</td><td>1973 年 11 月</td><td>汉族</td></tr>
<tr><td>张赵娟</td><td>女</td><td>次女</td><td>1986 年 11 月</td><td>汉族</td></tr>
<tr><td>张　程</td><td>男</td><td>孙子</td><td>1999 年 6 月</td><td>汉族</td></tr>
<tr><th>家庭大事</th><td colspan="5">1983 年，建造平房；
1990 年，翻建楼房；
2007 年，得动迁房 3 套；
2013 年，购汽车 1 辆。</td></tr>
</table>

<table>
<tr><td rowspan="6">家庭成员</td><td>姓名</td><td>性别</td><td>与户主关系</td><td>出生年月</td><td>民族</td></tr>
<tr><td>王小男</td><td>男</td><td>户主</td><td>1950 年 11 月</td><td>汉族</td></tr>
<tr><td>张小花</td><td>女</td><td>配偶</td><td>1951 年 12 月</td><td>汉族</td></tr>
<tr><td>张雪芳</td><td>女</td><td>女儿</td><td>1974 年 6 月</td><td>汉族</td></tr>
<tr><td>陆宝洪</td><td>男</td><td>女婿</td><td>1973 年 12 月</td><td>汉族</td></tr>
<tr><td>张陆佳</td><td>女</td><td>孙女</td><td>1999 年 5 月</td><td>汉族</td></tr>
<tr><td>家庭大事</td><td colspan="5">1970 年，建造平房；
1985 年，翻建楼房；
2007 年，得动迁房 3 套。</td></tr>
</table>

<table>
<tr><td rowspan="6">家庭成员</td><td>姓名</td><td>性别</td><td>与户主关系</td><td>出生年月</td><td>民族</td></tr>
<tr><td>张金龙</td><td>男</td><td>户主</td><td>1951 年 7 月</td><td>汉族</td></tr>
<tr><td>张招花</td><td>女</td><td>配偶</td><td>1953 年 3 月</td><td>汉族</td></tr>
<tr><td>张　国</td><td>男</td><td>儿子</td><td>1979 年 6 月</td><td>汉族</td></tr>
<tr><td>陈　霞</td><td>女</td><td>儿媳</td><td>1982 年 1 月</td><td>汉族</td></tr>
<tr><td>张晨曦</td><td>女</td><td>孙女</td><td>2003 年 8 月</td><td>汉族</td></tr>
<tr><td>家庭大事</td><td colspan="5">1973 年，建造平房；
1985 年，翻建楼房；
2007 年，得动迁房 3 套；
2020 年，购汽车 1 辆。</td></tr>
</table>

	姓名	性别	与户主关系	出生年月	民族
家庭成员	张培良	男	户主	1964 年 7 月	汉族
	晋林珍	女	配偶	1965 年 3 月	汉族
	周引仙	女	母亲	1930 年 2 月	汉族
	张　伟	男	儿子	1987 年 9 月	汉族
	张　莉	女	儿媳	1989 年 2 月	汉族
	张轶洋	男	孙子	2015 年 5 月	汉族
家庭大事	1983 年，建造平房； 1990 年，翻建楼房； 2007 年，得动迁房 3 套； 2019 年，购汽车 1 辆。				

	姓名	性别	与户主关系	出生年月	民族
家庭成员	王国华	男	户主	1959 年 12 月	汉族
	钱菊芳	女	配偶	1958 年 8 月	汉族
	王　成	男	儿子	1982 年 11 月	汉族
家庭大事	1987 年，翻建楼房（已出售）。				

	姓名	性别	与户主关系	出生年月	民族
家庭成员	王国良	男	户主	1963 年 7 月	汉族
	冯　静	女	配偶	1972 年 5 月	汉族
	王苏曼	女	女儿	1997 年 12 月	汉族
家庭大事	1980 年，建造平房； 2007 年，得动迁房 2 套。				

	姓名	性别	与户主关系	出生年月	民族
家庭成员	张雪根	男	户主	1966 年 1 月	汉族
	张雪珍	女	配偶	1967 年 3 月	汉族
	徐勤珍	女	母亲	1939 年 6 月	汉族
	张　琪	男	儿子	1990 年 8 月	汉族
	顾　欢	女	儿媳	1988 年 4 月	汉族
	张纾萌	女	孙女	2014 年 9 月	汉族
家庭大事	1987 年，建造平房； 1990 年，翻建楼房； 1999 年，购商品房 1 套； 2007 年，得动迁房 1 套； 2012 年，购汽车 1 辆。				

	姓名	性别	与户主关系	出生年月	民族
家庭成员	张培中	男	户主	1954 年 11 月	汉族
	奚瑜妹	女	配偶	1954 年 6 月	汉族
	张　勇	男	儿子	1979 年 3 月	汉族
	陆文娅	女	儿媳	1981 年 11 月	汉族
	张明宇	男	孙子	2005 年 7 月	汉族
家庭大事	1970 年，建造平房； 1986 年，翻建楼房； 2007 年，得动迁房 3 套； 2015 年，购汽车 1 辆。				

	姓名	性别	与户主关系	出生年月	民族
家庭成员	张雪勤	男	户主	1967 年 9 月	汉族
	张雪英	女	配偶	1967 年 10 月	汉族
	张　炎	男	儿子	1990 年 6 月	汉族
	张　娴	女	儿媳	1990 年 3 月	汉族
	张铭辉	男	孙子	2018 年 2 月	汉族
家庭大事	1970 年，建造平房； 1981 年，翻建楼房； 2007 年，得动迁房 3 套； 2011 年，张炎毕业于东北大学； 2012 年，购汽车 1 辆。				

	姓名	性别	与户主关系	出生年月	民族
家庭成员	顾惠国	男	户主	1966 年 8 月	汉族
	顾　吉	男	儿子	1990 年 1 月	汉族
	王佳萍	女	儿媳	1994 年 1 月	汉族
	顾晓琦	男	孙子	2020 年 2 月	汉族
家庭大事	1988 年，翻建楼房； 2007 年，得动迁房 3 套。				

	姓名	性别	与户主关系	出生年月	民族
家庭成员	马玉林	男	户主	1943 年 4 月	汉族
	李玉珍	女	配偶	1945 年 1 月	汉族
	马　良	男	儿子	1965 年 7 月	汉族
	钟玲花	女	儿媳	1964 年 8 月	汉族
	马　琳	男	孙子	1988 年 11 月	汉族
	包竹青	女	孙媳	1991 年 4 月	汉族
	马泽宇	男	曾孙	2016 年 5 月	汉族
家庭大事	1981 年，建造平房； 1984 年，马良参军入伍，于 1987 年退伍； 1986 年，翻建楼房； 2007 年，得动迁房 3 套； 2009 年，马琳毕业于淮海工学院（今江苏海洋大学）； 2011 年，购汽车 1 辆。				

	姓名	性别	与户主关系	出生年月	民族
家庭成员	顾忠良	男	户主	1947 年 1 月	汉族
	张桂芬	女	配偶	1948 年 7 月	汉族
	顾菊英	女	女儿	1970 年 4 月	汉族
	顾菊明	男	儿子	1973 年 12 月	汉族
	祝德兰	女	儿媳	1975 年 2 月	汉族
	顾　超	男	孙子	1997 年 6 月	汉族
	张　洪	男	外孙	1992 年 7 月	汉族
家庭大事	1992 年，翻建楼房； 2007 年，得动迁房 3 套； 2018 年，购汽车 1 辆。				

	姓名	性别	与户主关系	出生年月	民族
家庭成员	张品中	男	户主	1962 年 10 月	汉族
	唐巧仙	女	配偶	1968 年 9 月	汉族
	张晓兰	女	女儿	1985 年 9 月	汉族
家庭大事	1987 年，翻建楼房； 2007 年，得动迁房 3 套； 2012 年，张晓兰毕业于苏州大学。				

	姓名	性别	与户主关系	出生年月	民族
家庭成员	叶瑞良	男	户主	1955 年 3 月	汉族
	杨华英	女	配偶	1956 年 5 月	汉族
	叶春燕	女	女儿	1981 年 1 月	汉族
	叶祯铠	男	孙子	2014 年 1 月	汉族
家庭大事	1989 年，翻建楼房； 2007 年，得动迁房 3 套。				

	姓名	性别	与户主关系	出生年月	民族
家庭成员	张正中	男	户主	1957 年 1 月	汉族
	叶梅珍	女	配偶	1957 年 1 月	汉族
	张晓萍	女	女儿	1982 年 11 月	汉族
家庭大事	1984 年，翻建楼房； 2007 年，张晓萍加入中国共产党； 2007 年，得动迁房 3 套； 2010 年，张晓萍毕业于西南政法大学； 2015 年，购商品房 1 套。				

	姓名	性别	与户主关系	出生年月	民族
家庭成员	李连生	男	户主	1945 年 8 月	汉族
	李勤良	男	儿子	1971 年 7 月	汉族
	徐　萍	女	儿媳	1971 年 6 月	汉族
	李叶舟	男	孙子	1994 年 8 月	汉族
家庭大事	1965 年，李连生加入中国共产党； 1985 年，翻建楼房（1990 年卖给同村村民）； 1987—1989 年，购商品房 2 套； 2016 年，李叶舟毕业于南京大学。				

	姓名	性别	与户主关系	出生年月	民族
家庭成员	周培红	女	户主	1970 年 2 月	汉族
	徐涵婧	女	女儿	1988 年 7 月	汉族
家庭大事					

	姓名	性别	与户主关系	出生年月	民族
家庭成员	祝得文	男	户主	1968 年 9 月	汉族
	刘秀梅	女	配偶	1970 年 12 月	汉族
	祝明明	男	儿子	1992 年 1 月	汉族
	祝谨辰	男	孙子	2020 年 11 月	汉族
家庭大事					

	姓名	性别	与户主关系	出生年月	民族
家庭成员	李世英	女	户主	1971 年 3 月	汉族
	蒋迎燕	女	女儿	1994 年 4 月	汉族
	叶奕博	男	孙子	2019 年 9 月	汉族
家庭大事					

大公村第7村民小组

	姓名	性别	与户主关系	出生年月	民族
家庭成员	张凤泉	男	户主	1950年6月	汉族
	奚玉兰	女	配偶	1951年8月	汉族
	张梅芳	女	女儿	1974年9月	汉族
	张建中	男	儿子	1976年5月	汉族
	张心怡	女	孙女	2007年4月	汉族
家庭大事	1984年，翻建楼房； 2007年，得动迁房3套。				

	姓名	性别	与户主关系	出生年月	民族
家庭成员	戴伯春	男	户主	1962年3月	汉族
	叶玲珍	女	配偶	1962年4月	汉族
	戴文元	男	儿子	1985年10月	汉族
家庭大事	1988年，翻建楼房； 2007年，得动迁房3套。				

	姓名	性别	与户主关系	出生年月	民族
家庭成员	戴伯坤	男	户主	1964年5月	汉族
家庭大事	1983年，戴伯坤参军入伍，于1986年退伍。				

	姓名	性别	与户主关系	出生年月	民族
家庭成员	李巧泉	男	户主	1947 年 8 月	汉族
	张美玲	女	配偶	1950 年 1 月	汉族
	李　敏	男	儿子	1969 年 12 月	汉族
	陆建芬	女	儿媳	1970 年 11 月	汉族
	李　霜	女	孙女	1992 年 10 月	汉族
家庭大事	1985 年，翻建楼房； 2007 年，得动迁房 3 套； 2015 年，李霜毕业于南京师范大学。				

	姓名	性别	与户主关系	出生年月	民族
家庭成员	李小根	男	户主	1965 年 11 月	汉族
	李　娟	女	女儿	1991 年 1 月	汉族
家庭大事	1991 年，购楼房 1 栋； 2007 年，得动迁房 3 套。				

	姓名	性别	与户主关系	出生年月	民族
家庭成员	叶凤林	男	户主	1957 年 8 月	汉族
	韩林妹	女	配偶	1958 年 8 月	汉族
	叶红霞	女	女儿	1982 年 1 月	汉族
家庭大事	1985 年，翻建楼房； 2005 年，叶红霞毕业于苏州大学； 2007 年，得动迁房 3 套。				

家庭成员	姓名	性别	与户主关系	出生年月	民族
	叶瑞林	男	户主	1948 年 12 月	汉族
	顾忠英	女	配偶	1951 年 9 月	汉族
	叶　平	男	长子	1974 年 10 月	汉族
	叶　军	男	次子	1978 年 9 月	汉族
家庭大事	1986 年，翻建楼房； 2000 年，购商品房 1 套； 2007 年，得动迁房 3 套。				

家庭成员	姓名	性别	与户主关系	出生年月	民族
	张梅生	男	户主	1946 年 2 月	汉族
	朱巧妹	女	配偶	1947 年 9 月	汉族
	张国强	男	儿子	1969 年 5 月	汉族
	张国珍	女	女儿	1971 年 8 月	汉族
家庭大事	1984 年，翻建楼房； 2007 年，得动迁房 3 套； 2016 年，购别墅 1 栋。				

家庭成员	姓名	性别	与户主关系	出生年月	民族
	张东生	男	户主	1962 年 10 月	汉族
	徐根英	女	配偶	1964 年 1 月	汉族
	张　庆	男	儿子	1985 年 5 月	汉族
	张涵畅	男	孙子	2010 年 9 月	汉族
家庭大事	1983 年，翻建楼房； 2006 年，张庆加入中国共产党； 2006 年，张庆毕业于南通大学； 2007 年，得动迁房 3 套； 2010 年，购商品房 1 套。				

<table>
<tr><td rowspan="2">家庭成员</td><td>姓名</td><td>性别</td><td>与户主关系</td><td>出生年月</td><td>民族</td></tr>
<tr><td>张小妹</td><td>女</td><td>户主</td><td>1921 年 9 月</td><td>汉族</td></tr>
<tr><td>家庭大事</td><td colspan="5">1970 年，建造平房；
2005 年，得动迁房 1 套。</td></tr>
</table>

<table>
<tr><td rowspan="4">家庭成员</td><td>姓名</td><td>性别</td><td>与户主关系</td><td>出生年月</td><td>民族</td></tr>
<tr><td>张桂平</td><td>男</td><td>户主</td><td>1964 年 11 月</td><td>汉族</td></tr>
<tr><td>严芬玉</td><td>女</td><td>配偶</td><td>1966 年 9 月</td><td>汉族</td></tr>
<tr><td>张　莉</td><td>女</td><td>女儿</td><td>1987 年 4 月</td><td>汉族</td></tr>
<tr><td>家庭大事</td><td colspan="5">1985 年，翻建楼房；
2000 年，购商品房 1 套；
2007 年，得动迁房 1 套。</td></tr>
</table>

<table>
<tr><td rowspan="4">家庭成员</td><td>姓名</td><td>性别</td><td>与户主关系</td><td>出生年月</td><td>民族</td></tr>
<tr><td>徐昆生</td><td>男</td><td>户主</td><td>1966 年 3 月</td><td>汉族</td></tr>
<tr><td>伍海菊</td><td>女</td><td>配偶</td><td>1975 年 3 月</td><td>汉族</td></tr>
<tr><td>徐博威</td><td>男</td><td>儿子</td><td>2005 年 5 月</td><td>汉族</td></tr>
<tr><td>家庭大事</td><td colspan="5">1978 年，建造平房；
2005 年，得动迁房 2 套。</td></tr>
</table>

<table>
<tr><td rowspan="4">家庭成员</td><td>姓名</td><td>性别</td><td>与户主关系</td><td>出生年月</td><td>民族</td></tr>
<tr><td>常素国</td><td>男</td><td>户主</td><td>1962 年 5 月</td><td>汉族</td></tr>
<tr><td>徐昆妹</td><td>女</td><td>配偶</td><td>1968 年 12 月</td><td>汉族</td></tr>
<tr><td>常　燕</td><td>女</td><td>女儿</td><td>1990 年 3 月</td><td>汉族</td></tr>
<tr><td>家庭大事</td><td colspan="5">1983 年，建造平房；
2005 年，得动迁房 2 套。</td></tr>
</table>

	姓名	性别	与户主关系	出生年月	民族
家庭成员	李秀兰	女	户主	1943 年 7 月	汉族
	徐丽萍	女	女儿	1973 年 11 月	汉族
家庭大事					

	姓名	性别	与户主关系	出生年月	民族
家庭成员	钱菊明	男	户主	1965 年 2 月	汉族
	邢秀娥	女	配偶	1966 年 3 月	汉族
	钱超君	女	女儿	1991 年 3 月	汉族
家庭大事	1986 年，翻建楼房； 2007 年，得动迁房 3 套； 2013 年，钱超君毕业于常州大学怀德学院。				

	姓名	性别	与户主关系	出生年月	民族
家庭成员	邵　亮	男	户主	1956 年 10 月	汉族
	赵梅香	女	配偶	1956 年 6 月	汉族
	李金妹	女	母亲	1933 年 11 月	汉族
家庭大事	1954 年，李金妹加入中国共产党； 1976 年，邵亮参军入伍，于 1978 年退伍； 1988 年，翻建楼房； 2007 年，得动迁房 3 套。				

	姓名	性别	与户主关系	出生年月	民族
家庭成员	李梅良	男	户主	1967 年 3 月	汉族
	李梅兰	女	姐姐	1964 年 7 月	汉族
家庭大事	1986 年，翻建楼房； 2007 年，得动迁房 3 套。				

	姓名	性别	与户主关系	出生年月	民族
家庭成员	李秋良	男	户主	1970年8月	汉族
	张小英	女	配偶	1971年4月	汉族
	李　茵	女	女儿	1995年6月	汉族
家庭大事	1975年，建造平房； 2007年，得动迁房2套； 2019年，李茵毕业于湖北中医药大学。				

	姓名	性别	与户主关系	出生年月	民族
家庭成员	张阿毛	男	户主	1955年4月	汉族
	张月仙	女	配偶	1954年10月	汉族
	张志刚	男	儿子	1978年7月	汉族
家庭大事	1985年，翻建楼房； 2000年，张志刚毕业于武汉科技大学； 2007年，得动迁房1套。				

	姓名	性别	与户主关系	出生年月	民族
家庭成员	徐爱国	男	户主	1965年9月	汉族
家庭大事	1983年，翻建楼房； 2007年，得动迁房3套。				

	姓名	性别	与户主关系	出生年月	民族
家庭成员	周友妹	女	户主	1964年9月	汉族
	徐雪芬	女	女儿	1988年4月	汉族
家庭大事	2012年，徐雪芬毕业于苏州某财经学校。				

	姓名	性别	与户主关系	出生年月	民族
家庭成员	奚家林	男	户主	1983 年 11 月	汉族
	黄丽平	女	配偶	1983 年 12 月	汉族
	奚贞东	男	父亲	1959 年 12 月	汉族
	奚　望	男	儿子	2008 年 1 月	汉族
家庭大事	1975 年，建造平房； 2005 年，得动迁房 2 套。				

	姓名	性别	与户主关系	出生年月	民族
家庭成员	奚贞山	男	户主	1963 年 3 月	汉族
家庭大事	1972 年，建造平房； 2005 年，得动迁房 2 套。				

	姓名	性别	与户主关系	出生年月	民族
家庭成员	钱菊良	男	户主	1964 年 3 月	汉族
	陆　花	女	配偶	1965 年 10 月	汉族
	钱林俊	男	儿子	1987 年 7 月	汉族
家庭大事	1985 年，建造楼房； 2005 年，钱林俊参军入伍，于 2007 年退伍； 2007 年，得动迁房 3 套； 2017 年，购商品房 1 套。				

	姓名	性别	与户主关系	出生年月	民族
家庭成员	顾富泉	男	户主	1954 年 1 月	汉族
	王福蓉	女	配偶	1963 年 8 月	汉族
	顾志明	男	儿子	1979 年 9 月	汉族
	顾佳敏	女	女儿	1988 年 8 月	汉族
	韩彦昕	男	外孙	2016 年 9 月	汉族
家庭大事	1982 年，翻建楼房； 2000—2006 年，购商品房 2 套； 2007 年，得动迁房 3 套； 2016 年，顾佳敏毕业于澳大利亚国立大学。				

	姓名	性别	与户主关系	出生年月	民族
家庭成员	顾富良	男	户主	1963 年 7 月	汉族
	陈晓娟	女	配偶	1975 年 6 月	汉族
	顾陈晨	男	长子	2000 年 9 月	汉族
	顾陈喃	女	女儿	2000 年 9 月	汉族
	陈浩宇	男	次子	2002 年 10 月	汉族
家庭大事	1980 年，建造平房； 2005 年，购商品房 1 套； 2005 年，得动迁房 2 套（赠叶秀花 2 套）。				

	姓名	性别	与户主关系	出生年月	民族
家庭成员	叶秀花	女	户主	1964 年 10 月	汉族
	顾孝华	男	儿子	1986 年 8 月	汉族
	王　娟	女	儿媳	1984 年 5 月	汉族
	顾元谨	男	孙子	2010 年 12 月	汉族
	顾子渲	女	孙女	2016 年 8 月	汉族
家庭大事	1995 年，创办亭林水果店栗子王专卖店； 2005 年，得顾富良所赠房屋 2 套。				

	姓名	性别	与户主关系	出生年月	民族
家庭成员	陈之凡	男	户主	1965 年 5 月	汉族
	李素林	女	配偶	1964 年 1 月	汉族
	陈正华	男	长子	1988 年 12 月	汉族
	陈荣华	男	次子	1990 年 1 月	汉族
家庭大事	1990 年，购楼房 1 栋； 2007 年，得动迁房 3 套； 2012 年，陈正华毕业于南京工业大学浦江大学。				

	姓名	性别	与户主关系	出生年月	民族
家庭成员	李桂良	男	户主	1946 年 9 月	汉族
	奚玉英	女	配偶	1947 年 11 月	汉族
	李建德	男	儿子	1969 年 2 月	汉族
家庭大事	1985 年，翻建楼房； 2007 年，得动迁房 3 套； 2010 年，得昆山某公司动迁房 2 套。				

	姓名	性别	与户主关系	出生年月	民族
家庭成员	李桂根	男	户主	1953 年 1 月	汉族
	叶瑞珍	女	配偶	1952 年 7 月	汉族
	李建芬	女	女儿	1976 年 5 月	汉族
家庭大事	1988 年，翻建楼房； 2007 年，得动迁房 3 套。				

<table>
<tr><td rowspan="4">家庭成员</td><td>姓名</td><td>性别</td><td>与户主关系</td><td>出生年月</td><td>民族</td></tr>
<tr><td>许雪明</td><td>男</td><td>户主</td><td>1966 年 12 月</td><td>汉族</td></tr>
<tr><td>朱秋花</td><td>女</td><td>配偶</td><td>1967 年 2 月</td><td>汉族</td></tr>
<tr><td>许文华</td><td>男</td><td>儿子</td><td>1990 年 1 月</td><td>汉族</td></tr>
<tr><td>家庭大事</td><td colspan="5">1984 年，翻建楼房；
2007 年，得动迁房 3 套；
2012 年，许文华毕业于常州工学院；
2016 年，购商品房 1 套。</td></tr>
</table>

<table>
<tr><td rowspan="3">家庭成员</td><td>姓名</td><td>性别</td><td>与户主关系</td><td>出生年月</td><td>民族</td></tr>
<tr><td>许福官</td><td>男</td><td>户主</td><td>1942 年 3 月</td><td>汉族</td></tr>
<tr><td>李桂英</td><td>女</td><td>配偶</td><td>1943 年 9 月</td><td>汉族</td></tr>
<tr><td>家庭大事</td><td colspan="5">1973 年，许福官加入中国共产党。</td></tr>
</table>

<table>
<tr><td rowspan="4">家庭成员</td><td>姓名</td><td>性别</td><td>与户主关系</td><td>出生年月</td><td>民族</td></tr>
<tr><td>许建明</td><td>男</td><td>户主</td><td>1969 年 5 月</td><td>汉族</td></tr>
<tr><td>陶月新</td><td>女</td><td>配偶</td><td>1970 年 4 月</td><td>汉族</td></tr>
<tr><td>许　晨</td><td>男</td><td>儿子</td><td>1993 年 6 月</td><td>汉族</td></tr>
<tr><td>家庭大事</td><td colspan="5">1986 年，翻建楼房；
2007 年，得动迁房 3 套；
2015 年，许晨毕业于江苏师范大学。</td></tr>
</table>

	姓名	性别	与户主关系	出生年月	民族
家庭成员	许雨良	男	户主	1948 年 2 月	汉族
	何玉琴	女	配偶	1952 年 2 月	汉族
	许金珍	女	女儿	1974 年 12 月	汉族
	许金明	男	儿子	1978 年 2 月	汉族
	王小利	女	儿媳	1978 年 5 月	汉族
	许　静	女	孙女	2002 年 10 月	汉族
家庭大事	1984 年，翻建楼房； 2007 年，得动迁房 3 套； 2014 年，购商品房 1 套。				

	姓名	性别	与户主关系	出生年月	民族
家庭成员	奚贞瑜	男	户主	1956 年 9 月	汉族
	杜国芳	女	配偶	1957 年 6 月	汉族
	奚家军	男	儿子	1979 年 10 月	汉族
	倪寿平	女	儿媳	1979 年 6 月	汉族
	奚媛媛	女	孙女	2002 年 1 月	汉族
家庭大事	1980 年，建造平房； 2005 年，得动迁房 1 套。				

	姓名	性别	与户主关系	出生年月	民族
家庭成员	闵小苟	男	户主	1957 年 6 月	汉族
	高杏英	女	配偶	1959 年 2 月	汉族
	闵　高	男	儿子	1982 年 2 月	汉族
家庭大事	1999 年，购平房 1 套； 2005 年，得动迁房 1 套。				

	姓名	性别	与户主关系	出生年月	民族
家庭成员	赵三男	男	户主	1956 年 2 月	汉族
	钱菊珍	女	配偶	1961 年 8 月	汉族
	赵　华	男	儿子	1982 年 10 月	汉族
家庭大事					

大公村第 8 村民小组

	姓名	性别	与户主关系	出生年月	民族
家庭成员	俞火生	男	户主	1940 年 12 月	汉族
	张桂芳	女	配偶	1947 年 7 月	汉族
	俞惠平	男	儿子	1967 年 7 月	汉族
	俞天明	男	孙子	1990 年 5 月	汉族
家庭大事	1966 年，俞火生加入中国共产党； 1976 年，建造平房； 1987 年，翻建楼房； 2007 年，得动迁房 3 套。				

	姓名	性别	与户主关系	出生年月	民族
家庭成员	俞惠吉	男	户主	1969 年 4 月	汉族
	俞红芳	女	配偶	1967 年 6 月	汉族
	俞火龙	男	父亲	1949 年 3 月	汉族
	许凤英	女	母亲	1949 年 11 月	汉族
	俞　文	女	女儿	1992 年 2 月	汉族
	吴政军	男	女婿	1989 年 4 月	汉族
	吴欣妍	女	孙女	2016 年 11 月	汉族
家庭大事	1987 年，翻建楼房； 2007 年，得动迁房 3 套； 2009 年，吴政军参军入伍，于 2015 年退伍； 2012 年，吴政军加入中国共产党； 2015 年，俞文加入中国共产党； 2017 年，俞文毕业于南京财经大学。				

	姓名	性别	与户主关系	出生年月	民族
家庭成员	俞建龙	男	户主	1954 年 4 月	汉族
	晋凤珍	女	配偶	1956 年 7 月	汉族
	俞爱华	女	女儿	1979 年 9 月	汉族
	俞子恒	男	孙子	2009 年 7 月	汉族
家庭大事	1988 年，翻建楼房； 2007 年，得动迁房 3 套。				

	姓名	性别	与户主关系	出生年月	民族
家庭成员	俞雪良	男	户主	1947 年 2 月	汉族
	唐秀珍	女	配偶	1950 年 8 月	汉族
	俞红妹	女	女儿	1973 年 5 月	汉族
	俞金华	男	女婿	1971 年 3 月	汉族
	俞佳俊	男	孙子	1995 年 5 月	汉族
家庭大事	1976 年，建造平房； 1987 年，翻建楼房； 2007 年，得动迁房 3 套； 2018 年，俞佳俊毕业于南昌师范学院。				

	姓名	性别	与户主关系	出生年月	民族
家庭成员	俞祖良	男	户主	1958 年 1 月	汉族
	孙红兰	女	配偶	1958 年 9 月	汉族
	俞　威	男	儿子	1987 年 1 月	汉族
	张婷婷	女	儿媳	1987 年 1 月	汉族
	俞欣桐	女	长孙女	2012 年 6 月	汉族
	张新俞	女	次孙女	2014 年 7 月	汉族
家庭大事	1997 年，翻建楼房； 2000—2015 年，购商品房 2 套； 2007 年，得动迁房 3 套； 2010 年，俞威毕业于江苏建筑职业技术学院； 2012 年，购汽车 1 辆。				

	姓名	性别	与户主关系	出生年月	民族
家庭成员	俞惠明	男	户主	1952 年 11 月	汉族
	蒋根娣	女	配偶	1954 年 1 月	汉族
	俞亚年	男	儿子	1978 年 2 月	汉族
	朱金菊	女	儿媳	1977 年 3 月	汉族
	俞晨浩	男	孙子	2003 年 7 月	汉族
家庭大事	1986 年，翻建楼房； 1992 年，得职工分配房 1 套； 1999 年，俞亚年毕业于苏州教育学院（今苏州市职业大学）； 1999 年，朱金菊毕业于苏州教育学院（今苏州市职业大学）； 2007 年，得动迁房 3 套。				

	姓名	性别	与户主关系	出生年月	民族
家庭成员	孙水花	女	户主	1966 年 4 月	汉族
	俞　娟	女	女儿	1987 年 1 月	汉族
	李建清	男	女婿	1986 年 5 月	汉族
	李思颖	女	孙女	2010 年 10 月	汉族
家庭大事	1992 年，翻建楼房； 2007 年，得动迁房 3 套。				

	姓名	性别	与户主关系	出生年月	民族
家庭成员	俞小林	男	户主	1967 年 12 月	汉族
	陆建芳	女	配偶	1967 年 12 月	汉族
	俞　乐	男	儿子	1990 年 10 月	汉族
	姚梦娟	女	儿媳	1989 年 12 月	汉族
	俞辰希	男	长孙	2015 年 6 月	汉族
	姚亦辰	男	次孙	2019 年 3 月	汉族
家庭大事	1998 年，翻建楼房； 2007 年，得动迁房 3 套； 2010 年，购商品房 1 套。				

	姓名	性别	与户主关系	出生年月	民族
家庭成员	俞形根	男	户主	1962 年 8 月	汉族
	王素珍	女	配偶	1963 年 12 月	汉族
	俞　坚	男	儿子	1985 年 6 月	汉族
	徐月华	女	儿媳	1984 年 9 月	汉族
	俞欣雨	女	长孙女	2008 年 12 月	汉族
	徐欣雨	女	次孙女	2012 年 3 月	汉族
家庭大事	1983 年，建造平房； 2007 年，得动迁房 2 套； 2009 年，购汽车 1 辆； 2012 年，购商品房 1 套。				

	姓名	性别	与户主关系	出生年月	民族
家庭成员	邵素花	女	户主	1965 年 6 月	汉族
	俞　虹	女	女儿	1987 年 2 月	汉族
	刘　庸	男	女婿	1988 年 10 月	汉族
	刘予均	男	孙子	2016 年 3 月	汉族
家庭大事	1986 年，翻建楼房； 1998 年，邵素花加入中国共产党； 2004 年，购商品房 1 套； 2007 年，得动迁房 3 套； 2012 年，俞虹毕业于南通大学； 2013 年，购汽车 1 辆。				

	姓名	性别	与户主关系	出生年月	民族
家庭成员	俞燕平	男	户主	1971 年 5 月	汉族
	陈志英	女	配偶	1972 年 2 月	汉族
	俞蒙莉	女	女儿	1993 年 9 月	汉族
	吴　霏	男	女婿	1992 年 3 月	汉族
	吴皓宇	男	孙子	2016 年 1 月	汉族
家庭大事	2010 年，购商品房 1 套； 2010 年，购汽车 1 辆。				

	姓名	性别	与户主关系	出生年月	民族
家庭成员	俞亚平	男	户主	1976 年 6 月	汉族
	龚建英	女	配偶	1977 年 11 月	汉族
	俞　雷	男	儿子	2002 年 1 月	汉族
家庭大事	2001 年，购商品房 1 套； 2015 年，购商品房 1 套。				

<table>
<tr><td rowspan="5">家庭成员</td><th>姓名</th><th>性别</th><th>与户主关系</th><th>出生年月</th><th>民族</th></tr>
<tr><td>姚妹凤</td><td>女</td><td>户主</td><td>1953 年 3 月</td><td>汉族</td></tr>
<tr><td>俞建平</td><td>男</td><td>儿子</td><td>1978 年 7 月</td><td>汉族</td></tr>
<tr><td>陈志霞</td><td>女</td><td>儿媳</td><td>1980 年 4 月</td><td>汉族</td></tr>
<tr><td>俞晓月</td><td>女</td><td>孙女</td><td>2001 年 11 月</td><td>汉族</td></tr>
<tr><td>家庭大事</td><td colspan="5">1987 年，翻建楼房；
2007 年，得动迁房 3 套。</td></tr>
</table>

<table>
<tr><td rowspan="2">家庭成员</td><th>姓名</th><th>性别</th><th>与户主关系</th><th>出生年月</th><th>民族</th></tr>
<tr><td>俞社明</td><td>男</td><td>户主</td><td>1967 年 3 月</td><td>汉族</td></tr>
<tr><td>家庭大事</td><td colspan="5">1992 年，翻建楼房；
2007 年，得动迁房 3 套。</td></tr>
</table>

<table>
<tr><td rowspan="5">家庭成员</td><th>姓名</th><th>性别</th><th>与户主关系</th><th>出生年月</th><th>民族</th></tr>
<tr><td>俞黎明</td><td>男</td><td>户主</td><td>1951 年 2 月</td><td>汉族</td></tr>
<tr><td>张春娣</td><td>女</td><td>配偶</td><td>1954 年 3 月</td><td>汉族</td></tr>
<tr><td>俞月华</td><td>女</td><td>女儿</td><td>1978 年 2 月</td><td>汉族</td></tr>
<tr><td>俞庆华</td><td>男</td><td>儿子</td><td>1979 年 10 月</td><td>汉族</td></tr>
<tr><td>家庭大事</td><td colspan="5">1985 年，翻建楼房；
2007 年，得动迁房 3 套。</td></tr>
</table>

大公村第 9 村民小组

	姓名	性别	与户主关系	出生年月	民族
家庭成员	朱巧弟	男	户主	1953 年 10 月	汉族
	许巧玲	女	配偶	1955 年 10 月	汉族
	朱卫良	男	儿子	1979 年 3 月	汉族
	朱馨怡	女	孙女	2005 年 6 月	汉族
家庭大事	1988 年，翻建楼房； 2014 年，得动迁房 3 套。				

	姓名	性别	与户主关系	出生年月	民族
家庭成员	阚文华	男	户主	1973 年 1 月	汉族
	张雪芳	女	配偶	1974 年 6 月	汉族
	阚　颖	女	女儿	1997 年 1 月	汉族
家庭大事	1989 年，翻建楼房； 1992 年，阚文华参军入伍，于 1994 年退伍； 1993 年，购商品房 1 套； 2010 年，购汽车 1 辆； 2014 年，得动迁房 3 套。				

	姓名	性别	与户主关系	出生年月	民族
家庭成员	朱凤香	女	户主	1950 年 12 月	汉族
	阚文明	男	儿子	1975 年 4 月	汉族
	阚　泽	男	孙子	1999 年 7 月	汉族
家庭大事	1988 年，翻建楼房； 1998 年，购商品房 1 套； 2012 年，购汽车 1 辆； 2014 年，得动迁房 3 套。				

	姓名	性别	与户主关系	出生年月	民族
家庭成员	朱建忠	男	户主	1963 年 5 月	汉族
	朱正芳	女	配偶	1965 年 9 月	汉族
	朱晓峰	男	长子	1987 年 5 月	汉族
	朱晓伟	男	次子	1991 年 3 月	汉族
家庭大事	1988 年，翻建楼房； 2004 年，朱晓峰毕业于三江学院； 2014 年，得动迁房 3 套； 2016 年，购汽车 1 辆； 2017 年，购运输车 2 辆。				

	姓名	性别	与户主关系	出生年月	民族
家庭成员	朱建良	男	户主	1965 年 11 月	汉族
	王娅红	女	配偶	1966 年 4 月	汉族
	朱晓玲	女	女儿	1988 年 11 月	汉族
家庭大事	1989 年，翻建楼房； 2008 年，购商品房 1 套； 2009 年，购店面房 1 套； 2010 年，购汽车 1 辆； 2011 年，朱晓玲毕业于南京师范大学； 2012 年，购商品房 1 套； 2014 年，得动迁房 3 套。				

	姓名	性别	与户主关系	出生年月	民族
家庭成员	王友根	男	户主	1957 年 11 月	汉族
	王晓君	男	儿子	1990 年 6 月	汉族
家庭大事	1984 年，建造平房； 2007 年，王晓君参军入伍； 2008 年，王晓君加入中国共产党； 2014 年，得动迁房 2 套； 2018 年，购商品房 1 套。				

家庭成员	姓名	性别	与户主关系	出生年月	民族
	胡雪男	男	户主	1945 年 2 月	汉族
	王金凤	女	配偶	1945 年 4 月	汉族
	王菊英	女	女儿	1967 年 12 月	汉族
	沈昆龙	男	女婿	1965 年 1 月	汉族
	王沈澜	女	孙女	1992 年 12 月	汉族
家庭大事	1978 年，翻建楼房； 1985 年，沈昆龙参军入伍； 1988 年，沈昆龙加入中国共产党； 2010 年，购商品房 1 套； 2014 年，得动迁房 3 套。				

家庭成员	姓名	性别	与户主关系	出生年月	民族
	杨忠明	男	户主	1961 年 2 月	汉族
	郁巧英	女	配偶	1964 年 8 月	汉族
	杨晓萍	女	女儿	1985 年 12 月	汉族
	杨利平	男	儿子	1990 年 1 月	汉族
	杨梓涵	女	孙女	2013 年 1 月	汉族
家庭大事	1984 年，翻建楼房； 2006 年，购商品房 1 套； 2008 年，购汽车 1 辆； 2014 年，得动迁房 3 套。				

	姓名	性别	与户主关系	出生年月	民族
家庭成员	杨根宝	男	户主	1944 年 7 月	汉族
	徐林花	女	配偶	1950 年 1 月	汉族
	杨忠兴	男	儿子	1971 年 1 月	汉族
	薰林妹	女	儿媳	1972 年 12 月	汉族
	杨　洁	女	孙女	1996 年 10 月	汉族
家庭大事	1989 年，翻建楼房； 2012 年，购汽车 1 辆； 2014 年，购别墅 1 栋； 2014 年，得动迁房 3 套； 2019 年，杨洁毕业于南京财经大学红山学院。				

	姓名	性别	与户主关系	出生年月	民族
家庭成员	杨忠才	男	户主	1968 年 10 月	汉族
	刘小霞	女	配偶	1971 年 5 月	汉族
	杨　阳	女	女儿	1998 年 7 月	汉族
家庭大事	2010 年，购商品房 1 套； 2015 年，购汽车 1 辆。				

	姓名	性别	与户主关系	出生年月	民族
家庭成员	杨凤林	男	户主	1933 年 12 月	汉族
	金乃宝	女	配偶	1937 年 11 月	汉族
	杨忠良	男	儿子	1966 年 8 月	汉族
家庭大事	1960 年，杨凤林加入中国共产党； 1987 年，翻建楼房； 2014 年，得动迁房 3 套。				

	姓名	性别	与户主关系	出生年月	民族
家庭成员	杨　逵	男	户主	1952 年 5 月	汉族
	戴密珍	女	配偶	1956 年 10 月	汉族
	杨　刚	男	儿子	1979 年 9 月	汉族
家庭大事	1988 年，翻建楼房； 2009 年，购商品房 1 套； 2014 年，得动迁房 3 套； 2014 年，购商品房 1 套。				

	姓名	性别	与户主关系	出生年月	民族
家庭成员	杨　华	男	户主	1944 年 2 月	汉族
	孙爱金	女	配偶	1947 年 2 月	汉族
	杨益红	女	女儿	1971 年 2 月	汉族
	杨益明	男	儿子	1973 年 3 月	汉族
	李佳文	男	外孙	1995 年 12 月	汉族
	杨嘉慧	女	孙女	1998 年 2 月	汉族
家庭大事	1978 年，翻建楼房； 1991 年，杨益明参军入伍，于 1993 年退伍； 1996 年，杨益明加入中国共产党； 2004 年，购商品房 1 套； 2014 年，得动迁房 3 套。				

	姓名	性别	与户主关系	出生年月	民族
家庭成员	朱卫林	男	户主	1957 年 11 月	汉族
	徐培华	女	配偶	1960 年 11 月	汉族
	朱建平	男	儿子	1984 年 5 月	汉族
	朱　晰	女	孙女	2014 年 2 月	汉族
家庭大事	1989 年，翻建楼房； 2014 年，得动迁房 3 套； 2015 年，购汽车 1 辆； 2019 年，购商品房 1 套。				

	姓名	性别	与户主关系	出生年月	民族
家庭成员	方金洪	男	户主	1932 年 11 月	汉族
	方龙根	男	儿子	1966 年 12 月	汉族
	陈玉萍	女	儿媳	1967 年 11 月	汉族
	方　彬	男	孙子	1989 年 9 月	汉族
家庭大事	1986 年，翻建楼房； 1992 年，购商品房 1 套； 1993 年，购汽车 1 辆； 2014 年，购汽车 1 辆； 2014 年，得动迁房 3 套。				

	姓名	性别	与户主关系	出生年月	民族
家庭成员	方　林	男	户主	1947 年 11 月	汉族
	俞小英	女	配偶	1947 年 6 月	汉族
	方鸣花	女	长女	1971 年 8 月	汉族
	方鸣芳	女	次女	1973 年 11 月	汉族
	方建新	男	儿子	1975 年 9 月	汉族
家庭大事	1988 年，翻建楼房； 1991 年，购店面房 1 套； 2010 年，购汽车 1 辆； 2014 年，得动迁房 3 套。				

	姓名	性别	与户主关系	出生年月	民族
家庭成员	蔡忠鲁	男	户主	1954 年 12 月	汉族
	方根妹	女	配偶	1962 年 7 月	汉族
	蔡　方	女	女儿	1984 年 10 月	汉族
	陆　核	男	孙子	2008 年 1 月	汉族
家庭大事	1989 年，翻建楼房； 2014 年，得动迁房 3 套； 2016 年，购汽车 1 辆。				

	姓名	性别	与户主关系	出生年月	民族
家庭成员	苏爱英	女	户主	1934 年 7 月	汉族
	金　忠	男	儿子	1963 年 9 月	汉族
	金　亮	男	孙子	1986 年 11 月	汉族
家庭大事	1981 年，建造平房； 2012 年，购汽车 1 辆； 2014 年，得动迁房 2 套； 2016 年，购汽车 1 辆。				

	姓名	性别	与户主关系	出生年月	民族
家庭成员	胡永珍	女	户主	1956 年 10 月	汉族
家庭大事	1977 年，胡永珍加入中国共产党。				

	姓名	性别	与户主关系	出生年月	民族
家庭成员	李云龙	男	户主	1947 年 12 月	汉族
	王惠珍	女	配偶	1948 年 10 月	汉族
家庭大事	1988 年，翻建楼房； 1997 年，购商品房 1 套； 2012 年，购汽车 1 辆； 2014 年，得动迁房 3 套。				

	姓名	性别	与户主关系	出生年月	民族
家庭成员	李根龙	男	户主	1951 年 10 月	汉族
	杨继英	女	配偶	1949 年 9 月	汉族
	李志峰	男	儿子	1972 年 11 月	汉族
家庭大事	1988 年，翻建楼房； 1999 年，购商品房 1 套； 2013 年，购汽车 1 辆； 2014 年，得动迁房 3 套。				

	姓名	性别	与户主关系	出生年月	民族
家庭成员	张建明	男	户主	1956 年 9 月	汉族
	晋建妹	女	配偶	1957 年 3 月	汉族
	张　敏	女	长女	1981 年 11 月	汉族
	张　婷	女	次女	1990 年 1 月	汉族
家庭大事	1984 年，翻建楼房； 2008 年，张敏加入中国共产党； 2012 年，购商品房 1 套； 2012 年，张婷毕业于江苏大学； 2014 年，得动迁房 3 套； 2015 年，购汽车 1 辆。 2019 年，张敏毕业于四川农业大学（电大）。				

	姓名	性别	与户主关系	出生年月	民族
家庭成员	夏国华	男	户主	1942 年 11 月	汉族
	吴秀珍	女	配偶	1943 年 12 月	汉族
	夏红芳	女	女儿	1970 年 5 月	汉族
家庭大事	1976 年，建造平房； 1997 年，购门面房 1 套； 1998 年，购商品房 1 套； 1999 年，购商品房 1 套； 2014 年，得动迁房 2 套。				

	姓名	性别	与户主关系	出生年月	民族
家庭成员	王宝泉	男	户主	1938 年 2 月	汉族
	徐福珍	女	配偶	1938 年 5 月	汉族
家庭大事	1960 年，王宝泉加入中国共产党； 1988 年，翻建楼房； 2014 年，得动迁房 3 套。				

	姓名	性别	与户主关系	出生年月	民族
家庭成员	程太福	男	户主	1932 年 2 月	汉族
	程玉英	女	女儿	1967 年 2 月	汉族
	程玉备	男	儿子	1969 年 11 月	汉族
家庭大事	1976 年，建造平房； 2008 年，购商品房 1 套； 2014 年，得动迁房 2 套。				

	姓名	性别	与户主关系	出生年月	民族
家庭成员	张明芳	女	户主	1970 年 7 月	汉族
	郑小龙	男	儿子	1988 年 12 月	汉族
	郑玥彤	女	孙女	2012 年 12 月	汉族
家庭大事	1979 年，建造平房； 2014 年，得动迁房 2 套； 2016 年，购商品房 1 套； 2018 年，购汽车 1 辆。				

	姓名	性别	与户主关系	出生年月	民族
家庭成员	郑扣根	男	户主	1956 年 12 月	汉族
	周小红	女	配偶	1958 年 3 月	汉族
	郑小青	女	女儿	1981 年 11 月	汉族
家庭大事	1987 年，翻建楼房； 2014 年，得动迁房 3 套； 2018 年，购商品房 1 套。				

<table>
<tr><td rowspan="4">家庭成员</td><th>姓名</th><th>性别</th><th>与户主关系</th><th>出生年月</th><th>民族</th></tr>
<tr><td>程友龙</td><td>男</td><td>户主</td><td>1951 年 4 月</td><td>汉族</td></tr>
<tr><td>曹康妹</td><td>女</td><td>配偶</td><td>1952 年 1 月</td><td>汉族</td></tr>
<tr><td>程国强</td><td>男</td><td>儿子</td><td>1973 年 10 月</td><td>汉族</td></tr>
<tr><td>家庭大事</td><td colspan="5">1988 年，翻建楼房；
1996 年，购汽车 1 辆；
1999 年，购商品房 1 套；
2014 年，得动迁房 3 套。</td></tr>
</table>

<table>
<tr><td rowspan="2">家庭成员</td><th>姓名</th><th>性别</th><th>与户主关系</th><th>出生年月</th><th>民族</th></tr>
<tr><td>刘　青</td><td>男</td><td>户主</td><td>1971 年 2 月</td><td>汉族</td></tr>
<tr><td>家庭大事</td><td colspan="5">1975 年，建造平房；
2011 年，刘青加入中国共产党；
2014 年，得动迁房 2 套。</td></tr>
</table>

<table>
<tr><td rowspan="3">家庭成员</td><th>姓名</th><th>性别</th><th>与户主关系</th><th>出生年月</th><th>民族</th></tr>
<tr><td>朱根度</td><td>男</td><td>户主</td><td>1938 年 1 月</td><td>汉族</td></tr>
<tr><td>孙阿凤</td><td>女</td><td>配偶</td><td>1940 年 9 月</td><td>汉族</td></tr>
<tr><td>家庭大事</td><td colspan="5"></td></tr>
</table>

<table>
<tr><td rowspan="3">家庭成员</td><th>姓名</th><th>性别</th><th>与户主关系</th><th>出生年月</th><th>民族</th></tr>
<tr><td>刘敏刚</td><td>男</td><td>户主</td><td>1977 年 1 月</td><td>汉族</td></tr>
<tr><td>刘明芳</td><td>女</td><td>姐姐</td><td>1970 年 7 月</td><td>汉族</td></tr>
<tr><td>家庭大事</td><td colspan="5"></td></tr>
</table>

家庭成员	姓名	性别	与户主关系	出生年月	民族
	潘阿香	女	户主	1928 年 9 月	汉族
家庭大事					

家庭成员	姓名	性别	与户主关系	出生年月	民族
	晋惠秋	女	户主	1966 年 10 月	汉族
家庭大事					

大公村第 10 村民小组

	姓名	性别	与户主关系	出生年月	民族
家庭成员	王正良	男	户主	1941 年 7 月	汉族
	王　宏	男	儿子	1968 年 11 月	汉族
	刘小花	女	儿媳	1969 年 5 月	汉族
	王　云	男	孙子	1992 年 2 月	汉族
家庭大事	1977 年，王正良加入中国共产党； 1986 年，翻建楼房； 2011 年，得动迁房 3 套； 2013 年，购汽车 1 辆。				

	姓名	性别	与户主关系	出生年月	民族
家庭成员	王小根	男	户主	1956 年 5 月	汉族
	张卫珍	女	配偶	1966 年 8 月	汉族
	王　玲	女	女儿	1988 年 12 月	汉族
	沈彦汐	女	外孙女	2013 年 1 月	汉族
家庭大事	2001 年，翻建楼房； 2011 年，得动迁房 3 套。				

	姓名	性别	与户主关系	出生年月	民族
家庭成员	王忠明	男	户主	1957 年 12 月	汉族
	李银妹	女	配偶	1957 年 1 月	汉族
	王琴芳	女	女儿	1982 年 1 月	汉族
	孙海将	男	女婿	1980 年 11 月	汉族
	王雨洁	女	长孙女	2004 年 10 月	汉族
	孙雨果	女	次孙女	2011 年 6 月	汉族
家庭大事	1987 年，翻建楼房； 2011 年，得动迁房 3 套； 2014 年，购汽车 1 辆。				

家庭成员	姓名	性别	与户主关系	出生年月	民族
	王秀英	女	户主	1973 年 1 月	汉族
	王　洁	女	女儿	1993 年 12 月	汉族
家庭大事	2014 年，购汽车 1 辆。				

家庭成员	姓名	性别	与户主关系	出生年月	民族
	王永明	男	户主	1965 年 11 月	汉族
	王泽曼	女	女儿	1988 年 12 月	汉族
家庭大事	1983 年，王永明参军入伍，于 1980 年退伍； 2011 年，得动迁房 1 套； 2012 年，购汽车 1 辆。				

家庭成员	姓名	性别	与户主关系	出生年月	民族
	王永林	男	户主	1969 年 4 月	汉族
家庭大事	2012 年，购汽车 1 辆。				

家庭成员	姓名	性别	与户主关系	出生年月	民族
	王雪根	男	户主	1946 年 11 月	汉族
家庭大事	1988 年，翻建楼房； 2011 年，得动迁房 3 套。				

家庭成员	姓名	性别	与户主关系	出生年月	民族
	王桃妹	女	户主	1949 年 4 月	汉族
	张雨良	男	儿子	1975 年 8 月	汉族
家庭大事	1985 年，翻建楼房； 2011 年，得动迁房 3 套； 2015 年，购汽车 1 辆。				

<table>
<tr><td rowspan="5">家庭成员</td><th>姓名</th><th>性别</th><th>与户主关系</th><th>出生年月</th><th>民族</th></tr>
<tr><td>王志强</td><td>男</td><td>户主</td><td>1962 年 11 月</td><td>汉族</td></tr>
<tr><td>何桂珍</td><td>女</td><td>配偶</td><td>1965 年 4 月</td><td>汉族</td></tr>
<tr><td>蔡兰娣</td><td>女</td><td>母亲</td><td>1932 年 11 月</td><td>汉族</td></tr>
<tr><td>王　晓</td><td>男</td><td>儿子</td><td>1988 年 4 月</td><td>汉族</td></tr>
<tr><td>家庭大事</td><td colspan="5">1989 年，翻建楼房；
2011 年，得动迁房 3 套；
2015 年，购汽车 1 辆。</td></tr>
</table>

<table>
<tr><td rowspan="3">家庭成员</td><th>姓名</th><th>性别</th><th>与户主关系</th><th>出生年月</th><th>民族</th></tr>
<tr><td>王素花</td><td>女</td><td>户主</td><td>1981 年 12 月</td><td>汉族</td></tr>
<tr><td>苟　睿</td><td>男</td><td>儿子</td><td>2008 年 1 月</td><td>汉族</td></tr>
<tr><td>家庭大事</td><td colspan="5">1987 年，翻建楼房；
2011 年，得动迁房 3 套；
2014 年，购汽车 1 辆。</td></tr>
</table>

<table>
<tr><td rowspan="3">家庭成员</td><th>姓名</th><th>性别</th><th>与户主关系</th><th>出生年月</th><th>民族</th></tr>
<tr><td>王阿根</td><td>男</td><td>户主</td><td>1945 年 4 月</td><td>汉族</td></tr>
<tr><td>王桂琴</td><td>女</td><td>配偶</td><td>1948 年 11 月</td><td>汉族</td></tr>
<tr><td>家庭大事</td><td colspan="5"></td></tr>
</table>

<table>
<tr><td rowspan="4">家庭成员</td><th>姓名</th><th>性别</th><th>与户主关系</th><th>出生年月</th><th>民族</th></tr>
<tr><td>王国华</td><td>男</td><td>户主</td><td>1971 年 11 月</td><td>汉族</td></tr>
<tr><td>陆敏芳</td><td>女</td><td>配偶</td><td>1972 年 8 月</td><td>汉族</td></tr>
<tr><td>王文杰</td><td>男</td><td>儿子</td><td>1994 年 8 月</td><td>汉族</td></tr>
<tr><td>家庭大事</td><td colspan="5">1986 年，翻建楼房；
2011 年，得动迁房 3 套；
2017 年，购汽车 1 辆。</td></tr>
</table>

<table>
<tr><td rowspan="4">家庭成员</td><td>姓名</td><td>性别</td><td>与户主关系</td><td>出生年月</td><td>民族</td></tr>
<tr><td>王志林</td><td>男</td><td>户主</td><td>1956 年 9 月</td><td>汉族</td></tr>
<tr><td>胥龙珍</td><td>女</td><td>配偶</td><td>1962 年 6 月</td><td>汉族</td></tr>
<tr><td>王　冬</td><td>男</td><td>儿子</td><td>1985 年 1 月</td><td>汉族</td></tr>
<tr><td>家庭大事</td><td colspan="5">1976 年，王志林参军入伍，于 1978 年退伍；
1995 年，翻建楼房；
2011 年，得动迁房 3 套；
2014 年，购汽车 1 辆。</td></tr>
</table>

<table>
<tr><td rowspan="3">家庭成员</td><td>姓名</td><td>性别</td><td>与户主关系</td><td>出生年月</td><td>民族</td></tr>
<tr><td>王泉根</td><td>男</td><td>户主</td><td>1944 年 4 月</td><td>汉族</td></tr>
<tr><td>张玉英</td><td>女</td><td>配偶</td><td>1946 年 6 月</td><td>汉族</td></tr>
<tr><td>家庭大事</td><td colspan="5">1987 年，翻建楼房。</td></tr>
</table>

<table>
<tr><td rowspan="3">家庭成员</td><td>姓名</td><td>性别</td><td>与户主关系</td><td>出生年月</td><td>民族</td></tr>
<tr><td>王阿进</td><td>男</td><td>户主</td><td>1936 年 10 月</td><td>汉族</td></tr>
<tr><td>赵金妹</td><td>女</td><td>配偶</td><td>1941 年 8 月</td><td>汉族</td></tr>
<tr><td>家庭大事</td><td colspan="5">1986 年，翻建楼房；
2011 年，得动迁房 3 套。</td></tr>
</table>

<table>
<tr><td rowspan="4">家庭成员</td><td>姓名</td><td>性别</td><td>与户主关系</td><td>出生年月</td><td>民族</td></tr>
<tr><td>王永良</td><td>男</td><td>户主</td><td>1971 年 11 月</td><td>汉族</td></tr>
<tr><td>龚丽琴</td><td>女</td><td>配偶</td><td>1972 年 9 月</td><td>汉族</td></tr>
<tr><td>王文琪</td><td>男</td><td>儿子</td><td>1993 年 4 月</td><td>汉族</td></tr>
<tr><td>家庭大事</td><td colspan="5">1987 年，翻建楼房；
2011 年，得动迁房 3 套；
2010 年，购汽车 1 辆。</td></tr>
</table>

	姓名	性别	与户主关系	出生年月	民族
家庭成员	张根林	男	户主	1963 年 12 月	汉族
	张腊妹	女	配偶	1965 年 1 月	汉族
	王罗英	女	母亲	1937 年 2 月	汉族
	张　强	男	儿子	1990 年 7 月	汉族
	张晨骁	男	孙子	2013 年 8 月	汉族
家庭大事	1987 年，翻建楼房； 2011 年，得动迁房 3 套； 2015 年，购汽车 1 辆。				

	姓名	性别	与户主关系	出生年月	民族
家庭成员	张玉芳	男	户主	1965 年 4 月	汉族
	韩玲娣	女	配偶	1967 年 5 月	汉族
	张　伟	男	儿子	1988 年 2 月	汉族
	张睿杰	男	孙子	2011 年 11 月	汉族
家庭大事	1987 年，翻建楼房； 2011 年，得动迁房 3 套； 2019 年，购汽车 1 辆。				

	姓名	性别	与户主关系	出生年月	民族
家庭成员	张小毛	男	户主	1947 年 12 月	汉族
	江玉珍	女	配偶	1950 年 9 月	汉族
	张　榕	男	儿子	1974 年 11 月	汉族
	张宇雨	女	孙女	2005 年 10 月	汉族
家庭大事	1969 年，张小毛参军入伍，于 1974 年退伍； 1973 年，张小毛加入中国共产党； 1988 年，翻建楼房； 2011 年，得动迁房 3 套； 2014 年，购汽车 1 辆。				

<table>
<tr><td rowspan="5">家庭成员</td><th>姓名</th><th>性别</th><th>与户主关系</th><th>出生年月</th><th>民族</th></tr>
<tr><td>张平忠</td><td>男</td><td>户主</td><td>1957 年 5 月</td><td>汉族</td></tr>
<tr><td>周瑞珍</td><td>女</td><td>配偶</td><td>1959 年 1 月</td><td>汉族</td></tr>
<tr><td>张惠英</td><td>女</td><td>母亲</td><td>1934 年 8 月</td><td>汉族</td></tr>
<tr><td>张　英</td><td>女</td><td>女儿</td><td>1981 年 9 月</td><td>汉族</td></tr>
<tr><td>家庭大事</td><td colspan="5">1987 年，翻建楼房；
2011 年，得动迁房 3 套；
2017 年，购汽车 1 辆。</td></tr>
</table>

<table>
<tr><td rowspan="2">家庭成员</td><th>姓名</th><th>性别</th><th>与户主关系</th><th>出生年月</th><th>民族</th></tr>
<tr><td>张凤英</td><td>女</td><td>户主</td><td>1945 年 8 月</td><td>汉族</td></tr>
<tr><td>家庭大事</td><td colspan="5">1987 年，翻建楼房；
2011 年，得动迁房 3 套。</td></tr>
</table>

<table>
<tr><td rowspan="3">家庭成员</td><th>姓名</th><th>性别</th><th>与户主关系</th><th>出生年月</th><th>民族</th></tr>
<tr><td>张　建</td><td>男</td><td>户主</td><td>1968 年 8 月</td><td>汉族</td></tr>
<tr><td>张花妹</td><td>女</td><td>母亲</td><td>1941 年 4 月</td><td>汉族</td></tr>
<tr><td>家庭大事</td><td colspan="5">1986 年，建造平房；
2011 年，得动迁房 2 套；
2011 年，购汽车 1 辆。</td></tr>
</table>

<table>
<tr><td rowspan="5">家庭成员</td><th>姓名</th><th>性别</th><th>与户主关系</th><th>出生年月</th><th>民族</th></tr>
<tr><td>孙水林</td><td>男</td><td>户主</td><td>1963 年 8 月</td><td>汉族</td></tr>
<tr><td>王凤珍</td><td>女</td><td>配偶</td><td>1965 年 2 月</td><td>汉族</td></tr>
<tr><td>孙虎强</td><td>男</td><td>儿子</td><td>1986 年 4 月</td><td>汉族</td></tr>
<tr><td>孙昕好</td><td>女</td><td>孙女</td><td>2012 年 3 月</td><td>汉族</td></tr>
<tr><td>家庭大事</td><td colspan="5">1987 年，翻建楼房；
2004 年，孙虎强毕业于江南大学；
2011 年，得动迁房 3 套；
2012 年，购汽车 1 辆。</td></tr>
</table>

家庭成员	姓名	性别	与户主关系	出生年月	民族
	孙水根	男	户主	1955 年 2 月	汉族
	张爱妹	女	配偶	1956 年 5 月	汉族
	张　鸿	男	儿子	1979 年 9 月	汉族
家庭大事	1980 年，建造平房； 2010 年，购汽车 1 辆； 2011 年，得动迁房 2 套。				

家庭成员	姓名	性别	与户主关系	出生年月	民族
	李祖平	男	户主	1967 年 8 月	汉族
	王玉英	女	配偶	1968 年 7 月	汉族
	沈婉珍	女	母亲	1948 年 8 月	汉族
	李梅娅	女	妹妹	1972 年 2 月	汉族
	李　青	女	女儿	1991 年 7 月	汉族
家庭大事	1987 年，翻建楼房； 2011 年，得动迁房 3 套； 2013 年，李青加入中国共产党； 2018 年，购汽车 1 辆。				

家庭成员	姓名	性别	与户主关系	出生年月	民族
	邹红弟	女	户主	1973 年 2 月	汉族
	朱米兰	女	母亲	1951 年 1 月	汉族
家庭大事	1990 年，翻建楼房； 2011 年，得动迁房 3 套。				

大公村第 11 村民小组

	姓名	性别	与户主关系	出生年月	民族
家庭成员	钱宝明	男	户主	1962 年 5 月	汉族
	姚文珍	女	配偶	1968 年 2 月	汉族
	钱　清	男	儿子	1989 年 6 月	汉族
	钱艺轩	男	孙子	2014 年 9 月	汉族
家庭大事	1976 年，建造平房。				

	姓名	性别	与户主关系	出生年月	民族
家庭成员	胥爱根	男	户主	1959 年 7 月	汉族
	王金娣	女	配偶	1962 年 2 月	汉族
	胥年强	男	儿子	1983 年 7 月	汉族
	蒋宝娣	女	儿媳	1983 年 10 月	汉族
	胥欣怡	女	孙女	2009 年 12 月	汉族
家庭大事	1970 年，翻建楼房； 2011 年，得动迁房 3 套； 2016 年，购汽车 1 辆。				

	姓名	性别	与户主关系	出生年月	民族
家庭成员	周吉林	男	户主	1963 年 8 月	汉族
	王荣英	女	配偶	1964 年 10 月	汉族
	钱凤娣	女	母亲	1931 年 7 月	汉族
	周倩瑜	女	女儿	1993 年 1 月	汉族
	周倩文	男	儿子	1994 年 3 月	汉族
家庭大事	1970 年，翻建楼房； 2011 年，得动迁房 3 套； 2015 年，周倩瑜毕业于淮阴师范学院； 2015 年，购商品房 1 套； 2016 年，购汽车 1 辆。				

	姓名	性别	与户主关系	出生年月	民族
家庭成员	曹金根	男	户主	1964 年 11 月	汉族
	高忠英	女	配偶	1966 年 9 月	汉族
	曹　娟	女	女儿	1987 年 9 月	汉族
	高　铉	男	女婿	1987 年 5 月	汉族
	高煜翔	男	孙子	2012 年 7 月	汉族
家庭大事	1991 年，翻建楼房； 2010 年，曹娟毕业于扬州大学； 2010 年，高铉毕业于淮阴工学院； 2011 年，得动迁房 3 套； 2015 年，购汽车 1 辆； 2017 年，购商品房 1 套。				

<table>
<tr><td rowspan="7">家庭成员</td><th>姓名</th><th>性别</th><th>与户主关系</th><th>出生年月</th><th>民族</th></tr>
<tr><td>周柏林</td><td>男</td><td>户主</td><td>1957 年 3 月</td><td>汉族</td></tr>
<tr><td>蒋秀美</td><td>女</td><td>配偶</td><td>1957 年 7 月</td><td>汉族</td></tr>
<tr><td>周明泉</td><td>男</td><td>父亲</td><td>1923 年 7 月</td><td>汉族</td></tr>
<tr><td>周国良</td><td>男</td><td>儿子</td><td>1981 年 11 月</td><td>汉族</td></tr>
<tr><td>王琳琳</td><td>女</td><td>儿媳</td><td>1981 年 3 月</td><td>汉族</td></tr>
<tr><td>周业程</td><td>男</td><td>孙子</td><td>2012 年 9 月</td><td>汉族</td></tr>
<tr><td>家庭大事</td><td colspan="5">1986 年，翻建楼房；
1994 年，购商品房 1 套；
2004 年，周国良毕业于苏州科技学院（今苏州科技大学）；
2004 年，王琳琳毕业于苏州科技学院（今苏州科技大学）；
2007 年，购商品房 1 套；
2011 年，得动迁房 3 套；
2013 年，购汽车 1 辆；
2017 年，购汽车 1 辆。</td></tr>
</table>

<table>
<tr><td rowspan="8">家庭成员</td><th>姓名</th><th>性别</th><th>与户主关系</th><th>出生年月</th><th>民族</th></tr>
<tr><td>孙叶良</td><td>男</td><td>户主</td><td>1965 年 12 月</td><td>汉族</td></tr>
<tr><td>吴秀芳</td><td>女</td><td>配偶</td><td>1968 年 8 月</td><td>汉族</td></tr>
<tr><td>方金娣</td><td>女</td><td>母亲</td><td>1945 年 7 月</td><td>汉族</td></tr>
<tr><td>吴孙华</td><td>男</td><td>儿子</td><td>1990 年 11 月</td><td>汉族</td></tr>
<tr><td>管亚萍</td><td>女</td><td>儿媳</td><td>1991 年 5 月</td><td>汉族</td></tr>
<tr><td>吴晟婷</td><td>女</td><td>女儿</td><td>1996 年 12 月</td><td>汉族</td></tr>
<tr><td>吴峻熙</td><td>男</td><td>孙子</td><td>2016 年 6 月</td><td>汉族</td></tr>
<tr><td>家庭大事</td><td colspan="5">1987 年，翻建楼房；
2011 年，得动迁房 3 套；
2018 年，购汽车 1 辆。</td></tr>
</table>

	姓名	性别	与户主关系	出生年月	民族
家庭成员	吴品良	男	户主	1957 年 9 月	汉族
	柏秀英	女	配偶	1957 年 11 月	汉族
	吴　荣	男	儿子	1981 年 9 月	汉族
	杨　芳	女	儿媳	1984 年 5 月	汉族
	吴梦婷	女	长孙女	2005 年 5 月	汉族
	吴金婷	女	次孙女	2016 年 2 月	汉族
家庭大事	1988 年，翻建楼房； 2011 年，得动迁房 3 套； 2016 年，购汽车 1 辆。				

	姓名	性别	与户主关系	出生年月	民族
家庭成员	张杏庆	男	户主	1953 年 4 月	汉族
	陈阿妹	女	配偶	1953 年 3 月	汉族
	张　政	男	儿子	1979 年 11 月	汉族
	姜　萍	女	儿媳	1981 年 10 月	汉族
	张霖棋	女	孙女	2009 年 6 月	汉族
	张成钰	男	孙子	2014 年 8 月	汉族
家庭大事	1978 年，张杏庆加入中国共产党； 1984 年，建造平房； 1988 年，购门面房 1 套； 1995 年，购商品房 1 套； 2011 年，得动迁房 2 套； 2012 年，购汽车 1 辆。				

	姓名	性别	与户主关系	出生年月	民族
家庭成员	钱林龙	男	户主	1964 年 8 月	汉族
	邹文花	女	配偶	1966 年 10 月	汉族
	钱　斌	男	儿子	1987 年 6 月	汉族
	周　静	女	儿媳	1987 年 7 月	汉族
	钱玥菡	女	孙女	2013 年 11 月	汉族
	周翰祺	男	孙子	2017 年 6 月	汉族
家庭大事	1986 年，翻建楼房； 1997 年，购商品房 1 套； 2003 年，购汽车 1 辆； 2010 年，钱斌毕业于盐城师范学院； 2011 年，得动迁房 3 套。				

	姓名	性别	与户主关系	出生年月	民族
家庭成员	钱林生	男	户主	1956 年 5 月	汉族
	曹杏妹	女	配偶	1957 年 6 月	汉族
	郭阿菊	女	母亲	1938 年 11 月	汉族
	钱　峰	男	儿子	1981 年 11 月	汉族
	钱　晔	女	儿媳	1982 年 3 月	汉族
	钱秋妤	女	孙女	2005 年 3 月	汉族
	钱倍宇	男	孙子	2011 年 12 月	汉族
家庭大事	1984 年，翻建楼房； 1993 年，钱林生加入中国共产党； 2011 年，得动迁房 3 套。				

	姓名	性别	与户主关系	出生年月	民族
家庭成员	胥龙根	男	户主	1964 年 4 月	汉族
	任伟芬	女	配偶	1966 年 10 月	汉族
	胥　佳	男	儿子	1987 年 12 月	汉族
	李　丽	女	儿媳	1988 年 1 月	汉族
	胥茗涵	女	长孙女	2014 年 9 月	汉族
	胥茗浩	女	次孙女	2016 年 6 月	汉族
家庭大事	1992 年，胥龙根加入中国共产党； 2007 年，购别墅 1 栋； 2013 年，购汽车 1 辆； 2014 年，购汽车 1 辆。				

	姓名	性别	与户主关系	出生年月	民族
家庭成员	张荣泉	男	户主	1955 年 1 月	汉族
	孙金凤	女	配偶	1963 年 5 月	汉族
	张　云	女	女儿	1983 年 8 月	汉族
	张亦涵	男	孙子	2006 年 8 月	汉族
家庭大事	1994 年，翻建楼房； 2011 年，得动迁房 3 套。				

	姓名	性别	与户主关系	出生年月	民族
家庭成员	胥大虎	男	户主	1950 年 11 月	汉族
	季梅珍	女	配偶	1951 年 2 月	汉族
家庭大事	1978 年，建造平房； 2011 年，得动迁房 2 套。				

	姓名	性别	与户主关系	出生年月	民族
家庭成员	曹水根	男	户主	1954 年 3 月	汉族
	郭菊妹	女	配偶	1954 年 10 月	汉族
	曹国平	男	儿子	1976 年 2 月	汉族
	叶凤仙	女	儿媳	1974 年 3 月	汉族
	曹海燕	女	孙女	1999 年 6 月	汉族
家庭大事	1994 年，翻建楼房； 2011 年，得动迁房 3 套。				

	姓名	性别	与户主关系	出生年月	民族
家庭成员	张建华	男	户主	1957 年 9 月	汉族
	陆素娟	女	配偶	1960 年 2 月	汉族
	张　萍	女	女儿	1985 年 4 月	汉族
	张雪峰	男	女婿	1983 年 5 月	回族
家庭大事	1990 年，翻建楼房； 2006 年，购商品房 1 套； 2011 年，得动迁房 3 套； 2012 年，购汽车 1 辆。				

	姓名	性别	与户主关系	出生年月	民族
家庭成员	唐元殿	男	户主	1943 年 3 月	汉族
	张秀荣	女	配偶	1945 年 3 月	汉族
家庭大事	1968 年，建造平房； 2011 年，得动迁房 2 套。				

<table>
<tr><td rowspan="6">家庭成员</td><th>姓名</th><th>性别</th><th>与户主关系</th><th>出生年月</th><th>民族</th></tr>
<tr><td>吴金良</td><td>男</td><td>户主</td><td>1965 年 3 月</td><td>汉族</td></tr>
<tr><td>龚秀英</td><td>女</td><td>配偶</td><td>1970 年 3 月</td><td>汉族</td></tr>
<tr><td>吴云平</td><td>男</td><td>儿子</td><td>1991 年 12 月</td><td>汉族</td></tr>
<tr><td>王　瑜</td><td>女</td><td>儿媳</td><td>1992 年 7 月</td><td>汉族</td></tr>
<tr><td>吴梓汐</td><td>女</td><td>孙女</td><td>2017 年 1 月</td><td>汉族</td></tr>
<tr><td>家庭大事</td><td colspan="5">1970 年，建造平房；
2010 年，购汽车 1 辆；
2011 年，得动迁房 2 套；
2014 年，购商品房 1 套。</td></tr>
</table>

<table>
<tr><td rowspan="6">家庭成员</td><th>姓名</th><th>性别</th><th>与户主关系</th><th>出生年月</th><th>民族</th></tr>
<tr><td>张杏根</td><td>男</td><td>户主</td><td>1955 年 7 月</td><td>汉族</td></tr>
<tr><td>周兆兰</td><td>女</td><td>配偶</td><td>1957 年 6 月</td><td>汉族</td></tr>
<tr><td>张　浩</td><td>男</td><td>儿子</td><td>1982 年 5 月</td><td>汉族</td></tr>
<tr><td>张舒凡</td><td>女</td><td>孙女</td><td>2012 年 5 月</td><td>汉族</td></tr>
<tr><td>张左稷</td><td>男</td><td>孙子</td><td>2014 年 6 月</td><td>汉族</td></tr>
<tr><td>家庭大事</td><td colspan="5">1988 年，翻建楼房；
2009 年，张浩毕业于南京财经大学；
2011 年，得动迁房 3 套；
2013 年，购汽车 1 辆；
2016 年，购商品房 1 套。</td></tr>
</table>

<table>
<tr><th></th><th>姓名</th><th>性别</th><th>与户主关系</th><th>出生年月</th><th>民族</th></tr>
<tr><td rowspan="6">家庭成员</td><td>张荣根</td><td>男</td><td>户主</td><td>1947 年 1 月</td><td>汉族</td></tr>
<tr><td>张继忠</td><td>男</td><td>儿子</td><td>1970 年 1 月</td><td>汉族</td></tr>
<tr><td>赵　依</td><td>女</td><td>儿媳</td><td>1972 年 6 月</td><td>汉族</td></tr>
<tr><td>张　裕</td><td>男</td><td>孙子</td><td>1994 年 12 月</td><td>汉族</td></tr>
<tr><td>陈华静</td><td>女</td><td>孙媳</td><td>1996 年 10 月</td><td>汉族</td></tr>
<tr><td>张承宇</td><td>男</td><td>曾孙</td><td>2018 年 8 月</td><td>汉族</td></tr>
<tr><td>家庭大事</td><td colspan="5">1988 年，翻建楼房；
2005 年，购商品房 1 套；
2011 年，得动迁房 3 套；
2017 年，陈华静毕业于苏州科技大学；
2017 年，购汽车 1 辆。</td></tr>
</table>

<table>
<tr><th></th><th>姓名</th><th>性别</th><th>与户主关系</th><th>出生年月</th><th>民族</th></tr>
<tr><td rowspan="6">家庭成员</td><td>陆金根</td><td>男</td><td>户主</td><td>1949 年 11 月</td><td>汉族</td></tr>
<tr><td>张坤妹</td><td>女</td><td>配偶</td><td>1951 年 8 月</td><td>汉族</td></tr>
<tr><td>陆晓丰</td><td>男</td><td>儿子</td><td>1976 年 3 月</td><td>汉族</td></tr>
<tr><td>王春兰</td><td>女</td><td>儿媳</td><td>1974 年 7 月</td><td>汉族</td></tr>
<tr><td>陆依莲</td><td>女</td><td>孙女</td><td>2000 年 5 月</td><td>汉族</td></tr>
<tr><td>陆志成</td><td>男</td><td>孙子</td><td>2012 年 10 月</td><td>汉族</td></tr>
<tr><td>家庭大事</td><td colspan="5">1998 年，翻建楼房；
2008 年，购商品房 1 套；
2011 年，得动迁房 3 套；
2015 年，购汽车 1 辆。</td></tr>
</table>

<table>
<tr><td rowspan="8">家庭成员</td><th>姓名</th><th>性别</th><th>与户主关系</th><th>出生年月</th><th>民族</th></tr>
<tr><td>钱宝龙</td><td>男</td><td>户主</td><td>1964 年 6 月</td><td>汉族</td></tr>
<tr><td>黄建英</td><td>女</td><td>配偶</td><td>1965 年 3 月</td><td>汉族</td></tr>
<tr><td>周苗金</td><td>女</td><td>母亲</td><td>1941 年 1 月</td><td>汉族</td></tr>
<tr><td>钱雅趣</td><td>女</td><td>女儿</td><td>1987 年 9 月</td><td>汉族</td></tr>
<tr><td>徐　涛</td><td>男</td><td>女婿</td><td>1988 年 8 月</td><td>汉族</td></tr>
<tr><td>徐浩庭</td><td>男</td><td>孙子</td><td>2016 年 5 月</td><td>汉族</td></tr>
<tr><td>钱浩瑜</td><td>女</td><td>孙女</td><td>2019 年 3 月</td><td>汉族</td></tr>
<tr><td>家庭大事</td><td colspan="5">1981 年，建造平房；
1994 年，购商品房 1 套；
2002 年，购别墅 1 栋；
2004 年，购汽车 1 辆；
2011 年，得动迁房 2 套；
2015 年，购汽车 1 辆。</td></tr>
</table>

<table>
<tr><td rowspan="7">家庭成员</td><th>姓名</th><th>性别</th><th>与户主关系</th><th>出生年月</th><th>民族</th></tr>
<tr><td>周苗根</td><td>男</td><td>户主</td><td>1946 年 12 月</td><td>汉族</td></tr>
<tr><td>张仁英</td><td>女</td><td>配偶</td><td>1948 年 3 月</td><td>汉族</td></tr>
<tr><td>周志华</td><td>男</td><td>长子</td><td>1969 年 11 月</td><td>汉族</td></tr>
<tr><td>李凤娥</td><td>女</td><td>长媳</td><td>1970 年 1 月</td><td>汉族</td></tr>
<tr><td>周志刚</td><td>男</td><td>次子</td><td>1974 年 4 月</td><td>汉族</td></tr>
<tr><td>周春燕</td><td>女</td><td>孙女</td><td>1994 年 3 月</td><td>汉族</td></tr>
<tr><td>家庭大事</td><td colspan="5">1978 年，建造平房；
1988 年，翻建楼房；
2011 年，得动迁房 3 套；
2014 年，购汽车 1 辆。</td></tr>
</table>

	姓名	性别	与户主关系	出生年月	民族
家庭成员	周志强	男	户主	1971 年 11 月	汉族
	李付荣	女	配偶	1971 年 9 月	汉族
	周文豪	男	儿子	1995 年 7 月	汉族
家庭大事	1993 年，翻建楼房； 2011 年，得动迁房 3 套； 2017 年，周文豪毕业于中国人民解放军海军大连舰艇学院。				

	姓名	性别	与户主关系	出生年月	民族
家庭成员	王帮流	男	户主	1957 年 8 月	汉族
	韦朝凤	女	配偶	1962 年 2 月	汉族
	王小玲	女	女儿	1985 年 2 月	汉族
	胡海波	男	女婿	1986 年 12 月	汉族
	王　震	男	儿子	1987 年 2 月	汉族
	吴佳佳	女	儿媳	1991 年 10 月	汉族
	胡瀚琨	男	外孙	2009 年 10 月	汉族
	王子亦	男	孙子	2017 年 8 月	汉族
	胡墨颜	女	外孙女	2019 年 7 月	汉族
家庭大事	1998 年，翻建楼房； 2011 年，得动迁房 3 套； 2016 年，购汽车 1 辆。				

大公村第 12 村民小组

	姓名	性别	与户主关系	出生年月	民族
家庭成员	宋生根	男	户主	1948 年 5 月	汉族
	袁金妹	女	配偶	1952 年 3 月	汉族
	宋菊芳	女	女儿	1973 年 5 月	汉族
	高学良	男	女婿	1970 年 5 月	汉族
	宋　玲	女	孙女	1994 年 1 月	汉族
家庭大事	1987 年，翻建楼房； 1994 年，购商品房 1 套； 2014 年，得动迁房 3 套。				

	姓名	性别	与户主关系	出生年月	民族
家庭成员	宋荣根	男	户主	1951 年 1 月	汉族
	黄银美	女	配偶	1958 年 1 月	汉族
	宋冬梅	女	女儿	1978 年 6 月	汉族
家庭大事	1990 年，翻建楼房； 2014 年，得动迁房 3 套。				

	姓名	性别	与户主关系	出生年月	民族
家庭成员	李全元	男	户主	1962 年 5 月	汉族
	刘美英	女	配偶	1963 年 3 月	汉族
	李花宝	女	母亲	1933 年 5 月	汉族
	李　峰	男	儿子	1985 年 11 月	汉族
	李亦宸	男	孙子	2009 年 8 月	汉族
	余奕萱	女	孙女	2010 年 12 月	汉族
家庭大事	1995 年，购商品房 1 套； 1996 年，李全元加入中国共产党； 2008 年，购商品房 1 套。				

家庭成员	姓名	性别	与户主关系	出生年月	民族
	赵明高	男	户主	1954 年 9 月	汉族
	吴友美	女	配偶	1960 年 9 月	汉族
	赵　静	女	女儿	1989 年 8 月	汉族
家庭大事	1986 年，赵明高加入中国共产党； 1989 年，翻建楼房； 2014 年，得动迁房 3 套。				

家庭成员	姓名	性别	与户主关系	出生年月	民族
	赵国富	男	户主	1950 年 6 月	汉族
	刘金妹	女	配偶	1952 年 2 月	汉族
	赵柱萍	女	长女	1977 年 7 月	汉族
	韩　雷	男	长婿	1976 年 7 月	汉族
	赵　琴	女	次女	1979 年 6 月	汉族
	韩明晓	女	孙女	2004 年 9 月	汉族
家庭大事	1983 年，翻建楼房； 2014 年，得动迁房 3 套。				

家庭成员	姓名	性别	与户主关系	出生年月	民族
	曹永文	男	户主	1965 年 9 月	汉族
	杨秋花	女	配偶	1966 年 8 月	汉族
	曹　军	男	儿子	1988 年 2 月	汉族
	曹启皓	男	孙子	2011 年 9 月	汉族
家庭大事	1989 年，翻建楼房； 2004 年，购商品房 1 套； 2014 年，得动迁房 3 套（已出售 1 套）。				

家庭成员	姓名	性别	与户主关系	出生年月	民族
	杨秋英	女	户主	1966 年 8 月	汉族
	张　敏	男	儿子	1988 年 7 月	汉族
家庭大事	1989 年，翻建楼房； 2005 年，购门面房 1 套； 2013 年，购汽车 1 辆； 2014 年，得动迁房 3 套。				

家庭成员	姓名	性别	与户主关系	出生年月	民族
	张银扣	男	户主	1957 年 9 月	汉族
	程玉珍	女	配偶	1961 年 4 月	汉族
	陆扣女	女	母亲	1933 年 8 月	汉族
	张　薇	女	女儿	1985 年 9 月	汉族
	褚宇哲	男	孙子	2014 年 3 月	汉族
家庭大事	1990 年，翻建楼房； 2014 年，购汽车 1 辆； 2014 年，得动迁房 3 套； 2015 年，张薇加入中国共产党； 2018 年，购商品房 1 套。				

<table>
<tr><td rowspan="7">家庭成员</td><th>姓名</th><th>性别</th><th>与户主关系</th><th>出生年月</th><th>民族</th></tr>
<tr><td>张友根</td><td>男</td><td>户主</td><td>1967 年 5 月</td><td>汉族</td></tr>
<tr><td>王惠珍</td><td>女</td><td>配偶</td><td>1967 年 2 月</td><td>汉族</td></tr>
<tr><td>张　星</td><td>男</td><td>儿子</td><td>1990 年 11 月</td><td>汉族</td></tr>
<tr><td>张　敏</td><td>女</td><td>儿媳</td><td>1990 年 6 月</td><td>汉族</td></tr>
<tr><td>张泽希</td><td>女</td><td>孙女</td><td>2015 年 6 月</td><td>汉族</td></tr>
<tr><td>张泽予</td><td>男</td><td>孙子</td><td>2018 年 12 月</td><td>汉族</td></tr>
<tr><td>家庭大事</td><td colspan="5">1986 年，购商品房 1 套；
1987 年，翻建平房；
1992 年，购店面房 1 套；
1995 年，购店面房 1 套；
1998 年，购店面房 1 套；
1998 年，购商品房 1 套；
2014 年，得动迁房 2 套；
2015 年，购汽车 2 辆；
2020 年，购商品房 1 套。</td></tr>
</table>

<table>
<tr><td rowspan="7">家庭成员</td><th>姓名</th><th>性别</th><th>与户主关系</th><th>出生年月</th><th>民族</th></tr>
<tr><td>张友泉</td><td>男</td><td>户主</td><td>1965 年 8 月</td><td>汉族</td></tr>
<tr><td>龚叶妹</td><td>女</td><td>配偶</td><td>1967 年 7 月</td><td>汉族</td></tr>
<tr><td>张　伟</td><td>男</td><td>儿子</td><td>1988 年 9 月</td><td>汉族</td></tr>
<tr><td>王玲芳</td><td>女</td><td>儿媳</td><td>1989 年 11 月</td><td>汉族</td></tr>
<tr><td>张雨晨</td><td>男</td><td>长孙</td><td>2011 年 11 月</td><td>汉族</td></tr>
<tr><td>王雨乐</td><td>男</td><td>次孙</td><td>2014 年 12 月</td><td>汉族</td></tr>
<tr><td>家庭大事</td><td colspan="5">1986 年，建造平房；
1995 年，购店面房 1 套；
2003 年，购商品房 1 套；
2005 年，购商品房 1 套；
2007 年，张伟参军入伍，于 2009 年退伍；
2010 年，购汽车 1 辆；
2014 年，得动迁房 2 套；
2015 年，购汽车 1 辆。</td></tr>
</table>

	姓名	性别	与户主关系	出生年月	民族
家庭成员	张阿根	男	户主	1945 年 10 月	汉族
	宋和英	女	配偶	1945 年 2 月	汉族
家庭大事	1966 年，张阿根加入中国共产党； 1992 年，张阿根被评为玉山镇优秀党员； 1993 年、1994 年、1997 年，张阿根被评为玉山镇优秀党务工作者； 2001 年、2002 年、2003 年，张阿根被评为玉山镇先进工会主席； 2003 年，张阿根被苏州市总工会、苏州市人事局评为优秀工会工作者； 2003 年，张阿根被中共昆山市委组织部、昆山市总工会评为“党建带工建，工建促党建”工作先进个人； 2004 年，张阿根获昆山市总工会“奋不顾身救女工，见义勇为似警察”通稿表扬。				

	姓名	性别	与户主关系	出生年月	民族
家庭成员	吴小根	男	户主	1956 年 2 月	汉族
	方玲妹	女	配偶	1957 年 6 月	汉族
	吴雷明	男	儿子	1982 年 7 月	汉族
	韦　伟	女	儿媳	1983 年 3 月	汉族
	吴友霏	女	孙女	2010 年 4 月	汉族
家庭大事	1976 年，吴小根参军入伍，于 1978 年退伍； 1989 年，翻建楼房； 2009 年，吴雷明毕业于南京大学； 2014 年，得动迁房 3 套。				

	姓名	性别	与户主关系	出生年月	民族
家庭成员	赵志兰	女	户主	1957年8月	汉族
	吴小燕	女	长女	1981年10月	汉族
	吴晓梦	女	次女	1989年9月	汉族
	吴晓力	男	儿子	1989年9月	汉族
	陈雪莲	女	儿媳	1992年12月	汉族
	吴弋阳	男	孙子	2017年7月	汉族
家庭大事	1986年，翻建楼房； 1994年，赵志兰加入中国共产党； 2014年，吴晓梦毕业于南京理工大学； 2014年，购商品房1套； 2014年，得动迁房3套； 2016年，购汽车1辆； 2017年，购商品房1套。				

	姓名	性别	与户主关系	出生年月	民族
家庭成员	谷家华	男	户主	1949年2月	汉族
	王巧兰	女	配偶	1953年1月	汉族
	谷红梅	女	女儿	1973年3月	汉族
	谷红彬	男	儿子	1975年1月	汉族
	王靖华	女	儿媳	1976年12月	汉族
	谷奕丰	男	孙子	1998年10月	汉族
家庭大事	1977年，谷家华加入中国共产党； 1991年，购汽车1辆； 1994年，购平房1套； 2003年，购商品房1套； 2014年，得动迁房2套（已出售）； 2014年，购商品房1套； 2020年，谷奕丰毕业于江南大学； 2020年，购别墅1栋（联排别墅）。				

	姓名	性别	与户主关系	出生年月	民族
家庭成员	谷家成	男	户主	1941 年 7 月	汉族
	席金妹	女	配偶	1943 年 9 月	汉族
	谷文华	男	长子	1966 年 12 月	汉族
	邱美娣	女	长媳	1968 年 8 月	汉族
	谷文英	女	女儿	1968 年 10 月	汉族
	谷文彬	男	次子	1970 年 1 月	汉族
	张　琴	女	次媳	1976 年 7 月	汉族
	谷晓玥	女	孙女	1992 年 12 月	汉族
	谷天天	男	孙子	2002 年 1 月	汉族
家庭大事	1988 年，建造平房； 2014 年，得动迁房 2 套； 2014 年，谷晓玥毕业于英国诺森比亚大学（硕士研究生）； 2015 年，购商品房 1 套； 2020 年，购别墅 1 栋（已出售）。				

	姓名	性别	与户主关系	出生年月	民族
家庭成员	谷家女	女	户主	1951 年 8 月	汉族
	李志英	女	长女	1971 年 5 月	汉族
	李志兰	女	次女	1974 年 3 月	汉族
	李佳鑫	男	孙子	1993 年 3 月	汉族
	王亚萍	女	孙媳	1991 年 7 月	汉族
	李思锐	男	曾孙	2017 年 11 月	汉族
	王兴羽	女	曾孙女	2019 年 11 月	汉族
家庭大事	1986 年，翻建楼房； 1992 年，购店面房 1 套； 1997 年，购店面房 1 套； 2002 年，购店面房 1 套； 2004 年，购商品房 1 套； 2007 年，购商品房 1 套； 2014 年，得动迁房 3 套； 2016 年，购别墅 1 栋。				

	姓名	性别	与户主关系	出生年月	民族
家庭成员	陈永郎	男	户主	1939 年 2 月	汉族
	周金花	女	配偶	1938 年 6 月	汉族
	陈　伟	男	儿子	1968 年 11 月	汉族
	李　萍	女	儿媳	1972 年 2 月	汉族
家庭大事	1989 年，翻建楼房； 2014 年，得动迁房 3 套。				

	姓名	性别	与户主关系	出生年月	民族
家庭成员	陈向东	男	户主	1964 年 3 月	汉族
	沈金珍	女	配偶	1963 年 1 月	汉族
	陈　丹	女	女儿	1989 年 4 月	汉族
家庭大事	1987 年，翻建楼房； 1991 年，沈金珍加入中国共产党； 2014 年，得动迁房 3 套； 2014 年，购商品房 1 套。				

	姓名	性别	与户主关系	出生年月	民族
家庭成员	周碧君	女	户主	1969 年 11 月	汉族
家庭大事					

	姓名	性别	与户主关系	出生年月	民族
家庭成员	周　奎	男	户主	1971 年 9 月	汉族
	张　琴	女	配偶	1975 年 3 月	汉族
	周永成	男	父亲	1951 年 2 月	汉族
	朱根娣	女	母亲	1948 年 7 月	汉族
	周　颖	女	女儿	1997 年 3 月	汉族
家庭大事	1989 年，翻建楼房； 2008 年，购商品房 1 套； 2014 年，得动迁房 3 套。				

	姓名	性别	与户主关系	出生年月	民族
家庭成员	周　鼎	男	户主	1973 年 12 月	汉族
家庭大事					

	姓名	性别	与户主关系	出生年月	民族
家庭成员	王志毕	男	户主	1951 年 7 月	汉族
	殷建珍	女	配偶	1955 年 10 月	汉族
	王　健	男	儿子	1977 年 7 月	汉族
	张　亮	女	儿媳	1981 年 2 月	汉族
	王　群	女	女儿	1978 年 10 月	汉族
	王亿涵	男	孙子	2005 年 12 月	汉族
家庭大事	1969 年，王志毕参军入伍，于 1974 年退伍； 1973 年，王志毕加入中国共产党； 1987 年，翻建楼房； 1995 年，购商品房 1 套； 2005 年，购商品房 1 套； 2012 年，购汽车 1 辆； 2014 年，得动迁房 3 套。				

家庭成员	姓名	性别	与户主关系	出生年月	民族
	赵国英	女	户主	1948 年 1 月	汉族
家庭大事					

大公村第 13 村民小组

	姓名	性别	与户主关系	出生年月	民族
家庭成员	蒋林才	男	户主	1961 年 6 月	汉族
	潘桂英	女	配偶	1963 年 11 月	汉族
	蒋　锋	男	儿子	1985 年 7 月	汉族
	蒋欣言	女	孙女	2014 年 4 月	汉族
	蒋言昊	男	孙子	2017 年 5 月	汉族
家庭大事	1981 年，蒋林才参军入伍，于 1983 年退伍； 1989 年，翻建楼房； 2006 年，购商品房 1 套； 2012 年，购汽车 1 辆； 2014 年，得动迁房 3 套。				

	姓名	性别	与户主关系	出生年月	民族
家庭成员	徐金娣	女	户主	1952 年 9 月	汉族
	张平华	男	儿子	1977 年 10 月	汉族
	高其霞	女	儿媳	1976 年 6 月	汉族
	张玉红	女	孙女	2000 年 9 月	汉族
家庭大事	1989 年，翻建楼房； 2014 年，得动迁房 3 套。				

	姓名	性别	与户主关系	出生年月	民族
家庭成员	茅金明	男	户主	1971 年 7 月	汉族
	顾小红	女	配偶	1970 年 3 月	汉族
	茅晨阳	男	儿子	1994 年 10 月	汉族
家庭大事	1989 年，翻建楼房； 1990 年，茅金明参军入伍，于 1992 年退伍； 2014 年，得动迁房 2 套。				

	姓名	性别	与户主关系	出生年月	民族
家庭成员	茅金龙	男	户主	1968 年 6 月	汉族
	茅亚萍	女	女儿	1993 年 3 月	汉族
家庭大事	1975 年，建造平房； 2014 年，得动迁房 2 套； 2015 年，购商品房 1 套。				

	姓名	性别	与户主关系	出生年月	民族
家庭成员	殷建明	男	户主	1968 年 12 月	汉族
	黄正芝	女	配偶	1970 年 11 月	汉族
	殷红倩	女	女儿	1991 年 2 月	汉族
	殷马龙	男	孙子	2014 年 4 月	汉族
家庭大事	1988 年，翻建楼房； 2014 年，得动迁房 3 套。				

	姓名	性别	与户主关系	出生年月	民族
家庭成员	沈志明	男	户主	1941 年 7 月	汉族
	周水妹	女	配偶	1941 年 1 月	汉族
	沈卫良	男	儿子	1967 年 7 月	汉族
	陈惠芳	女	儿媳	1968 年 11 月	汉族
	沈　婷	女	孙女	1991 年 9 月	汉族
家庭大事	1989 年，翻建楼房； 2008 年，购商品房 1 套； 2012 年，购汽车 1 辆； 2014 年，得动迁房 3 套； 2015 年，购汽车 1 辆。				

<table>
<tr><td rowspan="6">家庭成员</td><th>姓名</th><th>性别</th><th>与户主关系</th><th>出生年月</th><th>民族</th></tr>
<tr><td>宋庆中</td><td>男</td><td>户主</td><td>1947 年 1 月</td><td>汉族</td></tr>
<tr><td>石贤芳</td><td>女</td><td>配偶</td><td>1949 年 12 月</td><td>汉族</td></tr>
<tr><td>宋伟强</td><td>男</td><td>儿子</td><td>1971 年 8 月</td><td>汉族</td></tr>
<tr><td>赵玉芳</td><td>女</td><td>儿媳</td><td>1972 年 1 月</td><td>汉族</td></tr>
<tr><td>宋　静</td><td>女</td><td>孙女</td><td>1994 年 2 月</td><td>汉族</td></tr>
<tr><td>家庭大事</td><td colspan="5">1977 年，宋庆中加入中国共产党；
1988 年，翻建楼房；
2011 年，购商品房 1 套；
2013 年，购汽车 1 辆；
2014 年，得动迁房 3 套。</td></tr>
</table>

<table>
<tr><td rowspan="8">家庭成员</td><th>姓名</th><th>性别</th><th>与户主关系</th><th>出生年月</th><th>民族</th></tr>
<tr><td>张金其</td><td>男</td><td>户主</td><td>1962 年 7 月</td><td>汉族</td></tr>
<tr><td>杨素琴</td><td>女</td><td>配偶</td><td>1964 年 7 月</td><td>汉族</td></tr>
<tr><td>张　燕</td><td>女</td><td>女儿</td><td>1985 年 12 月</td><td>汉族</td></tr>
<tr><td>董　辉</td><td>男</td><td>女婿</td><td>1982 年 3 月</td><td>汉族</td></tr>
<tr><td>董雯曦</td><td>女</td><td>长孙女</td><td>2007 年 8 月</td><td>汉族</td></tr>
<tr><td>张雯昕</td><td>女</td><td>次孙女</td><td>2011 年 4 月</td><td>汉族</td></tr>
<tr><td>张雯静</td><td>女</td><td>三孙女</td><td>2011 年 4 月</td><td>汉族</td></tr>
<tr><td>家庭大事</td><td colspan="5">1991 年，翻建楼房；
2014 年，得动迁房 3 套。</td></tr>
</table>

<table>
<tr><td rowspan="4">家庭成员</td><th>姓名</th><th>性别</th><th>与户主关系</th><th>出生年月</th><th>民族</th></tr>
<tr><td>陈雪其</td><td>男</td><td>户主</td><td>1968 年 10 月</td><td>汉族</td></tr>
<tr><td>陈建花</td><td>女</td><td>配偶</td><td>1968 年 6 月</td><td>汉族</td></tr>
<tr><td>陈玉静</td><td>女</td><td>女儿</td><td>1992 年 2 月</td><td>汉族</td></tr>
<tr><td>家庭大事</td><td colspan="5">1990 年，翻建楼房；
2014 年，得动迁房 3 套。</td></tr>
</table>

	姓名	性别	与户主关系	出生年月	民族
家庭成员	陈火根	男	户主	1944 年 10 月	汉族
	刘云娥	女	配偶	1944 年 2 月	汉族
	陈惠华	男	儿子	1972 年 11 月	汉族
	李　娟	女	儿媳	1973 年 5 月	汉族
	陈子阳	男	孙子	1995 年 11 月	汉族
	景晓青	女	孙媳	1995 年 12 月	汉族
家庭大事	1988 年，翻建楼房； 2008 年，购商品房 1 套； 2014 年，得动迁房 3 套； 2015 年，购汽车 1 辆。				

	姓名	性别	与户主关系	出生年月	民族
家庭成员	周培根	男	户主	1953 年 1 月	汉族
	朱凤玲	女	配偶	1953 年 9 月	汉族
	周春华	男	儿子	1978 年 4 月	汉族
	吴贤芬	女	儿媳	1978 年 8 月	汉族
	周智恒	男	孙子	2000 年 3 月	汉族
家庭大事	1988 年，翻建楼房； 1996 年，周培根加入中国共产党； 2001 年，购商品房 1 套； 2002 年，购汽车 1 辆； 2011 年，购商品房 1 套； 2014 年，得动迁房 3 套。				

<table>
<tr><td rowspan="7">家庭成员</td><th>姓名</th><th>性别</th><th>与户主关系</th><th>出生年月</th><th>民族</th></tr>
<tr><td>陈水良</td><td>男</td><td>户主</td><td>1964 年 3 月</td><td>汉族</td></tr>
<tr><td>阚杏花</td><td>女</td><td>配偶</td><td>1964 年 2 月</td><td>汉族</td></tr>
<tr><td>陈维仙</td><td>女</td><td>女儿</td><td>1987 年 2 月</td><td>汉族</td></tr>
<tr><td>金　超</td><td>男</td><td>女婿</td><td>1988 年 7 月</td><td>汉族</td></tr>
<tr><td>金言妍</td><td>女</td><td>孙女</td><td>2013 年 2 月</td><td>汉族</td></tr>
<tr><td>陈言亦</td><td>男</td><td>孙子</td><td>2019 年 3 月</td><td>汉族</td></tr>
<tr><td>家庭大事</td><td colspan="5">1995 年，翻建楼房；
2009 年，陈维仙毕业于淮阴工学院；
2014 年，得动迁房 3 套；
2017 年，购汽车 1 辆；
2019 年，购汽车 1 辆。</td></tr>
</table>

<table>
<tr><td rowspan="6">家庭成员</td><th>姓名</th><th>性别</th><th>与户主关系</th><th>出生年月</th><th>民族</th></tr>
<tr><td>张金岩</td><td>男</td><td>户主</td><td>1953 年 7 月</td><td>汉族</td></tr>
<tr><td>杨秀花</td><td>女</td><td>配偶</td><td>1954 年 3 月</td><td>汉族</td></tr>
<tr><td>张建芬</td><td>女</td><td>女儿</td><td>1979 年 5 月</td><td>汉族</td></tr>
<tr><td>王治坤</td><td>男</td><td>女婿</td><td>1977 年 6 月</td><td>汉族</td></tr>
<tr><td>张　晴</td><td>女</td><td>孙女</td><td>2000 年 8 月</td><td>汉族</td></tr>
<tr><td>家庭大事</td><td colspan="5">1987 年，翻建楼房；
2002 年，购商品房 1 套；
2014 年，得动迁房 3 套；
2015 年，购汽车 1 辆。</td></tr>
</table>

	姓名	性别	与户主关系	出生年月	民族
家庭成员	孙荣根	男	户主	1945 年 12 月	汉族
	徐美琴	女	配偶	1947 年 1 月	汉族
	孙凤英	女	女儿	1969 年 11 月	汉族
	辛银根	男	女婿	1966 年 8 月	汉族
	孙辛伟	男	孙子	1991 年 5 月	汉族
家庭大事	1988 年，翻建楼房； 2009 年，购商品 1 套； 2014 年，得动迁房 3 套； 2016 年，购汽车 1 辆。				

	姓名	性别	与户主关系	出生年月	民族
家庭成员	李虎根	男	户主	1966 年 2 月	汉族
	高明珍	女	配偶	1968 年 6 月	汉族
	李　明	男	儿子	1989 年 6 月	汉族
	王亚静	女	儿媳	1993 年 9 月	汉族
家庭大事	1993 年，翻建楼房； 2014 年，得动迁房 3 套。				

	姓名	性别	与户主关系	出生年月	民族
家庭成员	张培明	男	户主	1965 年 12 月	汉族
	俞建芳	女	配偶	1966 年 12 月	汉族
	张　琴	女	女儿	1989 年 4 月	汉族
	熊文轩	男	女婿	1988 年 8 月	汉族
	张栩彤	女	孙女	2012 年 12 月	汉族
家庭大事	1987 年，翻建楼房； 2013 年，购汽车 1 辆； 2014 年，得动迁房 3 套。				

	姓名	性别	与户主关系	出生年月	民族
家庭成员	张宝庆	男	户主	1940 年 10 月	汉族
	王小妹	女	配偶	1941 年 4 月	汉族
	张　勇	男	儿子	1969 年 8 月	汉族
家庭大事	1976 年，建造平房； 2014 年，得动迁房 2 套。				

	姓名	性别	与户主关系	出生年月	民族
家庭成员	陈红娣	女	户主	1970 年 11 月	汉族
	颖　珏	女	女儿	1995 年 4 月	汉族
家庭大事					

	姓名	性别	与户主关系	出生年月	民族
家庭成员	李炳仙	女	户主	1949 年 11 月	汉族
	张　芳	女	长女	1971 年 3 月	汉族
	张红岗	女	次女	1976 年 1 月	汉族
	张琳琳	女	孙女	1992 年 2 月	汉族
家庭大事	1986 年，翻建楼房； 2014 年，得动迁房 3 套； 2019 年，购汽车 1 辆。				

	姓名	性别	与户主关系	出生年月	民族
家庭成员	殷金媛	女	户主	1947 年 5 月	汉族
	李建忠	男	儿子	1971 年 1 月	汉族
	李　伟	男	孙子	1995 年 3 月	汉族
家庭大事	1993 年，翻建楼房； 2014 年，得动迁房 3 套； 2018 年，购汽车 1 辆。				

	姓名	性别	与户主关系	出生年月	民族
家庭成员	朱耀其	男	户主	1957 年 4 月	汉族
	朱　军	男	儿子	1981 年 11 月	汉族
家庭大事	1986 年，翻建楼房； 2007 年，朱军参军入伍，于 2015 年退伍； 2008 年，购商品房 1 套； 2014 年，得动迁房 3 套； 2015 年，购汽车 1 辆。				

	姓名	性别	与户主关系	出生年月	民族
家庭成员	陈建华	男	户主	1965 年 4 月	汉族
	苏建珍	女	配偶	1967 年 2 月	汉族
	陈　磊	男	儿子	1988 年 9 月	汉族
	陈梓欣	女	孙女	2013 年 8 月	汉族
家庭大事					

	姓名	性别	与户主关系	出生年月	民族
家庭成员	孙秋阳	男	户主	1982 年 10 月	汉族
	牛艳玲	女	配偶	1986 年 3 月	汉族
	孙牛舒裕	男	儿子	2012 年 3 月	汉族
家庭大事					

	姓名	性别	与户主关系	出生年月	民族
家庭成员	孙建良	男	户主	1954 年 10 月	汉族
	高慧敏	女	配偶	1967 年 6 月	汉族
家庭大事	1975 年，建造平房； 2014 年，得动迁房 2 套。				

<table>
<tr><td rowspan="4">家庭成员</td><td>姓名</td><td>性别</td><td>与户主关系</td><td>出生年月</td><td>民族</td></tr>
<tr><td>周培林</td><td>男</td><td>户主</td><td>1962 年 11 月</td><td>汉族</td></tr>
<tr><td>张培珍</td><td>女</td><td>配偶</td><td>1963 年 12 月</td><td>汉族</td></tr>
<tr><td>周丽华</td><td>男</td><td>儿子</td><td>1985 年 8 月</td><td>汉族</td></tr>
<tr><td>家庭大事</td><td colspan="5">1990 年，翻建楼房；
2005 年，购汽车 1 辆；
2014 年，得动迁房 3 套。</td></tr>
</table>

<table>
<tr><td rowspan="4">家庭成员</td><td>姓名</td><td>性别</td><td>与户主关系</td><td>出生年月</td><td>民族</td></tr>
<tr><td>陈建明</td><td>男</td><td>户主</td><td>1969 年 2 月</td><td>汉族</td></tr>
<tr><td>陈建芬</td><td>女</td><td>配偶</td><td>1967 年 10 月</td><td>汉族</td></tr>
<tr><td>陈　倩</td><td>女</td><td>女儿</td><td>1991 年 5 月</td><td>汉族</td></tr>
<tr><td>家庭大事</td><td colspan="5">1989 年，建造平房；
2014 年，得动迁房 2 套；
2018 年，购汽车 1 辆。</td></tr>
</table>

<table>
<tr><td rowspan="4">家庭成员</td><td>姓名</td><td>性别</td><td>与户主关系</td><td>出生年月</td><td>民族</td></tr>
<tr><td>马长花</td><td>女</td><td>户主</td><td>1973 年 10 月</td><td>汉族</td></tr>
<tr><td>蒋新民</td><td>男</td><td>配偶</td><td>1973 年 9 月</td><td>汉族</td></tr>
<tr><td>马蒋浩</td><td>男</td><td>儿子</td><td>2009 年 6 月</td><td>汉族</td></tr>
<tr><td>家庭大事</td><td colspan="5"></td></tr>
</table>

<table>
<tr><td rowspan="4">家庭成员</td><td>姓名</td><td>性别</td><td>与户主关系</td><td>出生年月</td><td>民族</td></tr>
<tr><td>蒋革红</td><td>男</td><td>户主</td><td>1968 年 12 月</td><td>汉族</td></tr>
<tr><td>胡雪芳</td><td>女</td><td>配偶</td><td>1970 年 3 月</td><td>汉族</td></tr>
<tr><td>蒋梦瑶</td><td>女</td><td>女儿</td><td>1991 年 12 月</td><td>汉族</td></tr>
<tr><td>家庭大事</td><td colspan="5">1978 年，建造平房；
2014 年，得动迁房 2 套；
2019 年，购汽车 1 辆。</td></tr>
</table>

家庭成员	姓名	性别	与户主关系	出生年月	民族
	赵红卫	男	户主	1968 年 3 月	汉族
家庭大事	1998 年，建造平房； 2014 年，得动迁房 2 套。				

家庭成员	姓名	性别	与户主关系	出生年月	民族
	蒋林男	男	户主	1953 年 12 月	汉族
家庭大事	1998 年，建造平房； 2014 年，得动迁房 1 套。				

家庭成员	姓名	性别	与户主关系	出生年月	民族
	李林根	男	户主	1956 年 5 月	汉族
	蒋林娣	女	配偶	1958 年 3 月	汉族
	李　琴	女	女儿	1981 年 6 月	汉族
	徐　杰	男	女婿	1980 年 1 月	汉族
	李乐怡	女	孙女	2007 年 12 月	汉族
	徐李昊	男	孙子	2014 年 3 月	汉族
家庭大事	1989 年，翻建楼房； 2011 年，购汽车 1 辆； 2014 年，得动迁房 3 套。				

家庭成员	姓名	性别	与户主关系	出生年月	民族
	龚建国	男	户主	1968 年 9 月	汉族
家庭大事	1989 年，翻建楼房； 1994 年，龚建国创办新日电动车专卖店； 1998 年，购商品房 1 套； 2000 年，购汽车 1 辆； 2005 年，购商品房 2 套； 2014 年，得动迁房 3 套。				

	姓名	性别	与户主关系	出生年月	民族
家庭成员	王铜根	男	户主	1949 年 12 月	汉族
	胥龙妹	女	配偶	1953 年 1 月	汉族
	王子华	男	长子	1974 年 12 月	汉族
	赵春妹	女	长媳	1975 年 8 月	汉族
	王子刚	男	次子	1976 年 12 月	汉族
	王晓峰	男	孙子	1999 年 4 月	汉族
家庭大事	1989 年，翻建楼房； 2014 年，得动迁房 3 套。				

	姓名	性别	与户主关系	出生年月	民族
家庭成员	王　强	男	户主	1973 年 1 月	汉族
家庭大事	1993 年，购商品房 1 套； 2005 年，购汽车 1 辆。				

	姓名	性别	与户主关系	出生年月	民族
家庭成员	张小根	男	户主	1958 年 9 月	汉族
	陈红妹	女	配偶	1958 年 2 月	汉族
	陈　杰	男	儿子	1981 年 8 月	汉族
	陈家言	女	孙女	2007 年 11 月	汉族
家庭大事	1984 年，翻建楼房； 2014 年，得动迁房 3 套。				

家庭成员	姓名	性别	与户主关系	出生年月	民族
	张宝康	男	户主	1936 年 11 月	汉族
	张永军	男	长子	1972 年 1 月	汉族
	张永华	男	次子	1977 年 1 月	汉族
家庭大事					

家庭成员	姓名	性别	与户主关系	出生年月	民族
	张小男	男	户主	1965 年 8 月	汉族
家庭大事					

家庭成员	姓名	性别	与户主关系	出生年月	民族
	林　娥	女	户主	1941 年 9 月	汉族
家庭大事					

家庭成员	姓名	性别	与户主关系	出生年月	民族
	赵生妹	女	户主	1935 年 12 月	汉族
家庭大事					

家庭成员	姓名	性别	与户主关系	出生年月	民族
	夏秀华	女	户主	1932 年 2 月	汉族
家庭大事					

家庭成员	姓名	性别	与户主关系	出生年月	民族
	宋扣扣	女	户主	1942 年 8 月	汉族
家庭大事					

家庭成员	姓名	性别	与户主关系	出生年月	民族
	李桂英	女	户主	1930 年 12 月	汉族
家庭大事					

家庭成员	姓名	性别	与户主关系	出生年月	民族
	陈秀英	女	户主	1929 年 5 月	汉族
家庭大事					

大公村第 14 村民小组

	姓名	性别	与户主关系	出生年月	民族
家庭成员	徐小根	男	户主	1965 年 2 月	汉族
家庭大事					

	姓名	性别	与户主关系	出生年月	民族
家庭成员	戴挺高	男	户主	1953 年 1 月	汉族
	姚美英	女	配偶	1954 年 11 月	汉族
	周宗香	女	母亲	1924 年 6 月	汉族
	戴国兵	男	儿子	1976 年 10 月	汉族
家庭大事	1986 年，翻建楼房； 2007 年，得动迁房 3 套； 2015 年，购汽车 1 辆。				

	姓名	性别	与户主关系	出生年月	民族
家庭成员	张红伟	男	户主	1967 年 1 月	汉族
	陈红娟	女	配偶	1966 年 7 月	汉族
	张　莉	女	女儿	1989 年 2 月	汉族
家庭大事	1983 年，翻建楼房； 2007 年，购商品房 1 套； 2012 年，得动迁房 3 套。				

	姓名	性别	与户主关系	出生年月	民族
家庭成员	张红林	男	户主	1969 年 1 月	汉族
	张　青	男	儿子	1991 年 8 月	汉族
	云丽红	女	儿媳	1990 年 5 月	汉族
	张云芯	女	孙女	2017 年 11 月	汉族
家庭大事	1983 年，翻建平房； 2012 年，得动迁房 3 套。				

	姓名	性别	与户主关系	出生年月	民族
家庭成员	张宝元	男	户主	1946 年 4 月	汉族
	杨金娥	女	配偶	1945 年 9 月	汉族
	吴小妹	女	母亲	1925 年 5 月	汉族
家庭大事					

	姓名	性别	与户主关系	出生年月	民族
家庭成员	卞建福	男	户主	1973 年 12 月	汉族
	方珠凤	女	母亲	1950 年 3 月	汉族
家庭大事	1970 年，建造平房； 2007 年，得动迁房 2 套。				

	姓名	性别	与户主关系	出生年月	民族
家庭成员	夏国基	男	户主	1938 年 4 月	汉族
	奚秀珍	女	配偶	1942 年 12 月	汉族
	夏　霖	男	儿子	1963 年 5 月	汉族
	夏　瑛	女	长女	1967 年 8 月	汉族
	夏　萍	女	次女	1969 年 8 月	汉族
家庭大事	1957 年，夏国基参军入伍，于 1961 年退伍； 1980 年，夏国基加入中国共产党； 1978 年，建造平房； 1984 年，夏霖毕业于中国人民解放军第二军医大学； 1985—1995 年，夏国基荣获省级奖 2 次，苏州市级奖 1 次，昆山市级奖 5 次； 1993 年，夏瑛毕业于江苏省广播电视大学（今江苏城市职业学院）； 1993 年，夏萍毕业于苏州大学； 2007 年，得动迁房 2 套。				

<table>
<tr><td rowspan="6">家庭成员</td><th>姓名</th><th>性别</th><th>与户主关系</th><th>出生年月</th><th>民族</th></tr>
<tr><td>杨积生</td><td>男</td><td>户主</td><td>1943 年 1 月</td><td>汉族</td></tr>
<tr><td>张凤珍</td><td>女</td><td>配偶</td><td>1943 年 7 月</td><td>汉族</td></tr>
<tr><td>杨秀根</td><td>男</td><td>儿子</td><td>1969 年 1 月</td><td>汉族</td></tr>
<tr><td>徐美凤</td><td>女</td><td>儿媳</td><td>1968 年 11 月</td><td>汉族</td></tr>
<tr><td>杨　洪</td><td>男</td><td>孙子</td><td>1991 年 6 月</td><td>汉族</td></tr>
<tr><td>家庭大事</td><td colspan="5">1979 年，杨积生加入中国共产党；
1986 年，翻建楼房；
2007 年，得动迁房 3 套；
2014 年，购汽车 1 辆。</td></tr>
</table>

<table>
<tr><td rowspan="2">家庭成员</td><th>姓名</th><th>性别</th><th>与户主关系</th><th>出生年月</th><th>民族</th></tr>
<tr><td>王忠才</td><td>男</td><td>户主</td><td>1970 年 4 月</td><td>汉族</td></tr>
<tr><td>家庭大事</td><td colspan="5">1984 年，翻建楼房；
2007 年，得动迁房 3 套。</td></tr>
</table>

<table>
<tr><td rowspan="8">家庭成员</td><th>姓名</th><th>性别</th><th>与户主关系</th><th>出生年月</th><th>民族</th></tr>
<tr><td>戴连文</td><td>男</td><td>户主</td><td>1950 年 7 月</td><td>汉族</td></tr>
<tr><td>沈金凤</td><td>女</td><td>配偶</td><td>1955 年 11 月</td><td>汉族</td></tr>
<tr><td>戴红芳</td><td>女</td><td>长女</td><td>1974 年 6 月</td><td>汉族</td></tr>
<tr><td>宋招根</td><td>男</td><td>长婿</td><td>1972 年 11 月</td><td>汉族</td></tr>
<tr><td>戴卫芳</td><td>女</td><td>次女</td><td>1976 年 11 月</td><td>汉族</td></tr>
<tr><td>戴馨奕</td><td>女</td><td>孙女</td><td>1996 年 12 月</td><td>汉族</td></tr>
<tr><td>韩沛珊</td><td>女</td><td>外孙女</td><td>2010 年 7 月</td><td>汉族</td></tr>
<tr><td>家庭大事</td><td colspan="5">1987 年，翻建楼房；
2007 年，得动迁房 3 套。</td></tr>
</table>

<table>
<tr><td rowspan="8">家庭成员</td><td>姓名</td><td>性别</td><td>与户主关系</td><td>出生年月</td><td>民族</td></tr>
<tr><td>吴文忠</td><td>男</td><td>户主</td><td>1963 年 12 月</td><td>汉族</td></tr>
<tr><td>吴永珍</td><td>女</td><td>配偶</td><td>1962 年 9 月</td><td>汉族</td></tr>
<tr><td>吴玉明</td><td>男</td><td>父亲</td><td>1934 年 7 月</td><td>汉族</td></tr>
<tr><td>李月娥</td><td>女</td><td>母亲</td><td>1944 年 1 月</td><td>汉族</td></tr>
<tr><td>吴栋梁</td><td>男</td><td>儿子</td><td>1986 年 7 月</td><td>汉族</td></tr>
<tr><td>吴忧忧</td><td>女</td><td>孙女</td><td>2011 年 6 月</td><td>汉族</td></tr>
<tr><td>吴灏哲</td><td>男</td><td>孙子</td><td>2013 年 1 月</td><td>汉族</td></tr>
<tr><td>家庭大事</td><td colspan="5">1985 年，翻建平房；
2007 年，得动迁房 2 套。</td></tr>
</table>

<table>
<tr><td rowspan="5">家庭成员</td><td>姓名</td><td>性别</td><td>与户主关系</td><td>出生年月</td><td>民族</td></tr>
<tr><td>吴文清</td><td>男</td><td>户主</td><td>1966 年 7 月</td><td>汉族</td></tr>
<tr><td>王素英</td><td>女</td><td>配偶</td><td>1965 年 8 月</td><td>汉族</td></tr>
<tr><td>吴建新</td><td>男</td><td>儿子</td><td>1988 年 11 月</td><td>汉族</td></tr>
<tr><td>吴松谚</td><td>男</td><td>孙子</td><td>2010 年 9 月</td><td>汉族</td></tr>
<tr><td>家庭大事</td><td colspan="5">1997 年，翻建楼房；
2007 年，得动迁房 3 套。</td></tr>
</table>

<table>
<tr><td rowspan="6">家庭成员</td><td>姓名</td><td>性别</td><td>与户主关系</td><td>出生年月</td><td>民族</td></tr>
<tr><td>朱建明</td><td>男</td><td>户主</td><td>1963 年 9 月</td><td>汉族</td></tr>
<tr><td>季爱芹</td><td>女</td><td>配偶</td><td>1973 年 10 月</td><td>汉族</td></tr>
<tr><td>朱文斌</td><td>男</td><td>儿子</td><td>1986 年 8 月</td><td>汉族</td></tr>
<tr><td>秦欠欠</td><td>女</td><td>儿媳</td><td>1991 年 3 月</td><td>汉族</td></tr>
<tr><td>朱彦君</td><td>女</td><td>孙女</td><td>2011 年 4 月</td><td>汉族</td></tr>
<tr><td>家庭大事</td><td colspan="5">1988 年，翻建楼房；
2007 年，得动迁房 3 套。</td></tr>
</table>

	姓名	性别	与户主关系	出生年月	民族
家庭成员	朱忠明	男	户主	1956 年 12 月	汉族
	奚雪珍	女	配偶	1957 年 1 月	汉族
	朱　冀	男	儿子	1982 年 8 月	汉族
家庭大事	1978 年，建造平房； 2007 年，得动迁房 2 套。				

	姓名	性别	与户主关系	出生年月	民族
家庭成员	李翠娥	女	户主	1965 年 4 月	汉族
	奚　婷	女	女儿	1987 年 9 月	汉族
	章辰逸	男	长孙	2010 年 11 月	汉族
	章辰昕	男	次孙	2014 年 2 月	汉族
家庭大事	1989 年，翻建楼房； 2007 年，得动迁房 3 套。				

	姓名	性别	与户主关系	出生年月	民族
家庭成员	王新章	男	户主	1969 年 4 月	汉族
	王朝生	男	父亲	1947 年 3 月	汉族
家庭大事	1980 年，建造平房； 2007 年，得动迁房 2 套。				

	姓名	性别	与户主关系	出生年月	民族
家庭成员	冯志良	男	户主	1964 年 9 月	汉族
	苏守珍	女	配偶	1964 年 6 月	汉族
	冯思成	男	儿子	1989 年 8 月	汉族
家庭大事	1984 年，翻建楼房； 2007 年，得动迁房 3 套； 2018 年，购汽车 1 辆。				

	姓名	性别	与户主关系	出生年月	民族
家庭成员	沈建良	男	户主	1966 年 10 月	汉族
	赵继红	女	配偶	1967 年 8 月	汉族
	支宗宝	女	母亲	1937 年 3 月	汉族
	沈　晴	女	女儿	1989 年 11 月	汉族
	邢维妙徐	女	孙女	2014 年 1 月	汉族
家庭大事	1989 年，翻建楼房； 2007 年，得动迁房 3 套。				

	姓名	性别	与户主关系	出生年月	民族
家庭成员	许培根	男	户主	1954 年 2 月	汉族
	陈云花	女	配偶	1954 年 12 月	汉族
	许白妹	女	母亲	1930 年 1 月	汉族
	许玮萍	女	女儿	1978 年 10 月	汉族
家庭大事	1987 年，翻建楼房； 2007 年，得动迁房 3 套。				

	姓名	性别	与户主关系	出生年月	民族
家庭成员	徐密根	男	户主	1958 年 3 月	汉族
	徐密珍	女	配偶	1961 年 12 月	汉族
	徐　龙	男	儿子	1984 年 1 月	汉族
	丁晓霞	女	儿媳	1984 年 11 月	汉族
	徐欣妤	女	孙女	2012 年 5 月	汉族
家庭大事	1988 年，翻建楼房； 2007 年，得动迁房 3 套。				

<table>
<tr><td rowspan="3">家庭成员</td><th>姓名</th><th>性别</th><th>与户主关系</th><th>出生年月</th><th>民族</th></tr>
<tr><td>徐四宝</td><td>男</td><td>户主</td><td>1938 年 5 月</td><td>汉族</td></tr>
<tr><td>徐正林</td><td>男</td><td>儿子</td><td>1969 年 4 月</td><td>汉族</td></tr>
<tr><td>家庭大事</td><td colspan="5">1984 年，翻建楼房；
2007 年，得动迁房 3 套；
2017 年，购汽车 1 辆。</td></tr>
</table>

<table>
<tr><td rowspan="5">家庭成员</td><th>姓名</th><th>性别</th><th>与户主关系</th><th>出生年月</th><th>民族</th></tr>
<tr><td>周雨根</td><td>男</td><td>户主</td><td>1939 年 10 月</td><td>汉族</td></tr>
<tr><td>周福良</td><td>男</td><td>儿子</td><td>1962 年 9 月</td><td>汉族</td></tr>
<tr><td>顾惠芬</td><td>女</td><td>儿媳</td><td>1962 年 9 月</td><td>汉族</td></tr>
<tr><td>周　斌</td><td>男</td><td>孙子</td><td>1985 年 11 月</td><td>汉族</td></tr>
<tr><td>家庭大事</td><td colspan="5">1979 年，周雨根加入中国共产党；
1983 年，翻建楼房；
1994 年，顾惠芬加入中国共产党；
2003 年，周福良加入中国共产党；
2007 年，周斌毕业于东南大学；
2007 年，得动迁房 3 套；
2011 年，购汽车 1 辆。</td></tr>
</table>

<table>
<tr><td rowspan="4">家庭成员</td><th>姓名</th><th>性别</th><th>与户主关系</th><th>出生年月</th><th>民族</th></tr>
<tr><td>周仁良</td><td>男</td><td>户主</td><td>1964 年 10 月</td><td>汉族</td></tr>
<tr><td>王　妹</td><td>女</td><td>配偶</td><td>1965 年 4 月</td><td>汉族</td></tr>
<tr><td>周丽琴</td><td>女</td><td>女儿</td><td>1987 年 8 月</td><td>汉族</td></tr>
<tr><td>家庭大事</td><td colspan="5">1983 年，翻建楼房；
2007 年，得动迁房 3 套；
2019 年，购汽车 1 辆。</td></tr>
</table>

<table>
<tr><td rowspan="7">家庭成员</td><td>姓名</td><td>性别</td><td>与户主关系</td><td>出生年月</td><td>民族</td></tr>
<tr><td>周水元</td><td>男</td><td>户主</td><td>1953 年 6 月</td><td>汉族</td></tr>
<tr><td>张丽华</td><td>女</td><td>配偶</td><td>1954 年 9 月</td><td>汉族</td></tr>
<tr><td>周金花</td><td>女</td><td>母亲</td><td>1932 年 11 月</td><td>汉族</td></tr>
<tr><td>周小菊</td><td>女</td><td>女儿</td><td>1978 年 6 月</td><td>汉族</td></tr>
<tr><td>周　华</td><td>男</td><td>儿子</td><td>1987 年 4 月</td><td>汉族</td></tr>
<tr><td>周馨辰</td><td>女</td><td>孙女</td><td>2014 年 3 月</td><td>汉族</td></tr>
<tr><td>家庭大事</td><td colspan="5">1984 年，翻建楼房；
2007 年，得动迁房 3 套；
2019 年，购汽车 1 辆。</td></tr>
</table>

<table>
<tr><td rowspan="5">家庭成员</td><td>姓名</td><td>性别</td><td>与户主关系</td><td>出生年月</td><td>民族</td></tr>
<tr><td>韩进良</td><td>男</td><td>户主</td><td>1969 年 1 月</td><td>汉族</td></tr>
<tr><td>沈玉珍</td><td>女</td><td>配偶</td><td>1970 年 8 月</td><td>汉族</td></tr>
<tr><td>韩云娣</td><td>女</td><td>母亲</td><td>1931 年 12 月</td><td>汉族</td></tr>
<tr><td>韩　艳</td><td>女</td><td>女儿</td><td>1991 年 9 月</td><td>汉族</td></tr>
<tr><td>家庭大事</td><td colspan="5">1989 年，翻建楼房；
2007 年，得动迁房 3 套；
2013 年，韩艳毕业于扬州大学广陵学院。</td></tr>
</table>

<table>
<tr><td rowspan="4">家庭成员</td><td>姓名</td><td>性别</td><td>与户主关系</td><td>出生年月</td><td>民族</td></tr>
<tr><td>韩卫明</td><td>男</td><td>户主</td><td>1963 年 5 月</td><td>汉族</td></tr>
<tr><td>张秀珍</td><td>女</td><td>配偶</td><td>1967 年 1 月</td><td>汉族</td></tr>
<tr><td>韩　越</td><td>男</td><td>儿子</td><td>1988 年 1 月</td><td>汉族</td></tr>
<tr><td>家庭大事</td><td colspan="5">1990 年，翻建楼房；
2007 年，得动迁房 3 套。</td></tr>
</table>

	姓名	性别	与户主关系	出生年月	民族
家庭成员	韩福明	男	户主	1963 年 5 月	汉族
	杨雪琴	女	配偶	1964 年 5 月	汉族
	赵梅花	女	母亲	1940 年 11 月	汉族
	韩　婷	女	女儿	1987 年 1 月	汉族
	沈旷奇	男	孙子	2012 年 8 月	汉族
家庭大事	1990 年，翻建楼房； 2009 年，韩婷毕业于南京航空航天大学； 2007 年，得动迁房 3 套。				

	姓名	性别	与户主关系	出生年月	民族
家庭成员	陆先华	男	户主	1960 年 6 月	汉族
	戴庆娅	女	配偶	1963 年 4 月	汉族
	陆　明	男	儿子	1985 年 8 月	汉族
	周　艳	女	儿媳	1985 年 10 月	汉族
	陆皓轩	男	孙子	2009 年 7 月	汉族
	陆欣妍	女	孙女	2013 年 7 月	汉族
家庭大事	1989 年，翻建楼房； 2007 年，得动迁房 3 套。				

大公村第 15 村民小组

	姓名	性别	与户主关系	出生年月	民族
家庭成员	徐雪良	男	户主	1954 年 11 月	汉族
	周丽君	女	配偶	1957 年 6 月	汉族
	徐　明	男	儿子	1981 年 2 月	汉族
	徐婷玉	女	孙女	2007 年 7 月	汉族
家庭大事	1994 年，翻建楼房； 2011 年，得动迁房 3 套； 2013 年，购汽车 1 辆。				

	姓名	性别	与户主关系	出生年月	民族
家庭成员	龚三生	男	户主	1943 年 1 月	汉族
	罗梅魂	女	配偶	1946 年 5 月	汉族
	龚大男	男	儿子	1966 年 3 月	汉族
	陈巧英	女	儿媳	1966 年 10 月	汉族
	龚明华	男	孙子	1989 年 1 月	汉族
	龚欣怡	女	曾长孙女	2011 年 9 月	汉族
	龚欣桐	女	曾次孙女	2018 年 10 月	汉族
家庭大事	1989 年，翻建楼房； 2010 年，购商品房 1 套； 2011 年，得动迁房 3 套； 2015 年，购汽车 1 辆。				

	姓名	性别	与户主关系	出生年月	民族
家庭成员	王桃英	女	户主	1949 年 3 月	汉族
家庭大事	1984 年，翻建楼房； 2011 年，得动迁房 3 套。				

	姓名	性别	与户主关系	出生年月	民族
家庭成员	张根妹	女	户主	1955 年 11 月	汉族
	何小芳	女	女儿	1979 年 10 月	汉族
家庭大事	1987 年，翻建楼房； 2011 年，得动迁房 3 套； 2014 年，购商品房 1 套。				

	姓名	性别	与户主关系	出生年月	民族
家庭成员	顾卫明	男	户主	1971 年 12 月	汉族
	沈菊英	女	配偶	1972 年 3 月	汉族
	顾林根	男	父亲	1947 年 2 月	汉族
	顾晨芳	女	女儿	1994 年 12 月	汉族
	顾婧涵	女	孙女	2018 年 10 月	汉族
家庭大事	1988 年，翻建楼房； 2011 年，得动迁房 3 套； 2016 年，购汽车 1 辆。				

	姓名	性别	与户主关系	出生年月	民族
家庭成员	顾美泉	男	户主	1965 年 4 月	汉族
	顾花宝	女	母亲	1939 年 3 月	汉族
	顾金芳	女	女儿	1988 年 2 月	汉族
	韩昕烨	女	长孙女	2012 年 9 月	汉族
	顾芯一	女	次孙女	2015 年 6 月	汉族
家庭大事	1988 年，翻建楼房； 2011 年，得动迁房 3 套。				

<table>
<tr><td rowspan="4">家庭成员</td><td>姓名</td><td>性别</td><td>与户主关系</td><td>出生年月</td><td>民族</td></tr>
<tr><td>黄水良</td><td>男</td><td>户主</td><td>1939 年 2 月</td><td>汉族</td></tr>
<tr><td>徐友仙</td><td>女</td><td>配偶</td><td>1938 年 2 月</td><td>汉族</td></tr>
<tr><td>黄建荣</td><td>男</td><td>儿子</td><td>1962 年 2 月</td><td>汉族</td></tr>
<tr><td>家庭大事</td><td colspan="5">1986 年，翻建楼房；
2011 年，得动迁房 3 套。</td></tr>
</table>

<table>
<tr><td rowspan="6">家庭成员</td><td>姓名</td><td>性别</td><td>与户主关系</td><td>出生年月</td><td>民族</td></tr>
<tr><td>沈福男</td><td>男</td><td>户主</td><td>1957 年 8 月</td><td>汉族</td></tr>
<tr><td>陈凤英</td><td>女</td><td>配偶</td><td>1963 年 4 月</td><td>汉族</td></tr>
<tr><td>沈　贤</td><td>女</td><td>女儿</td><td>1986 年 9 月</td><td>汉族</td></tr>
<tr><td>浦梓琪</td><td>男</td><td>孙子</td><td>2010 年 11 月</td><td>汉族</td></tr>
<tr><td>沈梓妍</td><td>女</td><td>孙女</td><td>2017 年 12 月</td><td>汉族</td></tr>
<tr><td>家庭大事</td><td colspan="5">1990 年，翻建楼房；
1996 年，购商品房 1 套；
2009 年，沈贤毕业于徐州师范大学（今江苏师范大学）；
2011 年，得动迁房 3 套；
2015 年，购汽车 1 辆。</td></tr>
</table>

<table>
<tr><td rowspan="2">家庭成员</td><td>姓名</td><td>性别</td><td>与户主关系</td><td>出生年月</td><td>民族</td></tr>
<tr><td>濮梅龙</td><td>男</td><td>户主</td><td>1962 年 8 月</td><td>汉族</td></tr>
<tr><td>家庭大事</td><td colspan="5"></td></tr>
</table>

<table>
<tr><td rowspan="3">家庭成员</td><td>姓名</td><td>性别</td><td>与户主关系</td><td>出生年月</td><td>民族</td></tr>
<tr><td>徐香妹</td><td>女</td><td>户主</td><td>1963 年 7 月</td><td>汉族</td></tr>
<tr><td>濮秋明</td><td>男</td><td>儿子</td><td>1985 年 12 月</td><td>汉族</td></tr>
<tr><td>家庭大事</td><td colspan="5"></td></tr>
</table>

家庭成员	姓名	性别	与户主关系	出生年月	民族
	徐　虹	女	户主	1968 年 8 月	汉族
家庭大事					

家庭成员	姓名	性别	与户主关系	出生年月	民族
	王林妹	女	户主	1954 年 8 月	汉族
	沈　卫	男	儿子	1978 年 10 月	汉族
	陈　剑	女	儿媳	1978 年 4 月	汉族
	沈　荫	女	孙女	2003 年 2 月	汉族
家庭大事	1992 年，翻建楼房； 2011 年，得动迁房 3 套； 2018 年，购汽车 1 辆。				

家庭成员	姓名	性别	与户主关系	出生年月	民族
	沈菊良	男	户主	1974 年 6 月	汉族
	彭香娥	女	配偶	1974 年 5 月	汉族
	沈丹妮	女	女儿	1997 年 6 月	汉族
家庭大事	1995 年，翻建楼房； 2010 年，购商品房 1 套； 2011 年，得动迁房 3 套； 2017 年，购汽车 1 辆。				

家庭成员	姓名	性别	与户主关系	出生年月	民族
	徐小弟	男	户主	1954 年 2 月	汉族
	王祥妹	女	配偶	1956 年 9 月	汉族
	徐卫青	女	儿子	1979 年 6 月	汉族
家庭大事	1987 年，翻建楼房； 1993 年，购商品房 1 套； 2011 年，得动迁房 3 套； 2019 年，购汽车 1 辆。				

	姓名	性别	与户主关系	出生年月	民族
家庭成员	徐爱生	男	户主	1958 年 1 月	汉族
	陈秀珍	女	配偶	1960 年 5 月	汉族
	徐　燕	女	女儿	1983 年 1 月	汉族
	徐梓欣	女	孙女	2008 年 10 月	汉族
家庭大事	1988 年，翻建楼房； 1996 年，购商品房 1 套； 2011 年，得动迁房 3 套。				

	姓名	性别	与户主关系	出生年月	民族
家庭成员	徐雪其	男	户主	1950 年 8 月	汉族
	王秋华	女	配偶	1955 年 1 月	汉族
	徐　群	女	女儿	1976 年 4 月	汉族
	徐　斌	男	儿子	1978 年 5 月	汉族
	商立立	女	儿媳	1979 年 4 月	汉族
	徐梦洁	女	孙女	2006 年 8 月	汉族
家庭大事	1977 年，徐雪其加入中国共产党； 1988 年，翻建楼房； 1996 年，购商品房 1 套； 2011 年，得动迁房 3 套； 2017 年，购汽车 1 辆。				

	姓名	性别	与户主关系	出生年月	民族
家庭成员	徐凤花	女	户主	1947 年 10 月	汉族
家庭大事	1977 年，徐凤花加入中国共产党； 1986 年，翻建楼房； 1998 年，购商品房 1 套； 2011 年，得动迁房 3 套。				

	姓名	性别	与户主关系	出生年月	民族
家庭成员	赵志明	男	户主	1962 年 6 月	汉族
	顾美英	女	配偶	1962 年 5 月	汉族
	赵相根	男	父亲	1939 年 1 月	汉族
	徐菊花	女	母亲	1942 年 2 月	汉族
	赵学文	男	儿子	1987 年 9 月	汉族
	王秋香	女	儿媳	1987 年 6 月	汉族
	赵伊琳	女	孙女	2012 年 5 月	汉族
	赵宇辰	男	长孙	2016 年 4 月	汉族
	赵宇轩	男	次孙	2016 年 4 月	汉族
家庭大事	1989 年，翻建楼房； 2011 年，得动迁房 3 套。				

	姓名	性别	与户主关系	出生年月	民族
家庭成员	龚根元	男	户主	1944 年 3 月	汉族
	何梅瑰	女	配偶	1946 年 12 月	汉族
	龚凤珍	女	女儿	1971 年 12 月	汉族
	徐凤弟	男	女婿	1971 年 5 月	汉族
	龚　栩	女	孙女	1993 年 4 月	汉族
	王　振	男	孙婿	1994 年 7 月	汉族
家庭大事	1992 年，翻建楼房； 1999 年，购商品房 1 套； 2002 年，龚凤珍加入中国共产党； 2011 年，得动迁房 3 套； 2012 年，龚栩毕业于苏州高等幼儿师范学校（今苏州幼儿师范高等专科学校）。				

	姓名	性别	与户主关系	出生年月	民族
家庭成员	龚二男	男	户主	1966年3月	汉族
	董　英	女	配偶	1970年7月	汉族
	龚晓峰	男	儿子	1992年3月	汉族
家庭大事	1985年，建造平房； 1986年，龚二男参军入伍，于1988年退伍； 2011年，得动迁房2套。				

	姓名	性别	与户主关系	出生年月	民族
家庭成员	龚小男	男	户主	1947年10月	汉族
	徐凤仙	女	配偶	1948年5月	汉族
	龚文花	女	女儿	1968年10月	汉族
	许爱林	男	女婿	1965年4月	汉族
家庭大事	1987年，翻建楼房； 1996年，购商品房1套； 2011年，得动迁房3套； 2012年，购汽车1辆。				

	姓名	性别	与户主关系	出生年月	民族
家庭成员	龚小金	男	户主	1954年10月	汉族
	晋建花	女	配偶	1953年9月	汉族
	龚利明	男	儿子	1978年10月	汉族
	王　娟	女	儿媳	1980年11月	汉族
	龚星宇	男	孙子	2001年11月	汉族
	龚星月	女	孙女	2007年9月	汉族
家庭大事	1986年，翻建楼房； 2010年，购汽车1辆； 2011年，得动迁房3套； 2012年，购商品房1套。				

	姓名	性别	与户主关系	出生年月	民族
家庭成员	龚金男	男	户主	1952 年 6 月	汉族
	周培花	女	配偶	1954 年 10 月	汉族
	严水男	女	母亲	1926 年 11 月	汉族
	龚根华	男	儿子	1977 年 11 月	汉族
	龚根英	女	女儿	1979 年 2 月	汉族
家庭大事	1986 年，翻建楼房； 2011 年，得动迁房 3 套； 2016 年，购汽车 1 辆。				

大公村第 16 村民小组

<table>
<tr><th rowspan="9">家庭成员</th><th>姓名</th><th>性别</th><th>与户主关系</th><th>出生年月</th><th>民族</th></tr>
<tr><td>包春宝</td><td>男</td><td>户主</td><td>1950 年 1 月</td><td>汉族</td></tr>
<tr><td>栾小英</td><td>女</td><td>配偶</td><td>1952 年 12 月</td><td>汉族</td></tr>
<tr><td>包亚琴</td><td>女</td><td>女儿</td><td>1974 年 4 月</td><td>汉族</td></tr>
<tr><td>季　童</td><td>男</td><td>女婿</td><td>1971 年 1 月</td><td>汉族</td></tr>
<tr><td>包亚明</td><td>男</td><td>儿子</td><td>1976 年 4 月</td><td>汉族</td></tr>
<tr><td>朱　旭</td><td>女</td><td>儿媳</td><td>1978 年 7 月</td><td>汉族</td></tr>
<tr><td>季　斌</td><td>男</td><td>外孙</td><td>2000 年 3 月</td><td>汉族</td></tr>
<tr><td>包晓玥</td><td>女</td><td>孙女</td><td>2005 年 6 月</td><td>汉族</td></tr>
<tr><th>家庭大事</th><td colspan="5">1979 年，建造平房；
1996 年，购汽车 1 辆；
1999 年，购商品房 1 套；
2000 年，包亚明毕业于镇江医学院（今江苏大学）；
2002 年，朱旭毕业于苏州大学；
2014 年，得动迁房 2 套。</td></tr>
</table>

<table>
<tr><th rowspan="6">家庭成员</th><th>姓名</th><th>性别</th><th>与户主关系</th><th>出生年月</th><th>民族</th></tr>
<tr><td>包亚娟</td><td>女</td><td>户主</td><td>1987 年 11 月</td><td>汉族</td></tr>
<tr><td>李晓晨</td><td>男</td><td>配偶</td><td>1987 年 9 月</td><td>汉族</td></tr>
<tr><td>李红花</td><td>女</td><td>母亲</td><td>1965 年 12 月</td><td>汉族</td></tr>
<tr><td>李锶佑</td><td>女</td><td>长女</td><td>2011 年 8 月</td><td>汉族</td></tr>
<tr><td>包锶彤</td><td>女</td><td>次女</td><td>2012 年 10 月</td><td>汉族</td></tr>
<tr><th>家庭大事</th><td colspan="5">1996 年，建造平房；
2010 年，包亚娟毕业于徐州师范大学（今江苏师范大学）；
2014 年，得动迁房 2 套。</td></tr>
</table>

<table>
<tr><td rowspan="4">家庭成员</td><th>姓名</th><th>性别</th><th>与户主关系</th><th>出生年月</th><th>民族</th></tr>
<tr><td>李全林</td><td>男</td><td>户主</td><td>1967 年 10 月</td><td>汉族</td></tr>
<tr><td>袁荣妹</td><td>女</td><td>母亲</td><td>1936 年 10 月</td><td>汉族</td></tr>
<tr><td>唐丽莹</td><td>女</td><td>女儿</td><td>1995 年 4 月</td><td>汉族</td></tr>
<tr><td>家庭大事</td><td colspan="5">2005 年、2015 年、2017 年，先后购汽车 3 辆；
2017 年，唐丽莹毕业于江苏第二师范大学。</td></tr>
</table>

<table>
<tr><td rowspan="6">家庭成员</td><th>姓名</th><th>性别</th><th>与户主关系</th><th>出生年月</th><th>民族</th></tr>
<tr><td>卞福山</td><td>男</td><td>户主</td><td>1941 年 10 月</td><td>汉族</td></tr>
<tr><td>陆玉英</td><td>女</td><td>配偶</td><td>1946 年 12 月</td><td>汉族</td></tr>
<tr><td>卞卫国</td><td>男</td><td>儿子</td><td>1969 年 8 月</td><td>汉族</td></tr>
<tr><td>王凤英</td><td>女</td><td>儿媳</td><td>1973 年 6 月</td><td>汉族</td></tr>
<tr><td>卞欣怡</td><td>女</td><td>孙女</td><td>2000 年 10 月</td><td>汉族</td></tr>
<tr><td>家庭大事</td><td colspan="5">1982 年，建造平房；
1991 年，卞卫国毕业于南京邮电学院（今南京邮电大学）；
1999 年，购商品房 1 套；
2010 年，购汽车 1 辆；
2014 年，得动迁房 2 套。</td></tr>
</table>

<table>
<tr><td rowspan="4">家庭成员</td><th>姓名</th><th>性别</th><th>与户主关系</th><th>出生年月</th><th>民族</th></tr>
<tr><td>祁玉根</td><td>男</td><td>户主</td><td>1963 年 6 月</td><td>汉族</td></tr>
<tr><td>祁玉珍</td><td>女</td><td>妹妹</td><td>1967 年 8 月</td><td>汉族</td></tr>
<tr><td>柯　翔</td><td>男</td><td>外孙</td><td>1991 年 3 月</td><td>汉族</td></tr>
<tr><td>家庭大事</td><td colspan="5">1980 年，建造平房；
2015 年，得动迁房 1 套。</td></tr>
</table>

	姓名	性别	与户主关系	出生年月	民族
家庭成员	姚云忠	男	户主	1955 年 10 月	汉族
	马玉妹	女	配偶	1959 年 8 月	汉族
	姚贤萍	女	女儿	1981 年 12 月	汉族
	宋祖安	男	外孙	2011 年 10 月	汉族
家庭大事	1994 年，翻建楼房； 2004 年，姚贤萍毕业于南京理工大学； 2014 年，得动迁房 3 套； 2016 年，购汽车 1 辆。				

	姓名	性别	与户主关系	出生年月	民族
家庭成员	陈　建	男	户主	1966 年 4 月	汉族
	邱小兰	女	配偶	1965 年 4 月	汉族
	陈　藻	女	女儿	1989 年 8 月	汉族
	丁　伟	男	女婿	1988 年 11 月	汉族
	丁芷白	女	孙女	2017 年 7 月	汉族
	丁弟弟	男	孙子	2020 年 8 月	汉族
家庭大事	1974 年，建造平房； 2002 年，购汽车 1 辆； 2008 年，购别墅 1 栋； 2014 年，得动迁房 2 套。				

	姓名	性别	与户主关系	出生年月	民族
家庭成员	谭阿明	男	户主	1968 年 7 月	汉族
	陈　琳	女	配偶	1969 年 1 月	汉族
	谭　洋	男	儿子	1994 年 4 月	汉族
	胡雨昂	女	儿媳	1994 年 5 月	汉族
	谭宸浩	男	长孙	2017 年 5 月	汉族
	谭宸洛	男	次孙	2018 年 10 月	汉族
家庭大事	1999 年，购商品房 1 套。				

	姓名	性别	与户主关系	出生年月	民族
家庭成员	林　根	男	户主	1944 年 1 月	汉族
	何玉英	女	配偶	1945 年 5 月	汉族
	林荣华	男	长子	1966 年 5 月	汉族
	赵文香	女	长媳	1967 年 10 月	汉族
	林荣兴	男	次子	1968 年 7 月	汉族
	闵　玉	女	次媳	1970 年 5 月	汉族
	林锦均	男	长孙	1989 年 3 月	汉族
	应　玥	女	长孙媳	1989 年 6 月	汉族
	林晨辉	男	次孙	1993 年 6 月	汉族
	沈　夏	女	次孙媳	1993 年 5 月	汉族
	林映辰	男	曾孙	2016 年 11 月	汉族
家庭大事	1987 年，翻建楼房； 2011 年，林锦均毕业于南京航空航天大学； 2014 年，得动迁房 3 套。				

	姓名	性别	与户主关系	出生年月	民族
家庭成员	林　忠	男	户主	1949 年 1 月	汉族
	林英明	男	儿子	1973 年 9 月	汉族
	胡国琴	女	儿媳	1975 年 8 月	汉族
	林卫琴	女	女儿	1975 年 3 月	汉族
	赵永刚	男	女婿	1976 年 5 月	汉族
	赵佳燕	女	外孙女	1997 年 3 月	汉族
	林羽凡	女	孙女	1999 年 8 月	汉族
家庭大事	1989 年，翻建楼房； 2014 年，得动迁房 3 套。				

	姓名	性别	与户主关系	出生年月	民族
家庭成员	朱根度	男	户主	1952 年 12 月	汉族
	姚珍娣	女	配偶	1953 年 2 月	汉族
	朱林军	男	次子	1972 年 6 月	汉族
	胡凤淑	女	次媳	1972 年 12 月	汉族
	朱林荣	男	三子	1976 年 2 月	汉族
	朱　磊	男	长孙	1995 年 7 月	汉族
	朱浩铭	男	次孙	2007 年 7 月	汉族
家庭大事	1983 年，翻建楼房； 1995 年，朱林荣参军入伍，于 1998 年退伍； 1998 年，朱林荣加入中国共产党； 2014 年，得动迁房 3 套。				

	姓名	性别	与户主关系	出生年月	民族
家庭成员	朱刚荣	男	户主	1965 年 1 月	汉族
	沈华英	女	配偶	1965 年 5 月	汉族
	朱明伟	男	儿子	1987 年 10 月	汉族
	徐　芳	女	儿媳	1987 年 11 月	汉族
	朱昱晨	男	长孙	2011 年 7 月	汉族
	徐昱泽	男	次孙	2014 年 12 月	汉族
家庭大事	1990 年，翻建楼房； 1999 年，购商品房 1 套； 2000 年，购汽车 1 辆； 2014 年，得动迁房 3 套。				

	姓名	性别	与户主关系	出生年月	民族
家庭成员	赵春梅	女	户主	1963 年 3 月	汉族
	张文斌	男	儿子	1985 年 6 月	汉族
	王秋芳	女	儿媳	1986 年 8 月	汉族
	张若愚	女	孙女	2018 年 2 月	汉族
家庭大事	1998 年，建造平房； 2004 年，张文斌就读于常州轻工职业技术学院（今常州工业职业技术学院）； 2009 年，王秋芳毕业于南通大学； 2013 年，购车库 1 个； 2016 年，购汽车 1 辆。				

<table>
<tr><td rowspan="6">家庭成员</td><td>姓名</td><td>性别</td><td>与户主关系</td><td>出生年月</td><td>民族</td></tr>
<tr><td>赵志良</td><td>男</td><td>户主</td><td>1955 年 1 月</td><td>汉族</td></tr>
<tr><td>朱银妹</td><td>女</td><td>配偶</td><td>1960 年 7 月</td><td>汉族</td></tr>
<tr><td>赵　珍</td><td>女</td><td>女儿</td><td>1982 年 11 月</td><td>汉族</td></tr>
<tr><td>李家斌</td><td>男</td><td>女婿</td><td>1979 年 6 月</td><td>汉族</td></tr>
<tr><td>赵耀翔</td><td>男</td><td>外孙</td><td>2005 年 9 月</td><td>汉族</td></tr>
<tr><td>家庭大事</td><td colspan="5">1998 年，建造平房；
2004 年，购汽车 1 辆；
2014 年，得动迁房 3 套。</td></tr>
</table>

<table>
<tr><td rowspan="5">家庭成员</td><td>姓名</td><td>性别</td><td>与户主关系</td><td>出生年月</td><td>民族</td></tr>
<tr><td>宋俊根</td><td>男</td><td>户主</td><td>1974 年 11 月</td><td>汉族</td></tr>
<tr><td>徐文娟</td><td>女</td><td>配偶</td><td>1976 年 12 月</td><td>汉族</td></tr>
<tr><td>卞正英</td><td>女</td><td>母亲</td><td>1952 年 4 月</td><td>汉族</td></tr>
<tr><td>宋　妍</td><td>女</td><td>女儿</td><td>2001 年 7 月</td><td>汉族</td></tr>
<tr><td>家庭大事</td><td colspan="5">2006 年，购汽车 1 辆。</td></tr>
</table>

<table>
<tr><td rowspan="4">家庭成员</td><td>姓名</td><td>性别</td><td>与户主关系</td><td>出生年月</td><td>民族</td></tr>
<tr><td>宋金珍</td><td>女</td><td>户主</td><td>1977 年 3 月</td><td>汉族</td></tr>
<tr><td>倪龙志</td><td>男</td><td>配偶</td><td>1968 年 10 月</td><td>汉族</td></tr>
<tr><td>倪玉琦</td><td>女</td><td>女儿</td><td>1998 年 9 月</td><td>汉族</td></tr>
<tr><td>家庭大事</td><td colspan="5"></td></tr>
</table>

<table>
<tr><th rowspan="7">家庭成员</th><th>姓名</th><th>性别</th><th>与户主关系</th><th>出生年月</th><th>民族</th></tr>
<tr><td>宋泉生</td><td>男</td><td>户主</td><td>1955 年 1 月</td><td>汉族</td></tr>
<tr><td>姜兰英</td><td>女</td><td>配偶</td><td>1958 年 3 月</td><td>汉族</td></tr>
<tr><td>宋雨梅</td><td>女</td><td>女儿</td><td>1982 年 3 月</td><td>汉族</td></tr>
<tr><td>柳子林</td><td>男</td><td>女婿</td><td>1981 年 9 月</td><td>汉族</td></tr>
<tr><td>柳元皓</td><td>男</td><td>外孙</td><td>2012 年 6 月</td><td>汉族</td></tr>
<tr><td>宋芷函</td><td>女</td><td>外孙女</td><td>2014 年 5 月</td><td>汉族</td></tr>
<tr><th>家庭大事</th><td colspan="5">1992 年，翻建楼房；
2005 年，宋雨梅毕业于苏州大学；
2014 年，得动迁房 3 套。</td></tr>
</table>

大公村第 17 村民小组

	姓名	性别	与户主关系	出生年月	民族
家庭成员	郭阿明	男	户主	1945 年 3 月	汉族
	唐腊妹	女	配偶	1950 年 1 月	汉族
	郭建青	男	儿子	1971 年 2 月	汉族
	陈大敏	女	儿媳	1971 年 12 月	汉族
	郭　良	男	孙子	1993 年 11 月	汉族
	陈　丽	女	孙媳	1994 年 1 月	汉族
	郭亦宸	男	曾孙	2018 年 5 月	汉族
家庭大事	1987 年，翻建楼房； 2009 年，购商品房 1 套； 2011 年，得动迁房 3 套； 2016 年，购汽车 1 辆。				

	姓名	性别	与户主关系	出生年月	民族
家庭成员	郭金明	男	户主	1950 年 8 月	汉族
	杜培娟	女	配偶	1954 年 2 月	汉族
	郭　青	男	儿子	1975 年 4 月	汉族
	张　虹	女	儿媳	1976 年 5 月	汉族
	郭欣怡	女	孙女	1998 年 10 月	汉族
家庭大事	1969 年，郭金明参军入伍，于 1973 年退伍； 1971 年，郭金明加入中国共产党； 1975 年，购汽车 1 辆； 2009 年，购商品房 1 套。				

	姓名	性别	与户主关系	出生年月	民族
家庭成员	郭生明	男	户主	1948 年 8 月	汉族
	徐密珍	女	配偶	1954 年 2 月	汉族
	郭卫清	男	儿子	1975 年 4 月	汉族
	吴　芳	女	儿媳	1974 年 7 月	汉族
	郭卫花	女	女儿	1976 年 12 月	汉族
	郭毅恒	男	孙子	1998 年 10 月	汉族
家庭大事	1969 年，郭生明参军入伍；于 1973 年退伍； 1970 年，郭生明加入中国共产党； 1985 年，翻建楼房； 2004 年，购汽车 1 辆； 2011 年，得动迁房 3 套。				

	姓名	性别	与户主关系	出生年月	民族
家庭成员	翁建英	女	户主	1963 年 1 月	汉族
	高　刚	男	儿子	1987 年 7 月	汉族
	陆　纯	女	儿媳	1988 年 5 月	汉族
	陆辰宇	男	长孙	2012 年 9 月	汉族
	高志平	男	次孙	2016 年 5 月	汉族
家庭大事	2007 年，购商品房 1 套。				

	姓名	性别	与户主关系	出生年月	民族
家庭成员	俞金荣	男	户主	1971 年 3 月	汉族
	陈惠娟	女	配偶	1970 年 7 月	汉族
	俞敏杰	男	儿子	1994 年 1 月	汉族
家庭大事	1991 年，翻建楼房； 2000 年，购商品房 1 套； 2003 年，陈惠娟加入中国共产党； 2011 年，得动迁房 3 套； 2018 年，购汽车 1 辆。				

家庭成员	姓名	性别	与户主关系	出生年月	民族
	俞伯元	男	户主	1933 年 3 月	汉族
家庭大事					

家庭成员	姓名	性别	与户主关系	出生年月	民族
	俞金根	男	户主	1962 年 3 月	汉族
	何二囡	女	配偶	1962 年 8 月	汉族
	俞　婧	女	女儿	1985 年 9 月	汉族
	周丽华	男	女婿	1985 年 10 月	汉族
	俞梓航	男	长孙	2015 年 12 月	汉族
	周梓栋	男	次孙	2017 年 10 月	汉族
家庭大事	1988 年，建造平房； 1993 年，购商品房 1 套； 1998 年，俞金根创办昆山市迎丰商贸批发有限公司； 2003 年，购商品房 1 套； 2003 年，俞婧毕业于淮阴师范学院； 2010 年，购汽车 1 辆； 2011 年，得动迁房 2 套； 2016 年，购别墅 1 栋； 2016 年，购汽车 1 辆； 2016 年，俞金根创办太仓裕尔兴商贸有限公司。				

	姓名	性别	与户主关系	出生年月	民族
家庭成员	俞建忠	男	户主	1971 年 8 月	汉族
	张林妹	女	配偶	1971 年 3 月	汉族
	龚苗凤	女	母亲	1943 年 3 月	汉族
	俞佳伟	男	儿子	1994 年 11 月	汉族
	徐　芸	女	儿媳	1994 年 3 月	汉族
	俞昀岑	女	孙女	2019 年 8 月	汉族
家庭大事	1991 年，翻建楼房； 2002 年，购商品房 1 套； 2005 年，购汽车 1 辆； 2011 年，得动迁房 3 套； 2017 年，购汽车 1 辆； 2018 年，购汽车 1 辆。				

	姓名	性别	与户主关系	出生年月	民族
家庭成员	任丽君	女	户主	1987 年 3 月	汉族
家庭大事	2016 年，购汽车 1 辆。				

	姓名	性别	与户主关系	出生年月	民族
家庭成员	任伟民	男	户主	1964 年 2 月	汉族
	张秀红	女	配偶	1976 年 2 月	汉族
	任建荣	男	儿子	1997 年 2 月	汉族
家庭大事	2000 年，建造平房； 2011 年，得动迁房 2 套； 2016 年，购汽车 1 辆。				

	姓名	性别	与户主关系	出生年月	民族
家庭成员	任伟良	男	户主	1962 年 1 月	汉族
	伏正兰	女	配偶	1962 年 3 月	汉族
	任　玲	女	女儿	1993 年 2 月	汉族
	王志靖	男	女婿	1993 年 4 月	汉族
	王诗好	女	孙女	2018 年 5 月	汉族
	任胤嘉	男	孙子	2020 年 8 月	汉族
家庭大事	1983 年，建造平房； 1996 年，购商品房 1 套； 2001 年，得动迁房 2 套； 2015 年，购汽车 1 辆。				

	姓名	性别	与户主关系	出生年月	民族
家庭成员	杜佩芳	女	户主	1965 年 3 月	汉族
家庭大事	1983 年，建造平房； 2011 年，得动迁房 2 套。				

	姓名	性别	与户主关系	出生年月	民族
家庭成员	龚兴根	男	户主	1951 年 5 月	汉族
	全小妹	女	配偶	1955 年 6 月	汉族
	龚凤仙	女	女儿	1977 年 8 月	汉族
	赵友良	男	女婿	1975 年 1 月	汉族
	龚伊然	女	孙女	1998 年 12 月	汉族
家庭大事	1991 年，翻建楼房； 2011 年，得动迁房 3 套； 2012 年，购商品房 1 套； 2013 年，购汽车 1 辆； 2019 年，龚伊然毕业于徐州工程学院。				

	姓名	性别	与户主关系	出生年月	民族
家庭成员	龚兴兴	男	户主	1947 年 10 月	汉族
	龚龙生	男	儿子	1976 年 3 月	汉族
	李　青	女	儿媳	1977 年 2 月	汉族
	李龚玲	女	孙女	2001 年 10 月	汉族
家庭大事	1984 年，翻建楼房； 2002 年，购商品房 1 套； 2011 年，得动迁房 3 套。				

	姓名	性别	与户主关系	出生年月	民族
家庭成员	何玲娣	女	户主	1945 年 7 月	汉族
	刁龙生	男	儿子	1969 年 3 月	汉族
	许梅兰	女	儿媳	1973 年 3 月	汉族
	刁益敏	男	孙子	1994 年 7 月	汉族
家庭大事	1983 年，建造平房； 2011 年，得动迁房 2 套； 2015 年，购汽车 1 辆； 2016 年，购商品房 1 套。				

	姓名	性别	与户主关系	出生年月	民族
家庭成员	杜建华	男	户主	1957 年 4 月	汉族
	王桂花	女	配偶	1958 年 4 月	汉族
	杜国良	男	儿子	1981 年 10 月	汉族
	周兆琴	女	儿媳	1982 年 7 月	汉族
	杜春豪	男	孙子	2006 年 1 月	汉族
家庭大事	1976 年，杜建华参军入伍；于 1979 年退伍； 1989 年，翻建楼房； 1999 年，购商品房 1 套； 2008 年，购汽车 1 辆； 2011 年，购商品房 1 套。				

	姓名	性别	与户主关系	出生年月	民族
家庭成员	吴进泉	男	户主	1936 年 11 月	汉族
	吴坤生	男	儿子	1957 年 5 月	汉族
	张惠英	女	儿媳	1957 年 8 月	汉族
	吴　明	男	孙子	1981 年 8 月	汉族
	吴琳麟	女	曾孙女	2006 年 7 月	汉族
家庭大事	1992 年，翻建楼房； 2011 年，得动迁房 3 套； 2020 年，购汽车 1 辆。				

	姓名	性别	与户主关系	出生年月	民族
家庭成员	刁龙章	男	户主	1966 年 11 月	汉族
	吴惠芳	女	配偶	1967 年 7 月	汉族
	刁　健	男	儿子	1989 年 2 月	汉族
	金馨月	女	儿媳	1989 年 8 月	汉族
	刁瑾妍	女	孙女	2015 年 4 月	汉族
	金瑾一	男	孙子	2020 年 9 月	汉族
家庭大事	2020 年，购汽车 1 辆。				

	姓名	性别	与户主关系	出生年月	民族
家庭成员	高阿明	男	户主	1954 年 6 月	汉族
	张惠珍	女	配偶	1955 年 11 月	汉族
	刁秀珍	女	母亲	1931 年 9 月	汉族
	高荣	男	儿子	1978 年 9 月	汉族
	杨金珍	女	儿媳	1979 年 6 月	汉族
	高阳洁	女	孙女	2001 年 9 月	汉族
家庭大事	1985 年，翻建楼房； 2002 年，购商品房 1 套； 2003 年，购汽车 1 辆； 2011 年，得动迁房 3 套； 2011 年，购商品房 1 套。				

	姓名	性别	与户主关系	出生年月	民族
家庭成员	高忠明	男	户主	1964 年 7 月	汉族
	杨忠英	女	配偶	1963 年 11 月	汉族
	高健伟	男	儿子	1987 年 8 月	汉族
	李亚珍	女	儿媳	1989 年 7 月	汉族
	高翊晨	男	孙子	2011 年 1 月	汉族
家庭大事	1986 年，翻建楼房； 1998 年，购商品房 1 套； 2011 年，得动迁房 3 套； 2014 年，购汽车 1 辆。				

	姓名	性别	与户主关系	出生年月	民族
家庭成员	龚林根	男	户主	1954 年 7 月	汉族
	刁梅芳	女	配偶	1965 年 1 月	汉族
	龚　雪	女	女儿	1986 年 2 月	汉族
	夷尤军	男	女婿	1984 年 2 月	汉族
	龚夷茗辰	女	长孙女	2014 年 3 月	汉族
	夷若妍	女	次孙女	2016 年 4 月	汉族
家庭大事	1974 年，龚林根参军入伍，于 1978 年退伍； 1977 年，龚林根加入中国共产党； 1991 年，翻建楼房； 2011 年，购商品房 1 套； 2011 年，得动迁房 3 套； 2014 年，购汽车 1 辆； 2018 年，购汽车 1 辆。				

	姓名	性别	与户主关系	出生年月	民族
家庭成员	唐永良	男	户主	1961 年 12 月	汉族
	孙红珍	女	配偶	1964 年 11 月	汉族
	孙丽娜	女	女儿	1986 年 2 月	汉族
	孙　磊	男	儿子	1991 年 6 月	汉族
	黄秋萍	女	儿媳	1992 年 10 月	汉族
家庭大事	1992 年，建造平房； 2011 年，得动迁房 2 套。				

大公村第18村民小组

	姓名	性别	与户主关系	出生年月	民族
家庭成员	徐阿小	男	户主	1954年5月	汉族
	龚玉珍	女	配偶	1952年2月	汉族
	龚阿金	女	岳母	1929年1月	汉族
	龚美娟	女	女儿	1977年3月	汉族
	龚徐文	男	长孙	1999年8月	汉族
	李仲雨	男	次孙	2011年6月	汉族
家庭大事	1986年，翻建楼房； 2007年，得动迁房3套； 2007年，龚美娟加入中国共产党； 2020年，龚徐文毕业于南京交通职业技术学院。				

	姓名	性别	与户主关系	出生年月	民族
家庭成员	沈永昌	男	户主	1957年9月	汉族
	李　莉	女	配偶	1972年3月	汉族
	吕小花	女	母亲	1936年1月	汉族
	沈渊亮	男	长子	1982年7月	汉族
	裴　涛	男	次子	1990年10月	汉族
	沈宇俊	男	孙子	2008年11月	汉族
家庭大事	1985年，翻建楼房； 2007年，得动迁房3套。				

	姓名	性别	与户主关系	出生年月	民族
家庭成员	沈　军	男	户主	1970 年 12 月	汉族
	沈秀花	女	母亲	1946 年 1 月	汉族
	沈金芳	女	妹妹	1981 年 7 月	汉族
家庭大事	1977 年，建造平房； 2007 年，得动迁房 2 套。				

	姓名	性别	与户主关系	出生年月	民族
家庭成员	沈东良	男	户主	1940 年 12 月	汉族
	李　玉	女	儿媳	1969 年 9 月	汉族
	沈俊杰	男	孙子	1995 年 8 月	汉族
家庭大事	1980 年，建造平房； 2007 年，得动迁房 2 套。				

	姓名	性别	与户主关系	出生年月	民族
家庭成员	庞泉林	男	户主	1943 年 10 月	汉族
	佘梅英	女	配偶	1946 年 4 月	汉族
	林　燕	女	长女	1963 年 11 月	汉族
	庞益萍	女	次女	1969 年 5 月	汉族
	王志伟	男	次婿	1967 年 4 月	汉族
	庞玉宇	男	孙子	1989 年 11 月	汉族
家庭大事	1986 年，翻建楼房； 2007 年，得动迁房 3 套； 2007 年，庞玉宇参军入伍，于 2009 年退伍。				

家庭成员	姓名	性别	与户主关系	出生年月	民族
	朱银章	男	户主	1960 年 3 月	汉族
	杨红梅	女	配偶	1963 年 9 月	汉族
	朱宝侠	男	儿子	1991 年 3 月	汉族
家庭大事	1978 年，建造平房； 2007 年，得动迁房 2 套。				

家庭成员	姓名	性别	与户主关系	出生年月	民族
	朱扣章	男	户主	1953 年 9 月	汉族
	祁秀娟	女	配偶	1958 年 3 月	汉族
	朱春文	男	儿子	1982 年 2 月	汉族
家庭大事	1979 年，建造平房； 2007 年，得动迁房 2 套。				

家庭成员	姓名	性别	与户主关系	出生年月	民族
	吕小马	男	户主	1954 年 10 月	汉族
	杨银娥	女	配偶	1954 年 9 月	汉族
	吕立东	男	儿子	1978 年 9 月	汉族
	丁友霞	女	儿媳	1979 年 4 月	汉族
	吕　娟	女	孙女	2000 年 11 月	汉族
家庭大事	1986 年，翻建楼房； 2007 年，得动迁房 3 套； 2018 年，吕娟就读于南京信息工程大学。				

	姓名	性别	与户主关系	出生年月	民族
家庭成员	卞连鳌	男	户主	1948 年 2 月	汉族
	宦秀珍	女	配偶	1950 年 12 月	汉族
	卞　军	男	儿子	1974 年 3 月	汉族
	陈雪花	女	儿媳	1972 年 6 月	汉族
	卞亭欢	女	孙女	1996 年 11 月	汉族
	卞基赫	男	孙子	2007 年 12 月	汉族
家庭大事	1985 年，翻建楼房； 2007 年，得动迁房 3 套。				

	姓名	性别	与户主关系	出生年月	民族
家庭成员	孙长根	男	户主	1966 年 3 月	汉族
	蒋林妹	女	配偶	1965 年 5 月	汉族
	宿红芬	女	母亲	1934 年 10 月	汉族
	孙长林	男	哥哥	1963 年 10 月	汉族
	孙　斌	男	儿子	1989 年 8 月	汉族
家庭大事	1986 年，翻建楼房； 2007 年，得动迁房 4 套。				

	姓名	性别	与户主关系	出生年月	民族
家庭成员	陈小荣	男	户主	1954 年 9 月	汉族
	李林珍	女	配偶	1955 年 7 月	汉族
	陈　亮	男	儿子	1980 年 2 月	汉族
家庭大事	1986 年，翻建楼房； 2007 年，得动迁房 3 套。				

	姓名	性别	与户主关系	出生年月	民族
家庭成员	李林福	男	户主	1952 年 11 月	汉族
	晋素珍	女	配偶	1952 年 12 月	汉族
	李永明	男	儿子	1972 年 1 月	汉族
	李　逸	男	孙子	1997 年 1 月	汉族
家庭大事	1985 年，翻建楼房； 2007 年，得动迁房 3 套。				

	姓名	性别	与户主关系	出生年月	民族
家庭成员	陈惠明	男	户主	1947 年 3 月	汉族
	沈栋仙	女	配偶	1947 年 9 月	汉族
	陈秀英	女	母亲	1924 年 4 月	汉族
	许明杰	男	儿子	1968 年 5 月	汉族
	张友妹	女	儿媳	1969 年 3 月	汉族
	许文军	男	孙子	1991 年 9 月	汉族
家庭大事	1966 年，沈栋仙加入中国共产党； 1985 年，翻建楼房； 2007 年，得动迁房 3 套。				

	姓名	性别	与户主关系	出生年月	民族
家庭成员	李小凤	女	户主	1950 年 4 月	汉族
	李月琴	女	长女	1969 年 8 月	汉族
	周卫生	男	长婿	1967 年 10 月	汉族
	李月英	女	次女	1971 年 11 月	汉族
家庭大事	1985 年，翻建楼房； 2007 年，得动迁房 3 套。				

	姓名	性别	与户主关系	出生年月	民族
家庭成员	陈阿根	男	户主	1933 年 4 月	汉族
	李阿凤	女	配偶	1938 年 5 月	汉族
	陈卫春	男	儿子	1966 年 8 月	汉族
	宋惠琴	女	儿媳	1966 年 12 月	汉族
	陈雪妹	女	女儿	1969 年 2 月	汉族
	陈　羚	女	孙女	1990 年 3 月	汉族
家庭大事	1980 年，建造平房； 1984 年，陈卫春参军入伍，于 1989 年退伍； 2007 年，得动迁房 2 套。				

	姓名	性别	与户主关系	出生年月	民族
家庭成员	栾荣珍	女	户主	1952 年 5 月	汉族
	李长男	男	配偶	1951 年 3 月	汉族
	李　军	男	儿子	1975 年 12 月	汉族
	李　丽	女	女儿	1974 年 4 月	汉族
	刘定海	男	女婿	1975 年 6 月	汉族
	李刘文	男	孙子	1997 年 10 月	汉族
	刘思羽	女	孙女	2010 年 11 月	汉族
家庭大事	1986 年，翻建楼房； 2007 年，得动迁房 4 套。				

	姓名	性别	与户主关系	出生年月	民族
家庭成员	李文强	男	户主	1964 年 10 月	汉族
	张素英	女	配偶	1964 年 11 月	汉族
	李敏娇	女	女儿	1988 年 7 月	汉族
家庭大事	1986 年，翻建楼房； 2007 年，得动迁房 3 套。				

家庭成员	姓名	性别	与户主关系	出生年月	民族
	李文元	男	户主	1969 年 1 月	汉族
	晋月琴	女	配偶	1969 年 1 月	汉族
	李　洋	男	儿子	1991 年 9 月	汉族
家庭大事	1986 年，翻建楼房； 2007 年，得动迁房 3 套。				

家庭成员	姓名	性别	与户主关系	出生年月	民族
	陈　仁	男	户主	1950 年 11 月	汉族
	李林娣	女	配偶	1951 年 5 月	汉族
	陈　雷	男	儿子	1977 年 2 月	汉族
	陈锦瀚	男	孙子	2009 年 2 月	汉族
家庭大事	1986 年，翻建楼房； 2007 年，得动迁房 3 套。				

家庭成员	姓名	性别	与户主关系	出生年月	民族
	董雷娣	女	户主	1958 年 3 月	汉族
	李　明	男	儿子	1981 年 9 月	汉族
	李佳妮	女	孙女	2005 年 8 月	汉族
家庭大事	1985 年，翻建楼房； 2007 年，得动迁房 4 套。				

家庭成员	姓名	性别	与户主关系	出生年月	民族
	陈　健	男	户主	1953 年 8 月	汉族
	祁玉莲	女	母亲	1924 年 3 月	汉族
	陈　宏	女	女儿	1981 年 7 月	汉族
家庭大事	1980 年，建造平房； 2007 年，得动迁房 2 套。				

	姓名	性别	与户主关系	出生年月	民族
家庭成员	吉　铮	男	户主	1938 年 2 月	汉族
	徐惠琴	女	配偶	1944 年 8 月	汉族
	吉　琴	女	长女	1967 年 10 月	汉族
	吉　玲	女	次女	1968 年 12 月	汉族
	吉　俊	男	儿子	1971 年 5 月	汉族
	李美琴	女	儿媳	1972 年 2 月	汉族
	吉　萍	女	孙女	1994 年 9 月	汉族
	洪吉琼	女	长外孙女	1995 年 1 月	汉族
	周　倩	女	次外孙女	1996 年 1 月	汉族
家庭大事	1987 年，翻建楼房； 2007 年，得动迁房 3 套。				

	姓名	性别	与户主关系	出生年月	民族
家庭成员	陈惠忠	男	户主	1964 年 3 月	汉族
	孙长叶	女	配偶	1963 年 10 月	汉族
	陈　婷	女	女儿	1987 年 10 月	汉族
家庭大事	1987 年，翻建楼房； 2007 年，得动迁房 3 套。				

	姓名	性别	与户主关系	出生年月	民族
家庭成员	刘桂兰	女	户主	1959 年 7 月	汉族
	龚霄虎	男	儿子	1983 年 11 月	汉族
	潘巧燕	女	儿媳	1984 年 7 月	汉族
	龚依雯	女	孙女	2007 年 2 月	汉族
家庭大事	1987 年，翻建楼房； 2003 年，龚霄虎参军入伍，于 2005 年退伍； 2005 年，龚霄虎加入中国共产党； 2007 年，得动迁房 3 套。				

	姓名	性别	与户主关系	出生年月	民族
家庭成员	施卫良	男	户主	1967 年 4 月	汉族
	沈文化	女	配偶	1968 年 10 月	汉族
	沈佳佳	女	女儿	1991 年 5 月	汉族
家庭大事	1986 年，翻建楼房； 2007 年，得动迁房 3 套。				

	姓名	性别	与户主关系	出生年月	民族
家庭成员	王所宝	男	户主	1957 年 8 月	汉族
	朱凤兰	女	配偶	1957 年 4 月	汉族
	王秋红	女	女儿	1981 年 8 月	汉族
	王虎诚	男	儿子	1986 年 3 月	汉族
	王博涵	男	孙子	2010 年 8 月	汉族
家庭大事	1989 年，翻建楼房； 2007 年，得动迁房 4 套。				

	姓名	性别	与户主关系	出生年月	民族
家庭成员	沈建良	男	户主	1964 年 9 月	汉族
	庄琴妹	女	配偶	1964 年 3 月	汉族
	周素凤	女	母亲	1942 年 12 月	汉族
	沈　娟	女	妹妹	1968 年 10 月	汉族
	沈建清	男	弟弟	1970 年 12 月	汉族
	沈　琼	女	女儿	1989 年 1 月	汉族
	王心毅	男	外甥	1996 年 10 月	汉族
家庭大事	1988 年，翻建楼房； 2007 年，得动迁房 3 套。				

	姓名	性别	与户主关系	出生年月	民族
家庭成员	吕小秀	女	户主	1945 年 9 月	汉族
	刘玉福	男	配偶	1941 年 4 月	汉族
	刘建洪	男	儿子	1973 年 5 月	汉族
家庭大事	1980 年，建造平房； 2007 年，得动迁房 2 套。				

	姓名	性别	与户主关系	出生年月	民族
家庭成员	李林才	男	户主	1958 年 3 月	汉族
家庭大事					

	姓名	性别	与户主关系	出生年月	民族
家庭成员	龚玉龙	男	户主	1957 年 4 月	汉族
家庭大事					

	姓名	性别	与户主关系	出生年月	民族
家庭成员	陈琴珍	女	户主	1958 年 8 月	汉族
	周　萍	女	女儿	1981 年 10 月	汉族
家庭大事	1979 年，建造平房； 1990 年，陈琴珍加入中国共产党； 2007 年，得动迁房 1 套。				

大公村第19村民小组

	姓名	性别	与户主关系	出生年月	民族
家庭成员	李南根	男	户主	1955年12月	汉族
	王梅珍	女	配偶	1955年9月	汉族
家庭大事	1989年，翻建楼房； 2007年，得动迁房3套。				

	姓名	性别	与户主关系	出生年月	民族
家庭成员	李全根	男	户主	1956年4月	汉族
	袁雪芳	女	配偶	1964年5月	汉族
	李健敏	男	儿子	1985年5月	汉族
	吕　洁	女	儿媳	1985年7月	汉族
	李添悦	女	孙女	2009年8月	汉族
家庭大事	1988年，翻建楼房； 2007年，得动迁房3套。				

	姓名	性别	与户主关系	出生年月	民族
家庭成员	李玉华	男	户主	1966年1月	汉族
	杨娟珍	女	配偶	1966年1月	汉族
	李　阳	男	儿子	1989年4月	汉族
	李悦铱	男	孙子	2016年2月	汉族
家庭大事	1989年，翻建楼房； 2007年，得动迁房3套。				

	姓名	性别	与户主关系	出生年月	民族
家庭成员	沈福根	男	户主	1957 年 11 月	汉族
	杨　梅	女	配偶	1957 年 4 月	汉族
	沈　燕	女	女儿	1982 年 11 月	汉族
家庭大事	1987 年，翻建楼房； 2005 年，沈燕毕业于南京医科大学； 2007 年，得动迁房 3 套。				

	姓名	性别	与户主关系	出生年月	民族
家庭成员	费静元	男	户主	1935 年 11 月	汉族
	王爱金	女	配偶	1936 年 4 月	汉族
家庭大事	1970 年，建造平房。				

	姓名	性别	与户主关系	出生年月	民族
家庭成员	费建青	男	户主	1968 年 2 月	汉族
	姜金妹	女	配偶	1967 年 7 月	汉族
	费晓婷	女	女儿	1990 年 9 月	汉族
家庭大事	2013 年，费晓婷毕业于苏州大学。				

	姓名	性别	与户主关系	出生年月	民族
家庭成员	李琴华	女	户主	1964 年 6 月	汉族
	费俊伟	男	儿子	1987 年 10 月	汉族
家庭大事					

家庭成员	姓名	性别	与户主关系	出生年月	民族
	朱金泉	男	户主	1948 年 5 月	汉族
	徐水花	女	配偶	1950 年 7 月	汉族
	朱苹香	女	女儿	1975 年 7 月	汉族
	朱缘睿	女	长孙女	2004 年 1 月	汉族
	朱洳宁	女	次孙女	2017 年 8 月	汉族
家庭大事	1988 年，翻建楼房； 2007 年，得动迁房 3 套。				

家庭成员	姓名	性别	与户主关系	出生年月	民族
	徐　云	女	户主	1963 年 11 月	汉族
	朱薄燕	女	女儿	1984 年 2 月	汉族
	曹智翔	男	女婿	1987 年 2 月	汉族
	朱洲辰	女	孙女	2008 年 3 月	汉族
	朱曹毅	男	孙子	2012 年 2 月	汉族
家庭大事	1989 年，翻建楼房； 2007 年，得动迁房 4 套。				

家庭成员	姓名	性别	与户主关系	出生年月	民族
	殷伟频	男	户主	1956 年 7 月	汉族
	殷蜃杰	男	儿子	1981 年 9 月	汉族
家庭大事	1973 年，建造平房。				

家庭成员	姓名	性别	与户主关系	出生年月	民族
	沈彩娣	女	户主	1948 年 9 月	汉族
家庭大事					

家庭成员	姓名	性别	与户主关系	出生年月	民族
	殷拥政	女	户主	1969 年 10 月	汉族
	黄殷杰	男	儿子	1991 年 8 月	汉族
家庭大事	1989 年，翻建楼房； 2012 年，黄殷杰参军入伍，于 2014 年退伍； 2007 年，得动迁房 3 套。				

家庭成员	姓名	性别	与户主关系	出生年月	民族
	殷拥军	女	户主	1967 年 9 月	汉族
	殷嘉伟	男	儿子	1988 年 11 月	汉族
家庭大事	1988 年，翻建楼房； 2007 年，得动迁房 3 套； 2011 年，殷嘉伟毕业于南京人口管理干部学院（今南京邮电大学）。				

家庭成员	姓名	性别	与户主关系	出生年月	民族
	沈祥发	男	户主	1954 年 5 月	汉族
	沈　云	女	女儿	1979 年 7 月	汉族
家庭大事	1988 年，翻建楼房； 2007 年，得动迁房 3 套。				

家庭成员	姓名	性别	与户主关系	出生年月	民族
	庞白妹	女	户主	1941 年 1 月	汉族
	沈雪林	男	儿子	1964 年 2 月	汉族
家庭大事	1986 年，翻建楼房； 2007 年，得动迁房 4 套。				

	姓名	性别	与户主关系	出生年月	民族
家庭成员	沈雪明	男	户主	1966 年 1 月	汉族
	王贯芝	女	配偶	1978 年 1 月	汉族
	沈诗瑜	女	女儿	2010 年 2 月	汉族
家庭大事					

	姓名	性别	与户主关系	出生年月	民族
家庭成员	黄吉娣	女	户主	1945 年 9 月	汉族
	周利忠	男	儿子	1968 年 5 月	汉族
	谷文英	女	儿媳	1968 年 12 月	汉族
	周香函	女	孙女	1992 年 7 月	汉族
家庭大事	1989 年，翻建楼房； 2015 年，周香函毕业于南京师范大学； 2007 年，得动迁房 3 套。				

	姓名	性别	与户主关系	出生年月	民族
家庭成员	沈志明	男	户主	1957 年 12 月	汉族
	陈改英	女	配偶	1957 年 9 月	汉族
	沈　燕	女	女儿	1981 年 12 月	汉族
	吕延河	男	女婿	1978 年 10 月	汉族
	吕徐耀	男	长孙	2004 年 12 月	汉族
	徐吕逸	男	次孙	2015 年 10 月	汉族
家庭大事	1989 年，翻建楼房； 2007 年，得动迁房 3 套。				

	姓名	性别	与户主关系	出生年月	民族
家庭成员	吉　铁	男	户主	1947 年 11 月	汉族
	秦　梅	女	配偶	1954 年 5 月	汉族
	吉洪明	男	儿子	1978 年 11 月	汉族
	韦章芝	女	儿媳	1981 年 10 月	汉族
	吉雪萍	女	孙女	2002 年 10 月	汉族
家庭大事	1989 年，翻建楼房； 2007 年，得动迁房 3 套。				

	姓名	性别	与户主关系	出生年月	民族
家庭成员	吉鸿翔	男	户主	1981 年 9 月	汉族
	吉鹏涛	男	长子	2010 年 7 月	汉族
	吉鹏晨	男	次子	2019 年 1 月	汉族
家庭大事					

	姓名	性别	与户主关系	出生年月	民族
家庭成员	杨双林	男	户主	1961 年 8 月	汉族
	李菊仙	女	配偶	1963 年 7 月	汉族
	杨　军	男	儿子	1987 年 10 月	汉族
	杨宸曦	男	孙子	2013 年 8 月	汉族
家庭大事	1985 年，翻建楼房； 2007 年，得动迁房 3 套。				

家庭成员	姓名	性别	与户主关系	出生年月	民族
	曹汉文	男	户主	1948 年 11 月	汉族
	庞林妹	女	配偶	1949 年 12 月	汉族
	曹汉珍	女	妹妹	1960 年 7 月	汉族
	曹　剑	男	儿子	1971 年 8 月	汉族
家庭大事	1980 年，曹汉文加入中国共产党； 1986 年，翻建楼房； 2007 年，得动迁房 3 套。				

家庭成员	姓名	性别	与户主关系	出生年月	民族
	曹汉章	男	户主	1952 年 7 月	汉族
	卜云婷	女	配偶	1955 年 3 月	汉族
	曹　春	男	儿子	1979 年 2 月	汉族
家庭大事	1987 年，翻建楼房。				

家庭成员	姓名	性别	与户主关系	出生年月	民族
	费建明	男	户主	1965 年 2 月	汉族
	沈招妹	女	配偶	1968 年 5 月	汉族
家庭大事	1984 年，费建明参军入伍，于 1986 年退伍。				

家庭成员	姓名	性别	与户主关系	出生年月	民族
	沈福林	男	户主	1961 年 5 月	汉族
	赵建英	女	配偶	1961 年 8 月	汉族
	沈　洁	女	女儿	1984 年 11 月	汉族
	沈可睿	女	孙女	2009 年 8 月	汉族
家庭大事	1988 年，翻建楼房； 2007 年，沈洁毕业于扬州大学； 2007 年，得动迁房 3 套。				

家庭成员	姓名	性别	与户主关系	出生年月	民族
	沈雪良	男	户主	1967 年 9 月	汉族
	张琼花	女	配偶	1969 年 5 月	汉族
	沈　静	女	女儿	1991 年 4 月	汉族
家庭大事					

家庭成员	姓名	性别	与户主关系	出生年月	民族
	沈祥兴	男	户主	1951 年 4 月	汉族
	沈健蒋	男	儿子	1973 年 6 月	汉族
家庭大事	1986 年，翻建楼房； 2007 年，得动迁房 3 套。				

家庭成员	姓名	性别	与户主关系	出生年月	民族
	俞建珍	女	户主	1964 年 8 月	汉族
家庭大事					

家庭成员	姓名	性别	与户主关系	出生年月	民族
	王梅英	女	户主	1929 年 6 月	汉族
家庭大事	1965 年，建造平房； 2007 年，得动迁房 3 套。				

家庭成员	姓名	性别	与户主关系	出生年月	民族
	吉　康	男	户主	1950 年 12 月	汉族
家庭大事					

<table>
<tr><td rowspan="2">家庭成员</td><td>姓名</td><td>性别</td><td>与户主关系</td><td>出生年月</td><td>民族</td></tr>
<tr><td>俞阿二</td><td>女</td><td>户主</td><td>1931 年 8 月</td><td>汉族</td></tr>
<tr><td>家庭大事</td><td colspan="5">1973 年，建造平房。</td></tr>
</table>

<table>
<tr><td rowspan="5">家庭成员</td><td>姓名</td><td>性别</td><td>与户主关系</td><td>出生年月</td><td>民族</td></tr>
<tr><td>俞建国</td><td>男</td><td>户主</td><td>1961 年 11 月</td><td>汉族</td></tr>
<tr><td>张梅珍</td><td>女</td><td>配偶</td><td>1963 年 2 月</td><td>汉族</td></tr>
<tr><td>俞苏君</td><td>男</td><td>儿子</td><td>1985 年 11 月</td><td>汉族</td></tr>
<tr><td>俞林成</td><td>男</td><td>孙子</td><td>2011 年 11 月</td><td>汉族</td></tr>
<tr><td>家庭大事</td><td colspan="5">1989 年，翻建楼房；
2007 年，得动迁房 3 套。</td></tr>
</table>

<table>
<tr><td rowspan="6">家庭成员</td><td>姓名</td><td>性别</td><td>与户主关系</td><td>出生年月</td><td>民族</td></tr>
<tr><td>俞伯勤</td><td>男</td><td>户主</td><td>1958 年 5 月</td><td>汉族</td></tr>
<tr><td>张梅玲</td><td>女</td><td>配偶</td><td>1963 年 7 月</td><td>汉族</td></tr>
<tr><td>俞苏鸣</td><td>男</td><td>儿子</td><td>1985 年 11 月</td><td>汉族</td></tr>
<tr><td>俞宗坤</td><td>男</td><td>长孙</td><td>2009 年 4 月</td><td>汉族</td></tr>
<tr><td>俞佳坤</td><td>男</td><td>次孙</td><td>2012 年 12 月</td><td>汉族</td></tr>
<tr><td>家庭大事</td><td colspan="5">1989 年，翻建楼房；
2007 年，得动迁房 3 套。</td></tr>
</table>

<table>
<tr><td rowspan="2">家庭成员</td><td>姓名</td><td>性别</td><td>与户主关系</td><td>出生年月</td><td>民族</td></tr>
<tr><td>杨双泉</td><td>男</td><td>户主</td><td>1953 年 4 月</td><td>汉族</td></tr>
<tr><td>家庭大事</td><td colspan="5"></td></tr>
</table>

家庭成员	姓名	性别	与户主关系	出生年月	民族
	杨双明	男	户主	1965 年 11 月	汉族
家庭大事	1984 年，杨双明参军入伍，于 1989 年退伍。				

家庭成员	姓名	性别	与户主关系	出生年月	民族
	杨　娟	女	户主	1976 年 1 月	汉族
	沈佳欣	男	儿子	1997 年 5 月	汉族
家庭大事					

大公村第 20 村民小组

家庭成员	姓名	性别	与户主关系	出生年月	民族
	徐水明	男	户主	1949 年 11 月	汉族
家庭大事	1965 年，建造平房； 2009 年，得动迁房 2 套。				

家庭成员	姓名	性别	与户主关系	出生年月	民族
	徐琴敏	女	户主	1944 年 1 月	汉族
	王　琦	男	儿子	1974 年 8 月	汉族
	姜丽华	女	儿媳	1973 年 12 月	汉族
	王文韬	男	孙子	1997 年 10 月	汉族
家庭大事	1987 年，翻建楼房； 2009 年，得动迁房 3 套； 2020 年，王文韬毕业于南京信息工程大学。				

家庭成员	姓名	性别	与户主关系	出生年月	民族
	徐裕根	男	户主	1948 年 1 月	汉族
	胡建红	女	配偶	1951 年 2 月	汉族
	徐　杰	男	长子	1970 年 10 月	汉族
	徐　斌	男	次子	1973 年 11 月	汉族
家庭大事	1970 年，建造平房； 1986 年，徐裕根加入中国共产党； 2009 年，得动迁房 2 套。				

	姓名	性别	与户主关系	出生年月	民族
家庭成员	徐莉华	女	户主	1969 年 3 月	汉族
	胡水林	男	配偶	1969 年 7 月	汉族
	胡璐艳	女	女儿	1999 年 5 月	汉族
家庭大事	2000 年，翻建楼房； 2009 年，得动迁房 3 套； 2017 年，胡璐艳就读于苏州大学。				

	姓名	性别	与户主关系	出生年月	民族
家庭成员	徐志明	男	户主	1951 年 1 月	汉族
	俞玉珍	女	配偶	1953 年 6 月	汉族
	徐　剑	男	儿子	1977 年 3 月	汉族
	徐　芳	女	女儿	1978 年 12 月	汉族
	龚芷涵	女	外孙女	2004 年 2 月	汉族
家庭大事	1986 年，翻建楼房； 2009 年，得动迁房 3 套。				

	姓名	性别	与户主关系	出生年月	民族
家庭成员	徐阿六	女	户主	1930 年 7 月	汉族
	徐水英	女	女儿	1954 年 7 月	汉族
	徐　峰	男	孙子	1977 年 12 月	汉族
家庭大事	1990 年，翻建楼房； 2009 年，得动迁房 3 套。				

	姓名	性别	与户主关系	出生年月	民族
家庭成员	徐建新	男	户主	1964 年 2 月	汉族
	李素花	女	配偶	1967 年 6 月	汉族
	方彩娣	女	母亲	1942 年 3 月	汉族
	徐　瑶	女	长女	1988 年 7 月	汉族
	徐　琼	女	次女	1988 年 7 月	汉族
	马君屹	男	孙子	2020 年 11 月	汉族
家庭大事	1983 年，徐建新参军入伍，于 1987 年退伍； 1986 年，翻建楼房； 2009 年，得动迁房 3 套。				

	姓名	性别	与户主关系	出生年月	民族
家庭成员	徐建华	男	户主	1962 年 2 月	汉族
	张玉妹	女	配偶	1963 年 5 月	汉族
	徐　超	男	儿子	1990 年 8 月	汉族
	徐逸轩	男	长孙	2013 年 7 月	汉族
	盛逸吱	男	次孙	2020 年 5 月	汉族
家庭大事	1990 年，翻建楼房； 2009 年，得动迁房 3 套。				

	姓名	性别	与户主关系	出生年月	民族
家庭成员	陈建伟	男	户主	1961 年 9 月	汉族
	周银秀	女	配偶	1962 年 6 月	汉族
	李素珍	女	母亲	1939 年 9 月	汉族
	陈　曦	女	女儿	1987 年 8 月	汉族
家庭大事	2009 年，得动迁房 2 套； 2010 年，陈曦毕业于南通大学杏林学院。				

<table>
<tr><td rowspan="4">家庭成员</td><th>姓名</th><th>性别</th><th>与户主关系</th><th>出生年月</th><th>民族</th></tr>
<tr><td>陈忠诚</td><td>男</td><td>户主</td><td>1936 年 1 月</td><td>汉族</td></tr>
<tr><td>刘爱玉</td><td>女</td><td>配偶</td><td>1947 年 4 月</td><td>汉族</td></tr>
<tr><td>陈黎明</td><td>男</td><td>儿子</td><td>1970 年 3 月</td><td>汉族</td></tr>
<tr><td>家庭大事</td><td colspan="5">1969 年，建造平房；
2009 年，得动迁房 2 套。</td></tr>
</table>

<table>
<tr><td rowspan="4">家庭成员</td><th>姓名</th><th>性别</th><th>与户主关系</th><th>出生年月</th><th>民族</th></tr>
<tr><td>陈建龙</td><td>男</td><td>户主</td><td>1968 年 12 月</td><td>汉族</td></tr>
<tr><td>陆　花</td><td>女</td><td>配偶</td><td>1968 年 11 月</td><td>汉族</td></tr>
<tr><td>陈　浩</td><td>男</td><td>儿子</td><td>1991 年 4 月</td><td>汉族</td></tr>
<tr><td>家庭大事</td><td colspan="5">1986 年，陈建龙参军入伍，于 1990 年退伍；
1998 年，翻建楼房；
2009 年，得动迁房 3 套；
2013 年，陈浩毕业于南京工业大学。</td></tr>
</table>

<table>
<tr><td rowspan="4">家庭成员</td><th>姓名</th><th>性别</th><th>与户主关系</th><th>出生年月</th><th>民族</th></tr>
<tr><td>陈　健</td><td>男</td><td>户主</td><td>1953 年 11 月</td><td>汉族</td></tr>
<tr><td>曹汉芳</td><td>女</td><td>配偶</td><td>1954 年 8 月</td><td>汉族</td></tr>
<tr><td>陈　燕</td><td>女</td><td>女儿</td><td>1979 年 3 月</td><td>汉族</td></tr>
<tr><td>家庭大事</td><td colspan="5">1986 年，翻建楼房；
1998 年，陈燕毕业于南京大学；
2009 年，得动迁房 3 套。</td></tr>
</table>

家庭成员	姓名	性别	与户主关系	出生年月	民族
	陈建平	男	户主	1963 年 12 月	汉族
	陈月珍	女	配偶	1966 年 12 月	汉族
	陈　晨	男	儿子	1987 年 8 月	汉族
	陈艺文	女	孙女	2010 年 6 月	汉族
家庭大事	1990 年，翻建楼房； 2009 年，得动迁房 3 套。				

家庭成员	姓名	性别	与户主关系	出生年月	民族
	孟益群	男	户主	1949 年 9 月	汉族
	郁美娟	女	配偶	1952 年 9 月	汉族
	孟　军	男	儿子	1973 年 2 月	汉族
	陈竹芳	女	儿媳	1973 年 6 月	汉族
	孟光忠	男	孙子	1995 年 6 月	汉族
家庭大事	1992 年，翻建楼房； 2009 年，得动迁房 4 套。				

家庭成员	姓名	性别	与户主关系	出生年月	民族
	孟益华	男	户主	1962 年 8 月	汉族
	郁素英	女	配偶	1967 年 1 月	汉族
	郁小妹	女	岳母	1938 年 3 月	汉族
	郁凌康	男	儿子	1988 年 1 月	汉族
	郭　芹	女	儿媳	1987 年 11 月	汉族
	郁洛依	女	孙女	2015 年 1 月	汉族
	郭以瑞	男	孙子	2018 年 2 月	汉族
家庭大事	1994 年，孟益华加入中国共产党； 1997 年，翻建楼房； 2010 年，郁凌康毕业于江苏大学京江学院； 2009 年，得动迁房 3 套。				

	姓名	性别	与户主关系	出生年月	民族
家庭成员	裴雪勤	女	户主	1971 年 4 月	汉族
	童九林	男	配偶	1969 年 4 月	汉族
	孟玉英	女	母亲	1947 年 4 月	汉族
	裴　蓓	女	女儿	1992 年 12 月	汉族
家庭大事	1966 年，孟玉英加入中国共产党； 1981 年，翻建楼房； 2015 年，裴蓓毕业于江苏理工学院； 2009 年，得动迁房 3 套。				

	姓名	性别	与户主关系	出生年月	民族
家庭成员	裴月芳	女	户主	1962 年 5 月	汉族
	李　金	男	儿子	1985 年 1 月	汉族
	朱江梅	女	儿媳	1988 年 9 月	汉族
	裴一诚	男	孙子	2013 年 9 月	汉族
家庭大事	2009 年，得动迁房 2 套； 2013 年，购汽车 1 辆。				

	姓名	性别	与户主关系	出生年月	民族
家庭成员	裴杏妹	女	户主	1935 年 7 月	汉族
	裴玉龙	男	儿子	1973 年 7 月	汉族
家庭大事	1988 年，购本组村民楼房 1 栋； 2009 年，得动迁房 3 套。				

	姓名	性别	与户主关系	出生年月	民族
家庭成员	郁梅英	女	户主	1947 年 6 月	汉族
家庭大事	1993 年，翻建楼房； 2009 年，得动迁房 4 套。				

	姓名	性别	与户主关系	出生年月	民族
家庭成员	陆友法	男	户主	1948 年 11 月	汉族
	郁阿二	女	配偶	1949 年 11 月	汉族
	郁永明	男	儿子	1970 年 1 月	汉族
	张丽英	女	儿媳	1970 年 11 月	汉族
家庭大事	1981 年，翻建楼房； 2009 年，得动迁房 3 套。				

	姓名	性别	与户主关系	出生年月	民族
家庭成员	许雪根	男	户主	1955 年 9 月	汉族
	许丽丽	女	长女	1983 年 9 月	汉族
	许娟娟	女	次女	1987 年 6 月	汉族
	冯健榕	男	孙子	2007 年 2 月	汉族
家庭大事	2009 年动迁时，得经济房 1 套。				

	姓名	性别	与户主关系	出生年月	民族
家庭成员	辛金男	男	户主	1968 年 8 月	汉族
	田亚红	女	配偶	1973 年 10 月	汉族
	辛田飞	男	儿子	1994 年 4 月	汉族
家庭大事	1989 年，翻建楼房； 2009 年，得动迁房 3 套； 2017 年，辛田飞毕业于江苏理工学院（专升本），专科学校为常州轻工职业技术学院（今常州工业职业技术学院）。				

	姓名	性别	与户主关系	出生年月	民族
家庭成员	杨秀华	男	户主	1948 年 1 月	汉族
	徐勤芳	女	配偶	1949 年 11 月	汉族
家庭大事	1970 年，建造平房； 2009 年，得动迁房 1 套。				

	姓名	性别	与户主关系	出生年月	民族
家庭成员	杨玉军	男	户主	1972 年 1 月	汉族
	赵娜俐	女	配偶	1983 年 12 月	汉族
	杨　晴	女	女儿	2012 年 12 月	汉族
家庭大事	2009 年，得动迁房 1 套。				

	姓名	性别	与户主关系	出生年月	民族
家庭成员	杨玉明	男	户主	1969 年 12 月	汉族
	张菊芝	女	配偶	1972 年 11 月	汉族
	杨宇驰	男	儿子	1994 年 8 月	汉族
家庭大事	2009 年，得动迁房 1 套。				

	姓名	性别	与户主关系	出生年月	民族
家庭成员	李正明	男	户主	1947 年 1 月	汉族
	裴桂英	女	配偶	1946 年 4 月	汉族
	李月琴	女	女儿	1969 年 1 月	汉族
	李建忠	男	儿子	1970 年 12 月	汉族
家庭大事	1967 年，裴桂英加入中国共产党； 1982 年，李正明加入中国共产党； 1986 年，翻建楼房。				

	姓名	性别	与户主关系	出生年月	民族
家庭成员	李文龙	男	户主	1935 年 7 月	汉族
	沙彩珍	女	配偶	1936 年 10 月	汉族
家庭大事	1987 年，翻建楼房。				

<table>
<tr><td rowspan="3">家庭成员</td><td>姓名</td><td>性别</td><td>与户主关系</td><td>出生年月</td><td>民族</td></tr>
<tr><td>朱文林</td><td>男</td><td>户主</td><td>1961 年 9 月</td><td>汉族</td></tr>
<tr><td>朱少芳</td><td>女</td><td>女儿</td><td>1985 年 9 月</td><td>汉族</td></tr>
<tr><td>家庭大事</td><td colspan="5">1988 年，翻建楼房；
2009 年，得动迁房 2 套。</td></tr>
</table>

<table>
<tr><td rowspan="2">家庭成员</td><td>姓名</td><td>性别</td><td>与户主关系</td><td>出生年月</td><td>民族</td></tr>
<tr><td>冯纯明</td><td>男</td><td>户主</td><td>1969 年 4 月</td><td>汉族</td></tr>
<tr><td>家庭大事</td><td colspan="5"></td></tr>
</table>

大公村第 21 村民小组

<table>
<tr><td rowspan="5">家庭成员</td><td>姓名</td><td>性别</td><td>与户主关系</td><td>出生年月</td><td>民族</td></tr>
<tr><td>赵金中</td><td>男</td><td>户主</td><td>1949 年 12 月</td><td>汉族</td></tr>
<tr><td>俞小妹</td><td>女</td><td>配偶</td><td>1953 年 11 月</td><td>汉族</td></tr>
<tr><td>赵建洪</td><td>男</td><td>儿子</td><td>1975 年 7 月</td><td>汉族</td></tr>
<tr><td>赵佳伟</td><td>男</td><td>孙子</td><td>1998 年 10 月</td><td>汉族</td></tr>
<tr><td>家庭大事</td><td colspan="5">1987 年，翻建楼房；
2007 年，得动迁房 3 套。</td></tr>
</table>

<table>
<tr><td rowspan="5">家庭成员</td><td>姓名</td><td>性别</td><td>与户主关系</td><td>出生年月</td><td>民族</td></tr>
<tr><td>徐泉明</td><td>男</td><td>户主</td><td>1968 年 1 月</td><td>汉族</td></tr>
<tr><td>吕亚萍</td><td>女</td><td>配偶</td><td>1970 年 6 月</td><td>汉族</td></tr>
<tr><td>徐林妹</td><td>女</td><td>母亲</td><td>1948 年 6 月</td><td>汉族</td></tr>
<tr><td>徐梦娇</td><td>女</td><td>女儿</td><td>1991 年 7 月</td><td>汉族</td></tr>
<tr><td>家庭大事</td><td colspan="5">1984 年，翻建楼房；
2007 年，得动迁房 3 套。</td></tr>
</table>

<table>
<tr><td rowspan="3">家庭成员</td><td>姓名</td><td>性别</td><td>与户主关系</td><td>出生年月</td><td>民族</td></tr>
<tr><td>袁小妹</td><td>女</td><td>户主</td><td>1948 年 10 月</td><td>汉族</td></tr>
<tr><td>袁彩萍</td><td>女</td><td>女儿</td><td>1970 年 9 月</td><td>汉族</td></tr>
<tr><td>家庭大事</td><td colspan="5">1986 年，翻建楼房；
2007 年，得动迁房 3 套。</td></tr>
</table>

<table>
<tr><td rowspan="2">家庭成员</td><td>姓名</td><td>性别</td><td>与户主关系</td><td>出生年月</td><td>民族</td></tr>
<tr><td>顾　艺</td><td>女</td><td>户主</td><td>1998 年 6 月</td><td>汉族</td></tr>
<tr><td>家庭大事</td><td colspan="5">1979 年，建造平房；
2007 年，得动迁房 2 套。</td></tr>
</table>

	姓名	性别	与户主关系	出生年月	民族
家庭成员	刘汉志	男	户主	1961 年 9 月	汉族
	陆玲珍	女	配偶	1963 年 9 月	汉族
	刘晓明	男	儿子	1985 年 12 月	汉族
家庭大事	1988 年，翻建楼房； 2007 年，得动迁房 3 套。				

	姓名	性别	与户主关系	出生年月	民族
家庭成员	刘汉荣	男	户主	1949 年 1 月	汉族
	黄金连	女	配偶	1951 年 11 月	汉族
	刘　显	男	儿子	1978 年 2 月	汉族
	刘浩洋	男	孙子	2005 年 4 月	汉族
家庭大事	1987 年，翻建楼房； 2007 年，得动迁房 3 套。				

	姓名	性别	与户主关系	出生年月	民族
家庭成员	徐彩英	女	户主	1948 年 7 月	汉族
	邹阿二	男	配偶	1947 年 7 月	汉族
	邹勤刚	男	儿子	1975 年 10 月	汉族
	孙　月	女	儿媳	1979 年 9 月	汉族
	邹佳烨	男	孙子	2005 年 12 月	汉族
家庭大事	1987 年，翻建楼房； 2007 年，得动迁房 3 套。				

<table>
<tr><td rowspan="5">家庭成员</td><th>姓名</th><th>性别</th><th>与户主关系</th><th>出生年月</th><th>民族</th></tr>
<tr><td>张志平</td><td>男</td><td>户主</td><td>1958 年 12 月</td><td>汉族</td></tr>
<tr><td>宋荷妹</td><td>女</td><td>配偶</td><td>1958 年 1 月</td><td>汉族</td></tr>
<tr><td>张　飞</td><td>男</td><td>儿子</td><td>1981 年 9 月</td><td>汉族</td></tr>
<tr><td>张陈玥</td><td>女</td><td>孙女</td><td>2006 年 11 月</td><td>汉族</td></tr>
<tr><td>家庭大事</td><td colspan="5">1986 年，翻建楼房；
2007 年，得动迁房 3 套。</td></tr>
</table>

<table>
<tr><td rowspan="4">家庭成员</td><th>姓名</th><th>性别</th><th>与户主关系</th><th>出生年月</th><th>民族</th></tr>
<tr><td>薛　明</td><td>男</td><td>户主</td><td>1954 年 4 月</td><td>汉族</td></tr>
<tr><td>朱炳玉</td><td>女</td><td>配偶</td><td>1956 年 11 月</td><td>汉族</td></tr>
<tr><td>薛　珠</td><td>女</td><td>女儿</td><td>1980 年 6 月</td><td>汉族</td></tr>
<tr><td>家庭大事</td><td colspan="5">1973 年，建造平房；
2007 年，得动迁房 2 套。</td></tr>
</table>

<table>
<tr><td rowspan="2">家庭成员</td><th>姓名</th><th>性别</th><th>与户主关系</th><th>出生年月</th><th>民族</th></tr>
<tr><td>邹月珍</td><td>女</td><td>户主</td><td>1936 年 3 月</td><td>汉族</td></tr>
<tr><td>家庭大事</td><td colspan="5"></td></tr>
</table>

<table>
<tr><td rowspan="5">家庭成员</td><th>姓名</th><th>性别</th><th>与户主关系</th><th>出生年月</th><th>民族</th></tr>
<tr><td>薛　健</td><td>男</td><td>户主</td><td>1964 年 11 月</td><td>汉族</td></tr>
<tr><td>陈月芳</td><td>女</td><td>配偶</td><td>1964 年 7 月</td><td>汉族</td></tr>
<tr><td>薛　雅</td><td>女</td><td>女儿</td><td>1987 年 7 月</td><td>汉族</td></tr>
<tr><td>李薛谦</td><td>男</td><td>孙子</td><td>2011 年 9 月</td><td>汉族</td></tr>
<tr><td>家庭大事</td><td colspan="5">1992 年，翻建楼房；
2007 年，得动迁房 3 套。</td></tr>
</table>

	姓名	性别	与户主关系	出生年月	民族
家庭成员	沈道良	男	户主	1951 年 9 月	汉族
	沈杏英	女	配偶	1956 年 4 月	汉族
	沈　阳	男	长子	1976 年 8 月	汉族
	沈　军	男	次子	1987 年 5 月	汉族
	沈欣妮	女	孙女	2011 年 1 月	汉族
家庭大事	1987 年，翻建楼房； 2007 年，得动迁房 3 套。				

	姓名	性别	与户主关系	出生年月	民族
家庭成员	顾嗣义	男	户主	1939 年 5 月	汉族
	邹凤英	女	配偶	1944 年 9 月	汉族
家庭大事	1987 年，翻建楼房； 2007 年，得动迁房 3 套。				

	姓名	性别	与户主关系	出生年月	民族
家庭成员	刘汉平	男	户主	1954 年 2 月	汉族
	严小妹	女	配偶	1954 年 6 月	汉族
	刘晓英	女	女儿	1981 年 1 月	汉族
	陈贵祥	男	女婿	1980 年 6 月	汉族
	刘沁缘	男	孙子	2003 年 2 月	汉族
家庭大事	1987 年，翻建楼房； 2007 年，得动迁房 3 套。				

<table>
<tr><td rowspan="3">家庭成员</td><td>姓名</td><td>性别</td><td>与户主关系</td><td>出生年月</td><td>民族</td></tr>
<tr><td>邹阿三</td><td>男</td><td>户主</td><td>1952 年 1 月</td><td>汉族</td></tr>
<tr><td>王文英</td><td>女</td><td>配偶</td><td>1953 年 9 月</td><td>汉族</td></tr>
<tr><td>家庭大事</td><td colspan="5">1970 年，邹阿三参军入伍，于 1975 年退伍；
1972 年，邹阿三加入中国共产党；
1987 年，翻建楼房；
2007 年，得动迁房 3 套。</td></tr>
</table>

<table>
<tr><td rowspan="4">家庭成员</td><td>姓名</td><td>性别</td><td>与户主关系</td><td>出生年月</td><td>民族</td></tr>
<tr><td>邹金泉</td><td>男</td><td>户主</td><td>1962 年 2 月</td><td>汉族</td></tr>
<tr><td>周惠芬</td><td>女</td><td>配偶</td><td>1965 年 11 月</td><td>汉族</td></tr>
<tr><td>邹　赟</td><td>女</td><td>女儿</td><td>1987 年 9 月</td><td>汉族</td></tr>
<tr><td>家庭大事</td><td colspan="5">1985 年，翻建楼房；
2007 年，得动迁房 3 套。</td></tr>
</table>

<table>
<tr><td rowspan="3">家庭成员</td><td>姓名</td><td>性别</td><td>与户主关系</td><td>出生年月</td><td>民族</td></tr>
<tr><td>张建林</td><td>男</td><td>户主</td><td>1967 年 6 月</td><td>汉族</td></tr>
<tr><td>张　峰</td><td>男</td><td>儿子</td><td>1991 年 12 月</td><td>汉族</td></tr>
<tr><td>家庭大事</td><td colspan="5">1988 年，翻建楼房；
2007 年，得动迁房 3 套。</td></tr>
</table>

<table>
<tr><td rowspan="2">家庭成员</td><td>姓名</td><td>性别</td><td>与户主关系</td><td>出生年月</td><td>民族</td></tr>
<tr><td>张美珍</td><td>女</td><td>户主</td><td>1936 年 9 月</td><td>汉族</td></tr>
<tr><td>家庭大事</td><td colspan="5"></td></tr>
</table>

	姓名	性别	与户主关系	出生年月	民族
家庭成员	张林根	男	户主	1953 年 8 月	汉族
	张　燕	女	女儿	1979 年 4 月	汉族
	邱国红	男	女婿	1975 年 11 月	汉族
	张　莹	女	长孙女	2002 年 5 月	汉族
	邱楚喻	女	次孙女	2010 年 5 月	汉族
家庭大事	1998 年，翻建楼房； 2007 年，得动迁房 3 套。				

	姓名	性别	与户主关系	出生年月	民族
家庭成员	陈阿三	男	户主	1941 年 1 月	汉族
	黄彩连	女	配偶	1947 年 1 月	汉族
	陈红军	男	儿子	1969 年 6 月	汉族
家庭大事	1986 年，翻建楼房； 2007 年，得动迁房 3 套。				

	姓名	性别	与户主关系	出生年月	民族
家庭成员	朱庆玲	女	户主	1948 年 8 月	汉族
	刘　静	女	女儿	1972 年 3 月	汉族
	陆友良	男	女婿	1971 年 11 月	汉族
	刘　青	男	儿子	1973 年 7 月	汉族
	刘　璐	女	孙女	1994 年 12 月	汉族
家庭大事	1986 年，翻建楼房； 2007 年，得动迁房 3 套。				

	姓名	性别	与户主关系	出生年月	民族
家庭成员	孙建平	男	户主	1975 年 5 月	汉族
	张玲娣	女	母亲	1948 年 8 月	汉族
	浦佳琪	男	儿子	2002 年 8 月	汉族
家庭大事	1977 年，建造平房； 1993 年，孙建平参军入伍，于 1996 年退伍； 2007 年，得动迁房 2 套。				

	姓名	性别	与户主关系	出生年月	民族
家庭成员	方兆龙	男	户主	1948 年 9 月	汉族
	金招妹	女	配偶	1951 年 1 月	汉族
	方　甬	男	儿子	1973 年 12 月	汉族
	吴海珍	女	儿媳	1976 年 2 月	汉族
	方俊杰	男	孙子	1997 年 2 月	汉族
家庭大事	1986 年，翻建楼房； 2007 年，得动迁房 3 套。				

	姓名	性别	与户主关系	出生年月	民族
家庭成员	刘汉文	男	户主	1956 年 10 月	汉族
	邹秀宝	女	配偶	1956 年 9 月	汉族
	刘振华	男	儿子	1981 年 11 月	汉族
	王　芳	女	儿媳	1981 年 4 月	汉族
	刘　逸	女	孙女	2007 年 2 月	汉族
家庭大事	1987 年，翻建楼房； 1994 年，刘汉文加入中国共产党； 2007 年，得动迁房 3 套。				

	姓名	性别	与户主关系	出生年月	民族
家庭成员	陈红芳	女	户主	1967 年 12 月	汉族
	陈佳斌	男	儿子	1990 年 1 月	汉族
	陈皓阳	男	孙子	2013 年 9 月	汉族
家庭大事	2012 年，得离婚房 1 套。				

	姓名	性别	与户主关系	出生年月	民族
家庭成员	周文富	男	户主	1949 年 2 月	汉族
	周永俊	男	长子	1971 年 3 月	汉族
	周永明	男	次子	1975 年 4 月	汉族
家庭大事	1975 年，建造平房； 2007 年，得动迁房 2 套。				

	姓名	性别	与户主关系	出生年月	民族
家庭成员	孟梅英	女	户主	1940 年 3 月	汉族
家庭大事					

	姓名	性别	与户主关系	出生年月	民族
家庭成员	潘志兴	男	户主	1955 年 8 月	汉族
	胡　珍	女	配偶	1958 年 5 月	汉族
	潘　萍	女	女儿	1982 年 2 月	汉族
家庭大事					

	姓名	性别	与户主关系	出生年月	民族
家庭成员	俞社珍	女	户主	1963 年 4 月	汉族
	俞　静	女	女儿	1985 年 9 月	汉族
家庭大事					

	姓名	性别	与户主关系	出生年月	民族
家庭成员	潘志先	男	户主	1958 年 9 月	汉族
	方建花	女	配偶	1962 年 8 月	汉族
	潘　虹	女	女儿	1987 年 3 月	汉族
	潘　迪	男	儿子	1988 年 9 月	汉族
	潘晨铭	男	孙子	2012 年 4 月	汉族
家庭大事	1988 年，翻建楼房； 2007 年，得动迁房 3 套。				

	姓名	性别	与户主关系	出生年月	民族
家庭成员	齐金华	女	户主	1963 年 6 月	汉族
	赵迁芳	女	女儿	1985 年 9 月	汉族
家庭大事	1993 年，翻建楼房； 2007 年，得动迁房 3 套。				

	姓名	性别	与户主关系	出生年月	民族
家庭成员	薛小毛	男	户主	1951 年 1 月	汉族
	陈雪妹	女	配偶	1952 年 3 月	汉族
	薛永祥	男	儿子	1973 年 12 月	汉族
家庭大事	1987 年，翻建楼房； 2007 年，得动迁房 3 套。				

	姓名	性别	与户主关系	出生年月	民族
家庭成员	陈密英	女	户主	1965 年 2 月	汉族
	柯　晨	男	儿子	1990 年 12 月	汉族
家庭大事					

	姓名	性别	与户主关系	出生年月	民族
家庭成员	杨娟平	男	户主	1967 年 2 月	汉族
	周美清	女	配偶	1965 年 10 月	汉族
	袁浜妹	女	母亲	1945 年 6 月	汉族
	杨晓文	女	女儿	1989 年 11 月	汉族
家庭大事	1986 年，翻建楼房； 2007 年，得动迁房 3 套。				

	姓名	性别	与户主关系	出生年月	民族
家庭成员	顾玉吉	男	户主	1944 年 11 月	汉族
	黄银娣	女	配偶	1950 年 4 月	汉族
	顾建梅	女	女儿	1976 年 1 月	汉族
	顾　曜	男	孙子	1998 年 4 月	汉族
家庭大事	1987 年，翻建楼房； 2007 年，得动迁房 3 套。				

	姓名	性别	与户主关系	出生年月	民族
家庭成员	潘志田	男	户主	1962 年 6 月	汉族
	丁碗珍	女	配偶	1964 年 11 月	汉族
	潘　琳	女	女儿	1988 年 2 月	汉族
家庭大事	1988 年，翻建楼房； 2007 年，得动迁房 3 套。				

<table>
<tr><td rowspan="6">家庭成员</td><th>姓名</th><th>性别</th><th>与户主关系</th><th>出生年月</th><th>民族</th></tr>
<tr><td>潘志昌</td><td>男</td><td>户主</td><td>1952 年 1 月</td><td>汉族</td></tr>
<tr><td>张大妹</td><td>女</td><td>配偶</td><td>1953 年 10 月</td><td>汉族</td></tr>
<tr><td>潘建祥</td><td>男</td><td>长子</td><td>1975 年 6 月</td><td>汉族</td></tr>
<tr><td>潘建峰</td><td>男</td><td>次子</td><td>1977 年 6 月</td><td>汉族</td></tr>
<tr><td>潘思语</td><td>女</td><td>孙女</td><td>2013 年 8 月</td><td>汉族</td></tr>
<tr><td>家庭大事</td><td colspan="5">1987 年，翻建楼房；
1996 年，潘建峰参军入伍，于 1999 年退伍。</td></tr>
</table>

<table>
<tr><td rowspan="5">家庭成员</td><th>姓名</th><th>性别</th><th>与户主关系</th><th>出生年月</th><th>民族</th></tr>
<tr><td>方兆剑</td><td>男</td><td>户主</td><td>1955 年 10 月</td><td>汉族</td></tr>
<tr><td>陈雪花</td><td>女</td><td>配偶</td><td>1957 年 3 月</td><td>汉族</td></tr>
<tr><td>陈　韦</td><td>男</td><td>儿子</td><td>1981 年 6 月</td><td>汉族</td></tr>
<tr><td>陈文杰</td><td>男</td><td>孙子</td><td>2005 年 5 月</td><td>汉族</td></tr>
<tr><td>家庭大事</td><td colspan="5">1986 年，翻建楼房；
2007 年，得动迁房 3 套。</td></tr>
</table>

<table>
<tr><td rowspan="4">家庭成员</td><th>姓名</th><th>性别</th><th>与户主关系</th><th>出生年月</th><th>民族</th></tr>
<tr><td>陈建良</td><td>男</td><td>户主</td><td>1967 年 6 月</td><td>汉族</td></tr>
<tr><td>曹　琴</td><td>女</td><td>配偶</td><td>1969 年 1 月</td><td>汉族</td></tr>
<tr><td>陈　龙</td><td>男</td><td>儿子</td><td>1989 年 9 月</td><td>汉族</td></tr>
<tr><td>家庭大事</td><td colspan="5"></td></tr>
</table>

<table>
<tr><td rowspan="3">家庭成员</td><th>姓名</th><th>性别</th><th>与户主关系</th><th>出生年月</th><th>民族</th></tr>
<tr><td>孟阿小</td><td>男</td><td>户主</td><td>1934 年 12 月</td><td>汉族</td></tr>
<tr><td>陈美芬</td><td>女</td><td>女儿</td><td>1963 年 2 月</td><td>汉族</td></tr>
<tr><td>家庭大事</td><td colspan="5">1955 年，孟阿小加入中国共产党；
1987 年，翻建楼房；
2007 年，得动迁房 3 套。</td></tr>
</table>

	姓名	性别	与户主关系	出生年月	民族
家庭成员	陈忠明	男	户主	1945 年 11 月	汉族
	刘爱芬	女	配偶	1947 年 5 月	汉族
	陈亦清	男	儿子	1968 年 9 月	汉族
家庭大事	1984 年，翻建楼房； 2007 年，得动迁房 2 套； 2015 年，购汽车 1 辆。				

	姓名	性别	与户主关系	出生年月	民族
家庭成员	陈阿大	男	户主	1934 年 1 月	汉族
	冯玉妹	女	配偶	1941 年 6 月	汉族
	陈学明	男	儿子	1962 年 4 月	汉族
	杨庆元	女	儿媳	1973 年 9 月	汉族
	陈　枫	男	孙子	2007 年 9 月	汉族
家庭大事	1986 年，翻建楼房； 2007 年，得动迁房 3 套。				

	姓名	性别	与户主关系	出生年月	民族
家庭成员	夏小林	男	户主	1938 年 6 月	汉族
	支红珍	女	配偶	1951 年 11 月	汉族
	夏国强	男	长子	1974 年 8 月	汉族
	戴雪珍	女	长媳	1974 年 2 月	汉族
	夏国荣	男	次子	1977 年 5 月	汉族
	夏思杰	男	孙子	1997 年 11 月	汉族
家庭大事	1966 年，夏小林加入中国共产党； 1987 年，翻建楼房； 2007 年，得动迁房 3 套； 2014 年，购汽车 2 辆； 2020 年，夏思杰毕业于江西科技学院。				

<table>
<tr><td rowspan="6">家庭成员</td><td>姓名</td><td>性别</td><td>与户主关系</td><td>出生年月</td><td>民族</td></tr>
<tr><td>方兆彪</td><td>男</td><td>户主</td><td>1953 年 1 月</td><td>汉族</td></tr>
<tr><td>李生娣</td><td>女</td><td>配偶</td><td>1951 年 11 月</td><td>汉族</td></tr>
<tr><td>方　芹</td><td>女</td><td>长女</td><td>1973 年 9 月</td><td>汉族</td></tr>
<tr><td>方　燕</td><td>女</td><td>次女</td><td>1976 年 2 月</td><td>汉族</td></tr>
<tr><td>方晨杰</td><td>男</td><td>孙子</td><td>1996 年 9 月</td><td>汉族</td></tr>
<tr><td>家庭大事</td><td colspan="5">1986 年，翻建楼房；
2007 年，得动迁房 3 套；
2013 年，购汽车 1 辆；
2019 年，购汽车 1 辆。</td></tr>
</table>

大公村第 22 村民小组

	姓名	性别	与户主关系	出生年月	民族
家庭成员	张建明	男	户主	1957 年 10 月	汉族
	沙美娣	女	配偶	1960 年 5 月	汉族
	张　君	女	女儿	1983 年 11 月	汉族
家庭大事	1987 年，翻建楼房； 2007 年，得动迁房 3 套。				

	姓名	性别	与户主关系	出生年月	民族
家庭成员	邵玉弟	男	户主	1955 年 1 月	汉族
家庭大事	1967 年，建造平房； 2007 年，得动迁房 2 套。				

	姓名	性别	与户主关系	出生年月	民族
家庭成员	杨志平	男	户主	1961 年 10 月	汉族
	吕巧英	女	配偶	1962 年 11 月	汉族
	杨　刚	男	儿子	1986 年 2 月	汉族
	杨雅淳	女	孙女	2012 年 8 月	汉族
家庭大事	1989 年，翻建楼房； 2007 年，得动迁房 3 套。				

	姓名	性别	与户主关系	出生年月	民族
家庭成员	沈泉林	男	户主	1951 年 1 月	汉族
	徐白妹	女	配偶	1955 年 1 月	汉族
	沈玉龙	男	儿子	1979 年 8 月	汉族
	沈　杰	男	孙子	2002 年 8 月	汉族
家庭大事	1989 年，翻建楼房； 2007 年，得动迁房 3 套。				

<table>
<tr><td rowspan="2">家庭成员</td><td>姓名</td><td>性别</td><td>与户主关系</td><td>出生年月</td><td>民族</td></tr>
<tr><td>周根妹</td><td>女</td><td>户主</td><td>1930 年 1 月</td><td>汉族</td></tr>
<tr><td>家庭大事</td><td colspan="5"></td></tr>
</table>

<table>
<tr><td rowspan="5">家庭成员</td><td>姓名</td><td>性别</td><td>与户主关系</td><td>出生年月</td><td>民族</td></tr>
<tr><td>周建明</td><td>男</td><td>户主</td><td>1962 年 6 月</td><td>汉族</td></tr>
<tr><td>唐金英</td><td>女</td><td>配偶</td><td>1964 年 10 月</td><td>汉族</td></tr>
<tr><td>周胜华</td><td>男</td><td>儿子</td><td>1985 年 8 月</td><td>汉族</td></tr>
<tr><td>周宸轩</td><td>男</td><td>孙子</td><td>2010 年 11 月</td><td>汉族</td></tr>
<tr><td>家庭大事</td><td colspan="5">1990 年，翻建楼房；
2007 年，得动迁房 3 套。</td></tr>
</table>

<table>
<tr><td rowspan="3">家庭成员</td><td>姓名</td><td>性别</td><td>与户主关系</td><td>出生年月</td><td>民族</td></tr>
<tr><td>张建良</td><td>男</td><td>户主</td><td>1963 年 10 月</td><td>汉族</td></tr>
<tr><td>钟珍花</td><td>女</td><td>配偶</td><td>1963 年 2 月</td><td>汉族</td></tr>
<tr><td>家庭大事</td><td colspan="5">1985 年，翻建楼房；
2007 年，得动迁房 3 套。</td></tr>
</table>

<table>
<tr><td rowspan="6">家庭成员</td><td>姓名</td><td>性别</td><td>与户主关系</td><td>出生年月</td><td>民族</td></tr>
<tr><td>周建良</td><td>男</td><td>户主</td><td>1958 年 1 月</td><td>汉族</td></tr>
<tr><td>邵雪妹</td><td>女</td><td>配偶</td><td>1958 年 11 月</td><td>汉族</td></tr>
<tr><td>周洪发</td><td>男</td><td>儿子</td><td>1986 年 9 月</td><td>汉族</td></tr>
<tr><td>孙雯雯</td><td>女</td><td>儿媳</td><td>1988 年 10 月</td><td>汉族</td></tr>
<tr><td>周　炎</td><td>男</td><td>孙子</td><td>2012 年 1 月</td><td>汉族</td></tr>
<tr><td>家庭大事</td><td colspan="5">1989 年，翻建楼房；
2001 年，周建良加入中国共产党；
2007 年，得动迁房 3 套。</td></tr>
</table>

	姓名	性别	与户主关系	出生年月	民族
家庭成员	张建康	男	户主	1961 年 1 月	汉族
	薛　英	女	配偶	1962 年 6 月	汉族
	张　蓓	女	女儿	1985 年 11 月	汉族
家庭大事	1979 年，张建康参军入伍，于 1984 年退伍； 1983 年，张建康加入中国共产党； 1988 年，翻建楼房； 2007 年，得动迁房 3 套。				

	姓名	性别	与户主关系	出生年月	民族
家庭成员	周大毛	男	户主	1964 年 12 月	汉族
	金玉香	女	配偶	1963 年 9 月	汉族
	周晓俊	男	儿子	1987 年 11 月	汉族
家庭大事	1989 年，翻建楼房； 2007 年，得动迁房 3 套。				

	姓名	性别	与户主关系	出生年月	民族
家庭成员	陆国芳	女	户主	1978 年 12 月	汉族
家庭大事					

	姓名	性别	与户主关系	出生年月	民族
家庭成员	朱炳国	男	户主	1959 年 3 月	汉族
	朱　敏	女	女儿	1985 年 5 月	汉族
家庭大事	1978 年，朱炳国参军入伍，于 1983 年退伍。				

	姓名	性别	与户主关系	出生年月	民族
家庭成员	邵梅香	女	户主	1954 年 12 月	汉族
	金　侃	男	儿子	1979 年 11 月	汉族
家庭大事					

	姓名	性别	与户主关系	出生年月	民族
家庭成员	李向宏	男	户主	1965 年 3 月	汉族
	徐　英	女	配偶	1969 年 1 月	汉族
	徐玉莲	女	女儿	1991 年 3 月	汉族
家庭大事	1990 年，翻建楼房； 2007 年，得动迁房 3 套。				

	姓名	性别	与户主关系	出生年月	民族
家庭成员	张雪明	男	户主	1971 年 6 月	汉族
	徐　燕	女	配偶	1972 年 8 月	汉族
	张　星	女	女儿	1993 年 9 月	汉族
家庭大事	1980 年，建造平房； 2007 年，得动迁房 2 套。				

	姓名	性别	与户主关系	出生年月	民族
家庭成员	姚建华	男	户主	1963 年 2 月	汉族
	王天秀	女	配偶	1962 年 1 月	汉族
	姚斯嘉	男	儿子	1986 年 9 月	汉族
家庭大事	1985 年，姚建华加入中国共产党； 1988 年，翻建楼房； 2009 年，姚斯嘉毕业于扬州大学； 2007 年，得动迁房 3 套。				

<table>
<tr><td rowspan="4">家庭成员</td><th>姓名</th><th>性别</th><th>与户主关系</th><th>出生年月</th><th>民族</th></tr>
<tr><td>周建秀</td><td>女</td><td>户主</td><td>1958 年 7 月</td><td>汉族</td></tr>
<tr><td>邵振洲</td><td>男</td><td>公公</td><td>1928 年 9 月</td><td>汉族</td></tr>
<tr><td>邵佳德</td><td>男</td><td>儿子</td><td>1985 年 11 月</td><td>汉族</td></tr>
<tr><td>家庭大事</td><td colspan="5">1973 年，邵振洲加入中国共产党；
1989 年，翻建楼房；
2007 年，得动迁房 3 套；
2011 年，邵佳德毕业于香港中文大学（博士研究生）。</td></tr>
</table>

<table>
<tr><td rowspan="3">家庭成员</td><th>姓名</th><th>性别</th><th>与户主关系</th><th>出生年月</th><th>民族</th></tr>
<tr><td>邵文荣</td><td>男</td><td>户主</td><td>1950 年 8 月</td><td>汉族</td></tr>
<tr><td>邵　琳</td><td>女</td><td>女儿</td><td>1979 年 2 月</td><td>汉族</td></tr>
<tr><td>家庭大事</td><td colspan="5"></td></tr>
</table>

<table>
<tr><td rowspan="5">家庭成员</td><th>姓名</th><th>性别</th><th>与户主关系</th><th>出生年月</th><th>民族</th></tr>
<tr><td>邵安荣</td><td>男</td><td>户主</td><td>1952 年 2 月</td><td>汉族</td></tr>
<tr><td>邵酉恒</td><td>男</td><td>儿子</td><td>1981 年 6 月</td><td>汉族</td></tr>
<tr><td>邵许涵</td><td>女</td><td>孙女</td><td>2009 年 6 月</td><td>汉族</td></tr>
<tr><td>邵许辰</td><td>女</td><td>孙子</td><td>2012 年 9 月</td><td>汉族</td></tr>
<tr><td>家庭大事</td><td colspan="5">1988 年，翻建楼房；
2007 年，得动迁房 3 套。</td></tr>
</table>

<table>
<tr><td rowspan="4">家庭成员</td><th>姓名</th><th>性别</th><th>与户主关系</th><th>出生年月</th><th>民族</th></tr>
<tr><td>朱炳香</td><td>女</td><td>户主</td><td>1955 年 9 月</td><td>汉族</td></tr>
<tr><td>朱桂芬</td><td>女</td><td>母亲</td><td>1933 年 10 月</td><td>汉族</td></tr>
<tr><td>朱美虹</td><td>女</td><td>女儿</td><td>1981 年 11 月</td><td>汉族</td></tr>
<tr><td>家庭大事</td><td colspan="5">2002 年，购买本组村民楼房 1 栋；
2007 年，得动迁房 3 套。</td></tr>
</table>

	姓名	性别	与户主关系	出生年月	民族
家庭成员	朱炳余	男	户主	1952 年 5 月	汉族
	周翠萍	女	配偶	1952 年 5 月	汉族
	朱泽晟	男	儿子	1979 年 3 月	汉族
家庭大事	1987 年，翻建楼房； 2007 年，得动迁房 3 套。				

	姓名	性别	与户主关系	出生年月	民族
家庭成员	朱炳元	男	户主	1965 年 1 月	汉族
	季梅芳	女	配偶	1965 年 5 月	汉族
	吴玉珍	女	母亲	1930 年 3 月	汉族
	朱洁慧	女	女儿	1988 年 11 月	汉族
家庭大事	1989 年，翻建楼房； 2007 年，得动迁房 3 套； 2011 年，朱洁慧毕业于扬州大学。				

	姓名	性别	与户主关系	出生年月	民族
家庭成员	邵龙泉	男	户主	1952 年 11 月	汉族
	邵　英	女	女儿	1977 年 9 月	汉族
家庭大事	1976 年，建造平房； 2007 年，得动迁房 2 套。				

家庭成员	姓名	性别	与户主关系	出生年月	民族
	徐招媛	女	户主	1953 年 4 月	汉族
	徐方英	女	长女	1974 年 8 月	汉族
	陶建发	男	长婿	1971 年 8 月	汉族
	徐方燕	女	次女	1977 年 4 月	汉族
	徐　磊	男	孙子	1995 年 9 月	汉族
	桂玉卿	女	外孙女	1999 年 3 月	汉族
家庭大事	1990 年，翻建楼房； 2007 年，得动迁房 3 套； 2015 年，徐磊参军入伍，于 2017 年退伍。				

家庭成员	姓名	性别	与户主关系	出生年月	民族
	张小妹	女	户主	1954 年 8 月	汉族
	朱　兰	女	女儿	1978 年 5 月	汉族
家庭大事	1987 年，翻建楼房； 2007 年，得动迁房 3 套。				

家庭成员	姓名	性别	与户主关系	出生年月	民族
	朱炳祥	男	户主	1950 年 12 月	汉族
	夏小妹	女	配偶	1949 年 4 月	汉族
	朱　静	女	长女	1974 年 8 月	汉族
	朱　燕	女	次女	1976 年 7 月	汉族
家庭大事	1985 年，夏小妹加入中国共产党； 1988 年，翻建楼房； 2007 年，得动迁房 3 套。				

家庭成员	姓名	性别	与户主关系	出生年月	民族
	缪纪林	男	户主	1943 年 9 月	汉族
	周惠芬	女	配偶	1953 年 1 月	汉族
	周彩云	女	女儿	1972 年 8 月	汉族
	周飞云	男	儿子	1975 年 1 月	汉族
	周杰晨	男	孙子	2000 年 4 月	汉族
家庭大事	1989 年，翻建楼房； 2007 年，得动迁房 3 套。				

家庭成员	姓名	性别	与户主关系	出生年月	民族
	宋苗英	女	户主	1963 年 2 月	汉族
	周　菲	女	女儿	1992 年 5 月	汉族
家庭大事	1979 年，建造平房； 2007 年，得动迁房 2 套。				

家庭成员	姓名	性别	与户主关系	出生年月	民族
	周建方	男	户主	1962 年 12 月	汉族
	周　佳	男	儿子	1985 年 10 月	汉族
	周　沫	女	孙女	2012 年 5 月	汉族
家庭大事	1989 年，翻建楼房； 2007 年，得动迁房 3 套。				

家庭成员	姓名	性别	与户主关系	出生年月	民族
	吴密金	女	户主	1939 年 5 月	汉族
	周建花	女	女儿	1965 年 12 月	汉族
家庭大事					

	姓名	性别	与户主关系	出生年月	民族
家庭成员	朱绪银	男	户主	1948 年 11 月	汉族
	周密英	女	配偶	1949 年 12 月	汉族
	周炳忠	男	儿子	1970 年 4 月	汉族
	孙卫英	女	儿媳	1970 年 4 月	汉族
	周　鑫	男	孙子	1993 年 12 月	汉族
家庭大事	1990 年，翻建楼房； 2007 年，得动迁房 3 套。				

	姓名	性别	与户主关系	出生年月	民族
家庭成员	张国贞	男	户主	1951 年 2 月	汉族
	陶密宝	女	配偶	1952 年 9 月	汉族
	张献峰	男	儿子	1976 年 9 月	汉族
家庭大事	1989 年，翻建楼房； 2007 年，得动迁房 1 套。				

	姓名	性别	与户主关系	出生年月	民族
家庭成员	张国平	男	户主	1961 年 7 月	汉族
	陶秀花	女	配偶	1961 年 7 月	汉族
	张　婷	女	女儿	1985 年 9 月	汉族
	张彦昊	男	孙子	2010 年 9 月	汉族
家庭大事	1989 年，翻建楼房； 2007 年，得动迁房 3 套。				

	姓名	性别	与户主关系	出生年月	民族
家庭成员	周金根	男	户主	1946 年 4 月	汉族
	徐富英	女	配偶	1948 年 4 月	汉族
家庭大事					

家庭成员	姓名	性别	与户主关系	出生年月	民族
	邹红妹	女	户主	1970年11月	汉族
家庭大事					

家庭成员	姓名	性别	与户主关系	出生年月	民族
	邢密良	男	户主	1970年12月	汉族
	马华连	女	配偶	1973年1月	汉族
	邢佳俊	男	儿子	1993年12月	汉族
	邢文静	女	女儿	1998年10月	汉族
家庭大事	1989年，翻建楼房； 2007年，得动迁房3套。				

家庭成员	姓名	性别	与户主关系	出生年月	民族
	朱兰妹	女	户主	1951年1月	汉族
家庭大事					

家庭成员	姓名	性别	与户主关系	出生年月	民族
	周国明	男	户主	1944年3月	汉族
	周招娣	女	配偶	1946年2月	汉族
家庭大事					

家庭成员	姓名	性别	与户主关系	出生年月	民族
	张国良	男	户主	1947年12月	汉族
	王振英	女	配偶	1947年3月	汉族
	张献珍	女	长女	1968年12月	汉族
	张献芬	女	次女	1971年10月	汉族
家庭大事	1984年，翻建楼房； 2007年，得动迁房3套。				

	姓名	性别	与户主关系	出生年月	民族
家庭成员	徐三毛	男	户主	1954 年 6 月	汉族
	吴凤英	女	配偶	1956 年 3 月	汉族
	徐　娟	女	女儿	1980 年 1 月	汉族
家庭大事	1988 年，翻建楼房； 2007 年，得动迁房 3 套； 2009 年，购汽车 1 辆； 2017 年，购商品房 1 套。				

	姓名	性别	与户主关系	出生年月	民族
家庭成员	周惠祥	男	户主	1965 年 9 月	汉族
	张献花	女	配偶	1966 年 10 月	汉族
	张佳洁	女	女儿	1988 年 2 月	汉族
	张佳明	男	儿子	1993 年 9 月	汉族
	张辰浩	男	孙子	2012 年 6 月	汉族
家庭大事					

	姓名	性别	与户主关系	出生年月	民族
家庭成员	金瑞根	男	户主	1969 年 1 月	汉族
	邹冬菊	女	配偶	1971 年 10 月	汉族
	金　甜	女	女儿	1996 年 10 月	汉族
家庭大事	1976 年，建造平房； 2007 年，得动迁房 2 套； 2018 年，金甜毕业于盐城师范学院。				

	姓名	性别	与户主关系	出生年月	民族
家庭成员	张花妹	女	户主	1947 年 1 月	汉族
家庭大事	1970 年，建造平房； 2007 年，得动迁房 2 套。				

	姓名	性别	与户主关系	出生年月	民族
家庭成员	姚正明	男	户主	1935 年 11 月	汉族
	张关凤	女	配偶	1935 年 9 月	汉族
家庭大事					

	姓名	性别	与户主关系	出生年月	民族
家庭成员	张阿小	男	户主	1939 年 5 月	汉族
	沈金凤	女	配偶	1944 年 2 月	汉族
家庭大事	1970 年，建造平房。				

	姓名	性别	与户主关系	出生年月	民族
家庭成员	张素根	男	户主	1966 年 12 月	汉族
	周惠琴	女	配偶	1967 年 7 月	汉族
	张炙珏	女	女儿	1989 年 2 月	汉族
家庭大事	1989 年，翻建楼房； 2007 年，得动迁房 3 套。				

	姓名	性别	与户主关系	出生年月	民族
家庭成员	张　忠	男	户主	1968 年 12 月	汉族
	杨雪琴	女	配偶	1969 年 4 月	汉族
家庭大事	1988 年，翻建楼房； 2007 年，得动迁房 3 套。				

	姓名	性别	与户主关系	出生年月	民族
家庭成员	张玉英	女	户主	1940 年 3 月	汉族
家庭大事					

	姓名	性别	与户主关系	出生年月	民族
家庭成员	赵建国	男	户主	1958 年 3 月	汉族
	周美芬	女	配偶	1958 年 2 月	汉族
	赵雅君	女	女儿	1983 年 1 月	汉族
	赵思媛	女	孙女	2007 年 1 月	汉族
家庭大事	1987 年，翻建楼房； 2007 年，得动迁房 3 套。				

	姓名	性别	与户主关系	出生年月	民族
家庭成员	姚妙英	女	户主	1934 年 5 月	汉族
家庭大事					

	姓名	性别	与户主关系	出生年月	民族
家庭成员	周克林	男	户主	1955 年 7 月	汉族
	张建珍	女	配偶	1957 年 3 月	汉族
	周丽青	女	女儿	1982 年 5 月	汉族
	周王凯	男	孙子	2007 年 9 月	汉族
	王周璇	女	孙女	2012 年 6 月	汉族
家庭大事	1976 年，周克林参军入伍，于 1985 年退伍； 1979 年，周克林加入中国共产党； 1987 年，翻建楼房； 2005 年，周丽青毕业于武汉科技大学； 2007 年，得动迁房 3 套； 2013 年，周丽青加入中国共产党。				

	姓名	性别	与户主关系	出生年月	民族
家庭成员	张新宝	女	户主	1936 年 2 月	汉族
家庭大事					

大公村第 23 村民小组

	姓名	性别	与户主关系	出生年月	民族
家庭成员	周　平	男	户主	1973 年 3 月	汉族
	李梅芳	女	配偶	1972 年 10 月	汉族
	李招英	女	母亲	1949 年 8 月	汉族
	周中祺	男	儿子	1996 年 11 月	汉族
家庭大事	1989 年，翻建楼房； 2007 年，得动迁房 3 套。				

	姓名	性别	与户主关系	出生年月	民族
家庭成员	沈金土	男	户主	1954 年 10 月	汉族
	邢招花	女	配偶	1957 年 3 月	汉族
	沈红林	男	儿子	1981 年 4 月	汉族
	陆正云	女	儿媳	1980 年 1 月	汉族
	沈　心	男	孙子	2007 年 10 月	汉族
家庭大事	1989 年，翻建楼房； 2007 年，得动迁房 3 套。				

	姓名	性别	与户主关系	出生年月	民族
家庭成员	周仙珍	女	户主	1951 年 2 月	汉族
	周　斌	男	长子	1973 年 6 月	汉族
	周　军	男	次子	1976 年 11 月	汉族
	周　莹	女	长孙女	1996 年 7 月	汉族
	周昱菲	女	次孙女	2013 年 6 月	汉族
家庭大事	1986 年，翻建楼房； 2007 年，得动迁房 3 套。				

	姓名	性别	与户主关系	出生年月	民族
家庭成员	邵雪金	男	户主	1959 年 6 月	汉族
	周全妹	女	配偶	1957 年 11 月	汉族
	邵晓康	男	儿子	1982 年 12 月	汉族
	邵梓琪	男	孙子	2012 年 9 月	汉族
	邵清文	女	孙女	2016 年 10 月	汉族
家庭大事	1989 年，翻建楼房； 2007 年，得动迁房 3 套。				

	姓名	性别	与户主关系	出生年月	民族
家庭成员	邵伯仁	男	户主	1939 年 6 月	汉族
	陆花宝	女	配偶	1939 年 7 月	汉族
家庭大事					

	姓名	性别	与户主关系	出生年月	民族
家庭成员	邵雪珍	女	户主	1963 年 8 月	汉族
家庭大事					

	姓名	性别	与户主关系	出生年月	民族
家庭成员	邵三金	男	户主	1956 年 5 月	汉族
	邵秋芬	女	长女	1981 年 9 月	汉族
	邵秋英	女	次女	1986 年 6 月	汉族
家庭大事	1989 年，翻建楼房； 2007 年，得动迁房 3 套。				

<table>
<tr><td rowspan="2">家庭成员</td><td>姓名</td><td>性别</td><td>与户主关系</td><td>出生年月</td><td>民族</td></tr>
<tr><td>杨纪根</td><td>男</td><td>户主</td><td>1950 年 1 月</td><td>汉族</td></tr>
<tr><td>家庭大事</td><td colspan="5">1973 年，建造平房；
2007 年，得动迁房 2 套。</td></tr>
</table>

<table>
<tr><td rowspan="4">家庭成员</td><td>姓名</td><td>性别</td><td>与户主关系</td><td>出生年月</td><td>民族</td></tr>
<tr><td>杨文清</td><td>男</td><td>户主</td><td>1973 年 12 月</td><td>汉族</td></tr>
<tr><td>陈玉枝</td><td>女</td><td>配偶</td><td>1974 年 11 月</td><td>汉族</td></tr>
<tr><td>杨　红</td><td>女</td><td>女儿</td><td>1997 年 5 月</td><td>汉族</td></tr>
<tr><td>家庭大事</td><td colspan="5">1991 年，购买本村村民楼房 1 栋；
2007 年，得动迁房 3 套。</td></tr>
</table>

<table>
<tr><td rowspan="4">家庭成员</td><td>姓名</td><td>性别</td><td>与户主关系</td><td>出生年月</td><td>民族</td></tr>
<tr><td>邵雪平</td><td>男</td><td>户主</td><td>1962 年 1 月</td><td>汉族</td></tr>
<tr><td>周惠珍</td><td>女</td><td>配偶</td><td>1962 年 11 月</td><td>汉族</td></tr>
<tr><td>邵　亮</td><td>男</td><td>儿子</td><td>1985 年 10 月</td><td>汉族</td></tr>
<tr><td>家庭大事</td><td colspan="5">1990 年，翻建楼房；
2007 年，得动迁房 3 套。</td></tr>
</table>

<table>
<tr><td rowspan="2">家庭成员</td><td>姓名</td><td>性别</td><td>与户主关系</td><td>出生年月</td><td>民族</td></tr>
<tr><td>辛泉妹</td><td>女</td><td>户主</td><td>1939 年 10 月</td><td>汉族</td></tr>
<tr><td>家庭大事</td><td colspan="5"></td></tr>
</table>

	姓名	性别	与户主关系	出生年月	民族
家庭成员	宋志良	男	户主	1957 年 1 月	汉族
	邵　兰	女	配偶	1958 年 9 月	汉族
	邵小燕	女	长女	1981 年 10 月	汉族
	邵志娟	女	次女	1986 年 10 月	汉族
家庭大事	1989 年，翻建楼房； 2001 年，邵小燕毕业于常熟理工学院； 2007 年，得动迁房 3 套。				

	姓名	性别	与户主关系	出生年月	民族
家庭成员	朱文忠	男	户主	1930 年 11 月	汉族
	邵连英	女	配偶	1935 年 10 月	汉族
家庭大事					

	姓名	性别	与户主关系	出生年月	民族
家庭成员	周惠兴	男	户主	1962 年 4 月	汉族
	陈巧仙	女	配偶	1963 年 11 月	汉族
	周　丽	女	女儿	1986 年 1 月	汉族
	吴婉彤	女	外孙女	2010 年 11 月	汉族
家庭大事	1989 年，翻建楼房； 2007 年，得动迁房 3 套。				

	姓名	性别	与户主关系	出生年月	民族
家庭成员	周惠忠	男	户主	1957 年 3 月	汉族
	邵秋珍	女	配偶	1957 年 8 月	汉族
	周　华	男	儿子	1982 年 11 月	汉族
	周煜辰	女	孙女	2013 年 1 月	汉族
家庭大事	1991 年，翻建楼房； 2007 年，得动迁房 3 套。				

	姓名	性别	与户主关系	出生年月	民族
家庭成员	邵国其	男	户主	1948 年 12 月	汉族
	李惠琴	女	配偶	1949 年 8 月	汉族
	邵秋萍	女	女儿	1973 年 8 月	汉族
	邵伊静	女	孙女	1994 年 10 月	汉族
家庭大事	1988 年，翻建楼房； 2007 年，得动迁房 3 套。				

	姓名	性别	与户主关系	出生年月	民族
家庭成员	周素珍	女	户主	1951 年 6 月	汉族
	王　蓓	女	女儿	1973 年 7 月	汉族
	王　雷	男	儿子	1975 年 4 月	汉族
家庭大事					

	姓名	性别	与户主关系	出生年月	民族
家庭成员	周建良	男	户主	1961 年 6 月	汉族
	王妹娟	女	配偶	1961 年 9 月	汉族
	周　青	男	长子	1985 年 12 月	汉族
	周　纯	男	次子	1989 年 6 月	汉族
	周新曦	男	孙子	2012 年 9 月	汉族
家庭大事	1988 年，翻建楼房； 2008 年，周青毕业于南京理工大学； 2007 年，得动迁房 3 套。				

	姓名	性别	与户主关系	出生年月	民族
家庭成员	范月秋	女	户主	1947 年 9 月	汉族
	张　铭	男	儿子	1969 年 11 月	汉族
	张　燕	女	女儿	1972 年 1 月	汉族
家庭大事					

	姓名	性别	与户主关系	出生年月	民族
家庭成员	钱梅芳	女	户主	1950 年 6 月	汉族
	卜玲玲	女	女儿	1975 年 11 月	汉族
	卜　吉	男	儿子	1977 年 8 月	汉族
家庭大事					

	姓名	性别	与户主关系	出生年月	民族
家庭成员	邢惠刚	男	户主	1968 年 3 月	汉族
	王朝芬	女	配偶	1971 年 1 月	汉族
	邢　佳	女	女儿	1998 年 8 月	汉族
家庭大事	1979 年，建造平房； 2007 年，得动迁房 2 套。				

<table>
<tr><td rowspan="2">家庭成员</td><td>姓名</td><td>性别</td><td>与户主关系</td><td>出生年月</td><td>民族</td></tr>
<tr><td>黄红梅</td><td>女</td><td>户主</td><td>1970 年 6 月</td><td>汉族</td></tr>
<tr><td>家庭大事</td><td colspan="5"></td></tr>
</table>

<table>
<tr><td rowspan="3">家庭成员</td><td>姓名</td><td>性别</td><td>与户主关系</td><td>出生年月</td><td>民族</td></tr>
<tr><td>邢惠强</td><td>男</td><td>户主</td><td>1968 年 3 月</td><td>汉族</td></tr>
<tr><td>邢　超</td><td>男</td><td>儿子</td><td>1994 年 10 月</td><td>汉族</td></tr>
<tr><td>家庭大事</td><td colspan="5">1990 年，翻建楼房；
2007 年，得动迁房 2 套。</td></tr>
</table>

<table>
<tr><td rowspan="3">家庭成员</td><td>姓名</td><td>性别</td><td>与户主关系</td><td>出生年月</td><td>民族</td></tr>
<tr><td>邢锦良</td><td>男</td><td>户主</td><td>1939 年 11 月</td><td>汉族</td></tr>
<tr><td>严梅星</td><td>女</td><td>配偶</td><td>1943 年 8 月</td><td>汉族</td></tr>
<tr><td>家庭大事</td><td colspan="5"></td></tr>
</table>

<table>
<tr><td rowspan="7">家庭成员</td><td>姓名</td><td>性别</td><td>与户主关系</td><td>出生年月</td><td>民族</td></tr>
<tr><td>周福良</td><td>男</td><td>户主</td><td>1941 年 11 月</td><td>汉族</td></tr>
<tr><td>陆咬珍</td><td>女</td><td>配偶</td><td>1946 年 1 月</td><td>汉族</td></tr>
<tr><td>周阿狗</td><td>男</td><td>儿子</td><td>1967 年 9 月</td><td>汉族</td></tr>
<tr><td>吕勤花</td><td>女</td><td>儿媳</td><td>1967 年 7 月</td><td>汉族</td></tr>
<tr><td>周雅倩</td><td>女</td><td>孙女</td><td>1991 年 4 月</td><td>汉族</td></tr>
<tr><td>周炜康</td><td>男</td><td>孙子</td><td>1997 年 10 月</td><td>汉族</td></tr>
<tr><td>家庭大事</td><td colspan="5">1989 年，翻建楼房；
2007 年，得动迁房 3 套。</td></tr>
</table>

	姓名	性别	与户主关系	出生年月	民族
家庭成员	邵白妹	女	户主	1953 年 1 月	汉族
	何　冬	男	长子	1976 年 3 月	汉族
	邵叶青	男	次子	1986 年 1 月	汉族
	张伊静	女	孙女	1999 年 10 月	汉族
家庭大事	1992 年，翻建楼房； 2007 年，得动迁房 3 套。				

	姓名	性别	与户主关系	出生年月	民族
家庭成员	苏坤妹	女	户主	1959 年 12 月	汉族
	蒋　荣	男	儿子	1979 年 5 月	汉族
	余秋华	女	儿媳	1980 年 8 月	汉族
	蒋吕豪	男	孙子	2006 年 2 月	汉族
家庭大事	1989 年，翻建楼房； 2007 年，得动迁房 3 套。				

	姓名	性别	与户主关系	出生年月	民族
家庭成员	周福明	男	户主	1958 年 3 月	汉族
	缪梅芳	女	配偶	1963 年 8 月	汉族
	周　英	男	儿子	1984 年 11 月	汉族
家庭大事	1989 年，翻建楼房； 2007 年，得动迁房 3 套。				

<table>
<tr><td rowspan="7">家庭成员</td><td>姓名</td><td>性别</td><td>与户主关系</td><td>出生年月</td><td>民族</td></tr>
<tr><td>邵国元</td><td>男</td><td>户主</td><td>1951 年 12 月</td><td>汉族</td></tr>
<tr><td>陆素珍</td><td>女</td><td>配偶</td><td>1952 年 11 月</td><td>汉族</td></tr>
<tr><td>邵　伟</td><td>男</td><td>儿子</td><td>1975 年 10 月</td><td>汉族</td></tr>
<tr><td>邵　琴</td><td>女</td><td>女儿</td><td>1977 年 12 月</td><td>汉族</td></tr>
<tr><td>邵淑敏</td><td>女</td><td>孙女</td><td>2001 年 10 月</td><td>汉族</td></tr>
<tr><td>刘卓铱</td><td>女</td><td>外孙女</td><td>2002 年 5 月</td><td>汉族</td></tr>
<tr><td>家庭大事</td><td colspan="5">1989 年，翻建楼房；
1994 年，邵伟参军入伍，于 1997 年退伍；
2007 年，得动迁房 3 套。</td></tr>
</table>

<table>
<tr><td rowspan="3">家庭成员</td><td>姓名</td><td>性别</td><td>与户主关系</td><td>出生年月</td><td>民族</td></tr>
<tr><td>邢勤芳</td><td>男</td><td>户主</td><td>1963 年 1 月</td><td>汉族</td></tr>
<tr><td>邢　涛</td><td>男</td><td>儿子</td><td>1986 年 10 月</td><td>汉族</td></tr>
<tr><td>家庭大事</td><td colspan="5">1979 年，购买本组村民平房 1 套；
1980 年，邢勤芳参军入伍，于 1985 年退伍；
1985 年，邢勤芳加入中国共产党；
2007 年，得动迁房 2 套。</td></tr>
</table>

<table>
<tr><td rowspan="2">家庭成员</td><td>姓名</td><td>性别</td><td>与户主关系</td><td>出生年月</td><td>民族</td></tr>
<tr><td>邢金英</td><td>女</td><td>户主</td><td>1935 年 7 月</td><td>汉族</td></tr>
<tr><td>家庭大事</td><td colspan="5"></td></tr>
</table>

<table>
<tr><td rowspan="4">家庭成员</td><th>姓名</th><th>性别</th><th>与户主关系</th><th>出生年月</th><th>民族</th></tr>
<tr><td>邢勤男</td><td>男</td><td>户主</td><td>1954 年 8 月</td><td>汉族</td></tr>
<tr><td>殷小妹</td><td>女</td><td>配偶</td><td>1955 年 10 月</td><td>汉族</td></tr>
<tr><td>邢燕华</td><td>女</td><td>女儿</td><td>1979 年 9 月</td><td>汉族</td></tr>
<tr><td>家庭大事</td><td colspan="5">1972 年，邢勤男参军入伍，于 1976 年退伍；
1975 年，邢勤男加入中国共产党；
1987 年，翻建楼房；
2007 年，得动迁房 3 套。</td></tr>
</table>

<table>
<tr><td rowspan="3">家庭成员</td><th>姓名</th><th>性别</th><th>与户主关系</th><th>出生年月</th><th>民族</th></tr>
<tr><td>邢勤国</td><td>男</td><td>户主</td><td>1958 年 3 月</td><td>汉族</td></tr>
<tr><td>邢燕斐</td><td>女</td><td>女儿</td><td>1985 年 6 月</td><td>汉族</td></tr>
<tr><td>家庭大事</td><td colspan="5">1980 年，建造平房；
2007 年，得动迁房 2 套。</td></tr>
</table>

<table>
<tr><td rowspan="5">家庭成员</td><th>姓名</th><th>性别</th><th>与户主关系</th><th>出生年月</th><th>民族</th></tr>
<tr><td>徐梅珍</td><td>女</td><td>户主</td><td>1956 年 9 月</td><td>汉族</td></tr>
<tr><td>周　娟</td><td>女</td><td>女儿</td><td>1980 年 11 月</td><td>汉族</td></tr>
<tr><td>唐政珂</td><td>男</td><td>女婿</td><td>1980 年 3 月</td><td>汉族</td></tr>
<tr><td>周晓恒</td><td>男</td><td>孙子</td><td>2005 年 12 月</td><td>汉族</td></tr>
<tr><td>家庭大事</td><td colspan="5">1987 年，翻建楼房；
2007 年，得动迁房 3 套。</td></tr>
</table>

<table>
<tr><td rowspan="2">家庭成员</td><th>姓名</th><th>性别</th><th>与户主关系</th><th>出生年月</th><th>民族</th></tr>
<tr><td>张菊花</td><td>女</td><td>户主</td><td>1970 年 12 月</td><td>汉族</td></tr>
<tr><td>家庭大事</td><td colspan="5"></td></tr>
</table>

	姓名	性别	与户主关系	出生年月	民族
家庭成员	张菊芬	女	户主	1967 年 1 月	汉族
	张　茜	女	女儿	1993 年 2 月	汉族
家庭大事					

	姓名	性别	与户主关系	出生年月	民族
家庭成员	周龙英	女	户主	1969 年 5 月	汉族
	费程婷	女	女儿	1993 年 10 月	汉族
家庭大事					

	姓名	性别	与户主关系	出生年月	民族
家庭成员	周　勤	女	户主	1976 年 2 月	汉族
家庭大事					

	姓名	性别	与户主关系	出生年月	民族
家庭成员	周福根	男	户主	1952 年 1 月	汉族
家庭大事	1970 年，翻建平房； 2007 年，得动迁房 2 套。				

	姓名	性别	与户主关系	出生年月	民族
家庭成员	王纪宝	男	户主	1965 年 10 月	汉族
	张菊英	女	配偶	1966 年 10 月	汉族
	张　斌	男	儿子	1990 年 2 月	汉族
家庭大事	1989 年，翻建楼房； 2007 年，得动迁房 3 套。				

家庭成员	姓名	性别	与户主关系	出生年月	民族
	周建英	女	户主	1957 年 8 月	汉族
	张志燕	女	女儿	1981 年 11 月	汉族
家庭大事	1986 年，翻建楼房； 2005 年，张志燕毕业于南通大学； 2007 年，得动迁房 3 套。				

家庭成员	姓名	性别	与户主关系	出生年月	民族
	张士良	男	户主	1948 年 1 月	汉族
家庭大事	1983 年，建造平房； 2007 年，得动迁房 2 套。				

家庭成员	姓名	性别	与户主关系	出生年月	民族
	张冬梅	女	户主	1979 年 2 月	汉族
	周远远	女	女儿	1996 年 6 月	汉族
家庭大事					

家庭成员	姓名	性别	与户主关系	出生年月	民族
	吉友圣	男	户主	1945 年 7 月	汉族
	缪金妹	女	配偶	1952 年 7 月	汉族
	缪小龙	男	儿子	1973 年 11 月	汉族
	郑小倩	女	儿媳	1974 年 10 月	汉族
	缪　磊	男	孙子	1996 年 8 月	汉族
家庭大事	1990 年，翻建楼房； 2007 年，得动迁房 3 套； 2019 年，缪磊毕业于江苏大学。				

	姓名	性别	与户主关系	出生年月	民族
家庭成员	苏文才	男	户主	1955 年 2 月	汉族
	马芳连	女	配偶	1962 年 5 月	汉族
	苏　虹	女	女儿	1994 年 11 月	汉族
家庭大事	1980 年，建造平房； 2007 年，得动迁房 2 套； 2017 年，苏虹毕业于南京师范大学泰州学院。				

	姓名	性别	与户主关系	出生年月	民族
家庭成员	李国宝	男	户主	1951 年 3 月	汉族
家庭大事	1977 年，建造平房； 2007 年，得动迁房 2 套。				

	姓名	性别	与户主关系	出生年月	民族
家庭成员	陈秀方	女	户主	1949 年 11 月	汉族
	苏红妹	女	长女	1971 年 11 月	汉族
	徐国俊	男	长婿	1970 年 3 月	汉族
	苏红英	女	次女	1973 年 3 月	汉族
	苏红兰	女	三女	1976 年 2 月	汉族
	苏怡静	女	孙女	1994 年 10 月	汉族
家庭大事	1988 年，翻建楼房； 2007 年，得动迁房 3 套。				

	姓名	性别	与户主关系	出生年月	民族
家庭成员	缪金林	男	户主	1965 年 5 月	汉族
	袁庆霞	女	配偶	1971 年 1 月	汉族
	缪袁婷	女	女儿	1993 年 9 月	汉族
家庭大事	1978 年，建造平房； 2007 年，得动迁房 2 套。				

	姓名	性别	与户主关系	出生年月	民族
家庭成员	倪奇彬	男	户主	1955 年 10 月	汉族
	缪梅芬	女	配偶	1954 年 10 月	汉族
	缪小明	男	儿子	1978 年 10 月	汉族
家庭大事	1988 年，翻建楼房； 2007 年，得动迁房 3 套。				

	姓名	性别	与户主关系	出生年月	民族
家庭成员	沈林生	男	户主	1948 年 10 月	汉族
	徐密狗	女	配偶	1950 年 10 月	汉族
家庭大事	1989 年，翻建楼房； 2007 年，得动迁房 3 套。				

	姓名	性别	与户主关系	出生年月	民族
家庭成员	周栋梁	男	户主	1945 年 10 月	汉族
	周　锋	男	儿子	1970 年 12 月	汉族
	赵阿宝	女	儿媳	1969 年 2 月	汉族
	周辰昊	男	孙子	1995 年 8 月	汉族
家庭大事	1987 年，翻建楼房； 2007 年，得动迁房 3 套。				

	姓名	性别	与户主关系	出生年月	民族
家庭成员	沈惠林	男	户主	1957 年 7 月	汉族
	周书兰	女	配偶	1962 年 7 月	汉族
	沈夏平	男	儿子	1984 年 7 月	汉族
家庭大事	1989 年，翻建楼房； 2007 年，得动迁房 3 套。				

家庭成员	姓名	性别	与户主关系	出生年月	民族
	沈龙生	男	户主	1952 年 9 月	汉族
家庭大事					

家庭成员	姓名	性别	与户主关系	出生年月	民族
	邵水良	男	户主	1962 年 1 月	汉族
	李雪珍	女	配偶	1964 年 1 月	汉族
	邵　庆	男	儿子	1985 年 12 月	汉族
家庭大事	1988 年，翻建楼房。				

家庭成员	姓名	性别	与户主关系	出生年月	民族
	邵泉生	男	户主	1934 年 11 月	汉族
	邵水勤	男	儿子	1966 年 10 月	汉族
家庭大事					

大公村第 24 村民小组

	姓名	性别	与户主关系	出生年月	民族
家庭成员	杨金泉	男	户主	1951 年 12 月	汉族
	袁根牛	女	配偶	1954 年 1 月	汉族
	袁杨琴	女	女儿	1978 年 5 月	汉族
家庭大事	1988 年，翻建楼房； 2007 年，得动迁房 2 套。				

	姓名	性别	与户主关系	出生年月	民族
家庭成员	李金虎	男	户主	1952 年 2 月	汉族
	顾密花	女	配偶	1952 年 2 月	汉族
	李　娟	女	长女	1976 年 11 月	汉族
	李　芬	女	次女	1978 年 1 月	汉族
家庭大事	1987 年，翻建楼房； 2007 年，得动迁房 3 套。				

	姓名	性别	与户主关系	出生年月	民族
家庭成员	李金水	男	户主	1954 年 8 月	汉族
	陈凤珍	女	配偶	1958 年 6 月	汉族
	陈李萍	女	女儿	1981 年 12 月	汉族
	陈富平	男	儿子	1987 年 8 月	汉族
	江正銮	女	儿媳	1986 年 3 月	汉族
	陈懿轩	男	孙子	2011 年 8 月	汉族
家庭大事	1973 年，李金水加入中国共产党； 1984 年，翻建楼房； 1997 年，购商品房 1 套； 2007 年，得动迁房 3 套； 2010 年，购汽车 1 辆。				

	姓名	性别	与户主关系	出生年月	民族
家庭成员	龚连生	男	户主	1938 年 12 月	汉族
	刘金英	女	配偶	1940 年 4 月	汉族
	龚国强	男	儿子	1965 年 3 月	汉族
	陈凤花	女	儿媳	1966 年 1 月	汉族
	龚　敏	男	孙子	1989 年 8 月	汉族
家庭大事	1986 年，翻建楼房； 1999 年，购商品房 1 套； 2005 年，购汽车 1 辆； 2007 年，得动迁房 3 套。				

	姓名	性别	与户主关系	出生年月	民族
家庭成员	周永发	男	户主	1963 年 4 月	汉族
	张巧花	女	配偶	1962 年 7 月	汉族
	周和亲	女	女儿	1986 年 10 月	汉族
	周和伟	男	儿子	1992 年 11 月	汉族
家庭大事	1977 年，翻建平房； 2007 年，得动迁房 2 套； 2015 年，购汽车 1 辆。				

	姓名	性别	与户主关系	出生年月	民族
家庭成员	邢云根	男	户主	1963 年 5 月	汉族
	朱秀珍	女	配偶	1962 年 10 月	汉族
	邢志华	男	儿子	1987 年 3 月	汉族
家庭大事	1985 年，翻建楼房； 2005 年，邢志华参军入伍，于 2007 年退伍，其间被评为优秀士兵； 2007 年，得动迁房 3 套； 2008 年，购商品房 1 套； 2011 年，购汽车 1 辆。				

	姓名	性别	与户主关系	出生年月	民族
家庭成员	李美娟	女	户主	1968 年 7 月	汉族
	赵秀良	男	配偶	1966 年 2 月	汉族
	陈小妹	女	母亲	1948 年 8 月	汉族
	李　敏	女	女儿	1989 年 6 月	汉族
家庭大事	1986 年，翻建楼房； 1996 年，购商品房 1 套； 2007 年，得动迁房 3 套。				

	姓名	性别	与户主关系	出生年月	民族
家庭成员	李建中	男	户主	1958 年 8 月	汉族
	徐宗英	女	配偶	1957 年 9 月	汉族
	李　军	男	儿子	1981 年 11 月	汉族
	李　冉	男	孙子	2004 年 11 月	汉族
家庭大事	1989 年，翻建楼房； 2007 年，得动迁房 3 套； 2011 年，购商品房 1 套。				

	姓名	性别	与户主关系	出生年月	民族
家庭成员	周全林	男	户主	1967 年 3 月	汉族
	徐瑞芬	女	配偶	1969 年 1 月	汉族
	周　明	男	儿子	1989 年 9 月	汉族
家庭大事	1988 年，翻建楼房； 2007 年，得动迁房 3 套； 2011 年，购汽车 1 辆。				

<table>
<tr><td rowspan="5">家庭成员</td><th>姓名</th><th>性别</th><th>与户主关系</th><th>出生年月</th><th>民族</th></tr>
<tr><td>方建龙</td><td>男</td><td>户主</td><td>1964 年 6 月</td><td>汉族</td></tr>
<tr><td>杨杏珍</td><td>女</td><td>配偶</td><td>1966 年 1 月</td><td>汉族</td></tr>
<tr><td>方荣荣</td><td>男</td><td>儿子</td><td>1988 年 3 月</td><td>汉族</td></tr>
<tr><td>方欣悦</td><td>女</td><td>孙女</td><td>2012 年 8 月</td><td>汉族</td></tr>
<tr><td>家庭大事</td><td colspan="5">1996 年，翻建楼房；
2007 年，得动迁房 3 套；
2013 年，购汽车 1 辆。</td></tr>
</table>

<table>
<tr><td rowspan="3">家庭成员</td><th>姓名</th><th>性别</th><th>与户主关系</th><th>出生年月</th><th>民族</th></tr>
<tr><td>王巧仙</td><td>女</td><td>户主</td><td>1950 年 12 月</td><td>汉族</td></tr>
<tr><td>龚学萍</td><td>女</td><td>女儿</td><td>1975 年 1 月</td><td>汉族</td></tr>
<tr><td>家庭大事</td><td colspan="5">2007 年，得动迁房 1 套。</td></tr>
</table>

<table>
<tr><td rowspan="5">家庭成员</td><th>姓名</th><th>性别</th><th>与户主关系</th><th>出生年月</th><th>民族</th></tr>
<tr><td>王林海</td><td>男</td><td>户主</td><td>1964 年 10 月</td><td>汉族</td></tr>
<tr><td>李菊花</td><td>女</td><td>配偶</td><td>1966 年 11 月</td><td>汉族</td></tr>
<tr><td>李　超</td><td>男</td><td>儿子</td><td>1989 年 10 月</td><td>汉族</td></tr>
<tr><td>李宸宇</td><td>男</td><td>孙子</td><td>2015 年 4 月</td><td>汉族</td></tr>
<tr><td>家庭大事</td><td colspan="5">1984 年，王林海参军入伍，于 1989 年退伍，其间获三等功 1 次、嘉奖 3 次，被评为先进个人 1 次、优秀义务兵 1 次；
1986 年，翻建楼房；
1987 年，王林海加入中国共产党；
2007 年，得动迁房 3 套；
2012 年，购汽车 1 辆。</td></tr>
</table>

	姓名	性别	与户主关系	出生年月	民族
家庭成员	陈建洪	男	户主	1958 年 2 月	汉族
	叶　珍	女	配偶	1960 年 1 月	汉族
	陈　亮	男	儿子	1981 年 10 月	汉族
家庭大事	1986 年，翻建楼房； 2000 年，购汽车 1 辆。				

	姓名	性别	与户主关系	出生年月	民族
家庭成员	周友良	男	户主	1968 年 12 月	汉族
	毛春兰	女	配偶	1972 年 7 月	汉族
	周建军	男	儿子	1991 年 8 月	汉族
家庭大事	1973 年，建造平房； 1998 年，购商品房 1 套； 2007 年，得动迁房 2 套； 2014 年，购汽车 1 辆。				

	姓名	性别	与户主关系	出生年月	民族
家庭成员	叶介生	男	户主	1951 年 10 月	汉族
	陶三妹	女	配偶	1954 年 6 月	汉族
	叶华英	女	女儿	1976 年 10 月	汉族
	叶华明	男	儿子	1977 年 11 月	汉族
	叶昱婵	女	孙女	2003 年 8 月	汉族
家庭大事	1990 年，翻建楼房； 2007 年，得动迁房 4 套； 2019 年，购汽车 1 辆。				

	姓名	性别	与户主关系	出生年月	民族
家庭成员	李金泉	男	户主	1947 年 12 月	汉族
	周秀珍	女	配偶	1951 年 3 月	汉族
	李　红	女	长女	1971 年 10 月	汉族
	李　芳	女	次女	1973 年 5 月	汉族
	李　阳	男	孙子	1992 年 12 月	汉族
家庭大事	1989 年，翻建楼房； 2000 年，购商品房 1 套； 2007 年，得动迁房 3 套； 2010 年，购汽车 1 辆。				

	姓名	性别	与户主关系	出生年月	民族
家庭成员	李惠祖	男	户主	1942 年 2 月	汉族
	陈仙英	女	配偶	1945 年 8 月	汉族
	李世生	男	儿子	1969 年 9 月	汉族
	盛红英	女	儿媳	1968 年 5 月	汉族
	李云韵	女	孙女	1994 年 1 月	汉族
家庭大事	1989 年，翻建楼房； 2007 年，得动迁房 3 套； 2013 年，购汽车 1 辆。				

	姓名	性别	与户主关系	出生年月	民族
家庭成员	李根林	男	户主	1950 年 9 月	汉族
	叶小花	女	配偶	1951 年 10 月	汉族
	叶　华	男	儿子	1973 年 11 月	汉族
	彭玉英	女	儿媳	1975 年 3 月	汉族
	叶丹娜	女	孙女	1996 年 12 月	汉族
家庭大事	1986 年，翻建楼房； 2007 年，得动迁房 3 套。				

	姓名	性别	与户主关系	出生年月	民族
家庭成员	周永兰	女	户主	1965 年 9 月	汉族
	张丽君	女	女儿	1989 年 3 月	汉族
家庭大事					

	姓名	性别	与户主关系	出生年月	民族
家庭成员	徐建珍	女	户主	1955 年 10 月	汉族
	李银泉	男	配偶	1950 年 10 月	汉族
	李闽芬	女	女儿	1978 年 12 月	汉族
家庭大事	1969 年，李银泉参军入伍，于 1985 年转业； 1973 年，李银泉加入中国共产党； 1984 年，翻建楼房； 2010 年，购汽车 1 辆。				

	姓名	性别	与户主关系	出生年月	民族
家庭成员	李建明	男	户主	1965 年 7 月	汉族
	邢金秀	女	配偶	1963 年 11 月	汉族
	李思静	女	女儿	1990 年 6 月	汉族
	沈隽昊	男	孙子	2013 年 7 月	汉族
家庭大事	1985 年，李建明参军入伍，于 1990 年退伍； 1993 年，翻建楼房； 2007 年，得动迁房 3 套； 2015 年，购汽车 1 辆。				

	姓名	性别	与户主关系	出生年月	民族
家庭成员	龚学锋	男	户主	1973 年 3 月	汉族
	刘开玉	女	配偶	1970 年 2 月	汉族
	龚　斌	男	儿子	1999 年 4 月	汉族
家庭大事	1990 年，购买本组村民楼房 1 栋； 2007 年，得动迁房 2 套。				

	姓名	性别	与户主关系	出生年月	民族
家庭成员	俞建明	男	户主	1962 年 7 月	汉族
	方建芬	女	配偶	1966 年 8 月	汉族
	俞晓强	男	儿子	1988 年 4 月	汉族
	俞陆浩	男	孙子	2013 年 3 月	汉族
	陆佳宁	女	孙女	2018 年 4 月	汉族
家庭大事	1993 年，翻建楼房； 2007 年，得动迁房 3 套； 2011 年，俞晓强毕业于江苏大学； 2014 年，购商品房 1 套。				

	姓名	性别	与户主关系	出生年月	民族
家庭成员	李国元	男	户主	1968 年 11 月	汉族
	李　琴	女	配偶	1969 年 12 月	汉族
	李　飞	男	儿子	1997 年 12 月	汉族
家庭大事	1975 年，建造平房； 2007 年，得动迁房 2 套； 2016 年，购商品房 1 套。				

	姓名	性别	与户主关系	出生年月	民族
家庭成员	邢招妹	女	户主	1970 年 1 月	汉族
家庭大事					

	姓名	性别	与户主关系	出生年月	民族
家庭成员	周友林	男	户主	1957 年 5 月	汉族
	徐香珍	女	配偶	1958 年 7 月	汉族
	周建锋	男	儿子	1981 年 9 月	汉族
家庭大事	1990 年，翻建楼房； 2007 年，得动迁房 3 套； 2012 年，购汽车 1 辆。				

	姓名	性别	与户主关系	出生年月	民族
家庭成员	季小妹	女	户主	1936 年 3 月	汉族
家庭大事					

	姓名	性别	与户主关系	出生年月	民族
家庭成员	方金明	男	户主	1967 年 2 月	汉族
	邢招英	女	配偶	1966 年 11 月	汉族
	方　成	男	儿子	1989 年 11 月	汉族
	方君一	男	孙子	2014 年 9 月	汉族
家庭大事	1989 年，翻建楼房； 2007 年，得动迁房 4 套； 2012 年，方成毕业于南京审计学院（今南京审计大学）； 2012 年，购汽车 1 辆。				

<table>
<tr><td rowspan="6">家庭成员</td><th>姓名</th><th>性别</th><th>与户主关系</th><th>出生年月</th><th>民族</th></tr>
<tr><td>龚连元</td><td>男</td><td>户主</td><td>1936 年 5 月</td><td>汉族</td></tr>
<tr><td>龚长妹</td><td>女</td><td>配偶</td><td>1935 年 11 月</td><td>汉族</td></tr>
<tr><td>龚桂泉</td><td>男</td><td>儿子</td><td>1954 年 8 月</td><td>汉族</td></tr>
<tr><td>王金英</td><td>女</td><td>儿媳</td><td>1954 年 9 月</td><td>汉族</td></tr>
<tr><td>龚雪娟</td><td>女</td><td>孙女</td><td>1979 年 4 月</td><td>汉族</td></tr>
<tr><td>家庭大事</td><td colspan="5">1966 年，龚连元加入中国共产党；
1974 年，龚桂泉参军入伍，于 1977 年退伍；
1986 年，翻建楼房；
1988 年，龚桂泉加入中国共产党；
2001 年，购商品房 1 套；
2007 年，得动迁房 3 套；
2010 年，购汽车 1 辆。</td></tr>
</table>

<table>
<tr><td rowspan="3">家庭成员</td><th>姓名</th><th>性别</th><th>与户主关系</th><th>出生年月</th><th>民族</th></tr>
<tr><td>李苗琴</td><td>女</td><td>户主</td><td>1952 年 1 月</td><td>汉族</td></tr>
<tr><td>冯　萍</td><td>女</td><td>女儿</td><td>1976 年 2 月</td><td>汉族</td></tr>
<tr><td>家庭大事</td><td colspan="5">1992 年，购本组村民楼房 1 栋；
2007 年，得动迁房 3 套；
2013 年，购汽车 1 辆。</td></tr>
</table>

<table>
<tr><td rowspan="5">家庭成员</td><th>姓名</th><th>性别</th><th>与户主关系</th><th>出生年月</th><th>民族</th></tr>
<tr><td>陈春洪</td><td>男</td><td>户主</td><td>1954 年 11 月</td><td>汉族</td></tr>
<tr><td>徐桂琴</td><td>女</td><td>配偶</td><td>1953 年 11 月</td><td>汉族</td></tr>
<tr><td>陈徐萍</td><td>女</td><td>女儿</td><td>1977 年 12 月</td><td>汉族</td></tr>
<tr><td>陈晓宇</td><td>男</td><td>儿子</td><td>1979 年 7 月</td><td>汉族</td></tr>
<tr><td>家庭大事</td><td colspan="5">1987 年，翻建楼房；
2007 年，得动迁房 3 套；
2015 年，购商品房 1 套。</td></tr>
</table>

	姓名	性别	与户主关系	出生年月	民族
家庭成员	陈凤英	女	户主	1945 年 8 月	汉族
家庭大事					

	姓名	性别	与户主关系	出生年月	民族
家庭成员	方建平	男	户主	1959 年 11 月	汉族
	丁巧珍	女	配偶	1962 年 1 月	汉族
	方　芳	女	女儿	1982 年 10 月	汉族
	孙　方	男	外孙	2005 年 11 月	汉族
家庭大事	1990 年，翻建楼房； 2007 年，得动迁房 3 套； 2017 年，购汽车 1 辆。				

	姓名	性别	与户主关系	出生年月	民族
家庭成员	魏招根	男	户主	1952 年 5 月	汉族
	魏　延	男	儿子	1978 年 3 月	汉族
家庭大事	1988 年，翻建楼房； 2002 年，购商品房 1 套； 2006 年，购汽车 1 辆； 2007 年，得动迁房 3 套。				

	姓名	性别	与户主关系	出生年月	民族
家庭成员	俞小卫	男	户主	1968 年 11 月	汉族
	李菊珍	女	配偶	1969 年 11 月	汉族
	李　青	男	儿子	1991 年 3 月	汉族
家庭大事	1990 年，翻建楼房； 2007 年，得动迁房 3 套； 2012 年，购汽车 1 辆； 2013 年，购商品房 1 套。				

<table>
<tr><td rowspan="5">家庭成员</td><th>姓名</th><th>性别</th><th>与户主关系</th><th>出生年月</th><th>民族</th></tr>
<tr><td>邢秀根</td><td>男</td><td>户主</td><td>1969 年 12 月</td><td>汉族</td></tr>
<tr><td>徐雪华</td><td>女</td><td>配偶</td><td>1971 年 8 月</td><td>汉族</td></tr>
<tr><td>徐雨花</td><td>女</td><td>母亲</td><td>1935 年 4 月</td><td>汉族</td></tr>
<tr><td>邢永康</td><td>男</td><td>儿子</td><td>1992 年 11 月</td><td>汉族</td></tr>
<tr><td>家庭大事</td><td colspan="5">1988 年，翻建楼房；
2007 年，得动迁房 4 套；
2008 年，购商品房 1 套；
2013 年，购汽车 1 辆。</td></tr>
</table>

<table>
<tr><td rowspan="4">家庭成员</td><th>姓名</th><th>性别</th><th>与户主关系</th><th>出生年月</th><th>民族</th></tr>
<tr><td>李惠泉</td><td>男</td><td>户主</td><td>1955 年 7 月</td><td>汉族</td></tr>
<tr><td>陈瑶池</td><td>女</td><td>配偶</td><td>1960 年 1 月</td><td>汉族</td></tr>
<tr><td>李　明</td><td>男</td><td>儿子</td><td>1984 年 7 月</td><td>汉族</td></tr>
<tr><td>家庭大事</td><td colspan="5">1970 年，建造平房；
2007 年，得动迁房 2 套。</td></tr>
</table>

<table>
<tr><td rowspan="2">家庭成员</td><th>姓名</th><th>性别</th><th>与户主关系</th><th>出生年月</th><th>民族</th></tr>
<tr><td>陈　黎</td><td>女</td><td>户主</td><td>1976 年 9 月</td><td>汉族</td></tr>
<tr><td>家庭大事</td><td colspan="5"></td></tr>
</table>

<table>
<tr><td rowspan="5">家庭成员</td><th>姓名</th><th>性别</th><th>与户主关系</th><th>出生年月</th><th>民族</th></tr>
<tr><td>魏招泉</td><td>男</td><td>户主</td><td>1955 年 1 月</td><td>汉族</td></tr>
<tr><td>李菊英</td><td>女</td><td>配偶</td><td>1964 年 12 月</td><td>汉族</td></tr>
<tr><td>魏　炜</td><td>男</td><td>儿子</td><td>1986 年 4 月</td><td>汉族</td></tr>
<tr><td>魏羿辰</td><td>男</td><td>孙子</td><td>2012 年 4 月</td><td>汉族</td></tr>
<tr><td>家庭大事</td><td colspan="5">1990 年，翻建楼房；
2004 年，魏炜参军入伍，于 2006 年退伍，并于 2005 年、2006 年获优秀士兵奖；
2006 年，魏炜加入中国共产党；
2007 年，得动迁房 3 套。</td></tr>
</table>

	姓名	性别	与户主关系	出生年月	民族
家庭成员	李国平	男	户主	1964 年 8 月	汉族
	吴爱仙	女	配偶	1964 年 9 月	汉族
	李　斌	女	女儿	1987 年 5 月	汉族
	张宁远	男	外孙	2014 年 6 月	汉族
家庭大事	1992 年，翻建楼房； 2007 年，得动迁房 3 套； 2008 年，李斌加入中国共产党； 2012 年，购商品房 1 套； 2013 年，购汽车 1 辆。				

	姓名	性别	与户主关系	出生年月	民族
家庭成员	李建良	男	户主	1963 年 9 月	汉族
	顾忠妹	女	配偶	1968 年 7 月	汉族
	李　玲	女	女儿	1989 年 2 月	汉族
家庭大事	1972 年，建造平房； 2007 年，得动迁房 2 套。				